上海市普通高校人文社会科学重点研究基地基金资助，基地编号：SJ0705

第四辑

现代汉语虚词研究
对外汉语教学

XIANDAI HANYU XUCI YANJIU YU DUIWAI HANYU JIAOXUE

主　编　齐沪扬
副主编　陈昌来　吴为善　张谊生

学林出版社

图书在版编目(CIP)数据

现代汉语虚词研究与对外汉语教学. 第4辑 / 齐沪扬主编. —上海：学林出版社，2012.5
ISBN 978-7-5486-0305-4

Ⅰ. ①现… Ⅱ. ①齐… Ⅲ. ①汉语—虚词—对外汉语教学—教学研究—国际学术会议—文集 Ⅳ. ①H195.3-53

中国版本图书馆CIP数据核字(2012)第031216号

现代汉语虚词研究与对外汉语教学（第四辑）

主　　　编 ——	齐沪扬
责任编辑 ——	李晓梅
特约编辑 ——	朱　莉
封面设计 ——	魏　来

出　　　版 ——	上海世纪出版股份有限公司　学林出版社
	地址：上海钦州南路81号　　电话/传真：64515005
发　　　行 ——	中国图书进出口上海公司
	地址：上海市广中路88号　　电话：36357888
排　　　版 ——	南京展望文化发展有限公司
字　　　数 ——	36万
书　　　号 ——	ISBN 978-7-5486-0305-4/H·24

（如发生印刷、装订质量问题，读者可向工厂调换。）

目　录

现代汉语语气词特点的再认识 …………………………………… 王　珏 / 1
语法化视角下的双音节副连兼类词 ……………………………… 丁　健 / 17
虚词语义标记功能羡余与羡余度等级 …………………………… 邵洪亮 / 29
虚词"给"的同一性及其分布状况 …………………… 颜力涛　柳英绿 / 41
从凸显看"了"的语法意义问题 …………………………………… 卢英顺 / 51
认知、表达与副词"还"的语义分化 ……………………………… 徐　峰 / 60
现代汉语书面语中连词"而"的考察 ……………………………… 李　琳 / 75
"和""或"连用及其规范 ……………………… 郭曙纶　郭建平　曹晓玉 / 95
汉语"很"、"太"的句法语义比较分析 …………………………… 管志斌 / 104
也说"老" ……………………………………………… 彭兰玉　唐　艳 / 115
条件式衔接连贯标记语"反正" ……………………… 柏　阳　吴　颖 / 121
口语里表示语气的"也" …………………………………………… 张宝胜 / 130
论"罢了"的语气意义的形成 ……………………………………… 刘　顺 / 138
"似的"结构 ………………………………………………………… 朱俊阳 / 149
从评价到语气
　——兼论"吧"的意义 …………………………………………… 高增霞 / 160
语法化现象在不同层面中的句法表现 …………………………… 张谊生 / 169
"至今"、"于今"的词汇化
　——兼论介宾式双音词词汇化的动因 ……………… 陈昌来　陈全静 / 184

"不好＋V"的语法化与主观性 ········· 黄健秦 / 199
"多的是"词汇化及其形成机制与动因探讨
　　——兼论"多的是"的语义扩展及其动因 ········· 吴怀成 / 206
构词成分对区别词功能游移的制约 ········· 张素玲 / 215
人称代词"人家"的劝解场景与移情功能
　　——基于三部电视剧台词的话语分析 ········· 张旺熹　韩超 / 222
汉语动结式的整合度高低及唯补成分的典型特征 ········· 石慧敏 / 233
小句补语句整合方式初探 ········· 蒋静 / 245
现代汉语"看上去"与"看起来"的用法比较 ········· 任海波 / 256
外国学生习得时间介词的中介语考察 ········· 周文华 / 264
元话语标记"依X看"与"在X看来" ········· 胡清国 / 277
《商务汉语800句》编写原则 ········· 刘慧清　齐沪扬 / 288
情态动词与反问句关联的理据 ········· 胡德明 / 296
表达情态的"X定" ········· 范伟 / 306
"一锅饭吃十个人"合法性的认知语义解释
　　——"受事＋V＋施事"格式供用句的可逆分析 ········· 鹿荣 / 315

现代汉语语气词特点的再认识

王 珏

一、引 言

语气词是"华文所独"(马建忠,1983:323)的词类,语气词研究"牵动语法的全部"(赵元任,1926)。但"语气词的意义比较空灵,使用又多依赖于语用因素,在句法结构上并没有明确的形式依据,在研究中很难把握其所表语气的实质,而且,有关语气词的研究方法也较难有实质性的改进和突破"(张谊生,2002:266),至今"对那些典型语气词的作用还是见仁见智,仍然没能取得相对一致的认识"(张谊生,2002:266),甚至连现代汉语语气词的范围都未能得出一致意见。据笔者统计,学界所提现代汉语气词一共有 92 个之多(包括 63 个单音节语气词,29 个多音节语气词)!如果认为这 92 个实在太多或者还不足,都需要足够服众的理由,其中最重要的理由莫过于对现代汉语语气词自身特点的认识。只有对现代汉语语气词自身的特点了然于胸,才可能进一步选择语气词的界定标准和合适的鉴别方法,并最终确定其范围。① 下面将首先回顾学界对现代汉语

---

① 确定现代汉语语气词范围的困难,学界有过不少讨论,归纳起来,主要有以下七个方面。(一)是否将上升尾音和下降尾音算作语气词。如赵元任(1926)将它们视为两个独立的语气词,其他学者则均不如此认为。(二)是否包括现在常用的古代汉语语气词,如"而已",以及流行较广的方言语气词,如"煞"(赵元任1979)、"哈"(周一民1998;尹世超1999)等。(三)是否包括句中语气词。马建忠(1898)所说语气词包括句末和句中分布的语气词;黎锦熙(1924)所说语气词仅指句末语气词;方梅(1994)、张伯江与方梅(1996)将句中语气词视为主位标记,徐烈炯与刘丹青(2007)将句中语气词(尤其是话题后语气词)视为话题"提顿词",无疑等于将句中语气词从语气词中分离出来;更多学者则默认句末语气词、句中语气词是语气词里关系密切、功能有异的两个小类。(四)对形式相同或相近且意义相同或相近的语气词的分合不同。如赵元任(1979)和朱德熙(1982)分出了"吧$_1$"和"吧$_2$",朱德熙(1982)还分出"呢$_1$"、"呢$_2$"和"呢$_3$",而其他学者多分别合为两个。(五)对合音语气词与语气词合音形式的认识和处理不一致。如"啦、呗、啵、哪"是两个语气词的特殊连用形式,还是一个独立的语气词,还是分别为"了、吧、呢"的变体形式。(六)语气词及其语音变体、文字变体的处理问题。如"哟、呦、唷、哋、耶"、"啦、嘞、咧、咯"、"么、嚜、末、吗、嘛"、"呕、欧、口欧、哦、噢"等应该各自处理为一个语气词,还是多个语气词。(七)对介于语气词与其他词类之间的词语的认同不一。主要涉及与动词、副词、叹词、结构助词、比况助词、时体助词、连词、方位词(后置介词)以及个别固定短语(如"的话、的时候")。

语气词特点的已有认识,然后提出我们的意见。

二、语气词特点研究回顾

对现代汉语语气词特点的研究,早在 20 世纪 20 年代黎锦熙和赵元任两位大师就已经披荆斩棘、建立了筚路蓝缕之功。黎锦熙(1924:306-307)第一次指出语气词具有三个特点:分布上"只用于句子的末尾";功能上"表示全句的语气";结构上与文句"无重大的关系","与国语的内容和构造都不相干"。赵元任(1926:133-176)指出现代汉语语气词语音上具有超音系性,语流中语气词的音质、音高、音长会因表达语气不同而有所不同,组合上"语助词跟语助词碰在一块儿有四种可能的结果"。

20 世纪 40—60 年代对语气词特点进行研究的只有吕叔湘一人。他(1942)提出现代汉语语气词具有三个特点:具有标音性质,语音(包括音变)与字形之间存在种种复杂关系;"一个语气词可以用来表不同的语气……同一个语气可用几个语气词";"有时可以不用,尤其是在直陈语气"。(吕叔湘,1982:256)而后,他(1956)进一步指出,语气词跟其他助词的不同之处在于"语气助词黏着于句子,这句子不论带不带语气助词都是自由的。这是语气助词跟别的助词不同之处,因此常常被划出来单独成为一类词。"(吕叔湘,1999:514)

70 年代,赵元任(1979:354-356)进一步指出语气词具有以下四个特点:(一)"是黏着的,语音上附着于前边一个音节,语法上附着于前边一个短语或句子。"(二)"有的助词只用于短语之后……有的只用于句子之后……有的两处都可以用……"(三)"两个或三个助词相继出现的时候,第一个助词跟前边的短语或句子造成一个结构,第二个助词又跟这个结构造成更大一点儿的结构。"(四)"连用两个助词,如果第二个助词是元音起头,两个助词就变成一个音节,虽然各自的功能不变。"张静(1979:134)指出语气词具有如下两个特点:一是"功能意义:不能做句子成分,也不表示成分和成分、分句和分句之间的关系,只表示句子的疑问、祈使、感叹、陈述等语气"。二是"句法结合形式:不跟任何词结合,只是放在句子末尾,有时也放在句中停顿的地方"。

80 年代研究语气词特点的学者主要有胡明扬、房玉清、朱德熙、刘玉华等、丁恒顺、李兴亚和屈承熹等。胡明扬(1981)首先指出语气词具有两个特点。一是功能上表示表态语气,即表示说话人"对自己说话内容的态度";二是连用有固定顺序。同年,房玉清(1981)将包括语气词在内的助词的特点归纳为五个:(一)语音上绝大多数都念轻声;(二)结构上必须黏附在词、短语或句子上;(三)词义已经虚化;(四)是一种封闭性的词类;(五)有的可以省略不用。朱德熙(1982:207-208)指出语气词具有五个特点:(一)"语气词是后置词。"(二)"永远读轻声。"(三)"出现在主谓结构后头的语气词,多半是附加在谓语上头的。……只有在某些类型的句子里,语气词才是加在整个主谓结构上头的。"(四)"几个语气词接连出现,彼此在结构上没有直接联系",而且顺序固定,"当中可以有缺位,但次序不能颠倒。"(五)"如果后一个是元音开头的,两个语气词就连读成一个音节。""尽管合成一个音节,结构上仍旧没有直接的关系。"刘月华等(1983:249)归纳出语气词的四个特点:(一)一般位于句末(包括分句);(二)两个语气词同现,会合成一个音节;(三)一般都读作轻声,句子语调主要体现在语气助词前的音节上;(四)一种语气可能有几个语气词来表示,一个语气词也可能表示几种语气,某个语气词究竟表示什么语气,往往要看其伴随的语调或一定语言环境。① 此外,丁恒顺(1984)第一次详细讨论了句末语气词的八种连用模式,李兴亚(1986)第一次讨论了句中语气词的八种分布位置,屈承熹(1986)第一次从语用理论出发认为"呢"的基本功能在于"前后关联","嚜"的基本功能在于"全句预设"。

20世纪90年代主要有黄国营、方梅、张伯江、胡裕树、周一民、孙汝建、张谊生、郭小武学者参与语气词特点的讨论。黄国营(1994)指出句末语气词由于处在句法结构和语用结构的不同层次上,起着不同的作用,标示不同的语义结构,从而表明句末语气词既可能属于全句,也可能只属于宾语小句,还可能是上两种情况的融合。语气词在句中可能进入的层次空间,与不同语气词的不同性质有关,也与主句句型、宾语小句句型有关。方梅(1994)与张伯江、方梅(1996)从功能句法和语用理论出发认为,句中语气词"不带语气意义,仅仅是个主位标记",(张伯江,方梅,1996:43)"是说话人对句子信息结构心理切分的手段,并不与句法成分相干,它们只体现语篇功能,而不体现句法功能"。胡裕树(1995:296-298)指出语气词具有四个特点:(一)"附着在词或词组的后边";(二)"表示一定的附加意义";(三)"大都念轻声";(四)"附着在整个句子的末了,表示语气"。周一民(1998:258-259)指出北京话语气词具有六个特点:(一)分布于句中停

---

① 刘著原文的表述是三个特点,此处笔者临时分别为四。

顿处或句尾;(二)功能上表示语气,有的在表示语气的同时,还兼有表示时体、程度或完句的作用;(三)在有的句子里,去掉语气词并不会改变句子的语气;(四)没有词汇意义,但"了、呢、嘛、呗"在句子平面上,具有表意作用;(五)大多数的语音形式为轻声,轻声的音高取决于前一音节的声调……也有的句尾语气词说成拖长重音或重音。(六)最多只能两个语气词一起连用。徐烈炯、刘丹青(2007)认为句中语气词是话题标记,即提顿词。孙汝建(1999:85-89)提出句末语气词在复句里的位置有四个,即始发分句句末、终结分句句末、并列复句的几个分句句末、复句句首;语气词具有增添口气、消减口气、指明问点以及暗示预设的语用功能。张谊生(2000:279-284)强调语气词具有三个特点:(一)意义比较空灵,使用又多依赖于语用因素,因此常常在口语中大量使用。(二)句中语气词可以出现在不同的句子成分之间、句法成分之间以及句法成分内部。(三)功能上,句中语气词表示预示停顿和口气,其出现要受到结构、节奏、语用、语体的制约。最后,郭小武(2000)又指出语气词具有强弱两套发音系统,用来表达强弱语气。

21世纪以来,主要有郭锐、齐沪扬、屈承熹、徐晶凝、史冠新等学者先后对语气词特点进行过讨论。郭锐(2002:236)指出语气词的语法特点有:(一)置于句尾;(二)有些语气词可置于句中停顿前;(三)置于另一语气词前。齐沪扬(2002:60-63)将现代汉语书面语语气词的语法特点归纳为三个:(一)后面一般有停顿,书面语里都可以有明显的标志。(二)可以连用。(三)有不同的表现形式。在书面语里体现为同一个语气词会有不同的字形;实际语流中句末"啊"的连音或同化,句末两个语气词连用而产生合音。屈承熹(2006,2008)从关联理论、篇章标记理论出发指出语气词系统具有句法语义、情态和篇章功能的全部或部分。徐晶凝(2008:133)从话语情态角度提出语气词具有三个特点:(一)语法上不是语法结构必需的成分;(二)语义不影响语法表达式的内容(命题);(三)情态上是必需成分,会直接影响到语句的效力。史冠新(2008)指出,语气词的功能是附着在一个语言片断末尾,形成一个动态表达单位。[1]

此外,学者们还从就语气词的韵律特点做过不少研究(详见张彦2008),境外学者从形式语法学视角提出语气词具有标句词功能。[2]

---

[1] 此说来自赵元任(1979:41):"句子是最大的语法分析上重要的语言单位。"
[2] 主要参见石定栩(2009)和邓思颖(2010)等。

三、对学界所论语气词特点的归纳与分析

现在可以将学界所论语气词特点归纳为如下表所列的 46 条,并按照"数量"、"语音"、"分布"和"功能"四个方面排列。①

表 1　学界所提语气词特点归纳表

	具体特点	黎	赵	吕	张¹	胡¹	房	朱	刘	丁	李	屈	黄	方	胡²	徐¹	周	郭¹	孙	张²	齐	郭²	徐²
数量(1)	封闭性		+																				
语音(7)	轻声	+																					
	强弱两套发音															+							
	超音系		+																				
	音变		+																				
	形变		+																				
	韵律变化		+																				
	可重读、延长												+										
分布(19)	黏着			+																			
	后置								+														
	停顿前																				+		
	不跟词结合				+																		
	另一语气词前																			+			
	句末		+																				
	分句末									+													

---

① 在技术上处理如下:多位学者提出同一特点者,只列出第一位;表述文字不同而意思相同者,恕不重收;为便于列表,具体文字略作删改,在保持原意的原则下尽量从简。学者大名一律使用简称,依次对照如后(以论著发表年代先后为序):黎——黎锦熙(1924)、赵——赵元任(1926,1979)、吕——吕叔湘(1941,1962,1979)、张¹——张静(1979)、胡¹——胡明扬(1981)、房——房玉清(1981)、朱——朱德熙(1982)、刘——刘月华等(1983)、丁——丁恒顺(1984)、李——李兴亚(1986)、屈——屈承熹(1986,2006,2008)、黄——黄国营(1994)、方——方梅(1994)、胡²——胡裕树(1995)、徐¹——徐烈炯、刘丹青(1998,2007)、周——周一民(1998)、郭¹——郭小武(2000)、孙——孙汝建(1999)、张²——张谊生(2000)、齐——齐沪扬(2002)、郭²——郭锐(2004)、徐²——徐晶凝(2008)。

（续表）

	具体特点	黎	赵	吕	张¹	胡¹	房	朱	刘	丁	李	屈	黄	方	胡²	徐¹	周	郭¹	孙	张²	齐	郭²	徐²
分布(19)	句中			+																			
	句中停顿处					+																	
	句子成分间、句法成分间或内																		+				
	始发句、终结句、并列句、复句句首															+							
	隐现			+																			
	连用		+																				
	层次性		+																				
	顺序固定		+																				
	模式多样		+																				
	功能不变		+																				
	无结构关系							+															
	零声母者与其前语气词或其后一语素合音									+													
功能(20)	不做句子成分,不表句成分和分句关系					+																	
	与国语的内容和构造都不相干		+																				
	不影响句法结构成立																						+
	全句语气		+																				
	与语气不一一对应					+																	
	语法意义								+														
	与命题无关		+																				
	表态语气					+																	

(续表)

	具体特点	黎	赵	吕	张1	胡1	房	朱	刘	丁	李	屈	黄	方	胡2	徐1	周	郭	孙	张2	齐	郭	徐2
功能(20)	兼表时体、程度、完句													+									
	增减口气、暗示预设															+							
	话语情态																						+
	主位标记								+														
	话题标记																						
	附加意义										+												
	减弱语气															+							
	层次与句法、语用结构有关												+										
	句法语义、情态和篇章功能之全部或部分										+												
	口语色彩																			+			
	标句词																						

由上可知,学界对现代汉语语气词特点的研究存在以下突出特色。

第一,不同时代的学者分别为现代汉语语气词特点的认识作出了大小不等的贡献,主要集中于两个时期:20世纪20—40年代和70年代以来。就所提语气词特点的数量而言,后期显然多于前期。

第二,理论视角多种多样。前期是传统语法学视角,20世纪70到90年代是结构语言学,90年代以来主要是功能语言学和形式语言学视角。

第三,从语气词不同侧面观察其特点,诸如数量、语音、词义、分布、语用等侧面都受到了关注。

第四,由于理论视角不同、观察侧面各异,不同学者所提语气词特点之间相去甚远,互补多而重叠少。例如,同在结构主义语言学框架内研究语气词特点,齐沪扬(2002)关注后有停顿、连用和音形变异,郭锐(2004)关注置于分布于句尾、句中停顿前、另一语气词前,史冠新(2008)强调"X+语气词"是否最大或能否被更大结构所包容。同在功能语言学视角下研究语气词特点,屈承熹(1986,2006,2008)关注语气词的句法—语义、情态和篇章连贯功能系统,方梅(1994)、张伯江与方梅(1996)关注其主位标记功能,徐晶凝(2008)关注其话语情态功能。

关注侧面不同与理论视角不同两相结合的结果,竟致语气词特点总数多达46条之多！这不禁令人疑窦顿生:现代汉语语气词真有这么多所谓特点吗？

四、重新认识现代汉语语气词的特点

4.1 现代汉语语气词特点研究的四原则

鉴于学界所提语气词特点过多的现状,笔者以为,研究现代汉语语气词的特点,必须注意以下四个原则:

(一)全面原则。有的学者仅根据几个语气词(经常是基本或常见语气词)就贸然提出语气词的所谓特点,往往难免以偏概全,只见树木,不见森林的毛病。所以在研究语气词的特点时,应该尽可能全面地考察现代汉语所有语气词、至少也应该考察大部分语气词之后,才能提出符合事实真相的、对语气词这个词类"内部具有普遍性"的特点。

(二)比较原则。"现代汉语语气词"这个词组里包含着三个概念或其组合:一是"现代汉语"这个概念,至少与"古代汉语"相对立;二是"汉语"这个概念,与"外语"和"方言"相对立;三是"语气词"与其他词类相对立。因此,要想较为准确地认识现代汉语语气词,就应该注意做到以下三个方面的比较:比较语气词与其他词类、尤其是相邻词类(如叹词、助词、语气副词等),才有可能得出"对外具有排他性"(姑且如此表述)的语气词特点;比较现代汉语语气词与古代汉语、近代汉语语气词,才有可能得出现代汉语语气词而不是古代或近代汉语语气词的特点;比较汉语普通话语气词与方言语气词、汉语语气词与外语语气词,才有可能得出汉语语气词的特点。

(三)静态和动态相结合的原则。从静态角度看,语气词包括语音、文字、词汇、语法、语义或功能等方面;从动态角度看,语气词的音质、韵律可以随着表达功能的不同而变化,也可以在连用中与其他音节相互影响而变化,语气词可以与语气词连用,也可以与其他词类或句式同现,还可以随语境变化而自由或有条件地隐现。研究语气词特点时,应该充分考虑这两个方面,将两者结合起来。

(四)原型原则。原型范畴理论告诉我们,语气词与其他虚词范畴——主要是叹词、结构助词、体态助词——之间存在程度不等的模糊地带；语气词范畴内部成员中，有的处于该范畴的核心地位而具有典型性，有的不处于核心地位或处于边缘地位而具有非典型性或具有边缘性。唯有明乎此，才能辩证地理解并灵活地运用传统语言学所坚决秉持、功能语言学所极力批评的"对内具有普遍性，对外具有排他性"原则。也就是说，语气词与相关虚词之间既存在着能够相互区别开来的某些特点，也存在着某些共有特点。如"在句末连用"应该视为语气词所有而其他助词所无的特点之一；"绝对轻声"（在词汇和语流里都是轻声）应该视为结构助词、体态词、单音节方位词和语气词共有的特点之一，它可以将语气词区别于介词、连词（它们是语流轻声，而非词汇轻声），也可以区别于叹词（它可以视为词汇轻声而非语流轻声）。

我们相信唯有认真坚持上述原则，才有可能得出符合客观事实的、足以使现代汉语语气词区别于其他词类的特点，又不至于造成特点过于繁多杂乱的窘境。下面，在广泛吸收学界已有研究成果基础上，结合笔者一孔之见，对论者所提语气词 46 个特点分别予以辨析、说明，希望最终能筛选出符合现代汉语语气词实际面貌的特点。

4.2　重新认识现代汉语语气词的特点

4.2.1　数量特点：封闭性。语气词数量虽暂时不能确定，但总数少于介词而多于助词则是基本可以肯定的。① 现代汉语各种虚词和代词、方位词、助动词、数词等也具有封闭性。可见封闭性不是现代汉语语气词独有特点，可以记为〔＋封闭性_非独有〕。

4.2.2　语音特点：轻声；超音系性；强弱两套发音；语流合音；韵律变化。语气词在语流里发生韵律变化是偶见现象，姑且忽略不论。其余特点可以用超音系性来概括，即轻声、强弱两套发音、语流合音均可视为超音系性的具体表现。

（一）轻声

无论相对于古代汉语语气词的非轻声（王珏，2011a），还是相对于方言语气词的声调参差不一的格局（王珏，2011b），现代汉语普通话单音节语气词都是"功能性词汇轻声"（劲松，2002）或轻读，多音节语气词是全轻声、半轻声或非轻声（如下表所列）。

---

① 据金昌吉《汉语介词和介词短语》(1996)，现代汉语介词接近一百三十个，真正典型而比较常用且没有争议的不到一百个；据张谊生(2000:197)现代汉语助词绝对数量有四十几个。

表 2 现代汉语语气词的声调表

声调类别		例 词
单音节语气词	轻声	的、了、来、呢、吧、吗、么、嘛、啊、哦、呕
	轻读	不、看、没
多音节语气词	全轻声	罢了、不是吗、不是、的时候儿、就是了、就是、是吧、似的、着呢
	半轻声	便了、便是、的话、得了、好了、算了、来着
	非轻声	不成、不行、不可、而已、没有、也罢、也好

可见语气词内部成员的轻声局面参差不齐,单音节语气词几乎都是轻声,多音节语气词或是全轻声、半轻声或非轻声。其次,就外部而言,结构助词、体态助词、叹词等也是轻声。因此轻声既不是语气词的独有特点,可以记作[＋轻声非独有]。①

(二)语流合音

广义的语流合音包括语气词自相连用中,零母语气词与其前面的语气词或其最后一个音节合为一个新音节,如"[了＋啊]→啦"、"着[呢＋啊]→哪",也包括零母语气词在语流里与其前面的非语气词的末音节合为一个新的音节,如"袖[子＋啊]→袖 za"。狭义的语流合音仅指前一种情况。鉴于现代汉语其他词类都不会发生此类语流合音,该特点可视为现代汉语语气词的独有特点,并由此极大地影响了现代汉语语气词系统的面貌。② 但仅有两个语气词具有该特点,因此可以忽略不计。

(三)两套发音系统

郭小武(2000)详细列出了如下 7 个语气词的强弱两套发音:

语气助词　呃—啊:e-a　　啵—吧:bo-ba　　呗—唄:bei-bai
　　　　　嗬—哈:he-ha　　嘞—咴:lei-hai　　喽—唠:lou-lao
　　　　　嚜—吗:me-ma

图 1 郭小武所列语气词强弱两套发音系统

但上述 7 对语气词里的 5 对("啵—吧"、"呗—唄"、"嘞—咴"、"喽—唠"、

---

① 由于汉语轻声可能最早出现于唐宋之际,可以认为古汉语语气词不是轻声。现代汉语方言的语气词或全是轻声、或全非轻声、或轻声与非轻声都有。现代汉语虚词里的结构助词、体态助词和方位词等也是轻声。可知,轻声不是语气词的独有特点,即便是绝对轻声也不能作为语气词的独有特点。

② 现代汉语语气词系统里的"嗒、啦、哪、呗、啵、嘛"等所谓"合音语气词"都是由此而形成的。

"嘿—吗")里的后者(即所谓"强势")实际都属于语气词连用形成的语流合音,它们作为独立语气词的资格是有问题的,更遑论其固有两套发音系统了。在笔者看来,真正拥有两套发音系统的仅限于"哦—呕"(包括变体"哟—呦")、"欸—哎"两个。① 因此,所谓两套发音系统云云,对单音节语气词内部不具有普遍性,对外也不具有排他性(郭文认为叹词、象声词也具有两套发音系统),因此可忽略不计。

4.2.3 句子层面的分布特点:黏着性;只出现于句子层面,后附于带调小句之上或之内作句子成分,其后紧跟长短不等的停顿;不能重叠;不出现于短语层面;在句末可以有序连用,最多可以连用三个。

(一)黏着性

语气词具有黏着性,以此区别于叹词、拟声词、语气副词、助动词等,但与介词、连词、结构助词、体态助词、方位词相同。因此,该特点不为语气词所独有,而且可以包括在下一条特点中,可以忽略不计。

(二)只出现于句子层面,后附于带调小句之上或之内作句子成分,其后紧跟长短不等的停顿

语气词只能后附于小句或其语篇成分(话题或主位、焦点、列举成分等)且紧跟句末或句中停顿,充当句子语气或标记成分,使所附言语单位及其成分(或其局部)成为动态的运用单位——使小句成为句子或分句,②使小句成分或其局部成为话题(主位)、焦点或列举等语篇成分。③ 如:

(1) 你答应+吗?(句子)
(2) 你答应呢,我当然高兴咯。(分句)
(3) 我知道你会答应的。(小句)
(4) 你呀,就是太客气。(主位/话题)
(5) 连领导啊都不知道这秘密,就更不用说我了。(焦点)
(6) 篮子装得满满的,白菜啦,萝卜啦,菜花啦,样样都有。(列举)

该特点为语气词所独有,并且包括有黏着性特点,可记为[+后附句子及其

---

① 虽然《现代汉语词典》(增订本)不承认其语气词单位,但出于以下两个方面的原因却不得不承认它们具有两套发音系统。首先,众多学者(包括熟悉北京话的赵元任、周一民等)都部分或全部承认它们的语气词地位。其次,有利于合理解释合音语气词和语气词的合音形式,还可以进一步解释整个现代汉语语气词语流合音系统。
② 此处"小句"的概念,借自邢福义和邓思颖。邢福义(1996)认为小句包含由语调体现的语气,邓思颖(2010)认为,语调是现代汉语小句的标句符,词语加上语调就成为小句。
③ 主要参见赵元任(1979)、朱德熙(1982)、方梅(1994)、张伯江、方梅(1999)、张谊生(2000)、齐沪扬(2002)、徐烈炯、刘丹青(2005)。

语篇成分且紧跟停顿^{独有}]。

（三）在句末可以有序连用，最多可以连用三个

相对于古代汉语和方言语气词连用而言（王珏，2011a/2011b），现代汉语语气词在句末连用时严格遵循"的＞了＞呢＞吧/吗＞啊"顺序，最多可以连用三个，且相互之间没有直接的结构关系，而是处于不同层次，即位于右端者层次高于左端。名词、处所词、时间词、动词、形容词、副词、语气副词、助动词等虽然也都能连用，但连用方向及层次相反：左向连用，且位于左侧者层次高于右侧。①以助动词与语气词连用为例对比如下：

（7）他 可能 会 愿意 读书——左向连用且位于左侧者层次高于右侧

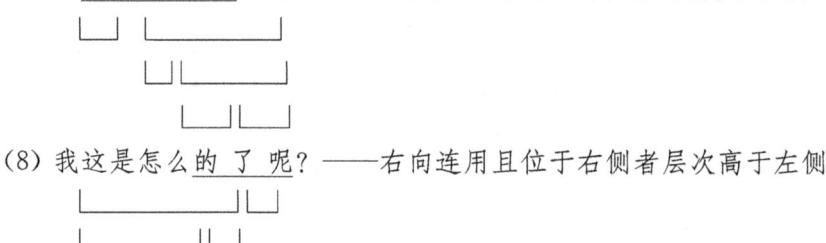

（8）我这是怎么的 了 呢？——右向连用且位于右侧者层次高于左侧

该特点有别于其他词类，可视为语气词的独有特点，记为[＋右向递层连用^{独有}]。

（四）不能重叠

语气词不能重叠，以此区别于动词、性质形容词、部分名词、量词、拟声词，但与介词、连词、结构助词、体态助词、方位词、叹词相同。可见，无论就整个词类系统而言，还是就虚词内部来说，该特点都不为语气词所独有，记作[＋不能重叠^{非独有}]。

（五）不分布于短语层面

语气词不能参与句法结构，不能充当句法成分（主语、补语等），不表示句法成分之间的关系（列举结构暂不考虑），一般不影响句法结构合乎语法或成立与否，②并以此区别于实词、介词、连词、结构助词和体态词。但标记话题的介词、衔接句子的连词、语气副词、助动词和叹词等，也不分布于短语层面。因此该特点不为语气词所独有，而且已经包括在前述[＋后附句子及其语篇成分]的特点

---

① 形容词连用参见马庆株（1995），助动词连用参见马庆株（1988），其他词类连用参见陆俭明（1994）。

② 徐晶凝（2008：133）认为"吗"对于句子的语法结构有影响，石定栩（2009）指出"了₂"对句子的命题有影响，邓思颖（2010）指出"呢"不是语气词，主要作用是"提请对方特别注意自己说话内容的某一点"，有"你不知道吧，让我告诉你"的意味（左思民 2009），应该是焦点（focus）的一种最基本的功能。

里了,可以忽略不计。

4.2.4　功能特点:全部或部分地具有句法—语义功能、情态功能和篇章连贯功能;与句类之间不存在一一对应关系;不出现于句类的核心成员句,只能出现于非核心成员句;具有鲜明的口语对话色彩;标句词。

(一) 全部或部分具有句法—语义功能、情态功能和篇章功能

其他词类往往只具有句法—语义、情态和篇章等三种功能之一,如实词只具有句法—语义功能,语气副词和助动词只具有情态功能,关联词只具有篇章功能,唯独语气词可以具有一种或同时具有两三种功能。该特点可以视为语气词独有特点,记作[＋句法|情态|篇章^{独有}]。

(二) 标句词

标句词假说认为,汉语语气词是用来标示句类的句末标句符,小句是语气词的最大投射。但邓思颖(2010)发现,汉语普通话与方言的语气词只能在根句出现,不能在嵌套小句出现,由此邓文提出,汉语句类最重要、最基本的形式手段是语调,语调构成标句符短语CP(即小句),既可以在根句出现,又可以作为从句出现。"汉语语气词应该位于标句词短语以外的位置,并且只能在根句出现。"在此基础上,笔者(王珏,2011c)提出双标句词假设,认为,汉语句子以句调为第一或强制性标句词(C_1),其最大投射为句调标句词句(C_1P);以语气词为第二或可选性标句词(C_2),其最大投射为语气词标句词句(C_2P)。C_1P和C_2P在充当根句和从句、书语句和口语句、句类核心成员和非核心成员等功能上存在一系列对立和互补,而后者受到较多限制。因此,该特点仅为语气词所独有,可以记作[＋可选性标句词^{独有}]。

(三) 不出现于句类的核心成员句,只能出现于非核心成员句

据吕叔湘(1982)、胡壮麟(1994)、岳方遂(2004)和张德禄(2009)等,该特点可以视为语气词所独有,但是该特点可以认为已经包括在"[＋可选性标句词]"特点里,不需单独设立。

(四) 对话色彩

该特点指语气词几乎只在口语对话里出现。① 其他词类里虽然也不同程度地包括一部分具有语体色彩的词汇,但作为整个词类而具有口语风格者则只有语气词。因此该特点可以视为语气词所独有,记作[＋对话^{独有}]。

---

① 据郭锐(2004:276)统计,在两万字语料(口语和书面语各一万字)里,语气词的出现次数为420次。其中,书面语仅仅出现7次,其余413次都出现在口语里。就出现总数而言,语气词低于介词,高于连词和叹词。

（五）与句类之间不存在一一对应关系

该特点对于整个语气词词类而言大体上是符合的,但个别语气词对于句类的选择却具有明显或十分明显的倾向性,如"吗"只出现于疑问句,"啊、呢"高频出现于疑问句和陈述句,"吧"高频出现于祈使句,"嘛"高频出现于陈述句。因此该特点也可以忽略不计。

4.2.5 小结

以上经过辨析讨论,我们初步筛选出语气词的八个特点,归纳如下表。

表3　现代汉语语气词的特点

	独有特点	共有特点
数量特点		6.＋封闭性
语音特点	1.＋后附小句及其语篇成分且紧跟停顿	7.＋轻声
分布特点	2.＋右向递层连用	8.＋不能重叠
功能特点	3.＋句法|情态|语篇 4.＋对话 5.＋可选性标句词	

五、结　语

初步筛选出的八个特点共同构成现代汉语语气词的特点系统。但该系统还可以进一步"瘦身"。首先,共有特点6~8是语气词与其他词类所共有的,可以忽略不计或作为非原型特点。其次,独有特点里的3是语义特点,不利于具体操作,4属于语用方面的因素,也都可以忽略不计或作为非原型特点。至此,现代汉语语气词的原型特点只有以下三个:

特点一:＋后附句子及其语篇成分且紧跟停顿。

特点二:＋右向递进连用。

特点三:＋充当可选性标句词。

其他特点均作为语气词的非原型特点。这就是我们对于语气词特点的初步认识,敬请方家指正。

参考文献

邓思颖　2010　汉语句类和语气的句法分析,《汉语学报》第1期。

丁恒顺　1984　语气词的连用,《语言教学与研究》第 3 期。
方　梅　1994　北京话句中语气词的功能研究,《中国语文》第 2 期。
房玉清　1981　助词的语法特征及其分类,《语言教学与研究》第 4 期。
郭　锐　2004　《现代汉语词类研究》,商务印书馆。
郭小武　2000　"了、呢、的"变韵说——兼论语气助词、叹词、象声词的强弱两套发音类型,
　　　　《中国语文》第 1 期。
胡明扬　1981　北京话的语气助词和叹词(上、下),《中国语文》第 5~6 期。
胡裕树主编　1995　《现代汉语》(重订本),上海教育出版社。
胡壮麟　1994　英汉疑问语气系统的多层次和多元功能解释,《外国语》第 1 期。
黄国营　1994　句末语气词的层次地位,《语言研究》第 1 期。
金昌吉　1996　《汉语介词和介词短语》,南开大学出版社。
黎锦熙　1957　《新著国语文法》(第 17 版),商务印书馆。
李兴亚　1986　语气词"啊、呢、吧"在句中的位置,《河南大学学报》第 2 期。
刘月华等　1983　《实用现代汉语语法》,外语教学与研究出版社。
陆俭明　1994　同类词连用规则刍议,《中国语文》1994 年 5 期。
吕叔湘　1982　《中国文法要略》,商务印书馆。
吕叔湘　1999　《汉语语法论文集》(增订本),商务印书馆。
马建忠　1882　《马氏文通》,商务印书馆。
马庆株　1988　能愿动词的连用,《语言学通讯》第 3~4 期。
马庆株　1995　多重定名结构中形容词的类别和次序,《中国语文》第 5 期。
齐沪扬　2002　《语气词与语气系统》,安徽教育出版社。
屈承熹　1986　语用学与汉语教学——句尾虚字"呢"跟"嚜"研究,《中南民族学院学报》第
　　　　3 期。
屈承熹　2006　《汉语篇章语法》(潘文国等译),北京语言文化大学出版社。
屈承熹　2008　关联理论与汉语句末虚词的语篇功能,《华东师范大学学报》第 3 期。
石定栩　2009　汉语的语气和句末助词,《语言学论丛》第三十九辑,商务印书馆。
史冠新　2008　现代汉语语气词界说,《山东社会科学》第 10 期。
孙汝建　1999　《语气和口气研究》,中国文联出版社。
王　珏　2011a　单音节语气词系统的语音格局历时变迁初探,待刊。
王　珏　2011b　现代汉语方言语气词南多北少之格局及其原因,待刊。
王　珏　2011c　作为句末标句符的语气词,待刊。
邢福义　1996　《汉语语法学》,东北师范大学出版社。
徐晶凝　2008　《现代汉语话语情态研究》,昆仑出版社。
徐烈炯、刘丹青　2007　《话题的结构与功能》,上海教育出版社。
尹世超　1999　说语气词"哈"和"哈"字句,《方言》第 2 期。

岳方遂　2004　论语气三角和句末点,《安徽大学学报》第6期。
张伯江、方　梅　1996　《汉语功能语法研究》,江西教育出版社。
张　静主编　1979　《现代汉语》(铅印本)。
张　彦　2008　语气词韵律特征研究综述,《语言教学与研究》第2期。
张谊生　2000　《现代汉语虚词》,上海华东师范大学出版社。
张谊生　2002　《现代汉语虚词研究综述》,安徽教育出版社。
赵元任　1926　北京、苏州、常州语助词的研究,《清华学报》第2期;又见《方言》1992(2)。
赵元任　1979　《汉语口语语法》(吕叔湘译),商务印书馆。
张德禄　2009　汉语语气系统的特点,《外国语文》第5期。
周一民　1998　《北京口语语法》(词法卷),语文出版社。
朱德熙　1982　《语法讲义》,商务印书馆。
左思民　2009　《普通话基本语气词的主要特点》,见程工、刘丹青主编《汉语的形式与功能研究》,商务印书馆。

(作者单位　上海交通大学国际教育学院　200030)

语法化视角下的双音节副连兼类词*

丁 健

一、引 言

现代汉语中,有一部分双音节虚词既有连接小句或句子的功能,又有一定的修饰、限定功能,即所谓的"双音节副连兼类词"。主要包括:"不过、不单、不止、诚然、固然、果然、果真、还是、或者、尽管、就是、可是、另外、宁可、宁肯、宁愿、甚而、甚至、万一、唯独、唯有、幸而、幸好、幸亏、只是、自然"等。长期以来,学界在这些词的词类归属问题上一直纠缠于副词、连词和兼类词之间,难以达成一致的看法。同一个词在不同的词典或语法书中被标注成不同词性的现象也并不少见。如何看待这些词的词性,它们的关联功能与修饰功能之间有怎样的联系等等,都是有待进一步探讨的问题。在对外汉语教学中,这些问题也是不容回避且亟待解决的。本文将以语法化学说的视角来重新审视双音节副连兼类词,重点考察几个副连兼类词的形成机制,希望能为解决上述问题提供一种新的思路。

二、副连兼类词词性的判别标准

尽管现代汉语中的副词和连词在功能上有着本质的区别,但两者之间也有交叉、纠葛的情况。赵元任(1980[1968]:652)就曾指出"中文里的连词跟副词很难分得开",他还认为"大多数连接词都是副词性连接词,既作连接用,又作修饰用"。对于这类兼有修饰和关联两种功能的词,我们现在通常称之为副连兼类

---

* 本文是上海市哲社项目"语法化理论与汉语虚词的发展演化"(批准号:2006BYY006)的研究成果之一,在第四届"现代汉语虚词研究与对外汉语教学"学术讨论会(上海,2010年8月)上宣读时,承蒙张谊生、陈昌来、肖奚强等教授的指导,谨致谢忱。文责自负。

词。一般情况下,副连兼类词的这两种功能是在不同的语境中互补分布的,而不是同时作用于同一个句子。因此,我们可以"根据它们所出现的语言环境,根据其不同的分布"来确定它们的词性(张谊生,2000b:146),即"出现在关联场合的是连词,出现在非关联场合的是副词"(周刚,2002:17)。以"只是"为例:

(1) 阿南开着车来接我,往电影院去的路上我们并没有多少话,阿南<u>只是</u>默不做声地开着车。(卞庆奎《中国北漂艺人生存实录》)

(2) 姑娘轻快地笑了:"你大哥人很好,<u>只是</u>太清高,比较起来还是我们志趣相投,有共同的语言……"(陆文夫《清高》)

(1)中的"只是"是副词,(2)中的"只是"是连词。两者的区别就在于"只是"所出现的语境(分句与分句之间)是否具有互相依存的关联性。除了句法功能上的差别之外,副词"只是"和连词"只是"在语义上也存在着差别。副词"只是"强调对某个范围或情况的限定,相当于"仅仅是",而连词"只是"则表示后一分句对前一分句的轻微转折,语气委婉。

实际上,不少辞书在确定副连兼类词的词性时,往往是兼顾功能和语义两方面差别的,而且以语义上的差别为核心标准。以"宁愿"和"幸亏"为例:

(2) a. <u>宁愿</u>牺牲,也不退却。(《现代汉语词典》)
    b. 我们<u>宁愿</u>自己辛苦点儿,也不能让别人受累。(《现代汉语八百词》)
(4) a. <u>幸亏</u>他带了雨衣,不然全身都得湿透。(《现代汉语词典》)
    b. <u>幸亏</u>发现得早,否则就无法挽救了。(《现代汉语八百词》)

上述四句中的"宁愿"、"幸亏"出现在前一分句中时,后一小句中也有关联副词"也"和连词"不然"、"否则"等与之接应,构成"宁愿……也……"和"幸亏……不然/否则……"的关联搭配格式。如果去掉这几个"宁愿"、"幸亏",句子的关联度将受到破坏,单靠后一小句中的关联词,句子是无法成立的。显然,这里的"宁愿"和"幸亏"都处在关联语境中,具有一定的黏附性,因此是连词。

张谊生(2000b:146)、周刚(2002:17)也都认为这些句子中的"宁愿"和"幸亏"是连词。然而,《现代汉语词典》和《现代汉语八百词》都将它们看成是副词。我们认为,用作副词的"宁愿"和"幸亏"应当出现在非关联语境中,具有独立性,在句子中不需要有其他关联词与之接应。如:

(5) 未名社却相反,主持者韦素园,是<u>宁愿</u>作为无名的泥土,来栽植奇花和乔木的人,事业的中心,也多在外国文学的译述。(鲁迅《〈中国新文学大系:小说二集〉序》)

(6) 1996年北京市酒仙桥发生一次地震,该区煤气泄漏,<u>幸亏</u>及时发现修

复,没有造成严重的损失。(赵荣国《浅析现代城市地震火灾和减灾问题》)

分别比较(3)和(5)中的"宁愿",(4)和(6)中的"幸亏",我们可以看到它们在句法功能(关联还是修饰)上的差异。但与"只是"不同的是,"宁愿"和"幸亏"在充当副词和连词时,语义上没有表现出什么差别:"宁愿"都表示人在主观意愿上作出的一种选择,"幸亏"都是指由于某种有利条件的出现而避免了不良的后果。

我们认为,将"宁愿"和"幸亏"看作是副词还是副连兼类词,关键取决于是将语义上的差别还是功能上的差别作为判断词性的一项核心标准。究竟依据哪种标准作出的词性判断更符合客观的语言事实呢?这需要结合副连兼类词的形成机制来考察。

三、副连兼类词的形成机制

语言历时发展的过程总是在持续进行着的,并且这种过程带有渐进性和发展不平衡性的特点,因此会在某个共时平面上出现同一个词兼有修饰和关联两种功能的情况。以往对副连兼类词的描写大多局限于现代汉语的共时平面上,这样就难免会出现同一个词在不同的词典或语法书中被标注成不同词性的现象。因为在共时平面上我们往往无法看到一个完整的从副词到连词的语法化过程,而只是一个处于进行中的语法化实例。

3.1 语境吸收与副词的连词化

我们首先以"果然"为例,来看看副词是如何发展出关联功能,并进而演变为连词的。现代汉语中的"果然"既是副词又是假设连词。例如:

(7) 天哪!只见在一片恶喊鞭啸声中,<u>果然</u>有十几个五花大绑的囚徒从暗影中被拉出来了。(冯苓植《雪驹》)

(8) 好酒好菜都已经摆在桌子上了,架子极大的沙大老板<u>果然</u>是亲自把陆小凤迎接进来的,宴客的花厅里已经挤满了一屋子人。(古龙《陆小凤传奇》)

(9) 方先生<u>果然</u>能来,那真是我们的荣幸!(钱钟书《围城》)

(10) 只有这样做,才能支持长期战争,取得全面胜利。<u>果然</u>这样做了,就一定可以支持长期战争,取得全面胜利。(毛泽东《论持久战》)

从分布上来看,(7)(8)两句的"果然"是副词,(9)(10)两句的"果然"是连词。因为(9)(10)两句中的"果然"位于关联语境中,其所在句子的后一小句的句首有起连接作用的代词"那"或副词"就"。从语义上来看,副词"果然"表示肯定已有事实或结果与预期的或所说的相符,而连词"果然"则强调未然的事件或情况与预期的或所说的相符。我们还可以看到,(9)(10)两例中的"果然"主要是用来对未然事件或情况的施行加以肯定,而并非用来表达"假设"的关联义。句子的关联义主要是由后一分句中的"那"、"就"等词表现出来的。事实上,如果省略这两句中的"果然",并不影响前一分句的假设义,只是前后分句间的连贯性有些减弱。但如果省略了"那"、"就"等词,就会极大地减弱句子的假设义。可以肯定,这种表示"假设"的关联义不是"果然"本身所具有的,而是由于"果然"和后一分句中这些起连接作用的词的共现才使其具有了假设义。

历史上,连词"果然"出现得较晚,而且使用频率也不高①,主要见于明清时期的白话小说中。例如:

(11)<u>果然</u>行者肯来,我就与他一路来了;他若不来,你却也不要望我,我也不来了。([明]吴承恩《西游记》第二十八回)

(12)侍书等听说,便出去说道:"你<u>果然</u>回老娘家去,倒是我们的造化了。只怕舍不得去。"([清]曹雪芹《红楼梦》第七十四回)

和现代汉语中的用法一样,近代汉语中的"果然"也是主要用来对未然事件或情况的施行加以肯定的,需要和后一小句中的"就"、"倒"等起连接作用的词相配合才能表达假设义。

"词的意义和功能总是在一定的语境之中才得到体现","在词汇语法化过程中,语境影响也是一个值得注意的因素"(刘坚等,1995)。虚词在使用过程中会将其所处的语境(上下文)表达的意义吸收进来,从而影响其自身语义发生变化(沈家煊,1998),这种现象我们称之为"语境吸收"。副词"果然"原本并没有表示假设条件的关联功能,但由于它经常出现在表达"假设—推论"这一命题意义的复句的前一小句中,这样,语境所表达的特定的逻辑义就会不断被"果然"吸收进来。随着"果然"在该语境中使用频率的提高,这种语境义也就逐渐固定化,最后成为"果然"本身所表达的语义,连词"果然"也就形成了。像例(11)这样的句子,"果然"与"若"在并列的两个句子中前后对举,显然作者是将其看作一个假设连词的。因此,"语境吸收"是副词语法化为连词的根本机制。具体就副词"果然"所出现的语境而言,其在形式上有以下两种表现:

第一、前后小句间有"假设—推论"的逻辑关系,但没有引导假设条件的标记

---

① 根据李小平(2007)的统计,连词"果然"最早见于唐代,在唐代文献中仅见1例,宋代文献中仅见4例。

词。如：

(13) 比干上台,月光下一看,<u>果然</u>如此,个个有仙风道骨,人人像不老长生。([明]许仲琳《封神演义》第二十五回)

(14) 那老两口儿听了,连连的作揖下拜,说道:"<u>果然</u>如此,我们来生来世就变个骡变个马,报姑娘的好处。"([清]文康《侠女奇缘》第七回)

同是状中短语"果然如此",在(13)中是个表示判断的小句,在(14)中则是个表示假设的小句,这完全取决于语境所隐含的意义:(13)中"果然如此"与其后的句子在内容上构成同位关系,(14)中"果然如此"之后的句子是在假定"如此"成立的基础上推论的结果。

第二、前后小句间有"假设—推论"的逻辑关系,并有引导假设条件的标记词。如：

(15) <u>果然</u>若来时,和他吃几杯儿酒,添些春兴,抅搭帮放翻他。([元]张寿卿《谢金莲诗酒红梨花》)

(16) 张千道:"若<u>果然</u>谋害了你丈夫要走脱时,我弟兄两个又到这里则甚?"([明]冯梦龙《喻世明言》第四十卷)

以上两例中评注性副词"果然"与假设连词"若"连用,句子的假设义是由"若"来表达的,"果然"本身并没有假设义。这种现象在现代汉语中依然存在。如：

(17) 要是大哥<u>果然</u>同梅表姐结了婚,那真是人间美满的事情。(巴金《家》)

正因为"果然"高频地使用于表达"假设—推论"逻辑关系的语境中,受这种语境义的影响,久而久之人们"观察和推理的角度、认知和分析的角度"也发生了变化(张谊生,2000),认为假设的关联义是由"果然"所表达的,副词"果然"也就被重新分析为一个假设连词了。

3.2 主观化与连词化

说话人往往在说出一段话的同时也表明了自己对这段话的立场、态度和情感,从而在话语中留下了自我的印记。语言的这种特性被称为"主观性"。"主观化"则是指语言为表现主观性而采用相应的结构形式或经历相应的演变过程。(沈家煊,2001)从副词到连词的转化是因为语境义在特定条件下被虚词所吸收,并逐渐固定化,而在这转化过程中,主观化起了决定性的作用。因为汉语史上发生连词化的副词都是评注性副词和限制性副词,没有描摹性副词,而这两类副词在使用时往往都带有说话人的主观性。如果语境义与副词隐含的主观性相符的话,就会加速副词连词化的进程,反之,就会阻滞副词连词化的进程。可以说,语

境吸收与主观化这两个过程是同步进行的。以"尽管"为例,现代汉语中的"尽管"兼有副词和连词这两种词性:

(18) 她正在左右为难,余静开口了:"阿英,有啥事体,尽管对我说好了,自家姐妹,不是外人,有啥不好说的。"(周而复《上海的早晨》)

(19) 在这个历史时期,尽管不少国家同中国还没有建交,但是友好团体和民间人士的往来络绎不绝,中国在世界上发挥越来越重要的作用。(力平《周恩来传》)

(18)中的"尽管"是副词,表示"没有条件限制,可以放心去做"的意思,相当于"只管"。(19)中的"尽管"是让步连词,相当于"虽然",与后一分句的转折连词"可是"相呼应。

从无条件限制副词到让步连词的演变,与说话人主观表达中的意义转移有关,既是语法化的过程也是主观化的过程。弄清楚副词"尽管"的主观化过程,有助于了解连词"尽管"是如何形成的。连词化了的"尽管"出现的时间很晚,最早见于在清代白话小说中。例如:

(20) 椒花子曰:"吾不畏汝,尽管将旗插下,椒老子也要撞上一撞。"([清]魏文中《绣云阁》第五十六回)

(21) 陶子尧看了,尽管有点耽心事,却也只能去找魏翩仞、仇五科密谋对策。([清]李宝嘉《官场现形记》第九回)

不过,此时连词"尽管"的用例还很少,更多的还是副词"尽管"的用例,例如:

(22) 什么事他都一力担当,叫你尽管放胆做事。([清]曾朴《孽海花》第三十一回)

比较(18)(22)两例,我们可以发现,副词"尽管"表示的意思并不是"没有条件限制",而是"有一定的条件限制",并且这种条件对后面实施的行为而言是积极的。① 例(22)的意思就是在"什么事他都一力担当"这种条件的限制下,"你可以放胆做事"。如果将限制条件改为"什么事他都不管"的话,这个句子就不成立了。(18)中这种限制条件则被放到了"尽管"引导的小句的后面,即"自家姐妹,不是外人,有啥不好说的"。同时,副词"尽管"还隐含着说话人主观上对其后动作行为实施的"极大量"的肯定。因此,我们可以将副词"尽管"的语义表述为"将动作行为限制在积极条件下,使其可以最大化的实施"。

---

① 这里说的"积极"只是指限制条件有利于动作行为的实施,与动作行为本身是否是正面的以及说话人对该行为的评价是否是正面的等问题都无关。下文中的"消极"也同理。

可见,副词"尽管"在使用时已经带上了说话人的主观情感和态度,即在一定条件下支持、鼓励某种行为的实施。由于说话人主观上对施行某种行为的强调,有时即使有消极条件的制约,说话人主观上仍然认为行为可以照常实施。这样,副词"尽管"就在语用推理的作用下产生出了"让步"的功能,表示"姑且承认某种消极限制条件"的语义。随着这种语用推理的反复运用和"让步"语义的逐步凝固化,最终形成了让步连词"尽管"。(20)就是副词"尽管"在主观化的作用下刚刚转化为连词时的非常典型的例子。句中的"尽管"是依违于副词和连词两可之间的:如果只看前两个小句,"尽管"是副词,语义上相当于"只管";如果只看后两个小句,"尽管"与后面的"也"相搭配,是一个表"让步"义的连词。不过从语法化的角度来看,我们认为将其看作是形成之初的连词更符合语言发展的规律。

那么,为什么副词"尽管"可以兼表条件限制和行为实施这两种语义,而连词"尽管"却只能表示条件限制义呢?"这种不对称的原因来自人们的'期待'心理"(沈家煊,1999:110),也就是说"在积极条件下最大化实施某种行为"符合人们的正常期待,而"在消极条件下仍可以实施某种行为"则不符合人们的正常期待。这样,连词"尽管"就只能表示消极条件限制的"极大量",而肯定行为实施的语义则需要用转折连词引导的另一个小句来表示。这种以消极条件限制的最大化来肯定动作行为为正常实施的"反期待心理"的表达方式,更能体现出说话人在话语表达时所带有的主观性。

随着主观化的进一步发展,连词"尽管"不仅能表示对限制某种动作行为施行的消极条件的让步,还能表示对限制某种性状表现或某种情况变化的消极条件的让步,例如:

(23)钟离权年纪<u>尽管</u>小,做事却还老练。([清]无垢道人《八仙得道》第四十五回)

(24)<u>尽管</u>谭氏竭尽心力,丈夫的病仍没有起色。([民国]曹绣君《古今情海》卷二)

这表明,连词"尽管"的主观性已经由表达主观情感的功能发展出主观评价的功能了。

除了上面论述的"语境吸收"和"主观化"两种机制的影响之外,副连兼类词的形成还与语法化的"保持原则"(沈家煊,1994)和汉语语法的特点密切相关。从副词到连词的语法化是个连续的渐进的过程,当副词演化出连词之后,还会继续保持原来副词的功能,两种功能有可能会在很长一段时间内共存,其结果就是同一个词形既表副词又表连词。此外,"当一个形式经历从词汇形式到语法形式的语法化时,它往往会丧失原有的形态句法属性"(Hopper and Traugott,2003:107),但由于汉语不依赖严格的形态变化来表达语法关系和语法意义,所以在从副词语法化为连词的过程中我们无法依靠形态标准将已经语法化了的连词和原来的副词完全地区分开来,这也是副连兼类词的词性难以确定的一个重要原因。

四、副连兼类词的本质与属性

通过对副连兼类词语法化机制的分析,我们可以清晰地看到,通常所说的副连兼类词实际上并不是共时平面上一个单独的词类,而是对同一个词形在不同历史时期上不同表现的一个总括,是一种不匀质的语言现象。我们可以运用"语法化链"来更深入地分析这个现象。Heine,et al. (1991)较早系统地论述了这个概念:"语法化链"是根据家族相似范畴定义的一个用来解释语言的结构,"反应了语言学中从比较'具体'的内容到比较'抽象'的内容的变化过程中所发生的现象,它使这个过程的重建成为可能"(Heine,et al.,1991:221)。这种"链"结构通过不同范畴之间的语义关系体现出这些范畴的语法化程度及其所属认知域之间的关系。我们认为,虚词的形成过程也表现为一条连续的链而不是几个独立过程的排列,具体到副连兼类词,则正如某条链上相互紧扣的两个链环(包括中间的链结点),其结构表现如下图所示:

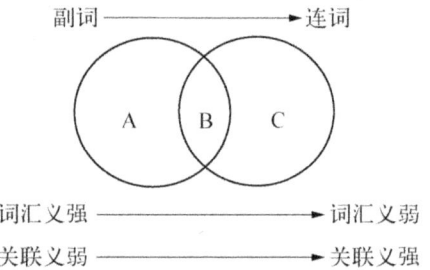

在这段语法化链中,A 代表典型的副词,如例(18)的"尽管",C 代表典型的连词,如例(19)的"尽管"。词汇义的强度由 A 到 C 逐渐减弱,相反,关联义的强度则由 A 到 C 逐渐增强①。两个范畴间的链接部分 B 代表正处在语法化进程中的"中间状态",它的语义和功能与相邻的两个范畴都有交叉,如例(20)的"尽

---

① 关联义具体表现为:事理上的关联(如"不但"),逻辑上的关联(如"果然"),心理上的关联(如"不过")。

管"。这是语法化"渐变原则"导致的结果。因为语法化的进程是渐变的而非突变的,所以"一个词由 A 义转变为 B 义,一般总是可以找出一个中间阶段既有 A 义又有 B 义"(沈家煊,1994)。随着语法化程度的加深,语境中的关联义会逐渐地渗透到副词原本的语义中并凝固化,因此中间状态 B 最终会变成一个合格的连词。我们认为,像(3)中的"宁愿"、(4)中的"幸亏"等这样的词都是语法化进程中的中间状态,对应于链结构中的 B。它们在词汇义上与原来的副词没有什么差异,但由于语境吸收机制的作用(在形式上表现为与后一小句中起连接作用的词的配合使用),已经具备了部分的关联义。对于这类词,我们当然可以从研究的角度考虑将其处理为副词连词化的中间状态。但从教学的角度和语言发展的客观规律出发,我们将其看作连词更为妥当。因为根据我们对这两个词在人民网语料中的抽样统计来看,每 500 个句子中,具有关联功能的"宁愿"和"幸亏"分别占到 380 句和 347 句。高频的使用足以证明在现代汉语中这三个词的关联功能要比修饰功能更为凸显。因此,在共时层面上判断副连兼类词的词性时,应当以功能上的差别为核心标准。

语法化链是对语法范畴之间历时演变关系的体现,但由于语法化"保持原则"(沈家煊,1994)的作用,不同历史层次的语法现象会投射到同一个共时平面上,表现为历时演变中几个相邻的语法范畴(包括链节点)共存于某个共时平面。我们认为,现代汉语中副连兼类词的本质就是"副词语法化为连词的历时演变过程在共时平面上的投射"。不过由于语法化程度上的差异,不同的词在共时平面上所投射的历时过程也是有所差异的。比如,"只是"、"尽管"等投射的是副词和连词这两个历时阶段(连词化完成之后,中间状态就不再存在了),而"宁愿"、"幸亏"、"果然"等投射的是副词和中间状态这两个历时阶段,表明这些词目前还正处于连词化的进程中。

以往我们认为副连兼类词的属性就是既有修饰功能,又有关联功能。实际上,这两种功能在具体的兼类词中的表现是不同的:对已经完成连词化的兼类词而言,这两种功能总是互补出现的;而对正处于连词化进程中的兼类词而言,就有可能出现在同一个句子中既表修饰,又表关联的情况。不过,根据共时层面中关联功能较修饰功能更为凸显的分布情况,我们将已经发生连词化的中间状态也看作是连词。这样,在具体的句子中不是副词就是连词,我们可以将根据语境判定词性的办法彻底地贯彻下去。这种处理方式对于语法教学是很有用的。

综上所述,副连兼类词的属性有以下几点:

a. 副连兼类词不是共时平面上一个单独的词类,而是对共时平面上同一个词形在不同历史层次上表现的一个总括。

b. 副连兼类词是人们对词进行归类时抽象出的一个总括的概念,在具体的言语表达中只能呈现出其中的一种功能。

c. 对于副连兼类词的词性,要根据其所出现的语境来判定:出现在关联语境中的是连词,出现在非关联语境中的是副词。

d. 副连兼类词的内部存在着语法化程度上的差异,有的已经完成了连词化,有的正处于连词化的进程中。

e. 副连兼类词的数量很少,在词汇上是一个封闭的类。①

五、余 论

在对外汉语教学语法中,我们一般将"兼类词"定义为:"指同字形、同音且意义上有极为密切关系而词性不同的词"(陆俭明,2005:51)。在实际教学中,我们发现"同字形"和"同音"很容易判断出来,但是"意义上有极为密切关系"却很难把握。究竟怎样才算意义上有密切关系,判断意义上是否有密切关系的标准又是什么?由于对这个问题没有清晰的认识,所以就会出现在处理"锁$_1$"(把门锁上)和"锁$_2$"(一把门锁)这类现象时有人认为是兼类词,有人认为不是兼类词的情况了(陆俭明,2005:48,51)。

就副连兼类词而言,这种意义上的密切关系是由副词连词化的过程所体现出来的。我们认为,无论是实词和虚词之间的兼类现象,还是语法化程度较低的虚词和语法化程度较高的虚词之间的兼类现象,在意义上的关系都是由语法化的进程所造成的,即表现为实在的词汇义与较虚的功能义,或较虚的功能义与更虚的功能义之间的"虚化"关系。

显然,对这种意义关系的把握需要有较高的汉语史素养,而这却是以非汉语为母语的学生所普遍缺乏的。同时,我们也已指出,兼类词只是一个对词进行归类的抽象概念,在具体的言语表达中只能呈现其中一种功能。因此,在对外汉语教学中,我们可以不必给学生讲解"兼类词"这个概念,而应该将兼类词当作两个词来处理。比如,"我另外补充了几点意见"中的"另外"就是副词,"他家新买了一台电视机,另外还买了一台洗衣机"中的"另外"就是连词。只要在不同的句子中分别标出这两个词的词性即可,而没有必要讨论这两个词之间的意义关系。

---

① 相反,如果副词和连词大部分交叠,两者就没有分类的必要,可以看作是一个词类了。

用来判断这些词在不同句子中的词性的标准就是根据它们在具体语言环境中不同的分布。不过在培养对外汉语教学师资时,我们就有必要结合汉语语法化的研究成果向他们解释清楚诸如"副连兼类词"之类的与虚词教学有关的问题。

还有一点值得注意的是,理论上语法化链上的中间状态都会进一步虚化为连词,但事实上却不一定。(9)、(10)两例中的"果然"既有修饰功能,也有关联功能,属于中间状态的词,但在现代汉语中,其作为连词的关联功能不仅没有得到进一步发展,反而明显有向表单一修饰功能的副词"回退"的迹象。根据我们对从人民网中抽样的 500 个带有"果然"的句子的统计,像(9)、(10)那样处在关联语境中的"果然"的用例为零。相反,与"果然"同义的副连兼类词"果真"用作假设连词的例子则占到了 500 个样本句中的 175 句。这是语法化"择一原则"作用的结果。因为某种语法范畴一旦发生了语法化,必然会同那些与它在语法意义和语法功能上接近的语法形式展开竞争,"经过筛选和淘汰,最后缩减到一二种"(沈家煊,1994)。假设连词"果然"与"果真"在连词化的同时也在开展相互间的竞争,可能由于"果真"的口语化程度比"果然"要高,所以在竞争中成功地排挤了"果然"。我们可以推断,随着"果然"充当连词的功能不断衰退,用频不断降低,在不久的将来,副连兼类词"果然"将会变成语义和功能都单一的副词"果然"。

参考文献

李小平　2007　"果然"的成词过程及用法初探,《东方论坛》第 1 期。
刘　坚、曹广顺、吴福祥　1995　论诱发汉语词汇语法化的若干因素,《中国语文》第 3 期。
陆俭明　2005　《现代汉语语法研究教程(第三版)》,北京大学出版社。
吕叔湘主编　1999　《现代汉语八百词(增订本)》,商务印书馆。
沈家煊　1994　"语法化"研究综观,《外语教学与研究》第 4 期。
沈家煊　1998　实词虚化的机制——《演化而来的语法》评介,《当代语言学》第 3 期。
沈家煊　1999　《不对称和标记论》,江西教育出版社。
沈家煊　2001　语言的"主观性"和"主观化",外语教学与研究第 4 期。
张谊生　2000　论与汉语副词相关的虚化机制——兼论现代汉语副词的性质、分类与范围,《中国语文》第 1 期。
张谊生　2000　《现代汉语虚词》,华东师范大学出版社。
赵元任　1968　《中国话的文法》(丁邦新译),香港中文大学出版社。
中国社会科学院语言研究所词典编辑室　2005　《现代汉语词典(第 5 版)》,商务印书馆。
周　刚　2002　《连词与相关问题》,安徽教育出版社。
Heine, Bernd. Ulrike Claudi, and Friederike Hünnemeyer 1991 *Grammaticalization: A*

Conceptual Framework, University of Chicago Press.

Hopper, Paul J. and Elizabeth Closs Traugott 2003 *Grammaticalization (Second Edition)*, Cambridge University Press.

(作者单位 上海师范大学语言研究所 200234)

虚词语义标记功能羡余与羡余度等级*

邵洪亮

一、引 言

本文将语义的概念限定在狭义上的语义,即排除语用意义后的影响真值条件的意义。

在特定的条件下,一些虚词用与不用并不会对句子的基本语义及其合法性产生影响。这是不争的事实。因此,吕叔湘(1999：8)在谈及现代汉语语法特点时,把"常常省略虚词"作为其中的一个特点,并举出省略掉介词的例子。例如:

(1) a. 他能(　　)左手写字。|我(　　)前头带路。
　　 b. (　　)无线电我是门外汉。|(　　)这个问题他心里有底。|
　　　　(　　)什么事情他都抢在前头。

a组的前一例省去了表示工具的介词"用、拿",后一例省去了表示空间的介词"在";b组的各例省去了表示对象的介词"关于、对于"。句中虽然省去了某个介词,但句中NP的语义角色仍然是明确的。实际上,我们还可以举出大量的虚词可用可不用的例子,不仅是具有题元标记功能的介词的省略,还包括具有其他语义标记功能的虚词。例如:

(2) a. 我在操场上打球。　　　　a'. 我在操场打球。
　　 b. 你把书包放在桌上。　　　b'. 你把书包放桌上。
　　 c. 我刚才在食堂吃的饭。　　c'. 我刚才在食堂吃饭。

---

* 本文系教育部社科青年项目(06JC740011)和上海市哲社青年课题(2009EYY003)的成果之一。本文在"第四届现代汉语虚词研究与对外汉语教学学术研讨会"(上海,2010)宣读时得到肖奚强等先生的补充意见,谨致谢忱。

d. 我在北京工作了五年了。　　d'. 我在北京工作五年了。
e. 我已经写了回信了。　　　　e'. 我写了回信了。
f. 他小时候曾经上过三年小学。　f'. 他小时候上过三年小学。
g. 这个问题一直讨论了两个多小时。　g'. 这个问题讨论了两个多小时。
h. 包裹海运大概要一个月左右。　h'. 包裹海运要一个月左右。
i. 那些孩子们真可爱啊！　　　i'. 那些孩子真可爱啊！
j. 小心别摔跤！　　　　　　　j'. 小心摔跤！

例(2)左栏的句子与右栏的句子的基本语义都相同。其中，(2a)(2b)与(2a')(2b')，虚词的隐现未影响到相同 NP 的语义角色；(2c)~(2g)与(2c')~(2g')，虚词的隐现未影响到时体表达；(2h)与(2h')，虚词的隐现未影响到约量的表达；(2i)与(2i')，虚词的隐现未影响到数的表达；(2j)与(2j')，虚词的隐现未影响到否定的表达。有的甚至连语用上的一些细微差别也很难区分。面对汉语某些虚词可用可不用的现象，我们通常的解释是：汉语是分析型语言，虚词作为一种添加手段，标记某种语法意义不像印欧语等形态语言的屈折变化那么固定。相对于印欧语在词汇层面上的形态变化，汉语虚词的使用是在句法层面上对形态缺失的一种补偿，其使用具有一定的灵活性。所以出现虚词常常省略（可用可不用）的现象便很正常了。

说虚词的使用具有"一定的灵活性"揭示的还只是一种表象，或者说揭示的是虚词可以隐现的可能性。并未揭示出虚词隐现背后的真正动因。我们不禁要问：为什么同一个虚词，在有些句子中，它的隐现不影响基本语义，而在另外的句子中，它的隐现就影响到句子的基本语义，甚至影响到句子的合法性了呢？例如：

(3) a. 书包在桌子上放着。　　　×a'. 书包在桌子放着。
b. 我在日本面条吃腻了。　　≠b'. 我日本面条吃腻了。
c. 中午我在食堂吃的饭。　　≠c'. 中午我在食堂吃饭。
d. 我在北京工作了五年了。　≠d'. 我在北京工作了五年。
e. 我已经在上海住了十年。　≠e'. 我在上海住了十年。
f. 我曾经想当飞行员。　　　≠f'. 我想当飞行员。
g. 我一直在开会。　　　　　≠g'. 我在开会。
h. 航空信大概三天会到。　　≠h'. 航空信三天会到。
i. 孩子们真可爱啊！　　　　≠i'. 孩子真可爱啊！
j. 别走！　　　　　　　　　≠j'. 走！

看来,需要进一步探讨的关键问题是:在什么样的条件下,某个虚词的隐现不影响句子的基本语义;在什么样的条件下,某个虚词的隐现影响句子的基本语义或句子的合法性?即汉语虚词在一定条件下使用上的灵活性,深层的原因到底是什么?这个问题正是本文研究的一个出发点。本文主要从语义功能的角度加以解释。

二、虚词的语义标记功能

虚词的语义标记功能,当属句法语义的范畴。虚词作为一种语义标记,主要是通过影响特定的范畴义和实词与实词之间的关系义来影响句子的真值义,进而影响句子合法性和可接受度。虚词的语义标记功能从大的方面概括,主要包括以下几类:

(一)题元标记功能。题元标记功能又称"赋元功能"、"赋格功能"。所谓的"题元",即一个名词性成分(NP)在句中承担何种语义角色。虽然现代汉语区分NP语义角色的手段可以有多种,包括通过动词的语义特征、通过NP本身的语义特征、通过NP的句法位置(语序)等,但通过添加成分(依靠特定的虚词),是区分NP语义角色的一个重要手段。虚词是一种显性的题元标记成分。现代汉语虚词中,能够作为特定题元义的标记成分的,主要包括:1.前置介词,如"在""从""被""把""和""对""为了""按照"等;2.一些词汇意义虚化了的方位词,如"上""中""里"等;3.个别助词,如比况助词"似的"以及被悬空的"被""把""给"。①

(二)时体标记功能。所谓的"时体"范畴,实际上包含着两个次范畴:一是"时"(tense),又叫"时制";二是"体"(aspect),又叫"时态"。因此,时体标记功能又分时制标记功能、时态标记功能。"时"和"体"是一对既有联系又有区别的范畴。"时"和"体"都是用来表示事件的时间信息,但"时"着眼于表示事件何时发生,即标记事件发生的时间在时间轴上相对于说话时间的位置;"体"强调事件在某个参照时间(可能是说话时间,也可能是另外给出的参照时间)中处于进程中的何种阶段,显示何种状态。汉语中,动词本身的形态没有任何变化,"时"主要

---

① 几乎所有的语法理论都认为,介词后面是不能悬空的。当"被"、"把"、"给"被悬空,直接位于VP前,一般认为它们已经从介词进一步虚化为助词,而不再认为是介词了。虽然"被"、"把"、"给"悬空,已无所谓对其后面未出现的NP的赋元功能,但仍对其前面的NP具有一定的题元标记功能。例如"那只老母鸡早已被吃了"这句话,如果没有其中的助词"被",NP"老母鸡"的受事题元义是不明确的。

通过词汇手段体现,包括使用时间名词(如"昨天""眼下")、时间短语(如"去年的今天""他到日本前")。不过,现代汉语虚词中,个别时制助词(如"的"、"来着"、"以来"、"来"等)和一些时间副词(如"曾经"、"一度"、"业已"、"从来"、"终于"、"至今"、"迟早"等)也具有"时"的标记功能。① 陆俭明、马真(1999:98)认为,通常所说的时间副词,大多不表示'时',而表示'体'。这个结论与我们的考察结果一致。我们也未找到专职表示"时"的时间副词,上面列举的时间副词也都是标记"体"的同时兼有"时"的功能。只有定时时间副词才兼有"时"的功能,而不定时时间副词标记的是"体",对"时"则是不限定的。现代汉语虚词中,能够作为"体"意义的标记成分的,主要包括:1. 时态助词,如"着"、"了"、"过"等;2. 时间副词,如"将要"、"正在"、"一直"、"曾经"、"已经"等;3. 一些意义虚化的趋向动词,如"起来"、"下去"、"下来"等。

(三)数量标记功能。数量范畴包括"数量"和"级量"两个次范畴,区别在于是否能用数量词语显示其可数性。给空间和时间记量是可数的,性状没有数的区别只有级的差别。其中"数量"范畴又可以分为"数"和"量"两个次范畴,主要区别在于是否有量词参与记量。"数"又有"基数"和"序数"的区别。"量"又有"小量"、"大量"、"全量"之别。另外,人们对客观世界数量关系的表述有精确和模糊之分,所以数量范畴又有"确量"和"约量"之分。就现代汉语虚词来看,能够作为各种数量特征的标记成分的,主要限于:A. 程度副词,如相对程度副词"最"、"更"、"比较"、"稍微"等,绝对程度副词"太"、"过于"、"很"、"非常"、"十分"、"有点儿"等;B. 范围副词,如统括性范围副词"全"、"都"、"通通"、"一共"等,限定性范围副词"最多"、"只有"、"最少"、"至多"、"足足"、"大概"、"大都"等;C. 表数助词,如"第"、"初"、"来"、"把"、"多"、"左右"、"上下"等;D. 限定助词"们"。②

(四)否定标记功能。肯定与否定是一组对立的语义范畴。肯定传达的是确定的内容,否定传达的则是对确定内容的否认。沈家煊(1999:43-57)从标记理论的角度,根据使用频率、分布范围、组合形态等标准,认为肯定是无标记项,否定是有标记项。否定词就是一个多加的标志。现代汉语虚词中,能够作为否定意义的标记成分的,主要限于否定副词,如"不"、"没(有)"、"别"、"非"、

---

① 参见陆俭明、马真(1999:99-103)、张谊生(2004:175)。
② 程度副词主要标记量级;统括性范围副词主要标记全量;限定性范围副词标记约量;表数助词"第"、"初"、等主要标记序数,"来""把""多""左右""上下"等主要标记约量;限定助词"们",具有复数的辅助标记功能。

"休"、"勿"、"甭"等。

因为本文的语义限定在排除语用意义后的影响真值条件的意义。因此,虚词的另外一些标记功能,如话题标记功能、焦点标记功能、关联标记功能、语气标记功能等,不在本文所要讨论的语义标记功能之列,因为它们本身不影响句子的真值条件意义。但是有些虚词具有语义标记功能的同时还具有一定的语用功能。有时,语义功能和语用功能的界限比较模糊。比如"我刚才在学生食堂吃的饭"中的"的",一般认为是表示过去时制的一个语义标记词。但也有一些学者提出"的"在句中并不是什么过去时制的标记成分,而是表达了强调确认语气功能的语气成分。① 如果持这种观点,那么"的"的功能应该是语用上的。我们认为,其中的"的"确实有指明焦点和强调确认的功能,不过,考虑到"的"的时制功能的有无影响到句子的基本语义,如"你什么时候回的国"、"你什么时候回国的"和"你什么时候回国"在时制上的差别是明显的(它们唯一的形式区别就是"的"的有无),而"的"指明和确认功能的有无影响的只是句子的语用义。因此,我们姑且认为时制功能是"的"的基本功能。事实上,认为"的"(特别是位于句末具有时制功能的"的")是语气标记成分(通常所说的语气助词)或者是时制标记成分(通常所说的时制助词),在具有时制功能这一点上是不相排斥的:如果看作语气标记成分,可以认为它是"具有表示已然时制功能的语气助词";如果看作时制标记成分,可以认为它是"兼有确认语气功能的时制助词"。我们举"的"的例子,目的就是为了说明,尽管语义标记功能有别于语用标记功能,但有时候虚词的语义标记功能与其他一些语用标记功能并不能一刀切。

三、虚词语义标记功能的羡余

按理,虚词所具有的语义标记功能在句中是不能缺失的。但是当这种标记功能由句子中其他成分或手段体现了,那么该虚词的语义标记功能羡余而不影响句子的基本语义。

造成某个虚词语义标记功能羡余的成分与手段,主要有以下几类:

(一)虚词。其他虚词的标记功能蕴含了该虚词的语义标记功能而造成羡余。其他虚词又可以分为同类虚词和不同类虚词。

---

① 陈国亭、陈莉颖(2005)认为,"的、正(在)、呢、来着"不用来指示时间或表达体意义,它们是起元语言确认(断定)功能的。

同类虚词之间的语义标记功能羡余的情况并不多见,主要是:

A. 介词之间,如"他<u>来自于</u>偏僻的农村"中同为处所题元标记的"自"和"于",其中"自"比"于"有着更为具体的题元标记功能,表示"起始点",蕴含了"于"的处所题元标记功能,因此,"于"在该句中的处所题元标记功能是羡余的。

B. 副词之间,如"他<u>一直</u><u>不停</u>地说"中的"一直"和"不停"都具有"长持续体"的标记功能,因此,它们在体标记功能上是互为羡余的。

C. 助词之间,如前例(2d)中的句末语气助词"了$_2$"兼有实现体和肯定语气的标记功能,其功能已经蕴含了句中时态助词"了$_1$"的实现体标记功能,因此,"了$_1$"的体标记功能是羡余的。①

不同类虚词之间的语义标记功能羡余的情况,主要涉及:

A. 介词与方位词,如前例(2b)中同为处所题元标记的"在"和"上",其中方位词"上"还具有位置和维向的"指别功能"②,比介词"在"有着更加具体的题元义,它实际上已蕴含了抽象的处所题元义,因此,"在"的处所题元标记功能是羡余的。

B. 介词与助词,如"虫子<u>被</u>我们<u>给</u>消灭光了"、"衣服<u>让</u>他<u>给</u>晾干了"中的介词"被"、"让"和助词"给"都具有施事题元的标记功能,因此,它们在施事题元标记功能上是互为羡余的。

C. 副词与助词,如前例(2f)中时态副词"曾经"和时态助词"过"都具有经历体的标记功能,因此它们在体标记功能上是互为羡余的。不过,在体标记的选择使用上,人们倾向于使用那些虚化程度更高的形式,因而,单独使用"曾经"表达经历体是有一定的条件限制。③ 又如前例(2h)中限定范围副词"大概"和表数助词"左右"在约量的标记功能上也是互为羡余的。

(二)实词。某一实词语的部分语义特征与该虚词的语义标记功能构成羡余。比较典型的情况如下:

A. 意义抽象的方位词附在典型的时地名词语后,方位词的处所题元或时间题元的标记功能是羡余的。如前例(2a)中的"<u>操场</u>",又如"<u>墙头</u>上站着些人"、"你<u>假期</u>里去哪儿旅游"中的"墙头"、"假期"都是典型的时地名词语,因此,方位

---

① 参见邵洪亮(2010b)。
② 参见储泽祥(2004)。
③ 体标记可占据的语法位置包括:动词前、句尾、词尾。一般认为,词尾位置语法化程度最高,动前状语位置,语法化程度相对较低。龚千炎(1995)观察到,汉语的副词"将要"和"正在"是必有成分,没有它们便不能表示该种时态。"曾经"和"已经"是可有成分,没有它们还可以通过时态助词"过"和"了"表示该种时态。

词"上"、"里"在句中的赋元功能是羡余的。

B. 方位词与要求带处所词语的 VP 共现时,方位词的处所题元标记功能也是羡余的。尽管有些 NP 本身既可表示处所,又能表示事物,但当它在要求带处所词语的 VP 后作宾语时,一定表示处所。即要求带处所词语的 VP 对其后的 NP 有"择定功能"。如"孩子们欢快地跳入<u>水池</u>中"中的"水池"位于要求带处所词语的 VP"跳入"后,其处所题元义是明确的,因此,方位词"中"在句中的赋元功能也是羡余的。

C. 介词"在"附在典型的时地名词语之前,其赋元功能是羡余的。如"我<u>在</u>明天动身"中"在"的隐现不影响"明天"作为时间题元的角色。

D. 表复数的指量短语"这些"、"那些"与表数助词"们"一起配合使用时,"们"的复数标记功能是羡余的。如前例(2i)。

(三)语序。有时 NP 的句法位置可以帮助区分 NP 的语义角色,这就使得某些虚词的题元标记功能羡余了。比如,介词"被"在受事主语句中的题元标记功能经常是羡余的,如"歌本儿<u>被</u>别人借走了"中"被"的隐现不影响句中 NP 的题元义。当然,要使"N受＋N施＋VP"这样的受事谓语句被接受,其中 NP 的语义特征,特别是它们的"生命度等级"和"控制力强弱"起了非常重要的作用。当一个及物动词支配的两个 NP 与动词之间,以及两个 NP 之间的关系表现得十分明确的话,"N受＋N施＋VP"是很容易被接受的,比如,"苹果"、"我"、"吃"三者之间的关系是非常明确的,所以"苹果我吃完了"中 NP 的题元义是明确的,句子的可接受度也是很高的。而"树梢"、"斜阳"、"涂"三者之间的关系是比较抽象和模糊的,所以"×树梢斜阳涂上一层金色"中 NP 的题元义便表现得难以捉摸,因此,这样的句子是不能被接受的。

(四)构式。某些固定句式、结构中的否定副词的否定标记功能是羡余的。如前例(2j)中的"别",再如"我差点儿<u>没</u>摔跤"、"<u>没</u>来之前我不知道这件事"、"这儿好<u>不</u>热闹"、"一个人难免<u>不</u>犯错误"、"<u>不</u>几天事情就办完了"中的"没"、"不"在它们所处的构式中是羡余的。

黎天睦(1994)曾提出标记性理论(markedness theory)有三个原则,假定标记为 X,标记的意义为 Y,那么:(1) 凡是有标记 X 出现的地方,必有 Y 意义;(2) 标记 X 不出现的地方,可能有 Y 意义,也可能没有 Y 意义,这要看句子中其他成分及其意义而定;(3) 因此,有 X 的地方必有 Y 意义,但无 X 的地方未必无 Y 意义。作者又进一步说明:"汉语语法语素有意义交叉之处,两个语素往往可以省去一个。非但动词的标体小品词有时可以省去,连指示代词、指示形容词、连词、介词有时也可以省去,省去之后意义不变。"作者的表述正好部分说明了虚词语义标记功能羡余的情况。实际上,在一个句子中,当 Y 意义既由标记词 X 标明,同时又由另外的语言成分或手段 X'标明,那么可以认为标记词 X 在标明 Y 意义这点上是羡余了。至于 X 是否是句子的羡余成分,问题更加复杂些,下面继续讨论。

四、虚词在句中的羡余度等级

虚词的题元标记功能、时体标记功能、数量标记功能、否定标记功能等在本质上属于句法语义的范畴,这种语义标记功能不仅影响句子的基本语义,有时还会伴随着一种句法强制性:一旦这种语义功能缺失,句子可能也会不合法,如:小王被小李骗了~×小王小李骗了|我吃了饭过来~×我吃饭过来;相反,如果虚词的语义标记功能羡余了,那么与之密切相关的句法强制性也往往会减弱直至解除。

不过,句法本身具有一定的独立性,有时并不是语义动因所能够做出解释的。比如,当 V 后接复杂形式(包括加时态助词、加无定宾语等情况),"在"在处所题元的标记功能上虽然羡余,但在句法上仍必须强制出现,所以,"在"没有相对应的省略形式,如:"我把这本书放在了桌上~×我把这本书放了桌上|你写个名字在上头~×你写个名字上头|他写了几个字在黑板上~×他写了几个字黑板上|他放了两本书在桌上~×他放了两本书桌上。"在这一点上,可能是联系项居中原则在起作用。① 因而,这种句法强制性是语义动因不足以解释的。这种情况下,"在"在句中的功能是属于非羡余的。此外,当介词后附的 NP 比较长时,通常不宜省略,其中的介词在句法上可以起到明显的分界作用,如"我们明天八点在学校行政楼三楼的 302 房间里开会",如果其中的"在"省略,句子便不太合乎语感。② 因此,其中的"在"在句法上是有所需要的。在句中的功能也应看作是非羡余的。

总的来看,一个虚词虽然其语义标记功能羡余了,在句中到底是不是属于羡余成分,有下面几种情况:第一,如果仅仅是语义功能羡余,但在句法上必须强

---

① 参见刘丹青(2003:127-128)。这种句法强制性目的是为了避免范域歧义,从这个角度而言,它跟语义也是有一定的关系。

② 陈昌来(2002:247—251)也认为,介词的隐现跟句子的复杂与否有关。述谓动词所带的相关成分越多,句子结构越复杂,越需要用介词来帮助显示和标记语义成分的性质,显示出各成分跟述谓动词之间的结构关系。

制出现,那么这个虚词在句子中的功能属于非羡余的,不属于句子的羡余成分。第二,如果语义功能羡余,伴随着句法的强制性也解除了,那么还要看它是否有特殊的语用功能。如果虚词没有其他的语用功能,当它的语义标记功能羡余的时候,它在句子中的功能便是完全羡余了。如果虚词本身还有其他的语用功能,虽然它的有无不影响句子基本的语义和句法,但在表达效果上产生了或多或少的差别,那么这个虚词在句中属于基本功能羡余,而不能看作是完全羡余。第三,有时候,某个虚词同时具有两种语义标记功能,而羡余的只是其中的一种语义标记功能(这主要是指一些兼有时制和时态两种功能的时体成分),这种情况下,我们认为是语义功能半羡余,如果虚词的语义功能半羡余,那么它在句中的功能当然也是非羡余的,不属于句子的羡余成分。

因此,语义标记功能羡余的虚词,在句中存在一个羡余度等级序列:

A. 功能完全羡余。某个虚词的语义标记功能羡余,同时伴随着句法强制性也解除了,而且也很难判定这个虚词还有别的什么语用功能。它的隐现不仅未影响句子的基本语义及其合法性,而且也没有什么明显的语用差别。例如:

(4) a. 孩子们欢快地跳入水池中。
    b. 孩子们欢快地跳入水池。

例(4)中的 VP"跳入"后的 NP"水池",不管有没有后附方位词"中",它的处所题元义是明确的。方位词的隐现,不但没有影响句子的基本语义和句子的合法性,而且也没有什么明显的语用差别。

B. 基本功能羡余。某个虚词的语义标记功能羡余,同时伴随着句法强制性也解除了,但虚词本身还有其他的语用功能。虽然它的有无不影响句子的基本语义及其合法性,但在表达效果上产生了或多或少的差别。如前例(2c)中"的"具有过去时制标记功能,但因为句中有了表示过去时制的时间词语"刚才","的"的时制标记功能羡余了。不过,"的"本身还有一个附加的语用功能,即"指明焦点的作用"[①],把处所"学生食堂"作为焦点。这样看来,(2c)中"的"的隐现虽然不影响句子的基本语义和句子的合法性,但在语用效果上是有差别的。

同样,"虫子被我们给消灭光了"中"给"的隐现虽然也不影响句子的基本语义和合法性,但助词"给"具有增强处置效果的语用功能,[②]因此,它在句中也只能属于基本功能羡余。

---

① 参见张谊生(2002:34)。
② 参见温锁林、范群(2006)、邵洪亮、齐沪扬(2009)。

C. 语义功能羡余。即某个虚词的语义标记功能虽然羡余了,但在句法上仍必须强制出现。它的隐现影响到句子的合法性。前面讲到,这主要是因为句法本身具有一定的独立性,有时并不是语义动因所能够做出解释的。

D. 语义功能半羡余。即某个虚词羡余的部分只是这个虚词所具有的两种语义标记功能的其中一个。因此,更确切地说,这种情况只能看作是虚词语义标记功能的部分重合现象。它的隐现会影响到句子的基本语义及其合法性。一些兼有时制和时态两种功能的时体成分经常会出现这种情况。例如:

(5) a. 那时为了搞实验,我曾经没日没夜地泡在实验室。

b. 那时为了搞实验,我没日没夜地泡在实验室。

(5a)中的"曾经"兼有标记时制(过去时)和标记时态(经历体)的功能。因为句中它和表示过去的时间词语"那时"同现,所以其时制标记功能便是羡余的,因此,(5a)与(5b)的时制意义相同。但是,(5a)与(5b)所反映出来的时态意义是有差别的,前者是有标记的"经历体",后者是无标记形式,在一定的上下文语境中,既有可能是经历体,也有可能是过去进行体。因此,(5a)中的"曾经"在句中只能属于语义标记功能半羡余。

从 A→B→C→D,存在着一个羡余度由高到低的等级序列。如果从严格意义来看羡余成分,只有符合 A 的虚词才算是句中真正的羡余成分,在句中可以完全自由地隐现。但如果仅仅考虑虚词的基本功能,那么符合 B 的虚词,也可以看作是句中的羡余成分。C、D 两种情况都不能看作是句中的羡余成分。

下面列表说明,虚词的某种语义标记功能羡余后,它在句中的羡余度等级:

	语义标记功能半羡余	语义标记功能羡余	无句法强制性	语用功能羡余	句中的羡余度等级
虚词 1	/	＋	＋	＋	A
虚词 2	/	＋	＋	－	B
虚词 3	/	＋	－		C
虚词 4	＋	－			D

五、余 论

本文主要研究虚词语义标记功能的羡余问题,以及它在句中的羡余情况。

要判断一个虚词某种语义标记功能是否羡余,要看这种语义标记功能是否可以由句子中的另一语言成分或手段独立体现。而要判断该虚词是否是句中的羡余成分,则要看该虚词的隐现是否影响句子的基本语义和合法性,具体地说,需要符合下面的三个条件:第一,该虚词某种基本的语义标记功能可以由句子中的另一语言成分或手段独立体现;第二,语言事实中存在着另一种非羡余形式与之相对立,且都合乎句法规范;第三,羡余形式与非羡余形式的基本语义一致,但允许有一些细微的语用差别。因此,一个虚词的某种语义标记功能的羡余并不等于它在句中是一个羡余成分,实际上,它可能是句中的羡余成分,也可能不是。

　　虚词的语义标记功能羡余,会产生不同的结果:如果该虚词在句中的羡余度等级为 C 和 D,那么该虚词在形式上绝不会弱化或者脱落,否则,句子将会不合格,或者会改变基本语义;如果该虚词在句中的羡余度等级为 B,那么该虚词的隐现虽然不影响句子基本的句法和语义,但在语用上会产生一些差别,因而也不会轻易弱化或脱落。这样的虚词在使用过程中,其语义标记功能会逐渐弱化,而其语用功能会得以强化并进一步固定下来(即越来越像是一个语用标记词而非语义标记词);如果该虚词在句中的羡余度等级为 A,那么该虚词没有其他明显的语用功能,根据语言经济原则,它在形式上就有可能弱化或脱落。上述结果都有实证,我们已进行过个案讨论,①本文不再赘述。

　　最后值得一提的是,有些虚词(如语气助词、语气副词、连词、关联副词等)是一种语用标记,主要涉及话题标记、焦点标记、关联标记、语气标记等。它们的隐现对句子的真值条件意义(基本语义)不会产生影响,它们影响的是话语的语用功能。因此,综合来看,所谓虚词使用的"灵活性",实际上包含着两种情况:一是有的虚词本质上是一种语义标记,它的标记功能是能够影响句子的真值条件意义的,它之所以能够自由隐现,一定是句子中有其他的语言成分或手段蕴涵了该虚词的标记功能;二是有的虚词本质上是一种语用标记,它具有的只是某种语用功能,不影响句子真值条件意义,它的隐现也就相对自由。

参考文献

陈昌来　2002　《介词与介引功能》,安徽教育出版社。
陈国亭、陈莉颖　2005　汉语时、体问题思辨,《语言科学》第 7 期。
储泽祥　2004　汉语"在+方位短语"里方位词的隐现机制,《中国语文》第 2 期。

---

① 参见邵洪亮(2008、2010a、2010b)。

龚千炎　1995　《汉语的时相、时制、时态》,商务印书馆。
黎天睦　1994　论"着"的核心意义,戴浩一、薛凤生[美]主编《功能主义与汉语语法》,北京语言学院出版社。
刘丹青　2003　《语序类型学与介词理论》,商务印书馆。
陆俭明、马　真　1999　关于时间副词,《现代汉语虚词散论》,北京大学出版社。
吕叔湘主编　1999　《现代汉语八百词(增订本)》,商务印书馆。
邵洪亮　2008　"在"的处所题元标记功能的羡余问题研究,[日本]《言语文化研究》第二十七卷第2号。
邵洪亮、齐沪扬　2009　试析助词"给"的三个可能来源,上海市语文学会编《语文论丛(第九辑)》,上海教育出版社。
邵洪亮　2010a　现代汉语虚词赋元功能羡余研究,《语言教学与研究》第1期。
邵洪亮　2010b　"了$_1$"、"了$_2$"的"实现体"标记功能羡余研究,庆祝张斌先生九十华诞及从教六十周年学术研讨会论文。
沈家煊　1999　《不对称和标记论》,江西教育出版社。
温锁林、范　群　2006　现代汉语口语中自然焦点标记词"给",《中国语文》第1期。
张谊生　2002　《助词与相关格式》,安徽教育出版社。
张谊生　2004　《现代汉语副词探索》,学林出版社。

(作者单位　新加坡南洋理工大学国立教育学院亚洲语言文化学部　637616)

虚词"给"的同一性及其分布状况*

颜力涛[1]　柳英绿[2]

○、引　言

虚词"给"①功能复杂、形式单一,是汉语中比较特殊的一类虚词。下面两个例句对于我们研究"给"极富启发性②：

(1) 给汽车给撞伤了。
(2) 给撞伤了。

例(1)和(2)中的三个"给"是否具有同一性？从语法功能上看,它们究竟算是一个"给",还是两个"给",还是三个"给"？不同性质的"给"在语料中的分布状况又如何？本文拟对这两个问题进行研究。

一、虚词"给"的功能类

颜力涛(2008)对"给",从语义角度,进行了如下分类：

"给$_1$",标记与事；"给$_2$",标记施事；"给$_3$",标记受事。"给$_1$"、"给$_2$"和"给$_3$"

---

* 基金项目：本项研究属于2010年度黑龙江省哲学社会科学规划青年项目"汉语被字句式的多视角研究"、2010年吉林大学研究生创新基金资助项目"汉语被字句式研究"的阶段性研究成果,该研究同时获得了黑龙江省教育厅人文社科研究项目"复合被字句研究"(项目编号：11544009)、大庆师范学院社科青年基金项目"汉语被字小句研究"(项目编号：08SQ08)和"大庆师范学院科学研究基金资助项目"(项目编号：09SG01)的资助。初稿曾在上海师范大学举办的第四届现代汉语虚词研究与对外汉语教学学术研讨会(2010,上海)上宣读,感谢与会专家提出的宝贵意见。文中谬误,概由作者本人负责。

① 类似"送烟给我"结构中的"给",我们认为是动词,不在本文考察范围内。下文谈的都是虚词"给",因此,不再做特殊说明。

② 两例引自由中国社会科学院语言研究所、北京大学和北京语言大学举办的2009年全国语言学暑期高级讲习班中沈阳老师讲授的"汉语句法研究"课所举例句。

分别标记的是语法意义。从语义上来看,"给$_1$"等同于"给予";"给$_2$"等同于"被";"给$_3$"等同于"把"。

但按照颜文(2008)的分析,我们对例(1)和(2)中三个"给"的同一性问题,仍不能给出一个令人满意的回答。可见,我们还需对"给"做更细致的分类。

观察例(1),我们发现:前一个"给"后宾语无法删除,例如:

(3) *给给撞伤了。

我们在对70部[①]现当代文学作品的考察过程中,也同样没发现类似例(3)的例子。可见,前一个"给"后宾语无法删除,一定要出现,我们记作"给$_a$"。后一个"给"后宾语是否出现呢?我们通过对这70部现当代文学作品的考察,仅发现2例相关的例子:

(4) 央宗也给那种美丽给镇住了,她不断对我父亲说:"求求你,让我要回家。"(《尘埃落定》)

(5) "她,早给日本人给抓走啦!""我还有东西呢!"晓荷没注意高第下狱的事,他素常就不大喜欢她。《四世同堂》

例(4)和(5)中后一个"给"后宾语都没出现。可见,后一个"给"后宾语一定不出现,我们把这个"给"记作"给$_b$"。例(2)中"给"后宾语可以补出来:

(6) 给汽车撞伤了。(给$_2$)

(7) 给人撞伤了。(给$_3$)

我们对老舍的《四世同堂》和《骆驼祥子》进行考察,发现:例(6)和(7)这样的例子占多数,例(2)这样的例子占一定比例,但不占优势。多数"给NPVP"结构中的"NP"都可以删去;多数"给VP"结构中,"给"后宾语都可以补出。可见,例(2)中"给"后宾语的出现与不出现是较为自由的:"给"后补不出宾语这样的现

---

① 阿城的《棋王》,阿来的《尘埃落定》,冰心的《冰心文选》,曹禺的《雷雨》、《日出》,陈忠实的《白鹿原》,池莉的《来来往往》、《有了快感你就喊》,丁玲的《太阳照在桑干河上》,杜鹏程的《保卫延安》,二月河的《康熙大帝》,冯德英的《苦菜花》,高晓声的《李顺大造屋》,海岩的《便衣警察》、《永不瞑目》,霍达的《穆斯林的葬礼》,贾平凹的《浮躁》、《废都》,金庸的《射雕英雄传》、《天龙八部》、《连城诀》,老舍的《四世同堂》、《骆驼祥子》、《茶馆》、《月牙儿》、《猫城记》、《正红旗下》,李英儒的《野火春风斗古城》,梁斌的《红旗谱》,路翎的《财主的儿女们》,路遥的《平凡的世界》,罗广斌、杨益言的《红岩》,马烽的《吕梁英雄传》,茅盾的《子夜》、《霜叶红似二月花》,莫言的《丰乳肥臀》、《透明的红萝卜》、《酒神》,琦君的《橘子红了》,钱钟书的《围城》,琼瑶的《几度夕阳红》,曲波的《林海雪原》,三毛的《撒哈拉的故事》、《梦里花落知多少》,沈从文的《边城》、《爱丽丝中国游记》、《长河》,铁凝的《大浴女》,王安忆的《长恨歌》,王朔的《我是你爸爸》、《玩的就是心跳》,文夕的《海棠花》,吴强的《红日》,杨沫的《青春之歌》,叶圣陶的《倪焕之》,叶兆言的《马文的战争》,余华的《活着》,郁达夫的《沉沦》,张爱玲的《倾城之恋》、《十八春》、《怨女》,张成功的《黑冰》,张承志的《黑骏马》,张洁的《沉重的翅膀》、《世界上最疼我的那个人去了》,张贤亮的《男人的一半是女人》,赵树理的《三里湾》、《李家庄的变迁》,周而复的《上海的早晨》,周立波的《暴风骤雨》。下文提到的70部作品同此。

象,在"给 VP"这种结构中是基本不存在的,因此,"给 VP"结构中的"给"绝不可能是"给$_b$","给$_a$"更无从谈起;由于例(2)这样的例子占一定比重,因此,"给 NPVP"这种结构中的"给"又绝不可能是"给$_a$","给$_b$"也无从谈起。基于以上分析,我们认为例(2)、(6)、(7)中的"给"不同于"给$_a$"或"给$_b$",应另记为"给$_c$"。

我们现把这三个"给"用表格表示如下:

表1 三类虚词"给"

	出现宾语	不出现宾语
给$_a$	+	−
给$_b$	−	+
给$_c$	+	+

表一主要是从"给"有无带宾语能力的角度对"给"作的分类,属于句法角度上的分类。

按照本文的观察,例(1)和(2)中的三个"给"应该不具有句法上的"同一性",应视为三个句法上不同的"给"。

二、虚词"给"分布的复杂性

我们下面分别从句法和语义两个角度,描述一下"给"分布的特点。本文的语义角度与颜文(2008)稍有不同:颜文(2008)对"给"语义的判断,是从语料中实际带宾语的情况和能补出宾语的情况两个角度来判断的;而本文着眼于功能,功能应建立在一定语料基础之上,个别内省的语料只能反应同一类现象内部的细微差异,而不能改变整体功能,在统计过程中,有的反例语料量很小,也不能改变整体功能。因此,本文主要依据实际上带宾语的情况判断"给"的语义,对于不带宾语或带宾语少的,一般都判断为"给$_c$";哪类宾语比例占有优势,这个"给"就具备哪类语义。产生以上差别的主要原因是:本文的考察主要以语料库为依据,研究理念与方法同颜文(2008)稍有不同。

2.1 颜文(2008)通过对《四世同堂》和《骆驼祥子》等32部作品①的考察,

---

① 其他的作品还有:陈忠实的《白鹿原》,丁玲的《太阳照在桑干河上》,二月河的《康熙大帝》,海岩的《永不瞑目》,霍达的《穆斯林的葬礼》,贾平凹的《浮躁》、《废都》,金庸的《天龙八部》,路遥的《平凡的世界》,冯德英的《苦菜花》,茅盾的《子夜》,罗广斌、杨益言的《红岩》,莫言的《丰乳肥臀》、《透明的红(转下页)

发现复合把字句中"给"后宾语出现与不出现的例句基本持平。可见,从句法上看,复合把字句中的"给"属于"给$_c$"。

颜文(2008)认为:复合把字句中"给"后宾语以"与事"最为常见。因此,复合把字句中的"给",从语义上,应该属于"给$_1$"。

2.2 颜力涛《复合被字句中的"所"与"给"及相关的焦点标记问题》一文,通过对 70 部现当代文学作品的考察,共发现 108 个"被给顺现句",几乎所有的"给"后都不出现宾语,仅有 1 句例外,即"与事"宾语:

(8) 不久,他这种不关心无产阶级政治,光看"反动书"的行为就<u>被人给班主任</u>揭发了。《平凡的世界》(给$_1$)

颜文(2008)通过对 70 部现当代文学作品的考察,发现:复合叫/教字句Ⅰ①中,绝大多数的"给"后都不带宾语,仅发现 1 个例外,即"与事"宾语:

(9) 不等儿子说完,老头宋贵堂喊了起来:"郁彬,你呀你呀,祖宗留下的这份家业是容易得来的吗?早晚得<u>叫你给我暴了骨</u>[暴骨,倾家荡产之意———原注]!"《青春之歌》(给$_1$)

颜文(2008)同时也发现:复合让字句Ⅰ中,绝大多数的"给"后都不带宾语;仅发现 4 个例外,都是"受事"宾语,例如:

(10) 黑于说要一百多块钱,你说值吗?<u>别让他给咱们坑了</u>。《男人的一半是女人》(给$_3$)

(11)"你穿到身上他就得出钱!不过你头一次当家买东西最好是少买一点,不要让他真没有钱给你顶回来?你可以先买个上身———四万五,上下一样!"《三里湾》(给$_3$)

可见,从句法上看,复合被字句、复合叫/教字句Ⅰ和复合让字句Ⅰ中"给"属于"给$_b$"。从语义上,复合被字句、复合叫/教字句Ⅰ和复合让字句Ⅰ中的"给"应属于"给$_0$"。

2.3 颜文(2008)通过考察发现,复合叫/教字句Ⅱ中,"给"后宾语多数都出现,仅发现 5 个例外:

(接上页)萝卜,钱钟书的《围城》,曲波的《林海雪原》,三毛的《撒哈拉的故事》,沈从文的《边城》,王安忆的《长恨歌》,王朔的《我是你爸爸》《玩的就是心跳》,杨沫的《青春之歌》,余华的《活着》,张爱玲的《十八春》《怨女》,张成功的《黑冰》,张洁的《沉重的翅膀》,张贤亮的《男人的一半是女人》,赵树理的《三里湾》,周立波的《暴风骤雨》。下文提到的 32 部作品同此。语料选择数量上的差异,主要取决于该类语言现象考察的难易程度。

① 此处分类参考颜力涛(2008)的分类,即,把表示"被"的虚词"叫"/"教"称为"叫 1",把表示"致使、容许、听任"的动词"叫"/"教"称为"叫 2"。把由"叫 1"组合成的复合叫/教字句称为复合叫/教字句Ⅰ,把由"叫 2"组合成的复合叫/教字句称为复合叫/教字句Ⅱ,只有复合叫/教字句Ⅰ属于复合被动句。

(12) 六妈妈的手起了层鳞,叫她给搓搓背顶解痒痒了。(《月牙儿》)

(13) 小健病刚好,得吃点补养的东西,也是我们老太太说的,每天叫王妈给炖鸡汤,或是牛肉汁。(《十八春》)

颜文(2008)通过考察发现,复合让字句Ⅱ中,"给"后宾语多出现,仅发现21个例外:

(14) 他只好把心事抖搂出来,让瑞宣给拿个主意。(《四世同堂》)

(15) 小伙子,烫得怎么样?待会儿让卫生兵给涂点二百二。(《丰乳肥臀》)

可见,从句法上看,复合叫/教字句Ⅱ和复合让字句Ⅱ中的"给"属于"给$_a$"。根据颜文(2008)的考察,从语义上,复合叫/教字句Ⅱ和复合让字句Ⅱ中的"给"后宾语以"与事"居多,因此,应该属于"给$_1$"。

2.4 我们通过对《四世同堂》和《骆驼祥子》等70部作品的考察,发现"将……给"句中,"给"后带宾语与不带宾语的例句基本持平,其中,带宾语的9例,所带宾语以"与事"最为常见:

(16) 见不上人,金狗去找县委办公室主任,他想将情况先给主任谈谈。(《浮躁》)(给$_1$)

(17) 梅剑姑娘,你将镇痒丸给他服上半粒。(《天龙八部》)(给$_1$)

"受事"宾语1例:

(18) 洪江说:"与文化名人坐一条凳子上,这是何等身份,咱当企业家难道就一直是农民企业家,为什么不将农民两个字给它去掉?!"(给$_3$)

不带宾语的5例:

(19) 薛伯父,最好你将这胖和尚给治好了。(《天龙八部》)

(20) 平安里的闹,是会传染的,而且无缝不钻,渐渐地,就有些将王琦瑶的清静给打破了。(《长恨歌》)

可见,从句法上看,"将……给"句中的"给"属于"给$_a$"。从语义上,"将……给"句中的"给"属于"给$_1$"。

2.5 我们通过对《四世同堂》和《骆驼祥子》等70部作品的考察,发现"给……把"句109例,其中,"给"后宾语都出现,且基本都是"与事"宾语:

(21) 给大家把浆子一分,他们要是还不领情,可就是真不知道好歹了。(《四世同堂》)(给$_1$)

(22) 柳月,给你老师把烟拿来,让抽着了烟慢慢看。(《废都》)(给$_1$)

仅有2例"施事"宾语的例子:

(23) 她感到自己实在不行了,打算跟领班去商量一下,刚走到车头那,噗咚

一声,倒了下来,手倒挂在马达旁边,差一点点就要给那急剧转动着的皮带把她的手卷进去。《上海的早晨》(给$_2$)

(24) 唐仲笙一直站在金懋廉旁边,给他背后的壁灯把自己矮小的影子映在大红的厚地毯上。《上海的早晨》(给$_2$)

可见,从句法上看,"给……把"句中的"给"属于"给$_a$"。从语义上,"给……把"句中的"给"属于"给$_1$"。

2.6 我们通过对《四世同堂》和《骆驼祥子》等70部作品的考察,发现"由……给"句26例,"给"后带宾语与不带宾语的例句基本持平。带宾语的20例,所带宾语以"与事"最为常见:

(25) 长顺儿又每月由高亦陀那里给她领十元的"救济费"。《四世同堂》(给$_1$)

(26) 你的媳妇我包了,连订带娶全由叔给你包了。《白鹿原》(给$_1$)

仅有1例"受事"宾语的例子:

(27) 治疗分两套措施同步进行,每天早晨空腹时和睡觉前煎服汤药,间隔一天由冷先生亲自给腰部伤位上裹缠膏药。《白鹿原》(给$_3$)

不带宾语的6例:

(28) 第四,三号每到夏天,院中必由六号的刘师傅给搭起新席子的凉棚,而祁家的阴凉儿只仗着两株树影儿不大的枣树供给。《四世同堂》

(29) 田福堂立刻表态说:"这没问题!彩娥今后就按干部家属对待,粮钱由队里给出。"《平凡的世界》

可见,从句法上看,"由……给"句中的"给"属于"给$_c$"。从语义上,"由……给"句中的"给"属于"给$_1$"。

2.7 "给"还可以出现在以下位置:

(30) 送给我一盒烟。

(31) 有人给我送了一条烟。

(32) 拿着一篮子鸡蛋给领导送礼。

2.7.1 例(30)述补结构补语中"给"后宾语是否总是出现呢?我们对老舍的《四世同堂》和《骆驼祥子》进行了考察,发现:"给"后宾语基本总是出现,例如:

(33) 出嫁以后,才由她的丈夫像赠送博士学位似的送给她一个名字——韵梅。《四世同堂》(给$_1$)

(34) 他们自己有一套外国话,不传授给别人。《骆驼祥子》(给$_1$)

例外极少:

(35) 你不用告诉她这笔钱是怎样来的,以后你就替她来领好啦;这笔款都是慈善家捐给的,人家不愿露出姓名来。(《四世同堂》)

(36) 日本人为强迫实行"平价",和强迫接收他们派给的货物,要示一示威。(《四世同堂》)

例(35)"给"后宾语不出现的主要原因是受"是……的"结构的影响;例(36)"给"后宾语不出现的主要原因是受做定语的影响。

但从语料统计的实际情况看,句法上,该类结构"给"后宾语基本都出现,属于"给$_a$"。语义上,该类结构"给"后宾语总是"与事",因此,属于"给$_1$"。

2.7.2 例(31)兼语结构中"给"后宾语是否总出现呢?我们对老舍的《四世同堂》和《骆驼祥子》进行了考察,发现:"给"后宾语出现与不出现的例句基本持平,所带宾语基本都是"与事":

(37) 她决定去爬墙,并且嘱咐桐芳给她观风。(《四世同堂》)(给$_1$)

(38) 她不但随时的买零七八碎的,而且嘱咐祥子每天给她带回点儿来。(《骆驼祥子》)(给$_1$)

(39) 对钱家,他打发瑞宣给送过十块钱去,钱太太不收。(《四世同堂》)

(40) 当晚,他去请了天顺煤铺的先生给管账,先生姓冯,山西人,管账最仔细。(《骆驼祥子》)

可见,从句法上看,兼语结构中的"给"属于"给$_a$"。从语义上,这类结构中的"给"也基本都是"给$_1$"。

2.7.3 例(32)连谓结构①中"给"后宾语是否总是出现呢?我们对老舍的《四世同堂》和《骆驼祥子》进行了考察,发现:"给"后宾语出现的占多数,不出现的极少,所带宾语基本都是"与事",例如:

(41) 小妞子笑得哏哏的,也忙着跪下给哥哥磕头。(《四世同堂》)(给$_1$)

(42) 她哪儿去弄钱给他俩预备饭呢?(《骆驼祥子》)(给$_1$)

(43) 妈妈到厨房去升火,妞子帮着给拿火柴,找劈柴。(《四世同堂》)

(44) 虽然说租整天的车是没有时间的限制,爱什么时候出车收车都可以,若是人人都像祥子这样死啃,一辆车至少也得早坏半年,多么结实的东西也架不住钉着坑儿使!再说呢,祥子只顾死奔,就不大匀得出工夫来帮忙给擦车什么的,又是一项损失。(《骆驼祥子》)

可见,从句法上看,连谓结构中的"给"属于"给$_a$"从语义上,这类结构中的

---

① 不包括"给"前无谓词性成分的连谓结构,例如:你快给我去市场买几袋盐!

"给"也基本都是"给$_1$"

例外仅有 1 例,都属于"受事"宾语,例如:

(45)这笔钱可并不归我,我是替冠所长收账,巡警不会来麻烦她,我去给她打点好。(《四世同堂》)(给$_3$)

2.8 对于"给(NP)VP"①结构,我们通过《四世同堂》和《骆驼祥子》,对"给"后宾语的出现情况进行了考察,发现:从语义上,"给"后宾语基本都是"与事",即,"给$_1$",例如:

(46)他们自成一行,专给人们搬家。(《四世同堂》)(给$_1$)

(47)虎妞给他冲了碗姜糖水,他傻子似的抱着碗一气喝完。(《骆驼祥子》)(给$_1$)

从句法上看,前文 1 节中已有论述,"给(NP)VP"结构中的"给"属于"给$_c$"。

2.9 小结

2.1 到 2.6 的研究告诉我们一个很有趣的现象,同样是框式结构中的后一个"给",其句法功能却存在很大差异,我们现用表 2②总结如下:

表 2 虚词"给"在框式结构中的分布

框 式 结 构	虚词"给"的句法功能
复合叫/教字句 II	给$_a$
复合让字句 II	给$_a$
给……把	给$_a$
复合被字句	给$_b$
复合叫/教字句 I	给$_b$
复合让字句 I	给$_b$
复合把字句	给$_c$
将……给	给$_c$
由……给	给$_c$

---

① "给"前无谓词性成分。
② 由于"给……给"句仅 1 例,出于表述的方便,表二统计暂不包括该句式。表三同。

三、虚词"给"分布状况的考察

本文从句法和语义两个角度对"给"进行了分类,究竟哪类"给"在分布中占有优势呢？我们接下来,选择了老舍的《四世同堂》和《骆驼祥子》两部作品作为语料,来对这一现象进行考察,我们一共发现1402个"给",具体考察结果如表3：

表3 虚词"给"的总体分布

		小 计	总 和
给$_a$	复合叫/教字句Ⅱ	23(1.6%)	504(35.9%)
	复合让字句Ⅱ	3(0.2%)	
	给……把	2(0.1%)	
	述补结构补语中的"给"	396(28.2%)	
	连谓结构	80(5.7%)	
给$_b$	复合被字句	34(2.4%)	65(4.6%)
	复合叫/教字句Ⅰ	27(1.9%)	
	复合让字句Ⅰ	4(0.3%)	
给$_c$	复合把字句	23(1.6%)	833(59.4%)
	将……给	0(0%)	
	由……给	9(0.6%)	
	兼语结构	64(4.6%)	
	给(NP)VP结构	737(52.6%)	

根据表3的统计,我们发现：从分布的具体位置来看,给(NP)VP结构中的"给"占到了总数的50%以上,是"给"分布上最占优势的位置；其次是述补结构补语中的"给",占到了总数的近30%；其他结构中的"给"分布数量较少。从句法功能角度来看,"给$_c$"分布上占绝对优势,其次是"给$_a$",最少的是"给$_b$"。正因分布上这样巨大的差异,我们才在对"给"的分析过程中,产生以下思维定式：

定式1："给"后似乎总是可以补出宾语的。
定式2："给"后宾语似乎总是可以删除的。
定式3：研究"给"时,只关注"给",不关注和它构成的相关结构。

以上是句法上的分布,从语义上:除了复合被字句、复合叫/教字句Ⅰ和复合让字句Ⅰ中的"给"属于"给$_0$"外,其余"给"都是"给$_1$"。此处可能囿于语体的限制,本文的语料主要是书面语,在口语里可能情况会发生改变,此处有待于今后做进一步的深入研究。

四、余 论

4.1 本文在研究时还发现:当"给"前后和相关虚词"被、把、叫\教、让、将、由、给"构成框式结构后,"给"句法功能也发生了变化。有的时候,连形式都没有,例如:"述补结构补语、连谓结构"与"兼语结构"中"给"的分布也都不同。这反映出构式义对句法的较为明显的影响。

4.2 本文研究的重点在探讨"给"的同一性问题,这种从句法和语义角度对"给"所做的分类究竟能有多大意义,还有待于日后的考验;但就严谨的科学研究而言,不同质的东西在初始研究时就应区分开来,因此,从这个意义上来看,本文的研究还算有点价值吧!

参考文献

李临定 1999 《现代汉语疑难词词典》,商务印书馆。
李 炜 2004 加强处置/被动语势的助词"给",《语言教学与研究》第1期。
李 炜 2004 清中叶以来北京话的被动"给"及其相关问题——兼及"南方官话"的被动"给",《中山大学学报》第3期。
李宇明、陈前瑞 2005 北京话"给"字被动句的地位及其历史发展,《方言》,第4期。
刘永耕 2005 动词"给"语法化过程的义素传承及相关问题,《中国语文》第2期。
吕叔湘 1999 《现代汉语八百词》,商务印书馆。
邵敬敏 2001 《现代汉语通论》,上海教育出版社。
石毓智 2004 兼表被动和处置的"给"的语法化,《世界汉语教学》第3期。
颜力涛 2008 复合把字句与复合被动句中"给"后宾语的省略问题及其诱因,《中国语文》第6期。
颜力涛 2009 论现代汉语中的"被"字、"把"字套用句式——从句式中"被"字或"把"字与"给"字替换的角度分析,《大庆师范学院学报》第1期。
张 斌 2005 《新编现代汉语》,复旦大学出版社。

(作者单位 1 吉林大学文学院 130012;大庆师范学院文学院 163712)
(作者单位 2 吉林大学文学院 130012)

从凸显看"了"的语法意义问题

卢英顺

一、引　言

现代汉语中,"了"的使用极其频繁,它是对外汉语教学的重点和难点。因而对其语法意义的探讨,在学术界也一直没有停止过。正因为如此,对"了"的分合问题、"了"的语法意义问题,各家的看法多有分歧,莫衷一是。例如,石毓智(1992)认为:"'了$_1$'和'了$_2$'实质上是同一个东西在不同句法位置上的语法变体,两者的使用条件是一致的。"因而他把"了"作了一元化处理,把"了"的语法意义概括为表示"实现过程"。萧国正(2000)则将句末"了"的语法意义析为 8 种:了$_1$表已然,了$_2$表消失,了$_3$表开始,了$_4$表继续,了$_5$表变化,了$_6$表偏离,了$_7$表强调,了$_8$表委婉。更多的研究者倾向于把"了"分为两个:了$_1$和了$_2$,如吕叔湘(2001:351)。

本文不打算就"了"的研究细节问题作过多的评述,而以阐述自己的看法为主。本文认为,把表示"体"意义的"了"和表示语气的"了"分开处理是必要的;平常所说的"了"表示"结束"、"开始"、"告一段落"等语法意义可以归结为一点,即"相对某个时间参照点,行为或者状态已经成为事实"。

二、关于"了$_1$"和"了$_2$"区分的说明

"了$_1$"和"了$_2$"的区分,传统的主流看法是,把处于句子中间的"了"称为"了$_1$";把处于句末的"了"称为"了$_2$"。吕叔湘(2001:351)说:"'了$_1$'用在动词后,主要表示动作的完成。如动词有宾语,'了$_1$'用在宾语前。'了$_2$'用在句末,主要肯定事态出现了变化或即将出现变化,有成句的作用。"学术界对"了"的这

种区分可谓根深蒂固,最具代表性的可推刘月华等(2002:361-362)的相关说明:

表示动态的"了"可以用于动词后,也可以用于句末。在这两种位置上,"了"的基本语法意义没有什么不同,但由于它们的位置不同,功能不同,我们还是分作两个:用于动词后的,我们称为动态助词,用于句末的,称为语气助词。

仅仅根据"了"在句子中所处的位置来区分"了$_1$"和"了$_2$"显然是有问题的。所以有人对这种根据"了"所处位置的不同进行分类持有不同意见,认为应该根据"了"本身的语法意义来区分,这种区分的结果是:处于句子当中的"了"肯定是了$_1$,但句末的"了"不一定就是了$_2$。(参阅卢英顺,1991/2005:190-196;吕叔湘,2001:353)

为了便于讨论问题,我们把"了"的几种主要用法(做补语用法除外)列举如下:

(1) 我吃了饭了。(表示"结束")
(2) 我已经吃了两碗了,还想吃一碗。(表示"告一段落")
(3) 下雨了,把衣服收进来。(表示"开始")
(4) 花红了。(表示"开始")

为避免不必要的纠葛,本文把表示"结束"义的"了"标记为"了$_a$",把表示"告一段落"义的"了"标记为"了$_b$",把表示"开始"义的"了"标记为"了$_c$"。实际上,"了"的这些用法可以归结为一点,即"相对某个时间参照点,行为或者状态已经成为事实"。为了教学的方便,了$_a$、了$_b$、了$_c$可以看作"了"这一总语法意义下的次语法意义。这些不同的次语法意义可以通过凸显的不同得到统一的解释。

为了叙述的方便,下面在必要的时候把表示"体"意义的"了"称为"了$_体$",把表示语气的"了"称为"了$_语$"。

三、凸显与"了"的不同次语法意义

在认知语言学界,有关凸显的问题,不同学者使用了不尽相同的术语。Langacker(1987)使用的是 profile/base(侧面/基底),在一个认知域内,被凸显的部分叫侧面,跟侧面直接相关的叫基底。比如"斜边"只有在直角三角形这一认知域内才称得上是斜边,否则只是一个线段而已。在这个例子中,斜边就是要凸显的部分,是侧面,整个直角三角形是基底,是理解斜边的背景。还有的学者用的是 figure/ground(凸显/背景)(参阅 Ungerer 和 Schmid,2008:第4章)。

不管术语如何,凸显的共同点就是作为认知对象的某一部分特别受到人们的关注。"了"的不同次语法意义的形成就是人们对整个事件/状态不同阶段予以关注的结果。

就一个事件而言,在认知图景上大致可以分为三个阶段:起始点、过程和终结点,可图示如下:

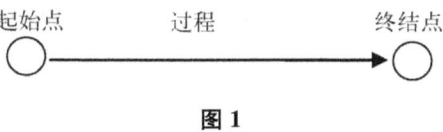

图 1

图 1 显示的是个完整的事件,是基底。在这三个不同的阶段中,随着凸显阶段的不同,会产生不同的次语法意义。当要凸显的部分在终结点位置时,终结点就是侧面,这时"了"所显示的语法意义就是"结束";当要凸显的部分在事件发展过程的某一阶段时,这一阶段就成了侧面,这时"了"所显示的语法意义是"告一段落";当要凸显的部分落在起始点位置时,起始点就成了侧面,这时"了"所显示的语法意义就是"开始"。我们分别图示如下(凸显的部分涂黑或者加粗):

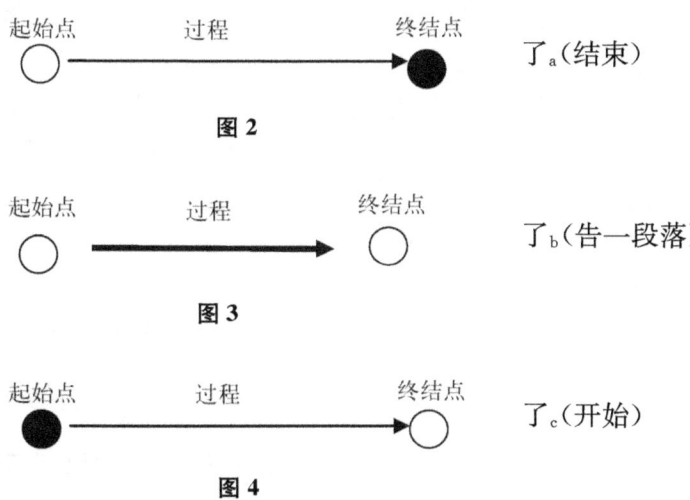

上述例(1)所凸显的是"吃饭"这一事件的终结点,自然有行为"完成"、"结束"的感觉。例(2)只是说明"吃饭"这一事件进展到什么程度,所以有"告一段落"的感觉,至于是否继续吃,跟"了"本身没有直接的关系,主要受语境的制约。换一种语境就可能不继续了,如:

(5) 我已经吃了两碗了,再吃吃不下去了。

例(5)仍然是凸显事件的过程情况。例(3)中,"下雨"已然成为事实,只是说话人所关注的是这一事件的起始情况。例(4)中,"红"所表示的是一种状态,其中的"了"仍然表示"状态成为事实",凸显的是状态的起始,所以让人觉得"了"有"开始"或者"变化"的意义。例(4)这类情况可图示如下:

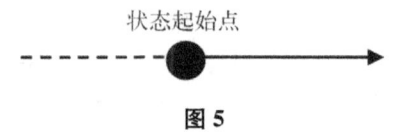

图 5

四、"了"的次语法意义与述词①的关系

"了体"的使用情况与述词的不同类别有没有什么关系?不少学者都或详或略地论及过此问题。"了体"的使用与否与述词的不同类别之间确实存在着一定的关联,但这不是绝对的。有人已经指出,在分布上,"了体"看上去紧挨着述词,但实际上它的使用与否,不仅仅与述词有关,而是与整个句子所表示的事件或者状态的性质有关,跟一定的语用条件有关。(卢英顺,2005:186,197)。就"了体"的内部情况而言,其次语法意义与述词的类别也存在一定的关联,比如,表示状态的述词跟"了体"结合后,给人的感觉是表示"开始";表示瞬间意义的述词跟"了体"结合后表示"结束";而一般的动作述词多表示"结束"或者"告一段落",也可以表示"开始"。例如:

(6) 翻着翻着,小小的脸红了。(胡红一《小小》)

(7) 暑假里,小小憔悴了许多。(胡红一《小小》)

(8) 社主任跟着杜大叔走了,串门儿的人也走了,屋里显得十分空荡。(浩然《夏青苗求师》)

(9) 杜娟收拾了家什,两个人一起往外走。(浩然《夏青苗求师》)

(10) 当然小林在单位混了这么多年,已不像刚来单位那时那么天真,尽说大实话。(刘震云《一地鸡毛》)

(11) 从今天起,他就要跟这群小动物打交道了,一块儿走路,一块儿休息。

---

① "述词"这一术语是卢英顺在《形态和汉语语法研究》"词类"一章提出来的,包括我们常说的动词和性质形容词。他认为所谓的状态形容词应该从形容词中分离出来;而性质形容词与一般所说的动词在形态的表现上非常接近,宜合为一类。为不与"谓词"相混以及述词下位分类的不同,拟用"述词"这一术语。

(浩然《夏青苗求师》)

例(6,7)中的"红、憔悴"都是状态述词,带上"了"以后表示相应状态的开始;例(8)中的"走"是"离开"的意思,是瞬间述词,"走了"意味着"走"这一行为的结束;例(9)中的"收拾"虽然不属于瞬间述词,但从下文不难看出,"收拾"的行为已经结束;例(10)中的"混"这一行为显然只是告一段落,因为"小林"还继续在这个单位工作;例(11)是说"他"要开始和"这群小动物"打交道。

其中的原因似乎也不难理解:表示状态的述词加上"了$_体$",表示该主体相对某时间参照点(典型的当然是说话时的时间)已经成为事实,这蕴含着这样的意思:在没有"了$_体$"的情况下,该状态还不是事实,所以加上"了$_体$"后,就有了"开始"的意义;另一方面,从理论上说,状态产生后,并不意味着有必然的终结点,也就是说,某一状态产生后,它具有"无界"的性质,所以它一般不会让人有"结束"的感觉。瞬间述词,由于从起始点到终结点之间的过程可以忽略不计,起始点和终结点几乎是重合的,事件一旦成为事实,人们感觉到的就是事件的终结点,由瞬间述词所表示的事件具有典型的"有界"性质,因而有"结束"的意义。而一般的动作述词所表示的事件,既有起始点和终结点,也有过程,到底哪一阶段引起人们的注意,则跟语境的激活有很大的关系。

"了"的不同次语法意义,跟"动词+了+时量词语+了"表示不同的意义非常相似。在这一结构中,由于动词类别的不同,这一结构可以表示不同的意义:或表示事件结束后经历多少时间,或表示事件开始后进行了多长时间,或兼而有之。马庆株(1992)对此有专门的论述。比如:

(12) 那幢楼倒了三天了。

(13) 我等了你两个小时了。

(14) 我们已经吃了1小时了。

例(12)中,由于"倒"是瞬间述词,其后的"三天"只能理解为楼倒塌以后所经历的时间;例(13)中的"等"是个持续性述词,它所激活的正是"等"这一行为的过程,因而"两个小时"表示的是"等"这一行为所持续的时间;例(14)则有不同的理解:它既可以表示"吃"这一行为开始后所持续的时间,也可以表示"吃"这一行为结束后所经历的时间,到底是哪种情况,需要看具体语境中所凸显的是事件的哪一阶段。试比较:

(14a) 我们已经吃了1小时了,再不来,我们准备结束了。

(14b) 我们已经吃了1小时了,碗都洗了,怎么才来啊?

五、"了体"与"了语"的关系

在现代汉语共时平面,我们虽然把"了"分为"了体"和"了语"两个,但并不是说它们之间了不相关。事实上,从历时的角度看,无论是"了体"还是"了语"都与作动词的"了"相关,从历时语料来看,"了语"应该是"了体"进一步语法化的结果。

根据刘坚等(1992:55,117)的研究,"了体"起源于中晚唐,北宋以后开始普遍使用;而"了语"则形成于北宋。刘坚等(1992:114-115)还指出,唐代表示完成体的基本方法有两种:"动+(宾)+了"和"动+却+宾",这两种并存的方法在晚唐五代形成了一种新的句式:"动+却+宾+了"①,这一句式的产生,"进一步推动了动词'了'②向助词转化的进程"。后来,由于"却"被"了"替换,于是就成了"动+了+宾+了"这样的格式。

齐沪扬(2003)也持类似的看法:

动词"了"从位置上说前移到宾语前,组成"动+了+宾"格式;从词性上说,虚化为表示抽象的"完成"意义的时态助词;而未作前移的"了",则逐渐从实在的"终了、完毕"意思虚化为抽象的表示事态变化的意思,"了"直接完成向语气词的转化。

对"了语"是如何虚化而来的,他们并没有说明。我们的推测是:"动+了+宾+了"形成以后,表示"完成"这一语法意义就同时使用了两个"了",这是一种羡余现象,羡余的结果可以有两种:一种是能够起到强调的作用,另一种是其中一个在功能方面日益退化。由于表示"完成"意义的"了"、"却"等位于动词和宾语之间已成大势,位于句末的"了"在功能上发生退化就很自然了。不过,这种退化并不是非常彻底,试比较下面三例:

(15) 昨天晚上下了雨。
(16) 昨天晚上下雨了。
(17) 昨天晚上下了雨了。

这三句意思差不多,但例(17)在语气上明显强于例(15、16)。就"了"的语法意义而言,不管是"报告新情况的出现"也好,还是"表示行为结束"也好,它都必

---

① 这点类似今天口语中的"你有去过北京吗?"之类的说法,把"有V"和"V过"杂糅在一起。
② 笔者以为,这种"了"不应该是动词,而是表示完成体的。

须有个参照时间,而这个参照时间典型的当然是说话的时间。由于"了$_体$"语法意义的强势作用,久而久之,"了$_语$"的主要语法意义①,其默认语法意义,就是说话时的"现在"时间,如果有其他时间词语出现,则另当别论。

我们在此梳理"了$_体$"与"了$_语$"之间关系的主要目的是想进一步探讨如下的问题:"了$_体$"的不同次语法意义与它在句子中所处的位置有很强的倾向性联系,即位于句子中间的"了$_体$"多为"了$_a$、了$_b$",而位于句子末尾的"了$_体$"则多为"了$_c$"。原因何在?

本文试图用距离象似动因来解释。从整个行为成为事实来看,如果行为刚开始成为事实,那它离参照时间的距离就近,所以"了$_c$"离"了$_语$"就近;如果动作行为进行了一段时间,甚至都完成了,从开始算起,它离参照时间的距离就大,所以"了$_a$、了$_b$"离"了$_语$"就远。

从另一个角度看,还存在着语法系统内部互相制约的问题。(卢英顺,2008:195-213)既然"了$_体$"位于句中强势地获得"结束"的意义,那么为了表义的明确起见,表示"开始"意义的位置就留在了句末。碰到不及物述词或者及物述词的受事等前移和在语境中省略的情况,从形式上看,就无所谓句中和句末了,这是没办法的事。

至于状态,一旦成为事实,由于它是无界的,一般不可能理解为"结束",所以,无论"了$_体$"处于句末还是句中,它只能理解为"了$_c$"。不过,就某一具体的状态述词而言,"了$_体$"在句子中的位置未必是自由的。例如:

(18a) 我喜欢王华了。

(18b) * 我喜欢了王华。

(19a) 我怕老师了。

(19b) * 我怕了老师。

(20a) 我知道了这件事。

(20b) 我知道这件事了。

为什么"了$_体$"在例(20)中可以出现在不同位置,而且(20b)更自然,而(18b)和(19b)却不能接受?据初步观察,这三例中的"喜欢、怕"和"知道"虽然都属于状态述词,但内部有差异,即前者所表示的状态深受其后宾语"王华、老师"的影响,就是说"王华"使"我"产生"喜欢"的状态,"老师"使"我"产生"怕"的感觉,宾

---

① 这里的"主要语法意义"是指我们平常所说的表示语气,实际上"了$_语$"还隐性地存在着表示"结束"的意义。这或许是不同学者在处理"昨天晚上下雨了"中"了"时产生分歧的原因。有的把它理解为"了$_体$＋了$_语$",有的把它理解为"了$_{体+语}$"。为便于分析和理解,笔者倾向于前一种分析法。

语和主语之间有"逆致使"的关系。只有有了"王华"才会发生"喜欢",只有有了"老师"才会发生"怕","喜欢"和"怕"这种状态是不会独立发生的,因此"了"不能插入这些述词和它们的宾语之间。这似乎也是象似动因在起作用。

六、结束语和余论

学术界对现代汉语中"了"的分合的看法存在分歧,本文采纳了二分法,但跟一般的二分法有所不同。一般的二分法是简单地根据"了"所处的位置来分的,而我们根据"了"的语法意义把它分为两个:"了$_体$"和"了$_语$"。"了$_体$"表示相对某个时间参照点(典型的是说话时的"现在"时间)某行为或者状态已成为事实,"了$_语$"一方面有加强语气的作用,另一方面,在默认情况下,与"现在"有关。如果简单地从位置来看,"了$_语$"一定位于句末,但位于句末的不一定是"了$_语$"。"了$_体$"因所与结合的述词的性质的不同及具体语境的影响而产生不同的理解,为了表述和对外汉语教学的方便,我们提出了"次语法意义"的概念。这些不同的次语法意义的获得受凸显的影响。

由于受朱德熙等先生的影响,学术界现在有不少人在研究普通话的语言现象时喜欢跟方言进行比较,这本身无可厚非。但是存在着如何利用方言材料来论证的方法上的问题。我们的看法是:

第一,方言材料可以开阔我们对普通话研究的思路,有些语言现象之间的细微差别在普通话内部可能不易觉察,而在方言中可能比较明显,这有助于我们进一步审视普通话中的相关现象。这就像其他语言,特别是汉藏语系中的其他语言现象有助于我们研究汉语一样。

第二,尽管如此,我们不能犯本末倒置的错误,在研究普通话时,让普通话中的语言现象去迁就某个方言的框架。大家现在都能清醒地认识到,让汉语语法研究结果迁就其他语言是不对的,但未必都能认识到在普通话研究和方言之间也存在类似的问题。以"了"的分合问题研究为例,普通话中的"了"到底应该分为几个,首先要从普通话内部,从它的表现情况如何来定,而不是根据某个方言的情况如何来定。如果甲方言里相对应的用法是二分,得出结论说普通话中的"了"应该二分;如果乙方言里相对应的用法是三分,得出普通话应该三分的结论,那么,普通话的"了"究竟是二分还是三分就永远争论不休了。根据史有为(1997:203-221)的研究,北京话助词"了"在常州话中因老派和新派的区别而有不同的对应形式,老派有5个,新派有6个;而与上海话的对应情况是,老派是

3个,新派是2个。唐爱华(2001)的研究结果是,普通话中的"了"跟安徽宿松方言的对应情况大致可以分为5种,但她并没有说普通话中的"了"应该分为几个。史冠新(2006)基于临淄方言主张把普通话中的"了"三分。就相关的研究来看,方言中"了"的分合一般都是基于不同的读音,而读音往往是复杂的,有的融合了其他语气词的读音。所以,正如齐沪扬(2003)所说:"这种根据'了'的读音进行分类的方法,我们认为是值得商榷的。"

参考文献

刘 坚、江蓝生、白维国、曹广顺 1992 《近代汉语虚词研究》,语文出版社。
刘月华、潘文娱、故 韡 2002 《实用现代汉语语法》(增订本),商务印书馆。
卢英顺 1991 谈谈"了$_1$"和"了$_2$"的区别方法,《中国语文》第4期。
卢英顺 2005 《形态和汉语语法研究》,学林出版社。
卢英顺 2008 语言研究的系统观,复旦大学汉语言文字学科编《语言研究集刊》第五辑,上海辞书出版社。
吕叔湘主编 2001 《现代汉语八百词》(增订本),商务印书馆。
齐沪扬 2003 语气词"的"、"了"的虚化机制及历时分析,《忻州师范学院学报》第2期。
石毓智 1992 论现代汉语的"体"范畴,《中国社会科学》第6期。
史冠新 2006 普方古视角下的"了$_1$""了$_2$""了$_3$"研究,《东方论坛》第3期。
史有为 1997 助词"了"在常州话、上海话中的对应形式,见《汉语如是观》,北京语言文化大学出版社。
唐爱华 2001 安徽宿松方言的"了"和普通话的"了",《宿州师专学报》第4期。
萧国政 2000 现代汉语句末"了"意义的析离,载陆俭明主编《面临新世纪挑战的现代汉语语法研究》,济南:山东教育出版社。568–576

Langacker, R. W. 1987 *Foundations of Cognitive Grammar*, vol. 1. Stanford: Stanford University Press.
Ungerer, F. & H. J. Schmid 2008 *An Introduction to Cognitive Linguistics*. 外语教学与研究出版社。

(作者单位 复旦大学中文系 200433)

认知、表达与副词"还"的语义分化

徐 峰

一、引 言

"还"是现代汉语中一个用法复杂的常用多义副词,朱德熙(1982:198-199)把"还"归为时间副词,认为"还"含有继续如此的意思。吕叔湘(1999:252-254)则强调了"还"的语气功能,认为"还"表示的语气大至上可以分成平、抑、扬三类,此外还有一种以表示感情为主的用法。

《现代汉语词典》列举了"还"的六个义项:

❶ 表示现象继续存在或动作继续进行;仍旧。(她还那么年轻/她还在工作)❷ 表示在某种程度之上有所增加或在某个范围之外有所补充;(今天比昨天冷/改完作业还要备课。)❸ 用在形容词前,表示程度上勉强过得去(一般是往好的方面说);(屋子不大,收拾得倒还干净。)❹ 用在上半句话里,表示陪衬,下半句进而推论,多用反问的语气;尚且;(你还搬不动,何况我呢?)❺ 表示没想到如此,而居然如此(多含赞叹语气);(她还真有办法。)❻ 表示早已如此。(还在几年以前,我们就研究过这个方案。)

《实用现代汉语语法》(增订本)(刘月华等,2001:232-235)列出7种意义,其中第七种"表示感情"一项下又分出:表出乎意料;用于反问句加强语气;表名不副实,有责备、讥讽的意义三种。

20世纪90年代以后,不少学者运用语义学、语用学和认知语言学的理论对"还"的意义和用法做了比较深入的分析和探讨,择其要者主要有陆俭明、马真(1999),杨玲(1999),沈家煊(2001),高增霞(2002),张宝胜(2003,2007),童小娥(2004)、陈立民、张燕密(2008)、文全民(2008)、郭锐(2008)、武果(2009)等。上述这些研究不仅对"还"的解释更加合理和详尽,也极大地拓展了"还"的研究视野。

但综合比较相关的研究,我们发现现有的研究对于"还"究竟有哪些语法意义,这些语法意义之间的关联方式以及具体用法的解释都还存在不小的分歧,对"还"的不同语法意义所体现的句法和语用制约也还有相当多的讨论空间。本文拟就上述问题在已有的基础上,从意义分化和义项的设立角度做进一步探讨,以期加深对副词"还"的认识和理解。

二、"还"的语义分化

2.1 "还"义项的处理比对

作为一个多义副词,人们对"还"义项的认识和处理还存在不少分歧。我们对多部辞书中"还"的义项划分情况做了调查。这些辞书是:《现代汉语虚词例释》(商务印书馆,1996 版),《新编英汉虚词词典》(华语教学出版社,1999),《HSK 中国汉语水平考试词汇大纲汉语 8000 词词典》(北京语言文化大学出版社,1999,以下简称《8000 词词典》),《HSK 汉语水平考试词典》(华东师范大学出版社,2000),《实用现代汉语语法》(增订本)(商务印书馆,2001),《现代汉语虚词手册》(北京大学出版社,2003),《现代汉语词典》(商务印书馆,2005),《商务馆学汉语辞典》(商务印书馆,2006),具体见附表。

首先,从各部辞书"还"的义项对照可以看出,各家对"还"义项的划分数量不同,最多的有 9 个,最少的 3 个。虽然义项数目不等的其中一个原因是外向型学习词典只选取其中的部分义项,但从几部不同的对外汉语学习词典来看,也并不统一,《商务馆学汉语辞典》的最少,而《8000 词词典》有 7 个。其次是义项分合归纳得粗细有异,《现代汉语词典》的义项"❷表示在某种程度之上有所增加或在某个范围之外有所补充",除了《8000 词词典》外,其余的均拆分为两个义项。《新编英汉虚词词典》"还"的义项❻"举出一个突出例子,用"还"表示即使这样仍不能达到某标准,其他更不必说了",其他几部辞书则未见;《现代汉语虚词例释》的义项❷和义项❻,在别的辞书中也未设项。第三,义项的顺序排列有差别,汉语词典中多义词的义项一般会按照使用频率(重要性排列)或者按照义项的派生顺序安排。

上述几部辞书除了核心意义,如"表示动作或状态的持续"保持一致外,其余的安排多少有些随意性。例如和其他辞书不同,《HSK 汉语水平考试词典》把"表示程度高、深;更加"设为义项❷;又如表示"早已如此"这个义项,《现代汉语词典》排在第❻,《现代汉语虚词例释》和《新编英汉虚词词典》则排在第❸。

"还"的义项繁杂,多少会影响到对于"还"的理解和认识。而且,从上述辞书中还很难看出这些不同义项设立安排的理由是什么,这些义项之间又有着什么样的联系。

不少学者对"还"的核心意义(基本意义)以及义项之间的关联做了进一步的研究。杨玲(1999)认为"还"的基本义"还$_1$"是表示说话人对某种现象、行为、动作的估量,"还$_1$"包括表示现象、行为、动作持续不变的"还$_{1a}$",表示现象、动作、行为有所增益的"还$_{1b}$",表示现象、动作、行为弱势添加的"还$_{1c}$"。"还"有两个派生义:强调现象、动作、行为早已发生的"还$_2$"和主要是用来强调某种语气和口气的"还$_3$"。

高增霞(2002)把"还"的基本义概括为延续。认为"还"表达持续不变、范围扩大、变化过早、异质对比的用法都是对"延续"的意象观察的角度不同、突显点不同、详细度不同而形成的,是其语境变体。其余的一些意义都是延续义的派生义,是"延续"这种客观世界中实体间的关系在认识世界、言语行为世界上的投射。

可以看出,即使都是归并,视角和出发点不同,归并的结果也并不相同。高文把"持续不变、范围扩大、变化过早、异质对比"都看作语境变化的"用法",换句话说,还是"还$_1$",而杨文则把"变化过早"看作另外一个派生义。

如果说,杨文和高文采取的是以"合"为主的归并法,那么郭锐(2008)则主张继续分化,认为可以根据虚词的语义结构来确定虚词的义项。只有分析清楚虚词的语义结构才能把一个虚词的基本语义分析清楚。总的原则是:语义结构不变则义项不变,语义结构变则义项变。语义要素与要素间关系任何一方的改变,都会改变语义结构。作者所分析的副词"还"的义项多至十六项:(1)恢复;(2)重复;(3)延续;(4)减量;(5)计划不变;(6)条件;(7)保持底限;(8)基本满意;(9)不合理/不寻常;(10)意外;(11)原状态中止;(12)补充;(13)尚且;(14)待执行;(15)未达更高量级;(16)更甚等。

义项的划分是一件非常困难的事。"对于多义词的连续演变的词义,为什么不可以通过不同的剪裁来处理呢?"(黄建华,2001:117)我们当然也承认词义的划分具有相对性,但这不能构成随意设立义项的遁词,事实上,合理的、明确的"界标"可以帮助跋涉者快速辨认地形地貌,清楚地了解自己所处的位置,而模糊不清的界标也很有可能将跋涉者引入歧途。

虚词由于意义空泛,语义描写要依赖与之共现的其他实词性成分,同时由于不少虚词的意义并不稳固,尤其是很多从实词虚化而来的虚词,本身仍处在再虚化过程中,新的意义不断产生,虚词语义的分析描写和义项的设立均较为困难。这也往往是造成虚词研究歧见迭出的一个重要原因。因此,迫切需要找到一种合理的有效分析模式,使得虚词语义分析有法可依,而不是凭感觉行事。在这个意义上,郭文作出了很好的尝试。但前提是对语义结构分析模式本身还需要加以严格界定。虚词之所以叫做功能词,最重要的功能当然在于表达特定的语法关系,因而我们觉得"关系"的同一性才是最重要的,而"语义要素"的改变并不一定就带来"关系"的改变。如郭文中"还"(9)"不合理/不寻常"和(10)"意外"这两个义项实际上很难说清楚他们的差别在哪里。

2.2 列举、同现成分分析的不足与认知意象分析

齐沪扬(2002)认为虚词分析应该区分语法意义分析和用法分析,"意义的数量有限,而用法的范围不妨可以扩大"。我们觉得这一观点非常有助于正确把握和处理多义虚词意义之间的那种"斩不断理还乱"的关系。以往的列举式分析和共同成分分析法都不同程度地存在一些问题。

采用列举法的缺陷在于(1)虚词本身的语义很难与语句分开,"注释虚词往往要联系具体用例加以说明,因为在语句结构中更能显示出它的特点。可是在分析用例时,很容易产生种错觉,那就是把不属于虚词本身的功能移植到虚词的注释之中。(张斌,2001)例如:《现代汉语虚词例释》义项❾和《8000 词》义项❼中有"表示加强语气,多用于反问,有时有责备或禁止的意思";《HSK 汉语水平考试词典》义项❺也有"表示感情色彩,出于意料、责备、反问等"的说法;《新编汉英虚词词典》的义项❽是"有时表示轻微惊讶或用于讽刺"。其实"不满"、"责备"或"轻微惊讶与讽刺"都不应该是"还"的语法意义,这些意思都是反问带来的语用意义。如果去掉反问句中的共现成分语气词"呢",整个句子就不成立了。(2)列举出来的众多语义之中,很难看出其中的必然的联系,这样的归纳于教学没有帮助。例如:第一个义项"表示持续意义"(相对实在)和表示"语气"的义项(更加空泛),是一种什么样的语义上的联系,很难解释清楚。

讲究搭配的共同成分分析法也有一些不足:(1)共同分析法对恒常语义的提取,是在某个虚词大量的用法的基础上进行的。但"量"的基础不同会造成不同的说法;(2)提取共同成分依据的标准不易掌握,容易犯失之于宽或失之于窄的毛病;(3)如何找出多义虚词不同义项之间的关联很困难,尤其是要找到所有语义的共同成分。(齐沪扬,2002)

认知语义学认为,多义性往往是人类通过认知行为,利用比喻、引申、虚化和去范畴化(decategorization)等手段,把一个词的原始义、中心义或基本义向其他方面延伸的结果。一个多义词的各种意义构成一个意义范畴,范畴中的义位有原型义和非原型义之分,意义之间的边界是模糊的;不同义位之间有相同的特征,也有区别特征。(章宜华、雍和明:2007:221)

运动和互动的事物不仅存在某些特性,也必然处于某种可以图示的状态。语义概念的某些基本构造基于前语言性的意象图式构造。基于我们在世界里的存在、行动、感受环境、运动身体、发力和受力等经验而形成的基本概念构造,我们可以用它来组织更为抽象领域的思想。认知语言学的代表人物 Langacker 指出,语言成分,不管是词汇的还是语法的,都将某一特定的心理意象附加在它们所唤起的概念"内容之中"。所谓的意象是"我们大脑中用不同方式来组构某一感知到的情景(因此该词并不特别或专指感觉上的或视觉上的意象)"。一方面,人们不同的体验可以通过不同的结构来表达,另一方面,人们也可以"为语言表达的目的按特有方式组构场景,或者突出它的某些侧面而削弱另一些侧面,或者从某一角度去看它,或者通过某种隐喻构筑场景。"(束定芳,2008:106)

现有的研究表明,副词"还"由古汉语中表示"往来""返回"的动词"還"虚化发展而来。《说文解字》这样解释:"還,復也。从辵瞏聲。戶關切。"《尔雅·释言》说:"還,復,返也。"本指返回。虚化的主要原因是它经常用在别的动词前。"还+动词"原本为连动关系,表示"返回、还原"进行某种动作行为,逐渐虚化,动词义变得不明显,而是表示后面的动作行为是和原来相似的,于是变成了表示"时间概念"的副词,义为"仍然"。(杨荣祥,2005)

一般来说,一个动作区别于另一动作的特征主要体现在动作主体是否相同、动作的方式是否相同、动作所形成的结果等几个方面。返回这一动作行为形成一个动作意象,构成这一意象的要素有三:循环路径、起点和终点同一(返回即回到原来的地方)、互逆方向。可以说,副词"还"的各个不同义项均来源于这一意象图示不同侧面的突显变化。

"还"的语义变化的过程也大致反映了这一点(Yeh,1998:251,转引自武果,2009):

第一阶段(5/6 世纪):返回原处＞回到原来情状＞ 情状(动作/状态)重复。
第二阶段(7—9 世纪):情状重复＞语篇意义上的添加、递进义(7 世纪)＞情状持续义(8 世纪)。

第三阶段(10—16世纪):情状持续＞"还+是"(10世纪)＞与预料相反(14世纪)＞程度浅(16世纪)＞比较用法(16世纪)。

返回包括"往"和"来",是同一动作行为的重复,只是方向相反。随着人们认知能力和范畴化能力的进一步发展,"同一动作的重复"进一步抽象、概括,扩大为表示一般意义的"重复"。(童小娥,2004)重复即是相同动作的累加,因此,虚化出添加、递进义也在情理之中,当"还"连接两个不同动作时,就更凸现了加量这一侧面。动作的不断重复发生从另一个角度看,也即意味着持续不变。而"之所以需要指出某情状还在持续,往往是因为语境中有它不再持续的预期,因此表示持续的'还'往往出现在说话人不期待某情状仍在持续的语境中,从而产生反预期的语用推理。当这一语用推理在使用中不断加强,逐渐凝固为'还'的一个义项后,'还'的语义就从客观地表示事态在时间上的持续,而表示说话人对这种客观持续的主观态度"。(武果,2009)

从"还"的虚化和主观化发展过程中,可以比较清楚地看出"还"的不同意义和用法之间的联系。但这是否就意味着将"还"的意义归并为三个义项或是进一步缩略成两个,其余的都看作义项之下的用法则还需要进一步讨论。如是细大不捐的话,现有的"还"的多个义项都可以用排在第一位的持续意义"仍然"来解释。如:《现代汉语八百词》在第2项"把事情往大里、高里、重里说"下的b)项"表示项目、数量增加,范围扩大"里就说"一部分例句仍有'仍然'的意思"。在第4项"表示感情为主"的义项下,又说"意思有的可以用前面三项来解释"。这是否意味着也可以把这些意义或用法都归到第1项?例如:

(1) a. 旧的矛盾解决了,新的矛盾还会产生。

　　b. 这个节目八点钟还要重播一次。

(2) 都十二点了,你还说早。

义项的区分和设立当然是为了使人们更清楚、更精细、更合理地来学习和掌握词语的意义。理论上说,多义词语不同意义或用法之间必然存在语义上的各种联系,有的密切有的相对疏远。而其是否有必要被看作一个独立的义项还应与其出现的句法结构和上下文语境相结合,还要考虑到不同的语用功能。事实上,多义词从一个意义到另一个意义,都必须在一定的语法位置上才会最终形成和落实。我们也可以借用认知语言学中的基本层次范畴这一概念来看待这个问题(概念的不同层级),既要考虑到多义词内部意义之间的相似性和区分度,同时也要考虑到近义词族之间语法意义的区分问题。

三、相关义项的讨论

3.1 重复和持续

在我们所调查的辞书中,只有《现代汉语虚词例释》单列了"重复"这一义项。郭锐(2008)也认为"重复"应该是"还"的义项。如:

a. 这个电影我还要看一遍。

b. 我还想吃一个。

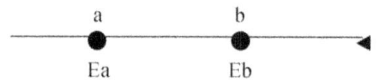

语义要素:{{时间点 a,时间点 b},{状况 Ea,状况 Eb}}

关系:a 早于 b;Eb 与 Ea 相同;Eb 与 Ea 不连续,但两者之间没有或不关注有无其他状况。

我们赞同郭文的主张。陆俭明、马真(1999:129)指出,重复和持续一个重要的差别在于前者前后的动作行为之间一定有时间上的间隔,后者则没有。从句法分布看,表示"重复"的"还"主要有两种形式,一是"还+希望/能愿动词",二是"还"直接修饰谓语动词。(叶娇蒂,2006)而这两种形式均与表示"持续"意的"还"有相当大的不同。表现在以下三方面:

(一) 表重复义的"还"不能与时间副词"在"同现,因为"在"表示动作"正在进行"态,与动词的"未然"态不相符合。"还"只能表示已实现预定目的或结果的动作行为在未来某一时间重复出现。这个将来时间具有相对性,除了以说话或写作的当前时间为参照点外,还可以以说话或写作之前的任一时间作为参照点。(周小兵,2002:51)例如:

(3) a. 我仍旧还服侍张先生家去。

b. ＊我仍旧还在服侍张先生家去。

c. 我仍旧还在服侍张先生家。

d. 长根那天走后,还来过一次,那次,他给凤霞带来一根扎头发的红绸……(周小兵例)

(二) 后者"还"后的动词必须是可持续动词,前者既可以是持续动词也可以是非持续动词,某些非持续性动词和动词带结果补语组成的动补结构也可以出

现在这种句式里。如:

(4) a. 我还想去南京一趟。(非持续性动词)
    b. 我还想解开这个谜。(动词带结果补语组成的动补结构)
    c. 我还想在家洗衣服。(持续性动词)
    d. 一会儿还去他那里闹!
    e. 明天还回妈妈家。

(三)表重复义"还"后的动词或动词结构大都是肯定形式,很少有否定形式。

此外,另一个值得考虑的重要原因还在于"重复义"对于"还"来说,是一项与其他近义副词相区分的重要的语义特征。《现代汉语八百词》说:"还"、"又"都可以表示动作的再一次出现,但'还'主要表示为实现的动作,'又'主要表示已实现的动作。如:

(5) a. 他昨天来过,明天还来。
    b. 他昨天来过,今天又来了。

3.2 比较句中的"还"的意义

比较句中的"还"一般都认为表示增量和表示程度的增加,现有的几部辞书采取两种处理方式,一是《现代汉语词典》将其放在增加数量义项之下,二是单独设立义项,如《商务馆学汉语词典》、《实用现代汉语语法》、《新编汉英虚词词典》、《现代汉语虚词例释》、《HSK汉语水平考试词典》,还有的更是言明,这里的"还"相当于"更"。

早在1980年,陆俭明先生就通过详尽的分析比较了"还"与"更"的不同。不少情况之下,"更"与"还"无法替换。近年来语法化和主观化的认知研究也证实,比较句中的"还"和"更"在深层意义上并不相同。"还"不是一个表示程度的副词。(文全民,2008)例如:

(6) a. 化纤的价格比毛料的价格更/还低。
    b. 这学期他比你跑得更/还快了。
    c. 他的死比泰山还重。(*他的死比泰山更重。)
    d. 他比我还高三厘米。(*他比我更高三厘米。)
    e. 太阳比地球大,比月球就更大了。(*太阳比地球大,比月球就还大了。)
    f. 渺茫的他觉到一种比自己还更有力气的劲头儿,把他要揉成一个圆球,抛到一团烈火里去。

认为"还"与"更"相当的观点,其实只注意到了某些时候表面意思的相同。但"还"离开"比……还……"这种句式后就无法表示程度加深义,它所具有的程度加深义只是在"比……还……"这种特定句式里才表现出来的。

因此,认为比较句中的"还"表示增量,甚至是表示程度的观点并不合理,事实上更加重要的是这里的"还"并不表示增量的意义,或者退一步说,增量的意思退居幕后了,所表示的是主观上带有转折意味的否定预期的口气。"还"用于否定比较句时,几乎只能用于反问语气中,而不用于陈述语气中,也说明了这一点。

这样看来,这一用法所表示的意义与"还"的增量用法不宜放在一起。一个可能的处理办法是汇总到"表示语气"或"强化反预期意义"之下。

之所以这样说,这里还有另一个佐证。前文曾提到,"还"早在7世纪就已经发展出表示数量增加的意义,而在比较句中的用法却晚至16世纪才出现,而且更为巧合的是这一用法是在"与预料相反"(14世纪)的意义出现之后才产生的。

3.3 主观性用法与"还"的义项

沈家煊(2001)在《与"还"相关的两个句式》一文中,首次运用"元语增量"的说法,分析了比较句中的"还"。张宝胜随后比较全面地探讨了"还"的主观性用法,并对一些限制条件作了深入分析。武果(2009)则认为除了表示持续意义之外的用法都可以归结为主观性用法。但麻烦的是,主观性用法和非主观性用法并非泾渭分明,简直是如影随形。

(7) a. 别急,还来得及。
　　b. 那还来得及吗?
　　c. 长成这样还能算漂亮?
　　d. 姑娘小寡妇的还真不少。
　　e. 这还是你买的酒呢。
　　f. 照顾不周之处,还请多多原谅。
　　g. 我说这话你还别不耐烦。
　　h. 你再撵我我还不走了。

张宝胜(2007:332)把(7)d列为"精警"一类,并为列入与反问相关的主观性用法。武果(2009)则认为此例实际上"还"与其他例子一样,也表示反说话人预期,即说话人原来没有想到会看到这么多的姑娘和小寡妇。在上述这些例子中,除了最后一句只能用主观性用法解释外,其余的几句都兼有主观性用法和一般用法。

主观性用法在几部辞书的义项中一般采用"出乎意料"或是"用在反问句中加强语气"的说法。但是这两种说法都还比较模糊,比如,"表示出乎意料"是仅仅限于"还真……"这类句子,还是属于一种高层意义,可以统摄所有主观性的不同用法?从举例看,现有的辞书很不一致。《现代汉语词典》、《8000 词词典》和《实用现代汉语语法》仅有"还真……"的例子,《现代汉语八百词》和《新编汉英虚词词典》则还这样的两个例子:

(8) a. 还亏了你们来得早,要不然,这些活儿我一个人怎么干得完呢?(《八百词》)

b. 别看他是个瘦老头,力气还挺大。(《新编》)

c. 你还算大学生呢,这点常识都没有。(《新编》)

至于加强语气的说法,并不能解释"还"在反问句中的作用,一个疑问是,如果说,"还"在反问句中有增强语气的作用,那为什么在陈述句、祈使句和感叹句中这种作用就消失了呢?柴森(1999)提过一个很好的例子,说明这种过于粗略的义项解释的不足。

有个叫智叟的老头子,看见他们在挖山,觉得很可笑,就对愚公说:"你这么大年纪,连山上的草都拔不动了,又怎么能搬走这两座大山呢?"愚公听了笑着说:"你还不如一个小孩子,我虽然快死了,但是我还有儿子,儿子死了,还有孙子,我们的人越来越多,山上的石头越来越少,还怕不能把山挖平吗?"

其中,两个反问句中的"又"和"还"字一般解释为强调反问。但"又"和"还"又有什么不一样?根本的原因在于"还"和"又"的语法意义不同,而这种语法意义并不是概括过度的"强调语气"。而是因为,就语法意义而言,"还"主要是标示它所引出的内容与根据前提条件推理出的结果相反,而说话人认为这些由前提条件推理出的结果明显为真,于是说话人对"还"所在命题提出疑问,以引起听话人根据前提条件进行推理,从而更进一步否定"还"所在命题的真实性。(张平,2004)

根据张宝胜(2003),"还"的主观性有不同表现,在句中可以通过改变重音来表现"还"的主观性,如:

(9) a. 他明天还去。

b. 他星期天还去上班。

c. 小明在家里还讲普通话呢,何况平时?

d. 小明在学校里还不讲普通话呢,何况在家里?

(9)a 和(9)b 中的"还"重读时表示的是"客观持续义",如果重读其他成分,

"还"不重读,句子就被赋予了主观色彩。这种用法的"还"已经不只是修饰谓语,而是对话语的内容表态,其辖域是整个句子。正因为如此,大部分主观性"还"在口语中都可以移到句末语气词的位置。语用层面看,"还"的功能已从修饰谓语扩展到修饰整个句子。

在后面两个例子里,"呢"起到了关键作用,凸现了"还"的主观性,"在交谈中,说话人之所以需要用'呢'标示某事实或事态以提请听话人注意,最典型的原因就是因为这一事实或事态与当前的交谈有关,但却与交谈者或语境中的预期相悖。也就是说,'呢'提请听话人注意的功能也是以反预期为前提的。这很自然,因为预期之内的事是不需要提醒的。因此,'呢'的话语功能与'还'的反预期义相辅相成,它们出现的语境有极高的相容性"。(武果,2009)

我们可以把上述主观性用法区分为语用主观性与已经固化的主观性两种。尽管主观性用法均来自语用推理,但前者尚停留在临时语用层面,而后者已经通过句法结构将这种主观性用法固定下来。前者是多义结构,后者只能理解为"还"主观性用法。

综合已有的研究成果,我们将这种固化的反预期用法出现的句法结构归纳如下:

A. 反问句

B. 还+语气词"呢"或"了"

C. 还+真/就

D. 还+祈使

上面的这些固定格式以及"标记词"的功能也正如"重音"的功用一样,所起的作用都是弱化"还"的一般命题意义,突显其主观意义。换句话说,这些句法结构已经与"还"的反预期主观性用法建立了对应关系,自然,"还"的这种语法意义也应被归纳分化出来,设立义项。

不过,"还"的这种主观性用法比较复杂,尽管都是反预期,但所表示的主观态度语用层面并不完全相同,不可能采用同一词语来说明。比如从语义强度上来说就大致构成这样的三组序列:

反对(辩驳)＞反转(意外)＞委婉
　　↑　　　　　↑　　　　↑
　　A、B　　　　C　　　　D

因此,只有把"还"体现的主观情态放在其使用环境中作进一步细化与辨析,才能发现其确切的语法意义究竟是什么。比较好的作法是如《现代汉语虚词手册》和《HSK汉语水平考试词典》那样放在一个义项之下分别说明。

3.4 增量与减量

关于增量,目前的认识比较统一。从语法意义角度看,"还"、"持续"是从整体扫描着眼,从分解的角度看,可以认为存在着两个并列的事件,而且这两个相关的事件或者是一个时间集合的两个成员,换句话说,"还"着眼的是两个事件互补、相同、同类的一面。如:他还在图书馆。意味着说话之前他在图书馆和说话时他仍在图书馆这两个事件。两个事件整体看是并列(持续),如果参照时间的先后序列,后者可以看作是添加与增补。

因此跟"还"相关的两个事件可以是部分,也可以是整体。比如一个母亲把一个馒头分成两半给两个孩子一人一块,或者一个母亲把手中的两个馒头分给两个孩子一人一个。如果我们用 X 代表第一个事件,用 Y 代表第二个事件,那么具体情况可以图示如下:(陈立民、张燕密;2008)

    (a) X·Y→X+Y(X 和 Y 是部分,X·Y 是整体)
    (b) X·Y→X+Y(X·Y 是集合,X 和 Y 是整体)

有时候一般增量和元语增量并不容易分清楚。张宝胜(2003)提到过如下一个"比较特别的例子":

  他们是父子爷儿俩,父亲还是个基督徒。

作者认为句中的"还"也是元语增量的用法,说话人牧师在表达客观信息的同时,也表明了他的主观态度:我介绍的房客是个基督徒,这比一般房客条件好。说话人牧师同时也认为听话人(英国人温都太太)也一定会觉得在租房条件上基督徒比非基督徒更胜一筹。作者认为因为完全可以从"父亲还是个基督徒"后面可以加上"呢"来证明这一点。

对此,我们有一点不同认识,觉得不应看作"元语增量"。显然在这里,作者把此句加"呢"和不加"呢"看作一样。但事实上两者有所不同。不加"呢"的时候,只是把"父亲是个基督徒""我介绍的房客是个基督徒,这比一般房客条件好"这个信息传递给房主,而加"呢"的时候一定是有房主"都想不到(不认为)租房人父亲是个基督徒"或是"不一定会觉得在租房条件上基督徒比非基督徒"等预设存在。而老舍小说中当时交际的情境实际上这些预设前提不存在(不需要有这样的反预期用法),也正因如此,所以后一小句才没有加上"呢"。

减量是指"用在形容词前,表示程度上勉强过得去(一般是往好的方面说)"这一用法。这类句子被称为"还"表程度浅的用法。这种用法有两个特点,一是"还"后面出现的是褒义形容词,如果是否定形式的话,后面一定是一个贬义的形容词。二是,"还"有减轻的作用。"还"后形容词常常带表微量的词语如"点儿"、"稍微"、"稍稍"等;"还"后可加入"算"、"算是"等词语;"还"不重读。(高增霞,2002)

这种减量用法与表示持续意义的副词"还"有着密切的联系。由于"还"是一个涉及两分的整体事件,两个事件之间的关系,整个大的事件和其他事件之间的关系,以及说话人的主观表达态度最终要落实到副词"还"上来,这样"还"就有了"评注"意义。随着"还"的进一步虚化,"还"的后面可以修饰形容词或形容词短语,用来表示对人或事物的评价。

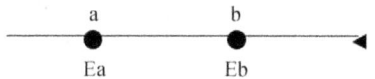

如上图所示:a 为起始项,起始于过去某一时间点,b 为续项,为说话人当前说话的时间。事物属性状态评价所指的当然为当前状态下,而说话人所提供的信息却是从过去到现在的属性或状态。从语言交际"会话合作"的原则角度看,这种回答提供了过量信息,听话人会据此进行语用推理。如果以 b 为坐标原点进行心理扫描,只能是右向负数。因此会得出减量的意思。例如:

(10) a. 他的女朋友长得很漂亮。

b. 他的女朋友还很漂亮。

c. 他的女朋友长得还可以。≤他的女朋友长得还算漂亮。

d. ? 他的女朋友长得还很可以。

(10)b 只会理解成"持续"或是"出乎意料",(10)d 除非理解成"出乎意料",否则"还"的减量和"很"的增量就有冲突了。

至于"还"表示时间"早"的用法,同样也很容易理解。从 a 到 b 的时间有向轴上取一点来说明动作或状态 Ea。"由于情状是持续的,而续项是变化的,句子常常表现出变化发生得早或过早义,句中常出现'就'"。(高增霞,2002)可见,这也与"还"意象图式的反向折返侧面有关。但鉴于"评价"和"标记时间"属于不同的认知语域(cognitive domain),因此也需要设立不同的义项进行分化处理。

四、结 语

汉语第二语言教学中虚词尤其是多义虚词的教学无疑是一个难点,学习者难以把握虚词的意义和功能,对多义虚词在何种情况下表示的是此义而非彼义更是难以弄清。从历时的角度看,汉语中很大一部分虚词来源于实词的虚化,不少虚词还伴有表达方面的主观化功能衍化。因此有针对性地让学生了解汉语虚词的多功能性和汉语虚词词义演变及扩展的认知机制就显得非常必要。

副词"还"的多重意义和功能可以通过对"还"意象图式的分析加以解读和重构。不同认知扫描方式(scanning)决定了其一般命题意义上的多重性,而主观表达的功能性要求则使"还"具有情态层面的语法意义。义项的设立则还需要综合考虑句法结构、语用功能以及不同的认知语域、外部词语意义关联等多种因素。综上所述,可将"还"的语法意义规划作如下总结:

意义类型	义项	意象解读	典型句法特征
命题意义	持续	事件整体扫描,动作、状态未变	与表示动作进行、状态持续的副词、助词同现
	添加	内部事件先后序列,凸现后件	"还+有";前后小句动词相同、相近、相关
	重复	内部事件,方式同一	动词相同,动词前有能愿动词
	减量评估	事件整体,反向路径	形容词性词语
	时间	事件整体,反向路径	还+介词结构"在……"
情态意义	表转折、申辩和辩驳意味的口气	表达说话者主观态度	反问句,标记词"真""呢"

参考文献

柴 森 1999 谈强调反问的"又"和"还",《世界汉语教学》第3期。
陈立民、张燕密 2008 释"还、再、又",《语言研究》第3期。
高增霞 2002 副词"还"的基本意义,《世界汉语教学》第2期。
郭 锐 2008 语义结构和汉语虚词语义分析,《世界汉语教学》第4期。
黄建华 2001 《词典论》,上海辞书出版社。
刘月华等 2001 《实用现代汉语语法》(增订本),商务印书馆。
陆俭明 1980 "更"和"还",《语言学论丛》第六辑,商务印书馆。
陆俭明、马 真 1999 《现代汉语虚词散论》,语文出版社。
吕叔湘主编 1980 《现代汉语八百词》,商务印书馆。
齐沪扬 2002 "呢"的意义分析和历史演变,《上海师范大学学报》第1期。

沈家煊 2001a 语言的"主观性"和"主观化",《外语教学与研究》第 4 期。
沈家煊 2001b 跟副词"还"有关的两个句式,《中国语文》第 6 期。
束定芳 2008 《认知语义学》,上海教育出版社。
童小娥 2004 副词"还"各义项的发展演变及其语义网络系统,《西南民族大学学报》第 8 期。
文全民 2008 "更"和"还"在肯定与否定比较句中的差异,《世界汉语教学》第 1 期。
武 果 2009 副词"还"的主观性用法,《世界汉语教学》第 3 期。
杨 玲 1999 现代汉语副词"还"的语义与语法分析,《四川师范大学学报》第 1 期。
杨荣祥 2005 《近代汉语副词研究》,商务印书馆。
叶娇蒂 2006 副词"还"的语义探源,上海外国语大学硕士学位论文。
张宝胜 2003 "还"的主观性,《语言科学》第 5 期。
张宝胜 2007 "还 Xp 呢"的歧义与主观性,《语法化与语法研究》(三),商务印书馆。
张斌主编 2001 《现代汉语虚词词典》,商务印书馆。
张 平 2003 表反问语气的"还"与加强反问语气的"又",《湖南师范大学社会科学学报》第 2 期。
章宜华、雍和明 2007 《当代词典学》,商务印书馆。
周小兵、赵新等 2002 《对外汉语教学中的副词研究》,中国社会科学出版社。
朱德熙 1982 《语法讲义》,商务印书馆。

(作者单位 新加坡南洋理工大学国立教育学院 637616)

现代汉语书面语中连词"而"的考察*

李 琳

一、引 言

连词"而"在现代汉语,特别是现代书面汉语中是一个高频词。根据孙德金[①]对《现代汉语频率词典》语体分类中前4 000高频词中文言词语(10以上词次)的考察,"而"在报刊政论、科普语体以及文学作品中词次均居于首位。为什么连词"而"能够由古代沿用下来,并且在现代汉语中的使用频率如此之高?在现代汉语中,"而"处于什么地位,在分布上有什么特点,使用上有什么规律,其功能是什么等等,这些现象引起了我们的研究兴趣。通过本研究,我们试图对"而"进行系统、全面的考察。

语法学界对连词的研究重点主要是连词的范围、连词的分类(包括再分类)、在单句或复句中的功能、语法特点、产生和发展、汉外对比等方面。对连词"而"的研究为数不多,大体上可以分为两个方面:或从古汉语角度进行的研究,或从现代汉语角度进行的研究。

从现代汉语角度来讲,学者们大多是在讨论研究"连词"这个大范围时提到"而"的句法功能及其所连接前后项的语义关系,观点大致无异,只有少数学者[②]认为"而"不能连接句子语篇。对于"而"的非常规用法(如"呼啸而来"、"一战而

---

* 孙德金教授对本文悉心指导并提出宝贵修改意见,在此谨致谢忱。
① 孙德金(2009)《现代书面汉语中的文言语法成分研究》,上海师范大学博士学位论文。
② 陆俭明(1983)汉语中表示主从关系的连词,《北京大学学报》第3期;周刚(2002)《连词与相关问题》,安徽教育出版社。

胜"等），学者们也进行过讨论。① 有的学者认为"而"本身可以表达一定的语义关系，有些学者则明确提出"而"本身并不具有任何意义，只是起连接作用。②

目前，专门把"而"作为研究对象的很少，且仅限于"而"的部分侧面，如与其他相关词语的对比、"而"的某一具体功能及格式、汉外对比、语音方面等。③

把"而"放到语体中进行考察的更是少见，只有少数学者将连词放入实际语体，在语料基础上对连词进行整体考察。罗日新④选取34篇中学语文课文，考察了关联词语在单句和复句中的分布、使用情况。他的考察为关联词语的研究增加了一个视角，结论具有一定的普遍性意义。但是语料范围过小，且构成并不均衡，缺乏科学性。另外，在解释原因时也略过简要。

真正把连词提到与语体相结合的层面进行考察的是崔建新、张文贤。⑤ 他们考察了184个连词在政论体、叙述体、新闻采访体、日常谈话体和影视体等五种不同小类语体中的出现次数和使用频率，得出以下结论：第一，语体制约着连词的出现频率，即书面语特征越典型，连词出现率越高；反之越低。这一点和我们研究"而"的预期是一致的。第二，语体对连词具有选择性。第三，书面语中的连词一般不宜删除，原因是大多表达的是真值语义。第四，连词在所有连接手段或形式中所占比例并不大。我们在崔、张二人的统计中发现："而"是书面语常用高频连词，但并不在各语体中通用。崔、张二人为连词的研究提出了一个新思路，也就是将连词放到具体语境中去考察。然而，不足之处在于只在宏观上进行大范围考察，没有细化到某一具体连词。对于统计结果的讨论和分析也过于粗糙，只提到言语内因素和言语外因素共同作用，影响连词的使用。此外，

---

① 吕叔湘，朱德熙（2002）《语法修辞讲话》，辽宁教育出版社；北京大学中文系1955/1957语言班(1982)《现代汉语虚词例释》，商务印书馆；刘月华，潘文娱，故韡《实用现代汉语语法》，商务印书馆；吕叔湘《现代汉语八百词（增订本）》，商务印书馆。

② 如：吕叔湘(2004)《现代汉语八百词（增订本）》，商务印书馆；王国璋，王松茂(1986)《现代汉语常用文言虚词》，北京出版社；马恒静(1990)"而"字的探讨，《世界汉语教学》第1期；刘月华，潘文娱，故韡(2001)《实用现代汉语语法北京》，商务印书馆。

③ 如：徐绍棠(1985)试谈现代汉语连词的感性表达色彩，《运城师专学报》第1期；金允经，金昌吉(2001)现代汉语转折连词组的同异研究，《汉语学习》第2期；吴云芳(2005)"和""与""并""而"连接谓词性成分时的区别，《语文研究》第1期；刘贤俊(2005)现代汉语连词联系项的多能性，《世界汉语教学》第4期；李海英(2005)浅说状词和"而"，《河南大学研究生硕士学位论文》；孙屹(2008)"and"与"而"的英汉义异同及其语义关系的正确对应，《内蒙古农业大学学报》第2期；宋文平(2009)"A而不B"格式的语用功能分析，《学理论》第11期；严丽明(2009)表示对比的连词"而"，《暨南大学华文学院学报》第1期；毛晓新(2009)连词"而"的韵律功能，《语言应用研究》第3期。

④ 罗日新(1995)关联词语分布态势及奥秘所在，《辽宁师范大学学报》第1期；罗日新(1995)关联词语纵横谈，《语文研究》第1期。

⑤ 崔建新，张文贤(2002)不同语体下连词使用率的统计与分析，《第七届国际汉语教学讨论会论文选》，北京大学出版社。

他们只计算句子之间的连词,而不考虑连接词或词组的情况。如此便可能统计不全面。

赵越①把转折类连词分为"虽然"类和"但是"类两种,并放到语篇中考察其分布情况,从语言类型学角度对其进行解释说明。"而"作为"但是"类的一份子,其主要作用是"另提"或"重提"话题,具有书面语色彩,转折语气较轻,属于中转转折连词。"而"连接的语言单位可包括段落。

综上所述,以往的学者对"而"的研究仅局限在静态描写层面上,没有将其放在具体语言环境中考察,未呈现其全貌。其次,对"而"的句法功能、语义关系进行的研究缺乏大规模语料支持。第三,尽管不少学者已经意识到"而"作为一个文言虚词在现代汉语中的大多数情况下是不可替代的,但却没有说明在什么情况下不可替代、为什么"而"不可替代、为什么"而"的大多数用法被保留沿用至今。我们的研究将建立在前人的基础上,从语体角度对"而"进行全面、系统的考察和研究。

二、研究对象及语料分类

本文描述的是现代汉语语法中的文言语法成分"而",所以"而"所在的句子一定是"现代汉语书面语中能够被普遍认为是'现代汉语'的句子",②所选语料不包括引语、转文等。又因文言语法在现代汉语中主要出现在书面语中,因此我们以现代汉语书面语考察为主。第三,作为构词成分的"而"则不在本文考察范围之内。③ 第四,一些特定语言结构如成语"侃侃而谈"、"蠕蠕而动"、"勃然而怒"等,再如"为……所……而……"结构等,亦不在考察范围之内。

语体与语言表达有着密不可分的关系。许多学者对"语体"也进行过多角度的观察。综合多家观点,我们对语体进行如下定义:语体就是运用民族共同语的功能变体,是适应不同交际领域的需要所形成的语言运用特点的体系。语体

---

① 赵越(2007)《现代汉语转折连词及其类型学解释》,延边大学硕士学位论文。
② 孙德金在《现代书面汉语中的文言语法成分研究》一文中指出:尽管目前我们对"现代汉语"本身还不能定义得很清楚,但以普遍的对"现代汉语"感性的认识为起点,再进行科学界定的做法也是符合科学研究的一般要求的。对研究对象进行上述限定,可视为一种操作性定义,在语料处理分析中具有操作意义。
③ 我们根据《现代汉语词典》剔除以"而"作为语素的"而且"、"而后"、"而今"、"而已"、"而况"、"而立"等;再根据《现代汉语逆序词典》剔除以"而"作为语素的"然而"、"因而"、"进而"、"从而"、"反而"、"转而"、"忽而"、"既而"、"继而"、"甚而"、"时而"、"幸而"等。

是言语成品具有的格式,有着约定俗成的特点,具有强烈的系统规范性,对于全社会都具有强大的约束力量。

由于目前的语体分类以及语料库建设两方面状况的限制,我们按照一般的语体分类方式,进一步将语体分为政论语体、科学语体、公文语体、文艺语体等四类。

按照上述语体分类,我们从北京大学汉语言研究中心现代汉语语料库(下文简称CCL语料库)中选取出各类样本。选取标准如下:

(1) 所选样本在总体字数上相互接近;
(2) 文艺语体的样本主要为散文类。①
(3) 由于我们主要考察现代书面汉语,故不选取对话类样本。

具体样本情况如下表所示:

表1 样本字数及用例数

语体	科学语体	文艺语体	政论语体	公文语体
语料	《21世纪牛顿力学》《中国哲学简史》《中国古代文化史》	散文3	《邓小平文选》(三卷)	《法律条文》
总用例数	879	859	598	281
样本字数	683 969	663 472	642 807	554 043

三、"而"在四种语体中分布的数量表现

我们根据"而"在不同语体中连接前后两项之间语义关系的具体表现,将其大体上归为三大类:广义并列关系,广义因果关系以及广义转折关系。

广义并列关系分为一般并列关系与递进关系两个次类;一般并列关系细分为平列、对照、对比三小类,递进关系细分为一般递进关系、继前一话题进一步说明两小类。

广义因果关系分为一般因果关系、一般顺承关系、目的关系三个次类。

广义转折关系没有划分次类。

"其他"类包括出现在单句中的一些特殊表现,如"状态、手段等+而"、"而

---

① 文艺语体包括两类:散文类与小说类。考虑到小说类严格来说并不完全属于书面语,故不选取。

表示过渡、"而"只起韵律作用以及"V而又V"格式等。

(一) 综合分布情况

连词"而"在四类语体中共2 617例,按数量由多到少依次为:科学语体＞文艺语体＞政论语体＞公文语体。其中科学语体中"而"的分布与其在文艺语体中的分布数量相当。我们所依据的各类语体的样本大小由多到少依次为:科学语体＞文艺语体＞政论语体＞公文语体。其中科学语体、文艺语体与政论语体在总字数上数量相当,而公文语体稍少。

从形式上来看,在所有2 617例语料中,"而"连接词或词组的情况＞连接分句的情况＞连接句子的情况＞连接段落的情况,且在量上十分不均衡。按照语体来看,在连接词或词组的情况中,文艺语体＞科学语体＞公文语体＞政论语体。在连接分句的情况中,科学语＞政论语体＞文艺语体＞公文语体。连接句子的情况中,科学语体＞文艺语体＞政论语体,科学语体中没有出现。连接段落的情况中文艺语体＞科学语体,其他两种语体中未见其分布。如下表所示:

表2 "而"在四类语体中连接成分综合分布情况

	连接成分	连接词或词组	连接分句	连接句子	连接段落
用例数	总2617	1343(51.3%)	1079(41.2%)	191(7.3%)	5(0.19%)
	公文	269(10.3%)	12(0.5%)	0	0
	政论	182(7%)	367(14%)	49(1.9%)	0
	科学	366(14%)	432(16.5%)	80(3.1%)	1(0.03%)
	文艺	525(20.1%)	268(10.2%)	62(2.4%)	4(0.15%)

文艺语体中的特殊情况较为明显,如出现了连接两个象声词的现象。尽管数量不多(只有2例),但不能忽视其存在。

从"而"连接前后两项之间的语义关系来看,表示广义并列关系＞广义因果关系＞广义转折关系,且分布很不平衡。按照语体来看,表示广义并列关系的情况中,科学语体＞文艺语体＞政论语体＞公文语体,分布不均衡。广义因果关系的情况中,公文语体＞科学语体＞文艺语体＞政论语体,数量分布较平均。广义转折关系的情况中,文艺语体＞公文语体＞科学语体＞政论语体,在数量上也不平均。具体情况如下表所示:

表3 "而"在四类语体中连接前后项之间语义关系综合分布情况

	语义关系	广义并列关系	广义因果关系	广义转折关系	其他
用例数	总2617	1503(57.4%)	564(21.6%)	337(12.9%)	214(8.2%)
	公文	40(1.5%)	155(5.9%)	83(3.2%)	3(0.1%)
	政论	439(16.8%)	108(4.1%)	44(1.7%)	7(0.3%)
	科学	580(22.2%)	152(5.8%)	51(1.9%)	78(3%)
	文艺	444(17%)	148(5.7%)	159(6.1%)	96(3.7%)

(二) 同类语体内部分布

1. 公文语体

公文语体中"而"仅281例,在五种语体中量最少。从形式上看,"而"连接前后两成分形式比较单一,仅有词组和分句两种情况;且在数量上的分布十分不平衡。前者269例,如:

(1) 外国人在中华人民共和国领域外对中华人民共和国国家或者公民犯罪,[而]按本法规定的最低刑为三年以上有期徒刑的,可以适用本法……

后者12例,如:

(2) 如果我国司法机关对被要求引渡人予以羁押,[而]该人不是请求国国民,也不是无国籍人,我国有关机关应当依照我国与该被要求引渡人本国缔结的领事条约或者依照国际惯例以及我国有关规定,将羁押该人的理由及羁押地点通知其本国驻我国的大使馆或者领事馆。

从语义关系角度来看,"而"连接的前后两项为广义因果关系的最多,其次为广义转折关系及广义并列关系。这与其在其他几类语体中的分布情况截然不同。从细分的小类来看,一般因果关系最多,其次为目的关系,再次为平列关系,一般顺承关系,对照关系(主要为肯否对照),最少的为递进关系的两小类。如下表所示:

表4 公文语体中"而"连接前后两项语义关系情况

公文语体中"而"连接前后两项语义关系情况	"而"连接前后两项语义关系分类		
	广义并列关系(40)	一般并列关系(38)	平列关系(30)
			对照关系(8)
			对比关系(0)
		递进关系(2)	一般递进关系(1)
			继前一话题进一步说明(1)

(续表)

公文语体中"而"连接前后两项语义关系情况	广义因果关系(155)	一般因果关系(102)
		一般顺承关系(19)
		目的关系(34)
	广义转折关系 (83)	
	其他(3)	手段、方式+"而"+Vp(1)
		对象+"而"+Vp(2)

公文语体中一般因果关系在四种语体中表现最为突出。我们发现在表因果关系的102条语料中,有92例都有提示"原因"的标记,如"因(为)"、"由(于)"、"出于"等。如:

(3) 因船舶转让[而]转让船舶保险合同的,应当取得保险人同意。

(4) 由于承运人的过失,致使货物因迟延交付[而]遭受经济损失的,即使货物没有灭失或者损坏,承运人仍然应当负赔偿责任。

2. 政论语体

"而"在政论语体中共598例。从形式上看,连接词或词组的情况有182例;连接分句的情况有367例;连接句子的情况49例;没有连接段落的情况。如:

(5) 工会必须充分听取工人的意见和建议,并作认真[而]妥善的处理。

(6) 我多年来一直在想,找个什么办法,不用战争手段[而]用和平方式,来解决这种问题。

(7) 他常常担任着最艰苦最危险的工作,[而]每次都是排除万难,完成自己的任务。

(8) 在农村社会主义教育运动中,有些地方把原来规模比较合适的生产队,硬分成几个规模很小的生产队。[而]另一些地方搞并队,又把生产队的规模搞得过大。实践证明这样并不好。

从语义关系角度来看,政论语体中"而"连接的前后两项为并列关系的最多,其次为广义因果关系及广义转折关系。从细分的小类来看,对照关系最多,其次为继前一话题进一步说明,再次是平列关系、一般顺承关系和对比关系,一般因果关系和目的关系,最少的是一般递进关系。如下表所示:

表5 政论语体中"而"连接前后两项语义关系情况

政论语体中"而"连接前后两项语义关系情况	"而"连接前后两项语义关系分类		
	广义并列关系(439)	一般并列关系(352)	平列关系(63)
			对照关系(249)
			对比关系(40)
		递进关系(87)	一般递进关系(7)
			继前一话题进一步说明(80)
	广义因果关系(108)		一般因果关系(34)
			一般顺承关系(40)
			目的关系(34)
	广义转折关系(44)		
	其他(7)	对象+"而"+Vp(4)	
		身份+"而"+Vp(1)	
		伴随+"而"+Vp(1)	
		手段、方式+"而"+Vp(1)	

政论语体中,"而"连接的前后两项为对照关系(绝大多数为肯否对照关系)的情况突出,且均有明显的肯定和否定的标记,如"是/不是""应该/不应该"等。如:

(9)党的领导责任是放在政治原则上,[而]不是包办,不是遇事干涉,不是党权高于一切。

(10)其结果打击面大,树敌多,不是孤立了敌人,[而]是孤立了自己。

3. 科学语体

"而"在科学语体中共879例。从形式上看,连接词或词组的情况有366例;连接分句的情况有432例;连接句子的情况80例;连接段落的情况1例。例如:

(11)在原始人看来,做梦时人的灵魂可以暂时离开身体[而]到处游荡,在死后灵魂就永远离开身体而到另一个世界过着与生前大致一样的生活。

(12)一些名声很大的科学家,也会在某个方面从事科学研究工作,[而]在另一个方面又搞伪科学。

(13)对于那些不领取国家廪膳银的秀才,算是另外增加的名额,称为增广生员,又简称增生,地位次于廪生。[而]初进学的秀才,称为附学生员,简称附生。

（14）但假如这是一个高超的献谄者,那么他必定会使用最好的献谄术,即恭维一个人心中最自鸣得意的事情。

[而]假如献谄者具有更大的胆量,他甚至敢公然称颂你内心中深为以耻的弱点,把你的最大弱点说成最大的优点,最大的愚笨说成最高的智慧,以"麻木你的知觉"。

从语义关系角度来看,科学语体中"而"连接的前后两项为并列关系的最多,其次为广义因果关系及广义转折关系。这与"而"在政论语体中的分布情况是一致的。从细分的小类来看,对比关系最多,其次为对照关系(主要为肯否对照),再次为继前一话题进一步说明,平列关系,一般顺承关系,因果关系,广义转折关系,最少的为目的关系。如表6所示：

表6 科学语体中"而"连接前后两项语义关系情况

科学语体中"而"连接前后两项语义关系情况	"而"连接前后两项语义关系分类		
	广义并列关系(580)	一般并列关系(475)	平列关系(94)
			对照关系(171)
			对比关系(210)
		递进关系(105)	一般递进关系(4)
			继前一话题进一步说明(101)
	广义因果关系(152)		一般因果关系(63)
			一般顺承关系(72)
			目的关系(17)
	广 义 转 折 关 系 (51)		
	其他(96)	状态+"而"+ Vp(7)	
		源点(+Vp1)"而"+ Vp2(27)	
		对象+"而"+ Vp(21)	
		手段、方式+"而"+ Vp(16)	
		身份+"而"+ Vp(12)	
		伴随+"而"+ Vp(12)	
		排除项+"而"(1)	

科学语体中,对比关系在量上十分突出,且绝大多数都是在客观说明、解释原因及下定义的情况下出现的。如:

(15) 按照约定,物体在运动速度为零时的质量 m 称为静质量,[而]物体在运动速度 V 不为零时具有的瞬态质量 M 称为动质量。

(16) 对于在外延分管各种政务的官员,可称为表臣百司,[而]对于官府中的低级办事人员,则称庶常吉士。

4. 文艺语体

"而"在文艺语体(散文)中共 859 例,居四类语体之首。从形式上看,连接词或词组的情况有 525 例;连接分句的情况有 268 例;连接句子的情况有 62 例;连接段落的情况有 4 例。如:

(17) 容貌上的美,对于我的魔力,是如此猛烈[而]深入。

(18) 科学呢,前面也曾说过,为大家所不重视的;算来算去,只有英文是顶重要[而]也是我最欠缺的一门。

(19) 譬如一家有五六口人,[而]又有着十亩田的己产,以及一间小小的茅屋的自作农罢,在近郊的农民中间,已经算是很富有的中上人家了。

(20) 我是从来不搞这一套的,却也怀古起来了。[而]一个人怀古起来,自然也失望了。

(21) 因为想起藕,又联想起莼菜。在故乡的春天,几乎天天吃莼菜。它本来没有味道,味道全在于好的汤。但这样嫩绿的颜色与丰富的诗意,无味之味真足令人心醉呢。在每条街旁的小河里,石埠头总歇着一两条没篷船,满舱盛着莼菜,是从太湖里去捞来的。像这样地取求很便,当然能得日餐一碗了。

[而]在这里上海又不然;非上馆子就难以吃到这东西。我们当然不上馆子,偶然有一两回去叨扰朋友的酒席,恰又不是莼菜上市的时候,所以今年竟不曾吃过。直到最近,伯祥的杭州亲戚来了,送他几瓶装瓶的西湖莼菜,他送我一瓶,我才算也尝了新了。

特别值得注意的是,我们在文艺语体的考察中发现"而"连接了两个副词,但仅有 1 例:

(22) 她竟然[而]似乎在回头时露着微哂的瓠犀。

严格来讲,这一例应属于病句,在文学作品中是偶发情况,是作者的误用。

还有 2 例,"而"连接的前后两项是象声词,全部列出如下:

(23) 看!吓!载送女郎的艇子才过去,货郎担的小船不是又来了子?一盏小煤油灯,一舱的什物,他也忙得来像手里的摇铃,这样丁冬[而]郎当。

(24) 冷峭的西风,把透明如红宝石,三尖形的大叶子响得萧萧瑟瑟,也就是响得希里[而]花拉,一抹的斜日,半明半昧地躺在丹枫身上,真真寂寞煞人。

以上几例是超乎我们意料之外的。通常我们认为的"而"只在单句中连接形容词性成分或动词性成分,而在文艺语体中我们却发现了特殊用法。

从语义关系角度来看,文艺语体中"而"连接的前后两项为并列关系的最多。广义因果关系及广义转折关系数量相当,但广义转折关系的数量略多于广义因果关系,这与前三类语体中的相应情况有些出入。

从细分的小类来看,平列关系最多,其次为对比关系,再次为继前一话题进一步说明,转折关系,一般因果关系等。如表7所示:

表7 文艺语中"而"连接前后两项语义关系情况

	"而"连接前后两项语义关系分类		
文艺语中"而"连接前后两项语义关系情况	广义并列关系(444)	一般并列关系(355)	平列关系(218)
			对照关系(51)
			对比关系(86)
		递进关系(89)	一般递进关系(6)
			继前一话题进一步说明(83)
	广义因果关系(148)		一般因果关系(69)
			一般顺承关系(48)
			目的关系(31)
	广　义　转　折　关　系　(159)		
	其他(108)	状态+"而"+Vp(59)	
		对象+"而"+Vp(12)	
		伴随+"而"+Vp(6)	
		排除项+"而"(1)	
		阶段过渡(20)	
		韵律、节奏(9)	
		V"而"又V格式(1)	

文艺语体中,平列关系最为突出,绝大多数都在作者抒发个人情感、环境描写等情况下出现。如:

(25) 他是那样年老[而]昏聋,眼睛似是已腐烂过。
(26) 斗争是动人的,因为它是强大的,[而]同时是酸楚的。
(27) 国庆,我是多么感到荣幸[而]骄傲呵!

此外,在文艺语体中还出现了其他语体中不曾出现的几种情况,如"而"表示"阶段过渡"、韵律功能及 1 例格式。如:

(28) 春去夏来,西子湖头就渐形冷落,由六折七扣[而]对折三折,旅馆自动减价。
(29) 生财无道的时候,则这些素有恒产的候鸟就又得倒转来从大都会[而]小都市[而]仍返农村去作贫民。
(30) 豆腐干中本有一种"茶干",今变[而]为丝,亦颇与茶相宜。
(31) 一个人把裸体看成了罪恶,他会把许多残忍的行为[而]使身体适合衣裳的需要的……
(32) 但是,正在我自己这样担心的时候,[而]第二年的榴又上市了。

这 5 例情况不同。凭借基本语感,我们可以判定例(31)与例(32)为病句。例(30)中的"而"可以省略,省略后符合句法要求且句子的意思不发生改变。可为什么要用上一个"而"呢?我们认为"而"在此处是韵律功能,或者说是一种节奏作用。例(28)与例(29)中的"而"表示阶段过渡,此时"而"不能省略。

还有 1 例我们也要单独提出来,即"V 而又 V"格式。如:

(33) 我这几个月因为搬了两次家。省[而]又省,只省得二十块美金来……

这是在文艺语体中,也是在所有语料中出现的唯一一例格式。

四、"而"的表达功能

(一)"而"与语体间的双向选择

通过对四种语体的考察,我们发现"而"与不同语体间具有双向选择的倾向,即"而"的某一种表达功能只出现或特别倾向于某一种语体;而某一种语体中的某种表达也倾向于选择"而"来连接。我们以科学语体和文艺语体为例进行分析:

在科学语体中,"而"最显著的表达特点是连接两个对比关系。这种关系以连接分句的情况居多。如:

(34) 观测到的每一个"瞬态位置"对应称作为一个"时刻",[而]把任意两个"时刻"之间对应的"参考运动过程"称作"时间"。

(35) 照儒家说,圣人一旦为王,他应当为人民做许多事情;[而]照道家说,圣王的职责是不做事,应当完全无为。

不难发现,在科学语体的对比关系常常出现在作者用以客观描述、解释、说明或下定义,并且将两者进行对比的情况下。显然,这样的关系不是转折,而是对比,是作者对科学内容或事理作直接客观的陈述、分析,并没有主观上的语义倾向。像这样连接两个单纯对比关系的"而"是不能以其他任何词语来替换的。我们认为这一点是"而"在科学语体中的特殊性,亦即不可替代性。换个角度来说,这也反映了对比句式对连词选择的倾向性——为了语言表达的准确、严密、简洁而选择使用"而"。

为什么科学语体中"而"连接的对比关系数量如此之多? 我们认为这与科学语体本身的特点有着密切的关系:首先,从语言运用的总体特点要求看,科学语体对客观事物、现象或规律的描写和论证力求确切、简洁,因此精确性、严密性和客观性成为科学语体根本属性。其次,科学语体中语法手段的选择和使用也要与其语体特点相一致,因此句式比较规整,缺乏变换。

那么为什么要在两个成分之间加入一个"而"呢? 我们认为"而"在此起到加强紧密程度的作用。如上面三例,若去掉"而",句法要求、语义关系都不会发生改变,但前后两项之间的关系就会变得较为松散而不紧密。加入了一个"而",使得前后贯通为一完整表达,而不是孤零零的两个分支。

因此,我们可以下这样一个结论:语体对语言表达的精确性、严谨性、中立性要求越高,并且又是在客观对比的情况下,则该语体对连词"而"的选择越具有倾向性;同样,当"而"连接对比关系时,常常出现在客观描述、解释、说明或下定义的情况中。

"而"在文艺语体中一大特点是出现了表示"变化过渡"的功能,如"由远而近"、"由喧腾而鼎沸"、"山路渐渐由倾斜而倒悬,而窄狭而迂曲"。这在其他三类语体中不曾出现一例。我们不妨下一个结论:"而"在起到"阶段过渡"功能时,只出现(或绝大多数出现)在文艺语体中;而当文艺语体需要典雅度较高的表示"阶段过渡"的连词时,也倾向于选择"而"。这也是"而"与语体之间双向选择的一个表现。

此外,在文艺语体中,"状态+而+V"的形式表现也十分突出,如"扑鼻而来"、"纷纷扬扬而下来"、"怆然而泣下"、"宛宛而登"等。这在公文语体、政论语体中不曾出现一例,只在科学语体中的人文社科类中出现过几例。相比来讲,"状态+而+V"不能不作为"而"在文艺语体中的又一特性。再看几例:

(36) 听说有些人情愿把衣服当了来买榴梿吃,——但在我们,不会吃的人,就是掩鼻[而]过之,还觉得恶臭绕鼻,呕吐翻心,难以排遣……

(37) 船儿悄悄地穿出连环着的三个壮阔的涵洞,青溪夏夜的韶华已如巨幅的画豁然[而]抖落。

(二)"而"连接前后两成分基本语义关系为并列关系

我们在分析各个语体中的语料时都发现:"而"连接前后两项语义关系有时很不明朗,似乎既包含着并列关系,又包含着转折关系;或者既包含着并列关系,又包含着递进关系。这样的情况在数量上并不可观,但确实有一些,也引起了我们的注意。

通过分析语料我们发现:混淆与纠结仅出现在一般并列关系与转折关系,或一般并列关系与递进关系之间,而递进关系与转折关系之间并不存在混淆,如下图所示:

看几个例子:

(38) 现在纸张很紧张,[而]浪费纸张的现象又很严重……

(39) 群众形成一个自觉自为的阶级力量,去与地主资产阶级实行统一战线[而]又巩固统一战线。

(40) 在离屋檐不远的一角高处,却看到了我们的一位新近去世的同乡夏灵峰先生的四句似邵尧夫[而]又略带感慨的诗句。

上面3例中,"而"连接的前后两项之间似乎都包含着并列的关系。暂时抛开谐体律①的因素,我们都可以把它们变换为并列关系:

(38a) 现在纸张很紧张,同时浪费纸张的现象又很严重……

(39a) 群众形成一个自觉自为的阶级力量,去与地主资产阶级实行统一战线并巩固统一战线。

(40a) 在离屋檐不远的一角高处,却看到了我们的一位新近去世的同乡夏灵峰先生的四句诗,又似邵尧夫又略带感慨。

---

① 孙德金在《现代书面汉语中的文言语法成分研究》一文中谈到制约书写行为的心理机制时,提到求简律、趋雅律、整齐律及谐体律四个方面。谐体律也就是指书写时各语言成分的选择和使用追求语体上的和谐一致。

而通过参考上下文,我们又发现似乎在包含并列关系的同时还有其他语义关系,如：

(38b) 现在纸张很紧张,[而]浪费纸张的现象又很严重,有些不必印的东西印得过多,该印的东西……

作者的意图不仅仅是要说明"纸张很紧张"的同时"浪费严重",其目的是为了重点说明浪费情况严重,在并列的层面上又增加了一层转折关系。同样,例(39)中在包含并列关系的同时又具有递进的意义,不但要"实行",而且要"巩固"。例(40)中通过变换也可以看出包含着并列关系。而通过上下文,我们发现作者的意图是要突出"夏灵峰先生"的"略带感慨"的诗句是什么样的,这是与"邵尧夫"的诗不同的地方。因此在并列关系的层面上又增加了转折意味。

据此我们推断："而"连接的前后两成分间的关系以一般并列关系为核心。也就是说,一部分具有转折关系的前后两项也具有并列关系,只是转折意味强于并列意味,因而划分为转折关系;一部分具有递进关系的前后两项也具有并列关系,只是由于递进意味大于并列意味,因而划分为递进关系。

我们还发现,"而"在起连接作用时表达的语气比较缓和,或者说比较弱,特别在连接因果、转折等关系时。试以公文语体为例说明。

公文语体中,"而"在连接前后为因果关系、转折关系的两个成分时,常常伴有"因(为)"、"由于"、"为(了)"、"明知"等明确提示原因、目的及转折的标记,也就是说"而"常常与其他关联词语同现。我们看下面几个例子：

(41) 由于当事人申请回避[而]不能进行审判的。

(42) 战时明知是逃离部队的军人[而]为其提供隐蔽处所、财物,情节严重的,处三年以下有期徒刑或者拘役。

再如：

(43) 应当预见自己的行为可能发生危害社会的结果,因为疏忽大意[而]没有预见,或者已经预见而轻信能够避免,以致发生这种结果的,是过失犯罪。

我们尝试着去掉"因为"、"由于"、"明知"等提示,则上面三例变为：

(？43a) 应当预见自己的行为可能发生危害社会的结果,疏忽大意[而]没有预见,或者已经预见而轻信能够避免,以致发生这种结果的,是过失犯罪。

(？41a) 当事人申请回避[而]不能进行审判的。

(？42a) 战时知道是逃离部队的军人[而]为其提供隐蔽处所、财物,情节严重的,处三年以下有期徒刑或者拘役。

很显然,例(41)与例(43)的因果语义关系便会大大减弱,体现更多的是并列或顺承关系;而例(42)转折的语义关系也会大大减弱,体现出更多的并列关系。再来比较1例:

(44)申请人有两个以上[而]未委托专利代理机构的,应当指定一人为代表人。

这个例子中,"而"连接的前后两项为并列关系,"而"前是要满足的一个条件,"而"后是要满足的另一个条件,这两个条件是须同时具备的,因此是并列关系。若此句变成"应该委托专利代理机构[而]未委托的",那么"而"连接的就变成转折关系了。显然,与其他关联词语(或词语)的同现,使得"而"的连接能力更强;同时也说明了"而"实际上表达转折、因果的语气较弱。

(三)"而"的韵律功能及造成排比结构的功能

"而"在某些情况中主要起韵律和谐的表达作用,我们来看几例:

(45)醉于音乐境内的我的心灵,与这月夜似乎是极相融洽。在河岸上步月[而]行,简直流连忘返。

(46)头舱中舱是旅客的区域。头舱要盘膝[而]坐。

这些包括上文提到过的如"宛宛而登"等,既是为了描写状态,又是为了韵律的和谐。在这种情况中的"而"通常是不能被省略的。

还有一些情况如前文提到过的"今变而为丝"等中的"而"是可以省略不用的,但作者还是用了"而"。这时常常是纯粹的韵律作用,如"变而为丝"如果去掉"而",变成"变为丝"则在结构上显得不平衡,且在韵律上也有轻重不均之感。加入一个"而",起到了平衡作用。或者是个人风格的原因,如:"正在我自己这样担心的时候,[而]第二年的榴樿又上市了。"也许有的作家写作或口头表达时习惯使用一些词语,因此我们猜想是个人习惯的原因。

"而"字可以连用,造成排比结构,如例(29)和下例:

(47)但是,话虽如此,说起来也很堂皇动听,而事实却有点"不然",[而]至于"大谬不然",[而]甚至于"大谬不然"得叫人"糊涂",[而]甚甚至于"糊涂"得不可"开交"!

这样表达的作用有二:其一是简洁、不啰唆;其二是增强语势。

(四)关于"为……而……"的思考

在四类语体中,"为(了/着)……而……"共出现120例。其中"为(了/着)"后为目的的共112例,表原因的仅8例,分别为政论语体中1例,文艺语体中7例,公文语体及科学语体中没有出现。我们不妨将此8例表示"原因"的用法全

部列出:

(48) 一些正直的、友好的外国人士为此[而]替我们担心。(政论语体)

(49) 世间还有为了太胖一点[而]不吃白脱与牛奶的小姐,……(文艺语体)

(50) 父亲常常为着贪婪[而]失掉了人性。(同上)

(51) 是不是为一二个伟人一时心境的不好,或者是为中饭的汤太咸一点,或者为太太误把汗衫当作他要穿的羊毛衫给他[而]触动呢?(同上)

(52) 这种为了异族的压迫[而]抵抗的英雄的悲剧,是欧战近东方面令人泪下的一段悲壮的史实。(同上)

(53) 为了你狂烈的动震[而]使生命的力在梦中人心里像轰雷一样爆炸!(同上)

(54) 你壮阔的动变,仿佛发出了万能的震人心目的色彩,使人张不开他微弱的眼,色盲的眼,使人为了天地的酷虐[而]昏眩。(同上)

(55) 爱热闹的厨妇为了生活中新鲜的节目[而]微笑,老屋中深垂的寂寞幕帷卷起来了。(同上)

从上面8例我们可以发现,例(48)中,是"为此"合而为整体作为原因出现在"而"的前面,因此,这两例不能算作典型的"为+原因+而"的用法。这样,除文艺语体外,其他三类语体中没有"为+原因+而"的用法。

而在文艺语体中,为什么仍然出现了"为+原因+而"的情况呢?我们推测这种用法是从文言用法中遗留下来的。"为"在《古汉语常用字字典》中的释义之一为:

为:wèi(慰)。介词。

因为。《荀子·天论》"天行有常,不～尧存,不～桀亡。"

为了。《史记·货殖列传》:"天下熙熙,皆～利来;天下攘攘,皆～利往。"

也就是说,在古汉语中"为"既可以表示原因又可以表示目的,但无论是《古汉语常用字字典》还是《现代汉语词典》中却都没有对"为……而……"进行释义。

文艺语体较其他三类语体来看,是最为松散、不严谨的。而散文最大的特点就是"散",这里的"散"我们不妨理解为"灵活"。作者为表达主观意愿或达到某种效果,换用另一种手段来表达,这种手段又可以是非常规方式。政论语体、公文语体与科学语体三者对严谨度要求较散文高,在表达上需要有明确的目的性,故多选择"因(为)""由于"来作为提示原因的标记而非"为(了)"。

"为+原因+而"在近代是一种普遍的表达方式,从古代延续下来,合乎近代写作规范,是汉语自身的继承。而在当代书面语中,此种使用倾向渐渐减少。因此"为+原因+而"的表达并不应该被看成病句。

五、综合讨论

（一）书写行为的心理机制及对"而"的选择

人们在书写时具有心理机制。孙德金[①]谈到制约书写行为的心理机制时,提到求简律、趋雅律、整齐律及谐体律四个方面。具体到"而"的使用和表达,也遵从上述四个方面的要求。上文谈过"而"有使表达简洁不啰唆的作用,如"广遍[而]轻轻的风一般的音响"换用别的表达则达不到如此简洁的程度,这与语言的经济性原则是一致的。"而"的使用与趋雅律（或典雅程度）的要求相一致。书面语不同于口语的一大特点就是"正式及典雅"[②],体现在各个方面,包括对连词的选择。上文我们不止一次地提到了"而"的使用与典雅程度有关,如文艺语体中连接并列关系的"而",与"状态+而+V"等。在简洁的同时达到雅致,人们就会有意无意地选择"而"作为最佳连接手段了。整齐律与求简律并不是矛盾的,而是在"求简"的基础上加入"而",使表达更加顺畅、连贯而非冗长。如"宛宛而登"、"信步徘徊而入"等,再如"而"的连用造成排比句等,都是"而"在整齐律上的体现。"而"的使用符合谐体律的要求,并且与语体之间存在着一种双向选择的关系。如文艺语体中的"状态+而+V",科学语体中的对比关系等,既反映出"而"的语体标记功能,又反映出语体对"而"的选择倾向。以上"四律"并不是各自独立的,而是互相促进的统一体。"而"符合"四律"的要求,也反映了书写行为心理。

（二）"而"的灵活性

"而"的灵活性主要是指其连接前后两项之间语义关系不明朗而言。"而"连接的前后项往往包含着两种语义关系,其中一种稍强,另一种稍弱。既然一个"而"可以连接包含几种语义关系的成分,从求简原则出发,当然倾向于选用"而"。灵活性同时也指其连接的形式多样。如我们在语料中发现了"而"连接象声词的情况。虽然只出现在一种语体中,且数量极少,却也从另一个侧面反映出"而"连接成分的广泛。

---

① 孙德金(2009)《现代书面汉语中的文言语法成分研究》,上海师范大学博士学位论文。
② 冯胜利(2006)《汉语书面用语初编》,北京语言大学出版社。

六、结论和余论

通过对公文语体、科学语体、政论语体及文艺语体中"而"的分布及使用情况的考察,我们得出结论:一、连词"而"在四类语体中数量分布不平衡,语义关系表现各有特点。二、"而"与语体之间具有双向选择的倾向。三、"而"具有修辞功能,即韵律、节奏以及构成排比的功能,这与语体选择也有很大关系。四、"而"连接前后两项语义关系的纠结与其他关联词语同现。五、"为+目的+而"为现代书面汉语中普遍用法,文艺语体中"为+原因+而"的用法则带有时代特点。

我们对连词"而"在现代汉语公文语体、政论语体、科技语体及文艺语体四类语体中的分布进行了系统考察,初步分析了较大规模的语料,对其呈现出的状态进行了较为细致的描述,并据此得出以上一些认识。

而因各方面(如语料库及自身能力等)原因,尚未有十足的把握对"而"下定论。如对"为……而……"的分析和考察也许因未能穷尽性考察而说服力不够。然而我们认为这个问题无论就汉语本体研究还是汉语作为第二语言教学方面而言,都具有一定意义。今后应进一步考察,得出更加确切的结论以完善本体研究,并指导教学实践。

此外,我们只在四种语体中对"而"进行了考察研究,而其在其他语体或语域中或许还有其他表现,我们无力探究,故有一些现象(也许是很有特点的现象)并没有发现。这些问题有待于进一步考察研究。

参考文献

北京大学中文系 1955、1957 级语言班　1982　《现代汉语虚词例释》,商务印书馆。
崔建新、张文贤　2002　不同语体下连词使用率的统计与分析,《第七届国际汉语教学讨论会论文选》,北京大学出版社。
金允经、金昌吉　2001　现代汉语转折连词组的同异研究,《汉语学习》第 2 期。
李海英　2005　浅说状语和"而",河南大学研究生硕士学位论。
刘贤俊　2005　现代汉语连词联系项的多能性,《世界汉语教学》第 4 期。
刘月华、潘文娱、故　韡　2001　《实用现代汉语语法(增订本)》,商务印书馆。
陆俭明　1983　汉语中表示主从关系的连词,《北京大学学报(哲学社会科学版)》第 3 期。
吕叔湘　1942　《中国文法要略》,商务印书馆。
吕叔湘　2004　《现代汉语八百词(增订本)》,商务印书馆。

吕叔湘、朱德熙 2002 《语法修辞讲话》,辽宁教育出版社。

罗日新 1995 关联词语分布态势及奥秘所在,《辽宁师范大学学报(社科版)》第1期。

罗日新 1995 关联词语纵横谈,《语文研究》第1期。

[美]马恒静 1990 "而"字的探讨,《世界汉语教学》第1期。

毛晓新 2009 连词"而"的韵律功能,《语言应用研究》第3期。

宋文平 2009 "A而不B"格式的语用功能分析,《学理论》第11期。

孙屹 2008 "and"与"而"的英汉语义异同及其语义关系的正确对应,《内蒙古农业大学学报(社会科学版)》第2期。

孙德金 2009 现代书面汉语中的文言语法成分研究,上海师范大学博士学位论文。

陶红印 1999 试论语体分类的语法学意义,《当代语言学》第3期。

王国璋、王松茂 1986 《现代汉语常用文言虚词》,北京出版社。

吴云芳 2005 "和""与""并""而"连接谓词性成分时的区别,《语文研究》第1期。

徐绍棠 1985 试谈现代汉语连词的感性表达色彩,《运城师专学报》第1期。

严丽明 2009 表示对比的连词"而",《暨南大学华文学院学报(华文教学与研究)》第1期。

张宝林 1996 连词的再分类,《词类问题考察》,北京语言学院出版社。

赵越 2007 现代汉语转折连词及其类型学解释,延边大学硕士学位论文。

中国社会科学院语言研究所词典编辑室 2005 《现代汉语词典(第5版)》,商务印书馆。

周刚 2002 《连词与相关问题》,安徽教育出版社。

(作者单位 北京语言大学汉语进修学院 100083)

"和""或"连用及其规范

郭曙纶[1]　　郭建平[2]　　曹晓玉[1]

一、引　论

连词"和"、"或"的研究一直受到语言学家、逻辑学家以及其他研究者的关注。已有的研究主要集中在关于"和"、"或"本身的用法(其中包括误用的分析及使用中的规范)、历时性研究(郭静,2008);"和"、"或"两者之间的关系(朱德熙,1980);英汉两种语言的比较研究,如"和"与"and"、"或"与"or"分布和功能的异同(马芬,2008)等。许多研究者还从定量的角度研究,如《红楼梦》(张亚茹 2005;刘伟、曹炜 2009)或《水浒传》(征文平、曹炜,2007)中"和"以及其他五个并列连词的统计分析等。

汉语中有一种"和""或"连用的现象,如"质量和(或)环境管理体系审核指南","如一WTO成员认为根据第2款、第3款或第7款采取的行动造成或威胁造成进入其市场的重大贸易转移,则该成员可请求与中国和/或有关WTO成员进行磋商"。近些年,这种现象似乎有扩大的趋势。在百度、Google上进行网络搜索时,发现"和""或"这两个词与不同的标点符号斜杠和括号(/ ( ))组合成了以下5种不同的形式,"和/或","和(或)","和或";"或/和","或(和)"(另一种可能的形式"或和"在我们考察的语料中未被发现)。本文针对这一现象,进行如下初步探讨:1. 首先回顾、归纳一下"和""或"单用时的基本语义。2. 为什么会出现"和""或"连用的现象?3."和""或"连用时应采用何种写法才是规范的?

本文只讨论连词"和""或"连用现象,而且主要讨论它们连接词语(词或短语)的情况(因为连词"和"只能连接词或短语),即讨论形如"A 和/或 B"的格式及其变体,如"A 和(或)B","A 和或 B","A 或/和 B","A 或(和)B"。虽然它们连接的是词语,但实际上它们表达的意思往往是连接两个命题,所以下面的讨论中,常常会把词语 A、B 看作是命题 A、B,在某种程度上说,两者是等价的(一种简略的说法)。如:"张三和李四都考了 100 分。"就相当于:"张三考了 100 分,并且李四也考了 100 分。""张三或李四考了 100 分。"相当于:"张三考了 100 分,或者李四考了 100 分。"

二、"和""或"连用的语义分析

要探讨为什么会出现"和""或"连用现象,首先我们必须先了解"和"、"或"两者各自的基本语义是什么。下面首先来回顾、讨论一下"和"、"或"两者各自的基本语义。

2.1 "和"的基本语义

"A 和 B"中连词"和"的基本语义就是表示 A、B 同时存在,即表示 A、B 是并列关系。

郭曙纶、孙镭(2008)曾经做过如下的总结:

而"和"作连词使用时,只能连接词或短语,可以表示这样一些意义:

一、表示并列

1. 连接名词或名词性短语

宏儿和我靠着船窗|北京、上海、天津和重庆都是直辖市

2. 连接做谓语的动词、形容词时,动、形限于双音节,而且谓语前或后必须有共同的附加成分或连带成分。

事情还要进一步调查和了解|这项工作的意义十分伟大和深远

二、表示选择

常用在"无论"、"不管"等词后面,相当于"或"。

无论刮风、下雨和下雪,他都是第一个到校|不管同意和不同意,你总得先表个态|去和不去,由你自己决定

其中"二、表示选择"是有条件的,即一般要用在表示否定的"无论"、"不管"等词后面,或者后面有副词"都"相呼应,其意义相当于"或",这也就是说,"或"才是表示选择的词语。而在"一、表示并列"中主要是用来连接名词或名词性短语的第一种情况,第二种用来连接双音节的动词或形容词的情况是很少的。因此可以说"A 和 B"中连词"和"的基本语义就是表示 A、B 同时存在,即表示 A、B 是并列关系。当然在自然语言中,"A 和 B"中连词"和"有时表示"加"而且"合"的

意义,如"张三和李四是好朋友。""张三和李四是夫妻。"等①。不过这种情况跟本文讨论的问题关系不大,本文不予讨论。本文讨论的"A 和/或 B"中的"和"是表示"加"而不"合"的意义。

2.2 "或"的基本语义

郭曙纶、孙镭(2008)曾列出"A 或 B"中"或"的 5 种语义表现,具体如下表。

表 1 "A 或 B"中"或"的 5 种语义表现②

选择关系"或"的语义表现	不同选择关系的"或"	与"和"能否替换	替换后语义是否成立	替换后语义是否改变
表示 A 与 B 是"同实异名"	等同或	不可兼或	不能	不成立	—
表示只能选择 A、B 中的一项	不可兼或				
表示可以选择 A、B 中的一项或两项	可兼或	能	成立	改变
表示必须选择 A、B 中的两项	必兼或	能	成立	不改变
表示不选择 A、B 中的任一项	否定或	能	成立	不改变

郭曙纶、孙镭(2008)把"A 或 B"中"或"的 5 种语义表现分别称之为"等同或"、"不可兼或"、"可兼或"、"必兼或"、"否定或"。除了"等同或"表示 A 与 B 是"同实异名",其实 A 与 B 是一个东西(当然这也可以看作是一种特殊的选择关系,选择任何一个都是一样的,表示的也是不可兼或,因为 A 与 B 是同一个东西,也是只能选择其中的一个)之外,其他 4 种都是表示 A 与 B 是选择关系,只不过具体选择的情况不同而已,但不管是哪一种,它们其实都只是逻辑联结词析取"∨"的某一种取值情况或其否定(最后一种"否定或")。

在命题逻辑中,由逻辑联结词析取"∨"联结的两个命题"A∨B"为真有三种情形:第一种,A 真,B 假;第二种,A 假,B 真;第三种,A 真,B 亦真,即两者同时为真。其中,包括由逻辑联结词合取"∧"联结的两个命题"A∧B"为真的 1 种情形(A 真,B 亦真)。但是,这是在命题逻辑中,在自然语言中,与析取、合取相关的两个连词"或"、"和"表达的意思并不与逻辑联结词析取、合取一致。在自然语

---

① 见吕叔湘(1990)《吕叔湘文集》(第二卷),商务印书馆。
② 引自郭曙纶、孙镭(2008)《"A 或 B"中"或"的语义表现及"或"与"和"的替换研究》,《现代汉语虚词研究与对外汉语教学(第二辑)》,复旦大学出版社。

言中,"A 或 B"的基本语义可以说有两个:一个是表示 A、B 中两者只能择一,即不同时存在,只存在其中一个,是表示不可兼或;另一个则表示 A、B 中两者可以同时存在,是表示可兼或。这与逻辑联接词析取"∨"不同,逻辑联接词析取"∨"表达的只是可兼或。

对此,杜国平(2009)曾做过计量分析,得到"或者"(在表示选择义上基本上与"或"相同)的基本涵义统计结果如下:在 191 个例句中,表示相容选择关系(即可兼或)的有 98 个,约占 51.3%;表示不相容选择关系(即不可兼或)的有 93 个,约占 48.7%。笔者从北大 CCL 语料库生活随笔类的 204 条记录中删去不符合条件的记录,余下 170 条,按照"或"的不同语义表现进行分类标注,得到表 2 的结果。

表 2 "或"的语义分类统计表

分 类	不可兼或	可 兼 或	等 同 或	其 他 或
例句数	85	59	7	19
百分比	50%	34.71%	4.12%	11.18%

说明:"其他或"这里是指不表达选择关系的"或"。

由以上数据得知,可兼或在自然语言中占有一定的比例(我们的数据与杜国平(2009)的数据有较大差别,但趋势基本相同),虽然不及不可兼或用得多,但为数仍不少。不过在笔者随机调查的人群中,大多数人的直觉判断中"或"基本上只有"不可兼或"的意义。因此,我们认为"或"的基本语义是表达"不可兼或"的意义,当然它并不排除表达"可兼或"的意义。

2.3 "和""或"连用的语义

从前面的讨论中,我们可以看到,"和"是表示并列关系,"或"是表示选择关系,以表示不可兼或的选择关系为主,有时也表示可兼或的选择关系。按理说,并列关系和选择关系两者泾渭分明,怎么会出现"和""或"连用的现象呢?

通过观察"和""或"连用的实例,我们发现,"和""或"连用其实表达的就是"可兼或"的含义,也就是说"和""或"连用所起的作用就等于表示"可兼或"含义的"或"。如:

(1) 难看的表述"和/或"却正好导致这样一种复合:"苏格拉底是聪明的和/或彼得是国王"的论断是一个可以为真的陈述,当且仅当二组元陈述之一为真或两者皆真;这一论断可以是假的,当且仅当二组元陈述皆假。【文件名:\当代\翻译作品\应用文\猜想与反驳.TXT】(凡是用"【】"给出的都是北京大学CCL语料库的例子出处)

这个例子本身已经清楚地说明了"和/或"所表达的就是"可兼或"的含义。

既然用一个连词"或"就能表达的含义为什么非要用两个连词"和""或"连用来表达呢?"和""或"连用现象的出现一定有什么特别的原因。

从源流来看,首先是来自外部的原因,即"和""或"连用来源于英语"and/or"的翻译。据考察,英语中早在1853年就出现了"and/or"的用法,用于法律条文、商务贸易中,于是在引用或翻译时,一些人就采用了直译法,将"和""或"连用。其实,早在20世纪80年代初期,朱德熙先生就已经注意到这种现象,并撰文讨论过。朱德熙(1980)说,"英语里的'or'跟汉语的'或、或者、或是'一样,既可以表示兼容性选择关系,又可以表示互斥性选择关系。为了区别这两种情况,书面上常常用'and/or'来表示兼容性选择关系……我觉得我们很可以把这办法借到汉语里来"。这也从一个侧面证明了"和""或"连用是来源于英语"and/or"的翻译。

但是一种语言现象能够持续出现,甚至具有扩大的趋势,则显然不能只有外部原因,正所谓外因需要通过内因而起作用。连词"和""或"连用一定还有汉语自身内部的原因。

作为连词,"和"表示并列关系,基本上成为常识,尽管也有个别时候可以表示选择关系(此时相当于"或"),但那不是其通常的用法,而是有其特定的使用环境(即一般要用在表示否定的"无论"、"不管"等词后面,或者后面有副词"都"相呼应)。"或"既可以表示可兼或,又可以表示不可兼或。尽管有数据表明:人们更多的时候是用"或"来表示不可兼或,但是毕竟"或"还是可以表示可兼或的,而且从具体使用看,数量也不少。因此为了把表示可兼或的"或"与表示不可兼或的"或"区分开来,使连词的分工更明确,或者说,为了使语义表达更准确,因此人们就很容易想到将"和""或"连用以表示可兼或,如前面举出的例(1)。再如:

(2) 计划总需求膨胀→货币发行量增加→'有效总需求'膨胀→通货膨胀压力或(和)物价水平上涨【文件名:\当代\报刊\读书\vol-134.txt】

前面引论中我们已经提到"和""或"连用有五种不同的写法,那么这五种写法表示的含义是一样的呢?还是还有一些细微的差别?

这五种写法中,可以分为两大类,一类是"和"在前,"或"在后,如"和/或","和(或)","和或";一类是"或"在前,"和"在后,如"或/和","或(和)"。下面各举

一例:

(3) 第六条　申请使用船舶电台标识和(或)成组船舶电台呼叫标识的程序为【文件名：\当代\报刊\1994年报刊精选\02.txt】

(4) 因此,副词的严格定义是：只能做状语和/或程度补语的词。【文件名：\当代\应用文\议论文\语言学论文\141.txt】

(5) 关于菊花和或竹子的诗句(任选一个,要古诗句)(http://zhidao.baidu.com/question/112670874.html)

(6) 因此,新闻大臣似应向报社负责人或(和)编辑事先私下交待意图【文件名：\当代\翻译作品\应用文\第二次世界大战回忆录 第四卷 命运的关键.txt】

(7) 右边下角的数码区别义项,如"招(1,2)"指"招(1,)"第2个义项：招苍蝇、招麻烦)这些动词(或/和动词的这些义项)都是口语中常用的,它们可以单独回答问题,独立成句,但不可以在主语后边单独作谓语。【文件名：\当代\应用文\议论文\语言学论文\137.txt】

就这些例句而言,我们很难看出它们相互之间在表义上有什么明显的差别,它们都是表达可兼或的含义。从简单的数据统计看,"A和/或B"(包括"A和(或)B")的例句数要明显多于"A或/和B"(包括"A或(和)B")(67:6,这是我们从北京大学CCL现代汉语语料库得到的统计数据,总共得到有效例句数为73个,其中用斜杠的例句数与用括号的例句数基本上持平,为36:37,而"A和或B"的例句很少)。这说明了两个问题：一个是"A和/或B"明显表达出A、B同时为真,或者至少其中之一为真的含义(即可兼或的意思);另一个是"A或/和B"虽然也能表达同样的意思,但是显得画蛇添足——"或"已经表达了可兼或的意思,再加上"和"就没什么必要了。所以"A或/和B"的例句数很少。

这就跟"团员青年"用得比"青年团员"多一样(根据我们通过Google和百度的调查,两者所出现的网页数之比大约为5:1)。"青年"已经包括"团员"在内,而"团员"显然不能包括所有的"青年"："团员青年"表达的是"团员及非团员的青年"的意思,而"青年团员"给人的感觉是"青年团员"之外还有"非青年的团员",而这里说的是"青年的团员",而不是"非青年的团员"。即"青年团员"一般会被理解为偏正结构(当然,"A或/和B"中的"或/和"之间不会被理解成偏正结构),而不是并列结构,而"团员青年"则只会被理解为并列结构。

这里举"团员青年"的例子是想说明,汉语中如果有两个词语之间的含义具有包含与被包含关系(即像"团员青年"一样,"团员"都是"青年"),那么它们还是可以组成并列结构的。因此类似地,"和""或"这两个具有包含与被包含关系的词语也还是具有并列连用的可能性。

三、"和""或"连用的使用规范

现在我们来讨论如何规范使用"和""或"连用（或者说如何规范书写连用的"和""或"）的问题。从理论上看，"和""或"连用，可以按照它们的顺序分为两大类，一类是先"和"后"或"，一类是先"或"后"和"，再加上"（）"、"/"2个可能的标点，那么就可能组合出前面引论中我们提到的5种组合。

显然这五种组合只是一种可能性，实际上使用较多的组合只有两种，即"和/或"和"和（或）"。

前面所举的"团员青年"这个例子还可以说明，汉语中如果两个词语之间的含义具有包含与被包含关系，那么它们组成并列结构时一般是先小后大（语义所指范围即外延小的在前，外延大的后）。在这里，"或"是包括"和"的含义在内的，所以它们组合的顺序也应该是先"和"后"或"，而且事实上也正是如此。前面已经说过，"A和/或B"（包括"A和（或）B"）的例句数与"A或/和B"（包括"A或（和）B"）的例句数之比为67∶6。所以我们可以得出结论说："和""或"连用时它们的顺序应该是先"和"后"或"。

那么接下来需要讨论的问题就是，究竟是写成"和/或"还是"和（或）"。从实际使用的数据看，前面我们已经说过，用斜杠的"和/或"例句数与用括号的"和（或）"例句数基本上持平，为36∶37。也就是说，从实际使用上看，基本上是半斤八两，没什么大的差别。为什么会出现这种情况呢？

显然，"和/或"是直接译自英语"and/or"的写法，按理应该会使用得多些，但是有一个因素极大地阻碍了这种写法的使用：其中的斜杠"/"不是汉语中的一个标点符号。由于这个原因，所以才会出现一个更符合汉语使用习惯的写法——"和（或）"。尽管这个写法其实是有歧义的，"A和（或）B"既可以表示A、B两者同真（理解成"A和B"），也可以表示A、B两者择一（理解成表示不可兼或的"A或B"），还可以表示A、B两者同真，并且A、B两者择一（理解成表示可兼或的"A或B"）。其实这就回到了"或"的歧义。这个歧义的产生主要是由于汉语中括号的用法造成的。当然如果我们做这样的约定（把"A和（或）B"约定理解成"A和/或B"），那么是可以的，不过自然语言并非少数人可以约定俗成的，而是绝大多数人约定才能俗成的，即只有在语言使用实践中得到检验的写法才可能保留下来。

于是出现了一个难题:从表义的准确性看,显然是"和/或"这种写法更好,但由于其与生俱来的一个致命弱点(包含了非汉语字符),大大影响了它的使用频率;而"和(或)"这种写法虽然更符合汉语使用习惯,但由于其所具有的潜在歧义,也影响了它的使用频率。最后哪个会胜出而保留下来,看来只有时间才能决定。

不过,在我们看来,究竟采用哪种写法,主要是看表达语义的需要。如果想准确表达的话,显然会选择"和/或"这种写法,而如果不是为了表达准确,而只是想一般地表达出可兼或的含义,那么普通人显然会选择"和(或)"这种写法。因此,我们预测,随着"和""或"连用现象的增多(主要是从专业领域扩大到一般的日常生活),"和(或)"这种写法应该是会逐渐多起来。但是"和/或"这种写法估计也不可能会很快地消失。

因此,总起来看,我们的建议是:就规范方面来说,应该尽量避免连词"和""或"连用,如果为了表达语义的需要一定要用的话,还是选择"和/或"这样的写法为好,因为这样才能真正准确表达出可兼或的含义。否则,如果采用"和(或)"这种写法,由于其仍然保留有歧义,原来想避免歧义的初衷便丧失了。

对此,朱德熙(1980)也说,"不过像例④里那样写成'和(或)'(……),似乎不如按照英文原来的形式写成'和/或'好。"

四、结　论

综上所述,连词"和""或"连用首先是对英语"and/or"的翻译,但也是汉语表达准确化的结果(即为避免"或"的歧义——表达可兼或,或者表达不可兼或)。连词"和""或"连用使得汉语表达更准确,但是由于在具体写法上所出现的难题(写成"和/或"或者"和(或)"都有其不可避免的问题),这种连词"和""或"连用现象还很难说将会如何发展。

就目前来说,我们的建议是:尽量避免连词"和""或"连用;如果一定要用,还是推荐采用"和/或"这样的写法,以真正准确表达出可兼或的含义。

参考文献

杜国平　2009　"或者"、"OR"逻辑特征对比分析,《重庆工学院学报(社会科学)》第9期。

费斯克　2003　《关键概念:传播与文化研究词典》,新华出版社。

郭　静　2008　《联结词"或者"的逻辑分析》,湘潭大学硕士学位论文。

郭曙纶、孙　镭　2008　"A 或 B"中"或"的语义表现及"或"与"和"的替换研究,齐沪扬《现代汉语虚词研究与对外汉语教学(第二辑)》,复旦大学出版社。
刘伟、曹　炜　2009　《红楼梦》前 80 回"和"类连词用法分布计量考察,《江苏经贸职业技术学院学报》第 1 期。
吕叔湘　1990　《吕叔湘文集(第二卷)》,商务印书馆。
马　芬　2008　现代汉语虚词"和"与英语对应词的对比研究,中南大学硕士学位论文。
马清华　2009　论汉语并列复合词调序的成因,《语言研究》第 1 期。
石纯一、王家廞　2000　《数理逻辑与集合论(第二版)》,清华大学出版社。
张亚茹　2005　《红楼梦》中的并列连词,《语言教学与研究》第 3 期;
征文平、曹　炜　2007　《水浒传》中并列连词用法分布计量考察,《常熟理工学院学报(哲学社会科学版)》,第 5 期。
朱德熙　1980　"或"与"和",《山西青年》第 5 期。

(作者单位 1　上海交通大学国际教育学院　200030)

(作者单位 2　江西吉安遂川县草林中学　343922)

汉语"很"、"太"的句法语义比较分析

管志斌

一、引言

对外汉语教学中,"很"和"太"是留学生容易混用的一对程度副词。关于这两个词,前人的研究集中在语义语用特征、语法功能、语义限制和句法差异方面(陆俭明,1980;马真,1988;云兴华,1994;宋玉柱,1996;徐晶凝,1998;刘元满,1999;帅宝春,1999;张谊生,2002;张琪昀,2002;单韵鸣,2004;邵敬敏,2007;邵敬敏,2007;刁晏斌,2007)。已有研究可概括为:

Ⅰ语义方面,"很"与"太"都是表程度高的程度副词;

Ⅱ语法功能方面,"很"与"太"都可作状语,修饰形容词或心理动词;

Ⅲ句法配置方面,"很/太+形容词"、"不+很/太+形容词"和"很/太+不+形容词"三个格式中的形容词必须具有[+褒义]或[+积极义]的语义特征,而[+贬义]或[+消极义]的形容词不能进入这些格式。

为了理清留学生对"很"、"太"的使用情况,我们考察了北京语言大学"HSK动态作文语料库",共搜索到"很"字句15301例,"太"字句1369例,通过对语料的分析和甄别,得到"很"字偏误句197句,"太"字偏误句50句[①]。这些偏误可归结为:

Ⅰ."很"和"太"的混用偏误,表现在该用"很"的句法位置却用"太"来代替,这样的偏误有40例。例如:

[①] 若句中的偏误不属于"很"或"太"的偏误,不算在此列。例如:"自从以后,我对历史发生了很浓厚的兴趣。"这类句子不算"很"的偏误句。

(1) 他每天学得太认真,所以成绩很好。①
(2) 我太健康,你们俩放心吧。
(3) 开始吸烟是太容易,但戒烟是不能想象的痛苦。

Ⅱ. "很"和"太"用在"比"字句中的偏误。例如:
(4) 他比我很勇敢,我不能顶着父母跟父母不同意的女子结婚。
(5) 我了解丈夫的心情,他的心情比谁都很痛苦。
(6) 我觉得我父母的思想比我太先进。

Ⅲ. "很"和"太"不适当的隐现。一是"很"和"太"在句中不适当的隐含。例如:
(7) 学历史,你选择得很好,并且学历史( )有意义的。②
(8) 痛苦的事情( )多,其中最难忘的事,可能我一生不会忘记。

这两句中的"有意义"、"多"前面需加"很";二是"很"和"太"在句中不适当的显现。例如:
(9) 我(很)想这可能是我一生中最快乐的日子了。
(10) 他每天(很)忙着教汉语。
(11) 我读了这篇短文,觉得她亲戚还有她的丈夫(太)无罪。
(12) 以前在国内学习,我觉得自己还应(太)努力去了解更多的知识。

Ⅳ. "很"和"太"在句中句法搭配的偏误。例如:
(13) 我承认"安乐死"的最重要原因是要求"安乐死"的人痛苦(太)极了。

例(13)"极"是极性程度副词作补语。现代汉语里,程度副词"很"一般不能修饰极性程度副词,因为极性程度副词本身已表程度极高,其前面若再出现程度副词,语义上显得重复啰唆。

通过对偏误的归纳,我们发现:前三类属于"很"和"太"语义方面的偏误,最后一类则属于"很"和"太"语法方面的偏误。各类句子的偏误数分布情况如下表:

	混用偏误	"比"字句偏误	隐现偏误	句法搭配偏误	其它偏误	小 计
很	3	31	108	47	8	197
太	40	1	5	3	1	50

---

① 本文所用语料来源:偏误语料皆来自北京语言大学"HSK 动态作文语料库";其余所引语料皆来自北京大学中国语言学研究中心·现代汉语语料库(CCL语料库),以下将不再一一注明出处。
② 例(10)至(17)例句中的括号"( )"为本文作者所加。

综观Ⅰ-Ⅳ的偏误情形,汉语习得过程中,留学生已掌握程度副词"很"和"太"的基本用法,如句法上可作状语修辞形容词或心理动词,语义上表示程度高。然而,语言运用过程中,之所以仍出现Ⅰ-Ⅳ的偏误情形,一方面是由于留学生没有确切掌握"很"和"太"的语义差异以及它们对所修饰成分的语义选择,另一方面虽然留学生已掌握了"很"和"太"都具有[＋程度高]的语义特征,但并未完全理清这两者的句法限制,"太"一般不能修饰比较句的谓词性成分,"很"是"通比性语言成分"(储泽祥等,1999),不能用于差比句中。

为了对"很"和"太"的句法语义有一个全面认识,本文拟对其进行一次全面分析,以期既能展现两者的共性,又能凸显两者差异,从而为对外汉语教学提供一点有益启示。

二、"很"和"太"的语义异同

根据《现代汉语八百词》,"很"表示"程度相当高","太"表示"程度过头;程度高"。"很/太"都具有[＋程度高]的语义特征,都含有"度量"义素,它们同属副词范畴,都只能作状语。但是根据《现代汉语八百词》的释义,"太"除了表"程度高"外,还表"程度过分",换言之,"太"有时只含有"度量"义素,有时则含有"度量过分"义素。可见,"太"有两个义项,表示为:"太$_1$"——"度量"义;"太$_2$"——"度量过分"义。语义方面,"很"就跟"太$_1$"有共性,而跟"太$_2$"相区别。根据汉语副词的不同次类,"很/太$_1$"属于程度副词,表示"度量";"太$_2$"则属于评注副词,表示"度量过分",通常是对度量过量进行评价,具有明显的主观评价色彩。例如:

(14) 我们终日<u>很</u>忙碌,再没有谈天的工夫。
(15) 琴珠的生活<u>太</u>悲惨,她是苦中作乐。
(16) 老曹<u>太</u>专权,简直是独裁!
(17) 真是,我们<u>太</u>无礼了!

例(14)和(15)的"很"和"太"表程度高,可以互相替换。例(16)和(17)的"太"表示"度量过分",具有强烈的主观色彩,表达发话人的某种主观情感,(16)中"太"表达一种抱怨情感,(17)中"太"表达一种自责情感,后二例的"太"不能用"很"替换。

语言事实表明,专职表示"度量"义的"太$_1$"是"太"的非典型用法,因为该法的使用频率不高,而"太"的典型用法是表达"度量过分"义,该用法使用频率很高。在CCL语料库中,我们精选了495条"太"字语例,只有89条语例表示"度量"义,而有 406 条表示"度量过分"义。此外,"太$_2$"表示的语义通常含有发话人的某种主观情感,具有较强的主观色彩,而"很/太$_1$"通常表示"度量"语义,倾向于对事件进行客观陈述。而语义方面的差异表现在句法上就是:"太$_2$"句经常带有后续句,而"很/太$_1$"句通常可表达一个语义相对完整的客观陈述。换言之,"太$_2$"与"很/太$_1$"的句法差异主要是由其语义差异造成的,因为"太$_2$"表示"度量过分"义,既然事件超过了人们普遍接受的限度,那么超过的一部分必然会造成某种结果,而该结果通常是发话人不愿接受的,因为它超出了发话人的主体需求,所以"太$_2$"句经常带后续句。此外,一些因果倒置复句中,"太$_2$"句本身就是后续句,作为产生某种结果的原因。而"很/太$_1$"句的后续句则可有可无,因为它在语义上是自足的。例如:

(18) 洋鬼子怎样就骗了钱去,老通宝不<u>很</u>明白。
(19) 结果什么都不成,当然会觉得<u>很</u>累!
(20) 汽车的声音<u>太</u>响了,大家都没有听明白。
(21) 家里人多,开销<u>太</u>大。
(22) 李太太看见颐谷跑了,懊悔自己<u>太</u>野蛮。
(23) 他办事<u>太</u>认真,连点"面子"都不给。

例(18)和(19)的"很"和"太"只表程度,可互相替换,其所在小句的语义是自足的。例(20)至(23)的"太"是"太$_2$",其中(20)和(23)是前因后果型,"太"字句接结果后续句,(21)和(22)是因果倒置型,"太"字句为原因后续句。一般地,具有中性色彩的形容词受"太"修饰时,整个状中结构的语义具有褒义性还是贬义性,这取决于发话人的主体需求,如果事件结果超出发话人的主体接受度,那么语义就具有贬义性,往往表达某种不满、责备、愤怒、抱怨的情感,反之,如果事件结果符合发话人的主体接受度,那么语义则具有褒义性,往往表达喜悦、赞赏的情感。

分析得出:"很/太$_1$"具有语义共性,都表示"度量"义,其小句语义具有自足性;"太$_2$"则表示"度量过分"义,带有强烈主观色彩,其小句通常接后续句。然而,尽管"很"和"太$_1$"具有一些句法语义共性,但考察发现,这两者仍存在诸多句法差异。下面将对这一问题展开详细讨论。

三、"很"和"太$_1$"句法配置的异同

一般来说,同一语法范畴里具有语义共性的语言成分应该有相同的句法配

置。"很"和"太₁"作为程度副词,作状语修饰谓词性成分是其共性,但它们修饰的谓词性成分仅限于形容词和心理动词,而形容词只能是性质形容词,如"快、大、多、凉、远、干净"等,而不能是状态形容词,如"通红、黑乎乎、绿油油、小小的、干干净净的"等(朱德熙,2003:73)。然而,经过对大量语料的分析,发现"很"和"太₁"的句法配置并不完全等同,它们对所修饰的性质形容词既有共性,但又具有不同的语义选择。此外在不同的句法格式中它们的句法地位是不对等的。

1. 很/太₁ + A_n/V_p

"很"和"太₁"都能修饰性质形容词(以下简称 A_n)或心理动词(以下简称 V_p),表示程度高,但在句法搭配方面,它们又显得很不对称。一般来说,"太₁"能修饰的 A_n/V_p,"很"都能修饰;而"很"能修饰的 A_n/V_p,"太₁"未必都能修饰。如"很"修饰 A_n 时,对 A_n 的语义色彩没有选择限制,而"太₁"对所修饰的 A_n 则有明显的语义选择性,以具有[+消极]语义特征的 A_n 为优选项。在保持"很"和"太₁"都只表示"度量"义的前提下,我们在CCL语料库中精选了645条"很"作状语的语料,并用"太₁"逐一进行替换,能替换的只有162条,而有483条不能替换。此外,在"很"字句中,在不出现否定副词"不"和语助词"了"的情况下,只有在"很"修饰消极义 A_n 时才能用"太₁"替换"很"。消极义 A_n 有:失、糟、坏、脏、难看、难过、可恶、任性、烦厌、不安、阴沉、懦弱、失望、生气、庸俗等。例如:

(24) 文体大概<u>很杂乱</u>,因为是或作或辍,经了九个月之多。

(25) 当时处理这事<u>很草率</u>,当事人都忘了放在哪儿。

(26) 说到最后一句,黄道士板着脸,又瞪大了眼睛,那神气<u>很可怕</u>。

这三例的"很杂乱"、"很草率"和"很可怕"均可替换成"太杂乱"、"太草率"和"太可怕",且各句的句义保持不变。汉语里,"很"和"太₁"经常与否定副词"不"连用,形成不同的句法格式。

2. "很/太₁"跟"不"共现

现代汉语里,"很"和"太₁"跟否定副词"不"共现时,主要有四种句法格式:

Ⅰ. 很 + 不 + A_n/V_p　　　　Ⅱ. 太₁ + 不 + A_n/V_p
Ⅲ. 不 + 很 + A_n/V_p　　　　Ⅳ. 不 + 太₁ + A_n/V_p

虽然只有[+积极义]或[+中性义]的 A_n 或 V_p 才能进入格式Ⅰ和Ⅱ,但是格式Ⅰ的"很"一般不能用"太₁"替换,而格式Ⅱ中的"太₁"则可以用"很"替换。例如:

(27) 她把眼睛闭了,显出<u>很不愿意</u>底样子。
　　　今天有炸龙虾,那东西<u>很不容易</u>消化。

两人第一次坐飞机,<u>很不</u>舒服,吐得像害病的猫。

(28) 头一天<u>太不</u>顺利,这一早晨太顺利,他以为都是和他作对。

公开宣布出来究竟<u>太不</u>光彩,而且容易引起纠纷。

自己不爱她,而偏为她弄得心软,这<u>太不</u>公道!

这里例(27)的"很不"都不能替换成"太不",而(28)的"太不"都可用"替换",如"很不顺利"、"很不光彩"、"很不公道",且替换后各句义保持不变。

格式Ⅲ和Ⅳ的 A_n 或 V_p 在语义选择方面较之前两种相对宽松一些,进入格式Ⅲ和Ⅳ的 A_n 或 V_p 几乎没有语义限制,"积极义"、"中性义"和"消极义"A_n 或 V_p 都可进入。例如:

(29) 她打定主意趁秀莲还<u>不太懂事</u>,赶紧把她卖掉。

你要知道,蒋校长是<u>不太喜欢</u>俄国人的。

(30) 我写完《围城》,就对它<u>不很满意</u>。

院中的电灯虽<u>不很亮</u>,可是把走道照得相当的清楚。

你忘掉了你的孤单,也<u>不很愁苦</u>了,悄悄的你就踱到了梦中。

3. 很/$太_1$＋有＋$N_{抽象}$

现代汉语里,"有"是一个特殊动词,表示领属或存在。"很"和"$太_1$"修饰动词"有"时,组成的状中结构对其后的名词具有相同的语义选择①,即只能是抽象名词,并且格式中的名词不能受数量短语成分修饰,因为抽象名词是不能量化的。但"$太_1$＋有＋$N_{抽象}$"格式中的"$太_1$"可以替换为"很",而"很＋有＋$N_{抽象}$"格式中的"很"则不能替换为"$太_1$"。如:

(31) 我真太高兴了!你这个玩笑开得真<u>太有意思</u>。

与中国的优势项目受到一些冲击相比,日本的优势项目——柔道则显得<u>太有优势</u>。

(32) 她<u>很有人缘</u>,虽然她并不美丽。

他自己是一个<u>很有定见</u>,满怀乐观的人。

这里(31)的"$太_1$"可用"很"替换,如"很有意义"、"很有主意",替换后句子仍基本保持原义,而(32)里的"很"则不能用"$太_1$"替换。这样的 $N_{抽象}$ 还有:意思、学问、道理、影响、情调、风度、福气、重量、份量、礼貌、优势、力量、骨气、背景、才华、特色等。

---

① 我们这里谈到的"有＋名词"并不包括"有理、有力、有利、有名、有趣、有限、有幸、有益、有用、有效、有害"等,因为这些词都是词汇化程度很高的词,都已被作为独立的词条收入词典。

除了抽象名词可进入"很/太₁＋有＋N抽象"格式外，一些动词带上"性、力"等名词后缀后，也能进入该格式，此时的"很"和"太₁"可以相互替换。例如：

(33) 天津对她实在是<u>太有吸引力</u>。

你的推论无疑很严谨，<u>很有说服力</u>，一环扣一环。

中国的发展实在是<u>太有创造性</u>，而且这种创造力又孕育了新的发展。

值得注意的是，"很＋有＋N抽象"格式中，N抽象有时会带名词性修饰成分，这样将使得整个格式的语义由空泛变得具体，而且N抽象的修饰性成分的语义层级越多，该格式的语义就越具体，如：很有规律→很有经济规律→很有中国经济规律→很有当代中国经济规律。这里的所指是不断具体化的，修饰成分越多其所指就越具体。例如：

(34) 很有修养——他看起来<u>很有文化修养</u>。

很有才华——他<u>很有文学才华</u>，也有所积蓄，博闻强记。

而"太₁＋有＋N抽象"格式的 N抽象 带名词性修饰成分时，格式的前面须有否定副词"不"，形成"不＋太₁＋有＋N抽象"格式。例如：

(35) 不太有修养——他看起来<u>不太有文化修养</u>。

不太有价值——畅销书<u>不太有文学价值</u>。

4. 很/太₁＋V程度

根据语义性质，语言里的动词可分为行为动词（如：打、走、跑、吃、撕、写）、言说动词（如：说、讲、谈）和心理动词（如：想、知道）等，这是较为常见的分类，然而，动词范畴里还可分出"程度动词"一类（尹世超，2006），它表示的动作具有"量"的大小、轻重或强弱的不同。如果用"量"的连续统层级来加以量化，程度动词的量级可表示为：有点儿 V程度 →比较 V程度 →很 V程度 →非常 V程度，如：有点儿流行→比较流行→很流行→极度流行。例如：

(36) 荣翔的生理条件和盛戎<u>很接近</u>，音色尤其相似。

这<u>太符合</u>老百姓的心愿。

瑞宣觉得自己<u>太缺乏</u>勇气。

例(36)中动词"接近"、"符合"、"缺乏"所蕴涵的动素都具有量化特征，各自都可描绘出一个量的层级序列。这样的 V程度 还有：节约、轰动、普及、折磨、折腾、脱离等。以上分析了"很"和"太₁"具有相同句法配置的情形，下面将讨论只能用"很"而不能用"太₁"的句法格式。

5. 很＋Aₙ＋的

汉语里，Aₙ之后带助词"的"的情况下，Aₙ前面只能用副词"很"而不能用

"太₁"来修饰。我们检索到的所有"很+A_n+的"语例,都不能用"太₁"来替换"很"。格式"很+A_n+的"对A_n的语义色彩没有选择限制,整个格式蕴含有一种比较义,表示泛比①,即泛言程度,因此它不同也不能用于表差比的"比"字句,此格式所表示的比较,其参照对象是发话主体的接受度或普通大众的认知心理承受度。

语法功能方面,该格式可以作定语、状语、宾语、谓语和补语,但不能作主语。"很+A_n+的"作补语时经常带补语标记"得",作宾语时前面经常出现系动词"是"。例如：

(37) 他个子不高,很宽的肩膀,<u>很厚的</u>身板。（定语）
　　　太阳很红很低,像要把冬天<u>很快的</u>变为春天。（状语）
　　　保养<u>得很好的</u>指甲在保养<u>得很好的</u>狗毛上摩挲着。（补语）
　　　中国的工匠都<u>是很勤快的</u>。（宾语）
　　　我说这话时内心<u>很酸楚的</u>。（谓语）

这里的"很+A_n+的"格式都不能替换成"太₁+A_n+的",但是汉语里却有"不太好的选择"、"不太成熟的决定"等说法,值得一提的是,这些表达形式通常表示发话人的评价、体会、感想、建议等,一般只有"太₂"才能用于这些表达中,形成"不+太₂+A_n+的"格式,这将在下文进行分析。

6. 很+V_行为+了+数量名

汉语里,"太"（包括"太₁"和"太₂"）既不能直接修饰行为动词（以下简称为V_行为）,也不能修饰由V_行为构成的动词性结构（包括动宾短语和动补短语）,而副词"很"也不能直接修饰光杆V_行为,而只能修饰由V_行为构成的动词性结构,进而形成"很+V_行为+了+数量名"格式。如："很写了一些书"、"很看了几回电影",但不能说"*太写了一些书"、"*太看了几回电影"。这类V_行为有：说、看、走、挑、吃、发、长、费、花等。例如：

(38) 你也<u>很读了</u>些书啊!
　　　他<u>很写了</u>一些漂亮的论战文章。
　　　我这个姓氏一度很显赫,鄙人祖上<u>很出了</u>些名臣。

"很+V_行为+了+数量名"格式中的"数量"结构表不定量义,如些、一些、几回、点、一点儿、几次等,"名词"前还可带修饰成分。虽然此格式中的"数量"结

---

① 在表示比较的语义范畴里,蕴含有极比、泛比、胜过(不及)和等同四个等级。其中"泛比"的参照对象通常为发话人的主体接受度或普通大众的认知心理承受度。

构表不定量义,但是它的整个格式义却表示多量。

"很+$V_{行为}$+了+数量名"格式中动词性成分 $V_{行为}$ 前经常还可插入表"使动"的语言成分($V_{使动}$)①,也就是插入 $V_{行为}$ 所影响的对象,从而形成连动结构,即形成"很+$V_{使动}$+$V_{行为}$+了+数量"格式,但此格式的格式义仍表示多量。例如:

(39) 吴荪甫那一股又忿恨又苦闷的神色,<u>很使竹斋吃了一惊</u>。

一时间报章纷纷为"中国鸡"鼓噪,<u>很让人兴奋了一阵</u>。

7. A_n/V_p+得+很

程度副词通常表示事物性状的等级程度,一般都能作状语。然而,语料统计显示,程度副词"很"除了作状语外,还可作补语,如"好得很",而副词"太"(包括"太$_1$"和"太$_2$")则不能作补语。能作补语这是"很"有别于一般程度副词的语法功能。通过对 CCL 语料库的检索,发现"很"作状语的语例有 267 555 条,而作补语的有 24 572 条,数据表明:"很"作状语的使用频率远远高于作补语。一般来说,任何范畴里的典型成员往往是无标记的(沈家煊,2005:30),同理,在词类的语法功能范畴里,任何词的典型语法功能也是无标记的。由此可以得出:作状语是副词"很"的典型语法功能,作补语则是其非典型语法功能。因此副词"很"作状语时不带标记成分(如状语标记"地"),但作补语时通常是有标记的,句法上都会带有补语标记"得",如"累得很"、"高兴得很"等。换言之,句法上,无标记的状语位置是"很"的典型句法分布,而有标记的补语位置则是其非典型句法分布。由此便形成了"A_n/V_p+得+很"格式。例如:

(40) 孩子又在踢腾,她<u>难过得很</u>。

梦魂呢,又常困在躯壳里飞不到你身边,<u>心急得很</u>。

"A_n/V_p+得+很"格式对 A_n 或 V_p 没有语义色彩的选择限制,语义上,其整个格式义表示极量程度。这里作补语的副词"很"并不含有极量义素,而极量义是整个"A_n/V_p+得+很"格式所具有的,也即此格式的格式义是不能从其组成成分推导出来的(刘大为,2010)。语言交际中,发话人运用此格式既表达某种性状或情状接近极限幅度,也表达发话人强烈的主观情感。例如:

(41) 陈奂生没听懂,光知道是说的好话,<u>开心得很</u>。

我家里房子<u>宽敞得很</u>,还有一个小院。

他们的皮肤<u>光滑得很</u>,在火光下发红,冒着白汽。

---

① 这里我们把像"使、让"等一类称为使动词,它们具有"致使义"。

四、"太₂"的句法语义

程度副词"太₂"表示"度量过分",作状语只能修饰 A_n,而不能修饰 V_p。例如:

(42) 他<u>太</u>爱她了,舍不得就此离开。
　　　文玉,我实在是<u>太</u>想念你了。
　　　茅屋前边是一大丛美人蕉、一大丛蜀葵——我<u>太</u>喜欢蜀葵了。

例(42)中的"太"为"太₁",都表示程度高,所修饰的"爱、想念、喜欢"等 V_p 都不能用"太₂"修饰,因为它们所表示的程度并没有超出主体的接受度。"太₂"由于受其自身的语义制约,其句法表现跟"很"和"太₁"有很大的不同,"太₂"经常跟语气助词"了"共现,组合成"太₂+A_n+了"格式。例如:

(43) 母女相逢<u>太迟了</u>! 母女们永远不会再相逢了!
　　　花狗大,莫打了,<u>太多了</u>吃不完。
　　　你<u>太诚实了</u>,或者应说<u>太傻了</u>,你不知道那是个笑话吗?
　　　她这态度是可敬的,然而究竟<u>太惨了</u>。

"太₂+A_n+了"格式对 A_n 没有语义的选择限制,积极义、中性义和消极义的 A_n 都可进入,该格式一般表示某事件的结果超出了发话人的主体接受度,不符合主体需求,显得过犹不及,发话人运用此格式通常表达了某种评价、赞扬、不满、抱怨、愤恨等主观情感。如(44)中的各句分别表示惋惜、阻止、责备和吝惜的情感。语言交际中,"太₂"还经常用于表达"不太聪明的举动"等,从而形成了"不+太₂+A_n/V_p+的"格式,以表达发话人的某种主观评价。例如:

(44) 他急忙冲进来,一些<u>不太理智</u>的行为惹怒了大家。
　　　昨天他像个学童,撒了一个<u>不太高明</u>的谎。
　　　这样要求一个做工的姐姐似乎<u>不太公平</u>的。

参考文献

储泽祥、肖　扬、曾庆香　1999　通比性的"很"字结构,《世界汉语教学》第1期。
单韵鸣　2004　副词"真"和"很"的用法比较,《汉语学习》第6期。
刁晏斌　2007　试论"程度副词+一般动词"形式,《世界汉语教学》第1期。
刘大为　2010　从语法构式到修辞构式(上),《当代修辞学》第3期。
刘元满　1999　"太+形/动"与"了",《语言教学与研究》第1期。

陆俭明　1980　"程度副词+形容词+的"一类结构的语法性质,《语言教学与研究》第2期。
陆俭明　2010　修辞的基础——语义和谐律,《当代修辞学》第1期。
吕叔湘主编　1980/2007　《现代汉语八百词(增订本)》,商务印书馆。
马　真　1988　程度副词在表示程度比较的句式中的分布情况考察,《世界汉语教学》第2期。
邵敬敏　2007　论"太"修饰形容词的动态变化现象,《汉语学习》第1期。
沈家煊　1999/2005　《不对称和标记论》,江西教育出版社。
帅宝春　1999　说"太A了一点",《汉语学习》第2期。
宋玉柱　1996　"太A"和"太A了",《学汉语》第2期。
徐晶凝　1998　关于程度副词的对外汉语教学,《南开学报(哲学社会科学版)》第5期。
尹世超　2006　说"太+非程度动词+了"格式,《语文研究》第2期。
云兴华　1994　"太A了",《山东师范大学学报(社会科学版)》,第1期。
张琪昀　2002　"太"、"很"考辨,《汉语学习》,第4期。
张谊生　2002　程度副词充当补语的多维考察,《世界汉语教学》第2期。
朱德熙　1982/2003　《语法讲义》,商务印书馆。

(作者单位　复旦大学中文系　200433)

也说"老"

彭兰玉[1] 唐 艳[2]

"老"在汉语中是个表义丰富、功能多样的常见语言单位,学界对"老"的语法化问题讨论较多,本文从汉语国际教育的角度,看汉语常用的"老"的教学准备。在对外汉语教学中,有的学生在使用"老"的时候出现两种偏误:把"老黄、黄老、黄老总"当做意义相同的单位,把"老妹、小妹"当做意义不同的单位。这样的偏误与对"老"的意义虚实理解有关,作为教师,在对外汉语的课堂上当然不宜对特定学生大谈"词缀"、"词根"之类的术语,但自己对"老"却应该有较为全盘的认识和准备。

一、历时的准备

1.1 "老"的实义

《说文·老部》:"老,考也。七十曰老。"在上古汉语中,"老"多用来表年老或年长,意义实在。

(1) 九五,枯杨生华,老妇得其士夫,无咎无誉。(《易·上经》)

(2) 汝无侮老成人,无弱孤有幼。各长于厥居。勉出乃力,听予一人之作猷。(《书·商书·盘庚》)。

(3) (樊迟)请学为圃。(孔子)曰:"吾不如老圃。"(《论语·子路》)

例(1)后"老妇"之"老"表年老不言而喻;例(2)"老"、"孤"对文,年幼而丧父曰孤,故老有年老义;例(3)"老圃"是指老年菜农。

1.2 "老"的虚化

"老"字作为形容词,经常与名词搭配,构成名词词组,天长日久,在词组凝固成词的过程中,名词前面的修饰成分"老"发生虚化,由一个词变成了一个语素,词缀"老"就是在这个过程中产生的。

"老"字虚化为词头,六朝已有萌芽。

(4) 大丈夫岂当以老姊求名?(《晋书·郭奕传》)

(5) 诚哀老姊垂白,随无状子出关,愿勿复用前事相侵。(《汉书·杜钦传》)

以上两例中,"老姊"就是指"姐姐","老"在这里还带有"年长"的意味,并未完全虚化。

六朝以至近代汉语,"老"字作为词头大量出现。广泛用于各种人名、动物名、亲属名、一般事物名、数字以至于形容词前。

1.2.1 用于人名前

(6) 此是老石机杼,聊以奉赠。(《北齐书·儒林传·石曜》)

(7) 每被老元偷格律,苦教短李伏歌行。(白居易《编集拙诗成一十五卷因题卷末》)

"老元"即元稹。

(8) 老可能为竹写真,小坡今与石传神。(苏轼《题过所画枯木竹石》)

"老可"即文与可,是尊称,而非真正年龄老。

1.2.2 置于动物名前

(9) 老鼠放饭,虽饱难出头。(寒山《诗三百三首之二百六十八》)

(10) 黄昏戍,独坐一间空暗室。阳焰灯光永不逢,眼前纯是金州漆。钟不闻,虚度日,唯闻老鼠闹啾唧。(《全唐诗补编·全唐诗续拾卷三十》)

(11) 老虎终开眼,八虫会叩头。但令吾舌在,何畏不封侯。(《全唐诗补编·全唐诗补遗·卷九》)

(12) 眈眈老虎底许来,抱石踞坐何雄哉!(王恽《秋涧先生文集》)

(13) (白)姐儿凶似老虎,家公奔似山獐。(《明清民歌时调集》)

1.2.3 置于亲属称谓前

(14) 时来运转,买田庄,娶老婆。(吴自牧《梦粱录》)。

(15) 一个妆做张太公,他改做小二哥,行、行、行,说向城中过。见个年少的妇女向帘儿下立,那老子用意铺谋待取做老婆。教小二哥相说合,但要的豆谷米麦,问甚布娟纱罗。(杜仁杰《耍孩儿》)

1.2.4 放在一般事物名前

(16) 纪叟黄泉里,还应酿老春。(李白《哭宣城善酿纪叟》)

句中"老春"为酒名,"老"为词头。

(17) 勒与酣谑,引(李)阳臂笑曰:"孤往日厌卿老拳,卿亦饱孤毒手。"(《晋书·石勒载记下》)

"老拳"即"拳头"。

(18) 云初散,放老眼情无限,知他是西山傲我,我傲西山?(薛昂夫《元散曲·殿前欢》)

(19) 圣药王脚又滑,手又麻,乱纷纷瑞雪舞梨花。情绪杂,囊箧乏。若老天全不可怜咱,冻钦钦怎行踏?(苏彦文《元散曲·斗鹌鹑》)

1.2.5 排行前加"老"表示称谓

(20) 黑老五,又称梨园黑老五。生平、里籍均不详。(《全元曲·散曲·黑老五》)

1.2.6 放在形容词前以人物特征称呼人物

(21) 孝武狎侮群臣,随其状貌,各有比类……刘秀之俭吝,呼为老悭。(《宋书·王玄谟传》)

"老"除了虚化为词头充当前缀,还可作为词尾充当后缀:

(22) 夜半月高絃索鸣,贺老琵琶定场屋。(唐 元稹《连昌宫词》)

(23) 胡伶渌老不寻常。(元 王实甫《西厢记》第一本第二折)

(24) 舒着以双黑爪老,搭着一条黄桑棒。(元 武汉臣《玉壶春》)

例(22)"老"放在姓氏后,指某某人,例(23)"渌老"亦作"睩老",指眼睛,其中的"老"没有词汇意义,例(24)的"爪老"就是指手,现在有的方言还有用"手老"来说"手"的。

可见作为词尾的"老"可能与姓氏结合泛指某种人,可能与身体部位性词语结合衬垫音节。

二、现实的准备

"老"在现代汉语中既可能具有形容词的功能,如"老房子",也可能具有名词、动词、副词功能,如"尊老爱幼"、"他老了"、"他老问为什么"。而虚化的"老",用途越来越宽、越来越新,了解虚化"老"的现状是十分必要的。

2.1 虚化"老"的语法性

2.1.1 词汇义消失,只有一些附加的意义。如:"老"放在人名前,表尊称。放在动物名前,运用很有限,仅限于老虎、老鼠、老狼、老鹰等几种动物上。这说明人们在这一使用上是有选择性的。这几种动物的共同特性,是凶恶残暴,或是对人类的生存环境造成威胁。人们在这些动物前加"老",传达的是一种厌恶、憎恨的情感。而对那些生性温和的动物,如鸡、鸭、猪、羊、兔等,则没有冠上"老"的词缀。如果加上老,如老鸡、老牛、老马,则是相对"小"说的,有实义,不是词缀。餐厅的"老鸭"相对于"仔鸭"而言,有实义。

2.1.2 不能单独成词。"年龄很老"中的"老"是形容词,与词缀"老"不属于同一语素。"老"置于亲属称谓前,或放在一般事物名称前,或用在数字前表排行,都与本义相去甚远。

2.1.3 构词能力很强,能够组成如上表人、表事物或动物等一系列词语。

2.1.4 虚化的词缀"老"所构成的词均为名词,是名词的标志。

2.2 虚化的"老"的分布

"老"的上述用法,在现代汉语中大部分被继承下来了。

2.2.1 前缀性的"老"

置于姓名前面,表称谓,如"老王、老张、老李";

置于亲属称谓前,一般表亲近,如"老哥、老兄、老弟",但"老妹"指的是排行最小的,"老"是排行义的标记,有时有一种调侃意味。

用于动物名前,仅起到双音衬垫的作用,如"老虎、老鼠、老鸹、老鹰";

用于数字前,表排行,如"老大、老二、老三、老几"等;

放在形容词前,以特征称人的如"老土、老帽、老粗、老蔫儿"等。

由于社会的变迁和事物的发展,现代汉语的词缀"老"又有了一些新的用法。比如:

放在处所名前,增加戏谑色彩,如"老欧"、"老美"、"老广";

放在动词性或名词性语素前,构成表示职业、身份、行当等意义的词,如:

(25) 某天班会上,老班反复向我们强调:"什么时候干什么事,什么时候结什么果,你们现在最重要的就是学习,青苹果不好吃。"

(26) 副老总教你如何确保安全服务送基层的质量和效果。(《广东安全生产》2010年第1期)

(27) 南非世界杯赛昨天开始了第二阶段的淘汰赛,由于一天仅有两场比赛而且还都是在下午和晚上,这些天来每日忙着采访赛事的老记们总算可以稍微松口气了。(《今晚报》2010年6月27日)

例(25)"老班"指班长或班主任,带昵称色彩;(26)"老总"过去与军人相关,现在一般指经营机构的头儿;(27)"老记"就是记者的别称。

2.2.2 后缀性的"老"

现代汉语后缀性"老"很难看到有与身体部位性词语结合的,但并不意味着后缀"老"的功能就萎缩了。后缀"老"除了可以用在姓氏名后面,还可以用在处所名、贬义事物名、中性事物名、事件性、描写性等等词语后面,形成另一个词,在书面上也写做"佬"。

附加在姓氏或姓名后,表尊敬,如:郭老、赵老、吴老;

附加在处所前,泛指这一地域的人,有戏谑意味,如:美国佬、越佬、英佬、湖北佬、外国佬、乡下佬、巴国佬;

附加在贬义事物名后,有轻蔑意,如:鬼佬、贼佬、垃圾佬;

附加在中性事物名后,如:兵佬、光头佬、期货佬;

附加在事件性词语后,如:好吃佬、和事佬、变态佬、搭客佬;

附加在描写性词语后,有轻蔑意,如:大佬、细佬、阔佬、穷佬、肥佬、乡巴佬;

"老"的语法化路径遵循的是公理,虚化为词缀的"老"其语用范围难以道尽。有的从词语字面上能够看出它的大意,有的则一定要有社会文化圈的背景,比如附加在数词后面形成的"98佬":

(28)连日来,南宁市车管所在上班时间连续用三种"语言"广播车管业务办理知识,用大幅漫画提醒市民谨防"九八佬"行骗。以往在车管所聚集的"九八佬"暂时不见了。(《南国早报》2010年01月12日)

"98佬"指的是拿折扣的中介人,98是折扣的显性表现。

以上后缀的"老",起到两个作用,一是让这些地点、事物、性质、状态性成分都转化为具有某特定标记的人,二是体现其浓厚的口头色彩。

至于"老"构成新词后是褒是贬,则不是一刀切的,一般情况下,姓氏后加"老"构成的新词是褒义的,其他多少都有不敬的色彩,但语用中也可能临时改不敬为喜爱的,如:

上海较多使用的"赤佬"本是骂人的粗话,但再加个"小",变成"小赤佬"则可以贬义褒用,用出喜爱色彩。

参考文献

郭良夫 1983 现代汉语的前缀与后缀,《中国语文》第4期。
韩陈其 2002 汉语词缀新论,《扬州大学学报》第4期。

洪　波　1998　论汉语实词虚化的机制,《当代语言学》第3期。
张　艳、于　秀　2009　汉语实词"老"的语法化过程考察,《科教文汇》第2期。

(作者单位　1　湖南大学　410012)
(作者单位　2　衡阳师范学院　421008)

条件式衔接连贯标记语"反正"

柏 阳[1] 吴 颖[2]

一、引 言

"反正"在现代汉语尤其是口语中十分常用。对外汉语教学中,"反正"被列为乙级词,是初级词汇。然而,"反正"的用法十分复杂。已有的研究中宗守云、高晓霞(1999)从语篇的宏观角度,认为"反正"是逻辑联系语,主要能衔接因果关系、条件关系、并列关系、解注关系、承接关系和转折关系,并指出其衔接的语义关系有主次之分。李宏(1999)对"反正"的深层语义进行分析,否定了词典中"既然"义这一项,并从语用上进行了分析。于丹(2007)从语义、语用、句法以及与其他同类词的比较等多个角度对"反正"进行了研究。董正存(2008)考察了现代汉语中情态副词"反正"的使用情况,探讨了"反正"成为情态副词的原因,最后考察了其语法化过程。

本文考察了几部主要的辞书以及通用的对外汉语教材教材,分别对"反正"解释如下:

《现代汉语八百词》:① 强调在任何情况下都不改变结论或结果,上文常有"无论"、"不管"或表示正反两种情况的词语,多用在主语前② 指明情况或原因,意思与"既然"相近,而语气较强,多用在动、形或主语前。

《现代汉语词典》:① 表示情况虽然不同而结果并无区别 ② 表示坚决肯定的语气。

《应用汉语词典》:① 表示强调在任何情况下结果并无不同 ② 表示坚决肯定的语气③ 表示情况如此,不会有任何变化。

《汉语中级教程Ⅱ》:① 表示无论情况、条件怎样不同,结果不变,"反正"用来肯定这种结果 ② 用"反正"表示不变的前提,在"反正……"的后面或前面说出相应的结果。

《桥梁(上),实用中级教程》:① 表示情况虽然不同,但结果是一样的,常与"无论"、"不管"呼应 ② 强调理由或原因,与"既然"的意思相近。

以上对"反正"的解释中,《现代汉语八百词》和《桥梁(上),实用中级教程》的释义比较接近,相对比较清晰,但是仍然这些义项仍不能涵盖现实使用中的所有语料。

本文立足于二语习得,在前人研究的基础上考察"反正"的语义演变,总结"反正"的语义背景,并结合标记理论来谈"反正"的主观化。①

二、"反正"的历时考察

本文考察"反正"的古代语料发现,"反正"主要有以下几种用法:

先秦时,"反"是"返"的通假字,"反正"主要表示"返回正道,使之正常"的意义。此时的"反正"是动宾式的词组,尚未词汇化。如:

(1)鹖冠子曰:"行柱则禁,反正则舍,是故不杀降人,主道所高,莫贵约束,得地失信,圣王弗据,倍言负约,各将有故。"(战国《鹖冠子》)

魏晋南北朝时期,"反正"有了"帝王复位"的意义。

(2)惠帝反正,敦迁散骑常侍,左卫将军。(晋《晋书.王敦传》)

以上用法虽然在古代书面语中使用的频率很高,但是现代汉语中几乎不再使用,现在使用的"反正"也并非从这些意义中发展而来。这几种意义比较书面,生活中使用频率不高。而且意义比较实在,句法位置单一,多位于谓语位置,不容易发生虚化。

语料中我们发现"反正"也有并列短语的用法,最早见于《文心雕龙》。

(3)幽显同志,反对所以为优也;并贵共心,正对所以为劣也。又以言对事对,各有反正,指类而求,万条自昭然矣。(六朝《文心雕龙》)

这里的"反正"代指上文中的"正对"和"反对",并未形成固定的用法。此后我们陆续在各个朝代的文献中看到"反正"作为并列词语的用法:

(4)旧有两碑,其一在陵门,题云:"太祖文皇帝之神道",字画反正相对,今皆不存,唯两石龟存焉。(元《至顺镇江志》)

---

① 《现代汉语八百词(增订本)》,商务印书馆,2009年;《现代汉语词典(第五版)》,商务印书馆,2005年;《应用汉语词典》,商务印书馆,2002年;《汉语中级教程Ⅱ》,北京大学出版社,1992年;《桥梁(上),实用中级教程》,北京语言大学出版社,2000年。

(5) 反正备论养字之义，文亦四变，又短中拽长，皆惧其律也。（宋《罗氏识遗》）

清以前"反正"作为并列短语的用法并不常见，只发现几例。清以后，这种"反正"作为并列短语的使用开始增多，并且最终在清代实现了词汇化。最初"反正"的意义多为"正面"和"反面"的意思，用于宾语，定语，状语的位置。

(6) 以谓士敦廉让。今观此书签议，出于诸绅，则于文理既不知字句反正虚实，而于体例又不知款目前后编次，一味横肆斥骂，殆于庸妄之尤。（清《文史通义》）

(7) 瓣由蒂出，蒂与枝连，叶分五歧四缺，必须反正卷折，庶免雷同印板之弊。（清《梦幻居画学简明》）

(8) 一为梧州太守永常之砚山，长五寸，高二寸余。峰峦挺拔，岩洞幽深，面无反正之别，五岭九嶷，不足奇矣。（清《清稗类钞》）

这时"反正"依然处于尚未凝固的词组状态，但"反正"的句法位置已经多位于状语的位置。这种特定语境(local context)为"反正"的进一步语法化提供可能。

董秀芳(2002)认为并列短语中，只有"意合并列短语"（即没有外部形式标志，即不用连词连接并列项的并列短语中并列项为两项的一类）才有可能变为并列复合词。具体名词构成的并列短语要在语义上经过隐喻，去掉并列项的具体含义使其变成无指成分之后才能成词。"反正"虽然是由两个形容词项组合而成，但其意义具有指称性。本文认同雷冬平(2002)的观点，认为现代汉语中的"反正"的用法主要是来自于"正面和反面"的意思。正是这种"反正"经历了"隐喻"和"去指称化"，从而逐渐凝固成一个词。"反正"从构词上看，是由"反"和"正"两个反义语素组合而成的联合式词。最初用来表示空间关系。这种具体的空间关系转向抽象意义上的"正反面"，最终用来指逻辑意义上的正反条件，从而获得了在正反两个条件下都不改变的意义。又由于，"反"和"正"是一对具有互补关系的反义语素，彼此之间没有中间状态，从而泛指"在一切条件下都不改变"与此同时，也获得了肯定、强调的语气。可见，"反正"在经历了"去指称化"之后语义凝固成词，并同时经历了语法化的过程。

三、"反正"的语义功能演变

3.1 与条件呼应

"反正"在句子中与正反两个条件相呼应，表达在不同条件下结果不改变的逻辑意义。此时"反正"多用于后一分句前。上文常出现"是……不是……","有没有"等成分。

(9) 别人说我是一种错觉,是错觉也好,不是错觉也好,反正我自我感觉良好。

"是"与"不是"是两个极性对立的条件,"反正"用在这里,与其构词上的极性对立特点有关。又由于,"反"和"正"之间的互补性,从而可以呼应泛化的条件。在语言使用中,上文中的极性对立的两个条件逐渐泛化至一切条件。即不管什么条件下,结果不变。此时"反正"在表达逻辑意义的同时,主观上强调的语气也进一步加强。此时"反正"前一分句中多有"不管"、"无论"等来表示泛化的条件。

(10) 不管他们怎么看,反正我不在乎。

我们认为在这一类的无条件的条件句中,"反正"起到了呼应前文条件的作用。整个句子所表达的"不因条件改变"的语义主要由整个语境来承担。"反正"呼应前文条件,将条件与结果放在一起,更显化了前后分句之间的"无条件"关系,使语气强硬。

值得注意的是在实际语料中,"反正"的位置很灵活,这里的语序变化可以理解为一种"主观语序",即取决于说写者的兴趣、爱好、心情、焦点等因素而进行的语序变动。当"反正"在后一分句前时,"反正"连同其后的内容处于信息焦点的位置,用来引出新信息。当"反正"移至句首时。"反正"引导的分句充当旧信息,更有了不容置疑的意味。

(11) 反正我不去,你怎么劝都没用。

由于条件泛化,无须说明或是由于语境的关系,条件往往可以省略。如:

(12) 反正不许走!

这个句子中"反正"脱离了无条件的语境,原本由上文语境承担的语义开始向"反正"上转移。此时的"反正"句独立成句,也就为其篇章功能的进一步发展提供可能。

3.2 摆出事实

(13) 恨也好,不恨也好,反正我是打你了,这是个事实,无法改变,而且今后我仍然可能打你,但我希望尽量避免出现此类情况,这要看你,懂我的意思吗?

这个例句中,"反正"照应前文的正反两个情况,然而这句话的信息焦点并不在"反正"后的分句上。

当"反正"独立承担了"在一切条件下都不改变结果"的意义之后。原本需要用两个分句表达的意义,只用了一个分句就完成了,话语又开始向后延伸。也就是说"反正"所带的分句由最初的信息焦点的位置,逐渐背景化,即由前景信息转化为背景信息。这一过程叫做"去前景化"。随着"去前景化"的发生,"反正"后的成分也发生改变。此前"反正"所带的结果是有可能发生改变的,只是主观上认定其不改变。条件脱落之后,反正所带的内容转为客观上存在的事实,或者至少言者认为无须说明,大家都可接受的事实。于是不再存在"不改变"之意,而是由"反正"来摆出事实,进一步在该客观事实下提出的选择,建议,推断等。这里言者摆出事实的目的是为了使下一步的推理、建议、选择更好的进行。使话语接受者更好地理解话语之间的逻辑关系。此时"反正"突出的仍是逻辑意义。这种逻辑意义在语言形式上能找到依据。此时的"反正"往往可以用"因为""既然"等表示因果关系的词语来代替。如:

(14) 反正不远,我们骑自行车去吧。

(15) 反正我顺路,我帮你带吧。

(摆出客观事实,下文提出建议)

(16) 编剧自找台阶:"反正下等的都这么好吃,上等的也就可想而知了。"

(摆出客观事实,下文提出推断)

在实际的语料中我们发现,有时"反正"摆出事实后独立成句。这一类句子,往往体现了言者质问的态度,具有主观性,此外,这里的"反正"有要求听话者认清事实的作用,也具有交互主观性。是语句中的非真实性成分,可以省去,并不影响句子的真值语义,是命题以外的成分,这里的"反正"主要体现了情态功能。是"反正"主观性的进一步发展。

(17) 反正你做的"好事"你知道!

(18) 反正你写的东西你知道!

3.3 总结义

现实交际中,为了将自己的结论更具说服力地表达出来,言者会将结论的来龙去脉解释清楚。在3.1中我们分析到,"反正"的复句连接功能已经有了进一步扩大的可能。"反正"在前文叙述之后再引出结论,更有对前番话语提出总结的意味。这种总结意义在语言形式上也能找到依据。此时的"反正"往往可以用"总之"来代替。

(19) 他知道青年男女,特别是现代的青年男女,是闲不住的,总得给他们点事做,不拘是跳舞、跑步、看电影,反正别叫他们闲着。

当"反正"总结出的结论是主观上的时候,"反正"在凸现总结义的同时也有了表示语气的功能。如:

(20) 这个嘛,一言难尽,主要是感觉,这个孩子很老练,就是说很油,待人接物都十分客气,礼仪周到像个商人,说不出来那劲儿,反正不舒服。

用同样的方法进行验证,这里的"反正"可以用"总之"来代替,也可以用主观性标记"我觉得"。如:

这个嘛,一言难尽,主要是感觉,这个孩子很老练,就是说很油,待人接物都十分客气,礼仪周到像个商人,说不出来那劲儿,总之,我觉得不舒服。

到这里我们可以看到,"反正"沿着两条不同的线索进行发展,由最初的连接复句开始,经过"去前景化"一条线发展下来情态功能加强。而经条件泛化之后,连接功能加强,形成了"总结"义。当然"反正"作为连接手段的发展和其情态功能的发展是相辅相成的。而两者在会话中的进一步发展就产生了话语标记的功能。

综上,我们将"反正"分为:用于排除正反条件的"反正1"、基于事实表达主观态度的"反正2"和表示总结义的"反正3"。

"反正1"多位于第二分句前,上文中常出现"(是)……不(是)……"或者"不管"、"无论"等词语。"反正"所引导的分句处于信息焦点的位置。如果把"反正"去掉,则表现出语气上的不连贯。此时的"反正"与副词"都"可以替换或共现。"反正2"多位于句首,"反正"的分句信息多为已然事实,下一分句常有表示建议的语气词"吧",或者表示推断性的词语。此时"反正"所引导的分句为背景信息,焦点信息则在下一分句中。这里的"反正"起到了强化事实与下文之间的关系,如果把"反正"去掉,并不影响句子的真值语义。这里的"反正"可以与"既然"、"因为"词语替换,"反正3"位于长句、段落的最后结论之前。上文往往是对结论的阐述。"反正"所引导的分句是句子的焦点信息。如果把"反正"去掉,也表现出了语气上的不连贯,此时的"反正"多可以与"总之"替换。总结如下表:

	句法位置	共现词语	可替换词语	语义自足性	"反正"所引导分句
反正1	第二分句前	不管、无论、(是)不(是)	都	不自足	焦点
反正2	句首	"反正……,……吧";推断性词语	既然、因为	自足	非焦点
反正3	结论前	列举之后	总之	不自足	焦点

四、"反正"的话语标记功能

在一些口语语料中我们发现"反正"的语用功能有了进一步的发展,在语义上此时的"反正"往往并不表示真值语义,在语法上具有可分离性,其有无并不影响语句的合法性。据此,本文判断"反正"已经具备了话语标记的语用功能。

前文说到"反正"已有了"总结"的意义。在总结句中,结论往往是一句话中的信息焦点。说话人在表达话语的时候总有信息重点,除此之外还会有一些辅助信息。"反正"由"总结"义进一步发展而来的便是具有标识信息重点的功能。李秀明(2006)称之为使话题前景化的功能。如:

(21) 我父亲哪,他,他们什么时候儿上来,我,我也记不清了,反正还学徒呢,十九岁,反正上来了。

(22) 是啊,待业青年免税呀。如果这里面有一退休工人跟我们一块干,就得交税啦。没数,反正,一月得交他十几块钱。

(23) 我们家庭的生活,反正是,就是八口儿人,是啊,八口儿人一室三辈儿。

在例句(21)中,"父亲"上来的时间并不确定,但是说话者认为重点是父亲上来的时候还很小,而且不管怎样最终的结果是上来了。交税的数量,说话人不清楚,也似乎不是重点,重要的是只要有退休工人在这里,每月都要交上那么十几块钱。关于家庭生活的描述,说话者可以有很多信息,然而说话者,主观上认为,八口人是生活最具代表性的特点。

"反正"标识信息重点必然会带有说话者主观上肯定、强调的态度,与此同时也发出了程序编码信息。即"指导语句理解方式,从程序上制约着语句理解的推理过程,给听者提供语用捷径,让听者更有效地以较小的心力获得较多的效力"李秀明(2006)。因此在某种程度上,"反正"也体现了"交互主观性"。

另外,我们在一些语料中发现,有时言者在进行陈述的时候或者由于背景信息不明确,或者由于不太愿意说明,或者是进行思考,话语中断,或者是由于心理紧张等造成的思维混乱,此时"反正"填补了话语空白,标识了话语单位序列之间的依存性,连贯性。"反正"的广泛使用,尤其在北方方言中体现的尤为明显,已经有了向口头禅发展的趋势。

(24) 反正这个,说,说话语言呢,接触人也有关系,就是当年我学徒的时候,净接触这个姚县人。

(25) 现在,反正挺忙的,咳,反正现在就是反正这怎么说啊,我们记件儿呀,记件儿干一双给多儿少钱呀。

（26）A：你对这个工作有什么感受？

B：反正挺累的吧,反正,但是也挺有意思的。

上面这几个例子中可以看出,说话者在回答问题时,由于思考而产生了话语中断的时候,往往会使用"反正"来填补话语空白,此时的"反正"已经完全失去了真值意义,往往是好几个"反正"连续使用,这样的例句在北方口语中大量出现,并且多用于应答的句子中,"反正"在应答的时候,则是说话人在自己的回答中标明重点,从而更好地应答、提示对方,上文例中"反正挺忙的"、"反正挺累的"就是说话人的重点,当说话人对信息重点进行思考、总结时,往往就会出现"反正"重复出现的现象。

综上所述,"反正"的演变路径可以总结如下：

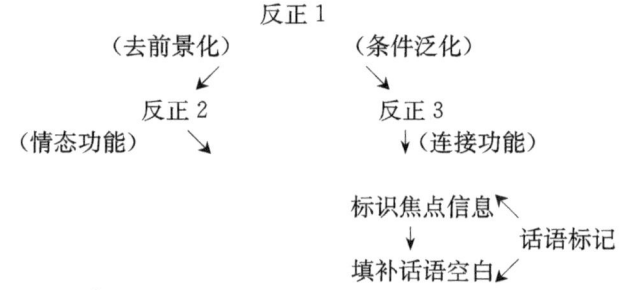

五、结 论

本文通过历时考察,认为"反正"作为一个虚词,其核心意义功能源于早期的并列式极性对立词语,并且随着情态功能和连接功能两条线发展下来。根据这样的语义演变线索,提取了"反正1"、"反正2"、"反正3",并对其语义背景做了大致地概括。

近年来,话语标记成为话语分析、语用学、历史语言学及语法化等共同关注的课题,话语标记一般没有概念意义,主要表达的是主观性及程序性。本文主要从话语分析的角度考察"反正"作为话语标记在话语或篇章中的衔接和连贯功能,发现"反正"在话语中起到了填补话语空白的功能。本文还从话语交际的角度思考了"反正"在话语理解中的提示、引导作用,即"反正"具有标识焦点信息的功能。

此外,本文在话语标记的研究中,遇到的困难在于语料的收集上,由于作为标记功能的"反正"十分口语化,又大量使用于北方话中,因此语料收集有失全面。而如何将作为话语标记"反正"在教学中更好地教授,有待于进一步探索。

参考文献

何自然、冉永平　1999　话语联系语的语用制约性,《外语教学与研究》第3期。
冉永平　2000　话语标记语的语用学研究综述,《外语研究》第4期。
黄大纲　2001　话语标记研究综述,《福建外语》第1期.
郑贵友　2001　关联词"再说"及其篇章功能,《世界汉语教学》第4期。
高增霞　2004　自然口语中的话语标记"完了",《语文研究》第4期。
张谊生　2004　《现代汉语副词探索》,学林出版社。
董秀芳　2002　《词汇化：汉语双音词的衍生和发展》,四川民族出版社。
董秀芳　2003　"X说"的词汇化,《语言科学》第3期。
董秀芳　2004　"是"的进一步语法化：由虚词到词内成分,《当代语言学》第1期。
董秀芳　2007　词汇化与话语标记的形成,《世界汉语教学》第1期。
董秀芳　2009　汉语的句法演变与词汇化,《中国语文》第5期。
吴福祥　2004　近年来语法化研究的进展,《外语教学与研究》第1期。
吴福祥　2005　汉语语法化研究的当前课题,《语言科学》第3期。
莫爱屏　2004　话语标记语的关联认知研究,《语言与翻译(汉文)》第3期。
雷冬平　2006　《近代汉语常用双音虚词演变研究及认知分析》,湘潭大学博士学位论文。

(作者单位1、2　上海师范大学对外汉语学院　200234)

口语里表示语气的"也"

张宝胜

一

本文主要在《现代汉语八百词》、张斌(2001)和陆俭明(1999)对副词"也"研究的基础上,深入讨论一下"也"在口语里表示语气的用法。

陆俭明(1999)指出:"也"表示委婉语气,除了可以用于表示责怪、怨恨的语句以外,还可以用于表示无可奈何,别无办法的语句中。

《现代汉语八百词》指出:"也"表示"甚至",加强语气,前面隐含"连"字,多用于否定句。"也"表示委婉的语气,去掉"也"字,语气就显得直率,甚至生硬。

张斌(2001)分析得更为明确,把"也"的功能概括为三种:表类同,表语气,表关联。其中的表语气分作表强调和表委婉两类。

在以上研究的基础上,我们想集中讨论"也"表语气的用法。本文所用语料主要来自北京大学语料库和以上三部著作,为行文简洁,不再注明出处。

说"也"在口语里表示语气的用法可以区分为弱化语气(委婉)和强化语气(加强)两种,是可以证明的。请看例句:

(1) a. 你去,我也去。
   b. 你不去,我也不去。
(2) a. 你去,我也不去。
   b. 你不去,我也去。

首先,从语感上我们觉得"也"在(1)里弱化了句子的语气,在(2)里强化了句子的语气。这一点可以用在句末添加语气词的方法加以证明。

(1') a. 你去,我也去吧。
    b. 你不去,我也不去吧。

(2') a. ＊你去,我也不去吧。
　　　b. ＊你不去,我也去吧。

语气词"吧"表示商量或建议时,可以使语气和缓。(1')成立,说明"也"在(1)里确实起弱化语气的作用,否则是加不上去"吧"的。(2')不成立,至少说明(2)里的"也"不是弱化语气的。是否强化语气,需另作证明。

(3) a. 你去,我不去。
　　b. 你不去,我去。

我们在(3)和(2)的句末加表示疑问的语气词"吗":

(3') a. 你去,我不去吗?
　　 b. 你不去,我去吗?
(2") a. 你去,我也不去吗?
　　 b. 你不去,我也去吗?

(3')是单纯征询对方的意见,而(2")除了征询对方的意见外,还表达说话人的不满。很显然,是"也"导致了(2")比(3')语气强烈。

二

不论是大多数语言学家把汉语的复句分为联合和偏正两个大类,还是邢福义(2001)把复句分为并列、因果、转折三个大类,(1)和(2)从形式上看都是并列复句。但仔细分析,我们认为(1)和(2)看似同类,而实际不同类。(1) 形式上看是并列复句,但它可以理解成假设、条件、因果等关系。证据就是可以轻而易举地在句中添加上"如果……就"、"只要……就"、"既然……就"、"因为……所以"等关联词语。(2) 形式上看当然也是并列复句,但它可以理解成转折和让步关系。证据就是可以轻而易举地在句中添加上"虽然"、"但是"、"即使"等关联词语。

(4) a. (如果/只要/既然/因为)你去,我(就)也去。
　　b. (如果/只要/既然/因为)你不去,我(就)也不去。
(5) a. (虽然/即使)你去,(但是)我也不去。
　　b. (虽然/即使)你不去,(但是)我也去。

于是,我们就有了一个初步的想法:按照邢福义(2001)的复句分类系统,在因果关系类复句里,用在后分句里的"也"起弱化语气的作用;在转折关系类复句里,用在后分句里的"也"起强化语气的作用。

先看因果关系类复句的例子。

假设、条件句：

(6) a. 如果平时用功一点儿，考试成绩也不至于这么差。

b. 如果平时用功一点儿，考试成绩不至于这么差。

(7) a. 你要实在不愿意，我也不难为你。

b. 你要实在不愿意，我不难为你。

(8) a. 没有特别重要的事儿，我也不会让你饿着。

b. 没有特别重要的事儿，我不会让你饿着。

(9) a. 要不是你命中注定有这个儿子，我也不费口舌了……

b. 要不是你命中注定有这个儿子，我不费口舌了……

以上4个例句的a句是含有"也"的原句，b句把原句里的"也"去掉，两相比较，很容易发现a句比b句语气要和缓一些，尤其是不使用关联词语时，a句比b句语气和缓看得更为明显。这显然是"也"具有弱化语气的功能所致。

推论、因果句：

(10) a. 由于思想上想通了，劲头也就大了起来。

b. 由于思想上想通了，劲头就大了起来。

(11) a. 既然你们都已经知道了，我也不用再说了。

b. 既然你们都已经知道了，我不用再说了。

(12) a. 让你这么一说，我也不知道自己是好人坏人了。

b. 让你这么一说，我不知道自己是好人坏人了。

(13) a. 您岁数比我们大，学问比我们深，我们叫您一声老师也不算肉麻。

b. 您岁数比我们大，学问比我们深，我们叫您一声老师不算肉麻。

这4个例句也是a句是含有"也"的原句，b句是去掉"也"的改写句。跟(6)~(9)一样，含有"也"的原句语气要委婉一些。也是不使用关联词语的(12)和(13)其语气和缓看得更为明显。这当然还是"也"具有弱化语气的功能所导致的。

再看转折关系类复句的例子：

转折句

(14) a. 尽管知道你们会翻脸，或者也给我来上一篇，那我也不怕。

b. ？尽管知道你们会翻脸，或者也给我来上一篇，那我不怕。

(15) a. 你帮我联系幼儿园，我也不承你的情。

b. 你帮我联系幼儿园，我不承你的情。

让步句

(16) a. 就是跟女同志接触多点儿,你也不能乱猜疑啊。

　　　b.？就是跟女同志接触多点儿,你不能乱猜疑啊。

(17) a. 你真的隐瞒了,她也不该这样。

　　　b. 你真的隐瞒了,她不该这样。

　　以上4例a句是原句,含有"也";b句是改写句,去掉"也"。转折句和让步句有一个共同的特点,如果在前分句里出现了关联词语,一般不能去掉后分句里的"也",因为去掉"也"整个句子显得突兀。如(14)b和(16)b。(15)b和(17)b前分句里本已没有关联词语,又去掉了后分句的"也",致使前后分句间所包含的让步转折的逻辑关系显得十分模糊。而原句(15)a和(17)a里的"也",在前分句没有关联词语的情况下,彰显了,至少是让人易于联想到前后分句间所包含的让步转折的逻辑关系。正是在这个意义上,我们说转折关系类复句里的"也"起强化语气的作用。

　　如果同意我们的观点,认为"也"在因果关系类复句里具有弱化语气的功能,在转折关系类复句里具有强化语气的功能,那就还应该探究一下,同一个表示语气的"也"为什么会有这两种不同的功能?

　　"也"的最基本的语义是表示类同。陆俭明(1999)已经论证了,"也"能用来表示委婉语气,是跟它的基本语义分不开的。张宝胜(2010)也论证了"也"表示自谦、委婉的语气,同样来自于"也"表示类同的基本义。这就是说,类同跟弱化语气有一种自然的关联,用标记理论分析,"也"表弱化是无标记的,而"也"表强化则是有标记的。

　　我们的分析可以从《现代汉语八百词》和张斌(2001)找到有力的佐证。这两部著作里都明确指出,表示强调的"也"都有一定的格式,如"连……也……"、"一A也不A"、"再……也没有了/不过了"、"最/顶……也……"等。表强化的的"也"一般都出现在相应的格式里,就是说不在这些固定的格式里"也"不大能够表示强化,这就证明了我们的看法,表强化的"也"的确是有标记的。

　　再看一看因果关系类复句和转折关系类复句。我们之所以服膺邢福义先生把复句三分为并列、因果、转折,就是因为它有坚实的逻辑基础。复句包含两个分句,这两个分句代表的两个事体无非是并着说,顺着说,逆着说。因果关系类复句,不论假设、条件还是因果、推论,都是顺着说的;相反,转折关系类复句,不论让步还是转折,都是逆着说的。顺着说,就是顺理成章,如"有病"和"不来上课"是顺说,它可以理解为假设、条件、因果、推论等关系。而逆着说,则有违常理,如"有病"和"来上课"就是逆说,它只能理解为让步或转折关系。顺理成章的事情,最能为大众理解和接受,它跟有违常理的事情相比当然是无标记的。于是,我们就得到了下面两个无标记配对:

无标记配对　　　　　　　　无标记配对
因果类复句(顺说)　　　　　转折类复句(逆说)
"也"表弱化　　　　　　　　"也"表强化

　　从事理上说也是如此,在顺说的因果类复句里用"也",等于是随大流,如"你们去,我也去","也"显然起的是弱化语气的作用;在逆说的转折类复句里,等于是逆流而动,如"你们不去,我也去","也"显然起的是强化语气的作用。

三

　　以上讨论的是出现在复句的后分句里表示语气的"也"。在实际口语里,"也"还经常出现在复句的前分句里。如:

(18) a. 你也不是外人,我就给你实说了吧。
　　　b. 你不是外人,我就给你实说了吧。
(19) a. 我也没上过什么名牌大学,咋能找到称心如意的工作呢。
　　　b. 我没上过什么名牌大学,咋能找到称心如意的工作呢。
(20) a. 王一生低了头,说:"我也不是要参加比赛,只是来看看。"
　　　b. 王一生低了头,说:"我不是要参加比赛,只是来看看。"
(21) a. 武存忠说:"我也不知道怎么办,不过可以托人打听一下。"
　　　b. 武存忠说:"我不知道怎么办,不过可以托人打听一下。"

　　这4个句子a句是原句,有"也",比起没有"也"的改句b句,语气显得要委婉一些,"也"在句子里起到了弱化语气的作用。我们认为这4个句子a句里的"也"虽然表示委婉,但它们既不是表示责怪、怨恨的语气,也不是用于表示无可奈何、别无办法。这里的"也"跟"也"表示类同的基本用法联系得似乎更为紧密。我们拿(19)a试做分析。说话人要表达的意思是:没上过名牌大学的人无法找到称心如意的工作,我也属于没上过名牌大学的人当中的一个,所以我无法找到称心如意的工作。这里显然是说话人把"我"类同于没上过名牌大学的人,这就是典型的通过随大流,起到弱化语气的效果。不过,(19)a的前文里并没有出现"某某没上过名牌大学",所以,我们可以把这个类同叫作虚类同。我们认为,"也"只要表示虚类同,就一定是弱化语气的委婉用法。

四

下面再讨论一下"也"表示责怪、埋怨语气的情况。先看例句:
(22) a. 你也得体谅体谅别人嘛。
　　 b. 你得体谅体谅别人嘛。
(23) a. 这孩子这么不听话,你这当爸的也真该好好管一管了。
　　 b. 这孩子这么不听话,你这当爸的真该好好管一管了。
(24) a. 都几点了? 你也该睡觉了吧?
　　 b. 都几点了? 你该睡觉了吧?

这3组句子,拿有"也"的原句a句跟没有"也"的改句b句相比,a句的语气确实要比b句来得委婉一些。不过,我们认为这几个句子既可以理解为是表示责怪和埋怨,也可以理解为表示建议和劝告,甚至认为理解为建议和劝告可能还更好一些。这种委婉表达的"也"实际上表示的也是虚类同。以(22)为例,许多应该体谅别人的人在文中没有出现,"你"不过是那许多人中的一个。表示虚类同,就是一种委婉的用法。

"也"真正可以理解为表示责怪、埋怨语气的,是在下列句子里:
(25) 他是什么人,你也不打听打听!
(26) 也不问问这是什么地方,竟敢在此无理取闹。
(27) 名字,你也不看看是谁的名字!
(28) 你瞧,这条棉裤也不给我换换。
(29) 你们也不想想,敢情我爸是解放后才跑的?

这几个句子当然不能理解为建议和劝告,应该理解成责怪和埋怨,(25)、(26)和(27)除了责怪和埋怨,甚至还有威胁的语气。所以,我们认为这里的"也"有强化语气的功能。让我们试做分析。

(25)~(29)所表达的意思大致是下面的(30)~(34):
(30) 他是什么人,你应该打听打听。
(31) 你应该问问这是什么地方,不该在此无理取闹。
(32) 名字,你应该看看是谁的名字。
(33) 你瞧,这条棉裤你该给我换换了。
(34) 你们应该想想,我爸不是解放后才跑的。

毋庸置疑,(30)~(34)的语气要大大弱于(25)~(29)。(25)~(29)这类句子可以概括为"也不VV",我们可以完全有把握地说,"也不VV"总是表示责怪和埋怨,其中的"也"起强化语气的作用。

五

我们前面论证了,"也"用在因果类复句的后分句、复句的前分句、表示责怪和埋怨(更像是建议和劝告)的句子里,有弱化语气的功能,使句子表达得委婉。而用在转折类复句的后分句、表示责怪和埋怨(兼有威胁义)的"也不VV"句里,有强化化语气的功能,使句子的语气加重。我们还以"随大流"和"虚类同"论证了"也"之所以能弱化语气,起到委婉的表达效果,根源就在于副词"也"具有表示类同的基本义。那么,"也"具有的强化语气的功能,跟"也"具有表示类同的基本义又是如何联系上的呢?我们以下面两个简单的例句试做分析:

(35) 小李有病也来上课。

(36) 你怎么有病也不去医院看看?

人若有病,按常理应该不来上课,应该去医院看大夫。而(35)的"来上课"和(36)的"不去医院看看"都是有悖于常理的。句中有"也",凭借"也"表示类同的基本义,就等于说把句子主语所表示的人拉进到有悖于常理的人的行列。既已有悖常理,你还与之同类,岂不是错上加错?因此,"也"在这里就有了强化语气的功能。从这个意义上说,"也"能够加强语气,同样是根源于副词"也"具有表示类同的基本义。

表示语气的"也"既能弱化语气,又能强化语气,这种"双刃剑"功能无独有偶。比如副词"还"有表示程度加强的功能,如:

(37) 杭州今年比南京还热呢。

这里的"还"相当于"更",是程度加强。但是,

(38) 这小孩还聪明。

这里的"还"就不是程度加强,而是程度减弱。

参考文献

陆俭明、马　真　1999　《现代汉语虚词散论》,语文出版社。
吕叔湘等　1980　《现代汉语八百词》,商务印书馆。
沈家煊　1999　《不对称和标记论》,江西教育出版社。
邢福义　2001　《汉语复句研究》,商务印书馆。

张　斌　2001　《现代汉语虚词词典》,商务印书馆。
张宝胜　2010　《副词"也"、"又"的主观性和主观化》,载《语法研究和探索(十五)》,商务印书馆。

(作者单位　河南大学　475002)

论"罢了"的语气意义的形成*

刘 顺

一、引 言

"罢了"是现代汉语常用的陈述语气词,"用在陈述句末尾,表示如此而已,有把事情往小里说的意味。常跟'不过、只是、无非'等词前后呼应。"关于"罢了"语气意义的形成,学术界只有简略的概述。如太田辰夫(2003)认为"罢了"有两个用法:一个应该称为谓词或者准助词,表示"尽管这样,也没有办法"、"勉强可以"等忍受的意义;一个是助词,和"只"、"不过"等副词呼应使用,是用谨慎的、轻微的口气说某一件事情,没有适当的词来表达,姑且称之为限制语气。孙锡信将"罢了"看作实义动词构成的兼有表达语气功能的语气短语。冯春田(2000)认为"罢了"是语气词"罢"的复合形式,基本上是表示"仅此而已"的语气,最早的例子是晚明时期,清代用例渐多。上述研究都是简略的概述,没能详细展示"罢了"的词汇化过程及语法化动因,更没有讨论"罢了"语气意义的形成及功能分化。本文在前人研究的基础上,详细讨论语气词"罢了"的词汇化过程、语法化动因及语气功能的分化。

二、"罢了"的词汇化过程

2.1 "罢了"的词汇化过程

"罢",《说文解字》释为:"遣有罪也。"段玉裁注为:"引申之为止也、休也。"

---

* 本项研究得到了江苏省哲学社会科学基金(08YYD012)和江苏省高校哲学社会科学基金(09SJB740010)资金的资助,特此致谢。

本来是个动词,意思是"停止"或"结束"。例如:

(1) 夫子循循善诱人,博我以文,约我以礼,欲罢不能。(《论语·子罕》)

(2) 及反,市罢,遂不得履。(《韩非子·外储说左上》)

例(1)的意思是"停止",例(2)的意思是"结束,完毕"。

宋元时期,"罢"开始与"了"作为连续的线性序列出现。例如:

(3) 某为守,一日词诉,一日着到,合是第九日亦词讼,某却罢了此日词讼。明日是休日,今日便刷起,一旬之内,有未了事,一齐都要了。(《朱子语类·卷一百六》)

(4) 夫有道:"怎地说,我也罢了。"(《错斩崔宁》)

例(3)中"罢了"用作述语,带有宾语,其中"罢"是动词,"了"也是动词;例(4)中的"罢了"在句中作谓语,其中"罢"是动词,"了"也是动词。

孙锡信(1999)也认为"罢"和"了"本都是动词,意思是"完结""结束",组合在一道,"罢了"仍是"结束""完了""算了"的意思。上述两例的"罢了"性质上是动词性的句法组合。

吉汶(Givón)(1971)提出一个著名的观点:今天的词法曾是昨天的句法。汉语作为分析性的语言,句法现象转化为词法现象是非常普遍的,一般称之为词汇化(lexicalization),指的是从大于词的自由组合的句法单位到词的一种变化,这种变化一般是历时形成的。汉语的语气词"罢了"也是这样形成的。

本文认为"罢了"的词汇化是伴随着语法化过程完成的,E. C. Traugott 认为,语法化跟主观性和主观化有密切的关系,主观性(subjectivity)是指语言的这样一种特性,即在话语中多多少少总是含有说话人"自我"的表现成分。也就是说,说话人在说出一段话的同时表明自己对这段话的立场、态度和感情,从而在话语中留下自我的印记。主观性主要体现在说话人的视角(perspective)、说话人的情感(affect)和说话人的认识(epistemic modality)三个方面。"主观化"(subjectivisation)则是指语言为表现这种主观性而采用相应的结构形式或经历相应的演变过程。动词组合"罢了"在进行语法化的过程中,表达的主观性扮演了重要的角色。看下面的例句:

(5) 他原无怪你之心,经也还了,事也罢了。恭喜!恭喜!(《二刻拍案惊奇·卷一》)

(6) 饮酒罢了,白娘子相谢自回。(《白娘子永镇雷峰塔》)

上述例句中的"罢了"都是动词组合,意思是"完结",例(5)的主语为名词"事",(6)的主语为动宾短语"饮酒"。"事也罢了","饮酒罢了"都是客观叙述事

情的结束。再看下面的例句:

(7) 三口儿应举去后,怎奈命运未通,功名不达,这也罢了,岂知到得家里,家私一空,止留下一所房子。(《今古奇观》)

(8) 孟玉楼道:"你踢将小厮便罢了,如何连俺们都骂将来?"(《金瓶梅·第十二回》)

例(7)的主语"这"指代"怎奈命运未通,功名不达",例(8)的主语为"你踢将小厮"。这两句与例(5)(6)相比,具有极强的主观性。仔细观察会发现,含有"罢了"的小句都是作为复句的前一个分句出现的,与后续小句形成让步或容忍关系。即"罢了"小句表示的事件对说话人来讲是可以容忍的,而后续小句表示的事件则是不可容忍的。如例(8),在说话人看来"你踢将小厮"还可以容忍,"连俺们骂将来"则是不能容忍的。而且这类句子以反问语气居多,反问语气正是主观性的表现形式。

在这类句子中,"罢了"的意义不再表示客观事件的结束,而是表示说话人主观上认为事件的结束。仔细体会可以发现,"罢了"小句前,隐含着"我认为"这样的意义。如例(7)说话人主观上认为"命运未通,功名不达也罢了",结合后续句可知事情并没有结束;例(8)说话人主观上认为"你踢将小厮便罢了",其实事情并没有结束,"连俺们都骂将来"。这里的"罢了"更多地是表明了说话人对这段话的立场、态度和感情,也就是表达了言者意义,即说话人的主观认识。"罢了"的意义变得越来越依赖于说话人对命题内容的主观信念和态度,意义开始虚化。尽管如此,这里的"罢了"仍然是动词组合,因为"罢了"前面还有"俱、也、却、便"等副词状语。

意义的虚化为"罢了"的进一步语法化提供了条件,当"罢了"前失却副词状语,"罢了"就有了重新分析的可能。例如:

(9) 若在外边打哥的旗儿,常没事罢了,若坏了事,要我做甚?哥你只顾放心,但有差池,我就来对哥说。(《金瓶梅·第三十八回》)

(10) 金莲道:"许你爹骂他罢了,原来也许你骂他?"(《金瓶梅·第二十一回》)

例(9)的"罢了"还有比较多的实词意义,"罢了"不能删除,还应该认为是动词组合;例(10)的"罢了"的意义有了进一步虚化,可以删除,而且删除后也不影响句子命题意义的表达,说明"罢了"不再参与句子的命题构建,加之前面并没有出现副词,"罢了"就有了重新分析的可能。

刘丹青(2008)认为"重新分析的一种强大动力,就来自人类语言对语义和形式之间自然匹配的强烈追求。"考察发现,"罢了"重新分析为语气词的句法环境是主语为陈述性结构和它的句尾位置。陈述性主语的句法后果是主语部分的长度增加,表示的概念复杂,信息量大;而作为谓语的"罢了"后面不再出现其他成分,位于句末,与主语相比,长度短小,表示的概念简单,信息量小。这样的句法格局必然会使表达重点前移,"罢了"处于非语义重心地位。如果一个语段不在语言使用者注意的核心范围之内,那么其中的成分之间的关系就容易模糊化,最容易发生句法成分间边界失落的变化。这是语言发展的一条重要规律。由于"罢了"的非语义重心地位,"罢"和"了"之间的界限就会模糊,"罢了"经常出现在句尾位置,形式短小,具有极强的主观性,意义高度虚化,这正符合汉语语气词的形式和语义特点,把它重新分析为语气词的话,显然符合语言演变的规律。当这种重新分析完成后,"罢"和"了"之间的界限取消,"罢了"的词汇化也就完成了。

通过语料的调查发现,语气词"罢了"的词汇化是在明朝时期完成的。看下面的例句:

(11) 昨日甫能想起来,卖蒲甸的贼蛮奴才又去了,我怎的回他?"李瓶儿道:"你还敢说没有他甸儿,你就信信拖拖跟了和尚去了罢了!他与了你银子,这一向还不替他买将来,你这等妆憨打呆的。(《金瓶梅·第三十七回》)

(12) 方氏道:"再与你约三年,那时无子,凭你寻一个淫妇,快活死了罢了!"司法唯唯从命,不敢再说。(《二刻拍案惊奇·卷十》)

很明显,例(11)(12)"罢了"的前面还有一个"了",这个"了"的性质应该是"了1+2","了1+2"和"罢了"属于语气词的连用,"罢了"显然是附着在句子命题上面的语气成分,其词的地位是显而易见的。

2.2 "罢了"词汇化的语音表现

语法化往往伴随着语音的变化,江蓝生(2000)成功地证明由语法化而引起的音变也是一个连续的渐变的过程。"罢了"的词汇化过程和语法化过程是紧密结合在一起的,语法化会引起语音弱化,语音弱化会进一步加强词汇化。动词组合"罢了"向"语气词"语法化的过程中,"了"的语音弱化与"罢了"的语法化程度具有密切的对应关系,同时"了"的语音弱化也进一步加强了"罢了"的词汇化。

太田辰夫(1958)指出,"罢了"又写作"罢咧",这个"咧"念"le",可看作是"了"的变音。"罢咧"大概没有作为谓词或者准助词的用法,即没有表示忍受、递进等等的用法,只有表限制的用法。孙锡信(1999)也认为表限止义的"罢了"到了清代以后又可说成"罢咧(bàlie)",往往同"只"、"不过"之类的副词配合使用。

太田辰夫所谓"罢了"谓词和准助词的用法,本文认为它是动词组合。太田辰夫和孙锡信所谓的"限制"或"限止"义用法就是用在陈述句末尾,表示如此而已,有把事情往小里说的"罢了",它已经是典型的语气词。

"罢了"由动词语法化为语气词,"了"的读音发展过程是:liǎo → lie → le。

"罢了"做句子的谓语,"罢"和"了"是连动关系,意思基本相同,即"结束"或"完结"义,其中"了"读作"liǎo";随着"罢了"的语法化不断深入,"罢了"的意义主要由"罢"来承担,"了"的意义越来越虚化,其读音越来越轻。由于"了"的轻读弱化,逐渐脱落韵尾,韵母央元音化,于是在清代"了"的实际读音为"lie",书面上写成"咧";到了现代汉语时期,随着"罢了"黏合度的加强,"了"的韵母又简化为"e",其实际读音为"le"。"了"读音的变化与"罢了"的语法化程度存在着密切的对应关系。研究发现,在元明时期,书面上只有"罢了"的形式,没有"罢咧"的形式。看下面的例句:

(13) 月娘道:"初九日不得闲,教李大姐挪在初十罢了。(《金瓶梅·第二十三回》)

(14) 贼强人,他吃了迷魂汤了,俺们说话不中听,老婆当军——充数儿罢了。(《金瓶梅·第二十六回》)

上述例句中的"罢了"都是语气词,去掉后不影响句子的命题意义,只是失却了相应的语气意义。比较:

(13′) 月娘道:"初九日不得闲,教李大姐挪在初十。

(14′) 贼强人,他吃了迷魂汤了,俺们说话不中听,老婆当军——充数儿。

语法化表现在语义和语形两方面,语义的虚化包括泛化、简化、抽象化等;语形的变化是由大变小,由繁变简,由自由变为粘着。但语形的变化总是滞后于语义变化,这是语法化的一条主要规律。尽管在元明时期,"罢了"的语义已经抽象化,但在滞后原则的作用下,语形上并没有充分表现出来;到了清朝,语形上的变化才显现出来,有些"罢了"在语音上读作"bà lie",书面上写成"罢咧"。例如:

(15) 我想着一个小子罢咧,怕什么呢?(《侠女奇缘》)

(16) 贾珍道:"这是怎么说,不过是几个果子罢咧,有什么要紧?"(《红楼梦·第八十八回》)

到了现代汉语阶段,"罢咧"基本不再使用,我们检索了北京大学中国语言学研究中心现代汉语语料库,只发现17例。现代汉语主要形式为"罢了",其中"了"读音为"le"。

三、"罢了"语气意义的形成及历时替换

在明清时代,"罢了"作为语气词,有三种语气意义:一是表示姑且这么决定的语气,相当于现代汉语的"得了、好了",本文称作"罢了$_1$";二是表示建议或祈使的语气,相当于现代汉语的"算了"或"吧",称作"罢了$_2$";三是表示把事情往小处说的语气,跟"而已"相当,称作"罢了$_3$"。这三种用法都是动词组合"罢了"语法化的结果。

3.1 "罢了$_1$"的形成

如上所述,"罢了"最早是动词组合,据考察,"罢"与"了"在宋朝时期开始构成线性序列。例如:

(17) 某思量,须是立个定制,非四十以上不得任教官。又云:须是罢了堂除,及注授教官,却请本州乡先生为之。(《朱子语类·卷一百九》)

(18) 你须计较一个常便,我女儿嫁了你一生,也指望丰衣足食,不成只是这等就罢了。(《错斩崔宁》)

例(17)的"罢了"用在句中作述语,带了宾语;例(18)的"罢了"用在句末作句子的谓语,是动词组合。

"罢了 1"就是在例(18)这样的句法环境中,吸收了语境义而形成的。看下面的例句:

(19) 你来看我回去便罢了,又算甚么命?(《封神演义·第十七回》)

(20) 月娘道:"也没见他,要饼吃连忙做了与他去就罢了,平白又骂他房里丫头怎的!"(《金瓶梅·第十一回》)

由于上述例句中的"罢了"前有"便"、"又"等副词,这里的"罢了"还是动词组合。尽管如此,正如上文所指出的那样,这里"罢了"的意义明显虚化,不再表示客观事件的"停止"或"结束",而是表示说话人认为某件事情结束后,其他所有事情不再发生或出现。如例(19)说话人以为"你来看我回去"这件事完了后,不再有别的事情发生。

仔细体会可以发现,含有"罢了"的小句,后面大都跟着一个反问句,反问句表示的事件总是与说话人的期望相反。比如例(19)在"你来看我回去"后,又出现了"你来算命"这个事件。两件事情相比,前面发生的事情勉强还可以接受、容忍,而后面发生的事情则是不能容忍、不能接受的,反问句形式则很好地表达了

不能容忍、不能接受的语气。在这样的言语环境中,带"罢了"小句表示的事件就有可以容忍、勉强接受、不再计较的语气,随着使用频率的增加,加之"罢了"意义的虚化,它就会吸收这种语境意义,一旦"罢了"前不出现副词,"罢了"就有了重新分析为语气词的可能。例如:

(21) 回过头来见是他,便道:"你在后边睡罢了,又来做甚么?孩子才睡的甜甜儿的。"(《金瓶梅·第五十回》)

(22) 公子道:"我们客边的人但得原物不失罢了,还要寻那贼人怎的?"就将出千钱,送与懒龙等一伙报事的人。(《二刻拍案惊奇·卷三十九》)

例(21)"罢了"前的"你在后边睡"是一个完整的命题,"罢了"几乎没有什么实在意义,加之其前又没有副词,其句法位置正好是语气词的句法位置,很容易吸收言语环境中语气意义,进而分析为语气词,余例类推。

随着"罢了"使用频率的不断增加,吸收的语境义就会固化而成为其固定的语法意义,其使用范围扩大,不再要求其后有反问句出现,"罢了$_1$"正式形成。例如:

(23) 那小淫妇就趁势儿对你爹说:"我终日不得个闲收拾屋里,只好晚夕来这屋里睡罢了。"(《金瓶梅·第五十八回》)

(24) 若可以领我见一见更好,若不能,便借重嫂子转致意罢了。(《红楼梦·第六回》)

3.2 "罢了 2"的形成

"罢了 2"表示建议或祈使语气,也是在动词组合"罢了"的基础上吸收语境义而产生的。如上文所述,含"罢了"小句表达的事件在说话人看来是可以容忍、可以勉强接受的事件,尽管它不完美,但说话人认为这样的事情别人还是可以去做的,一旦说话人允许或建议别人去做这样的事情时,句子就有了祈使的语用功能。例如:

(25) 贾珍道:"你儿子也大了,该叫他走走也罢了。"(《红楼梦·第五十三回》)

(26) 我劝他们,细米白饭,每日肥鸡大鸭子,将就些儿也罢了。(《红楼梦·第六十一回》)

例(25)的话语背景是:乌进孝尽管年龄大,但是仍然冒着大雪亲自前来给贾府送礼,贾珍认为乌进孝即使不亲自来,让其儿子来,贾府也可以接受,所以贾珍劝说乌进孝"该叫他走走也罢了"。这里的"罢了"显然具有了祈使语气。

上述例句中的"罢了"仍然是动词组合,但其句法位置正是语气词的句法位置,而且其意义已经高度虚化。一旦"罢了"前的副词不出现,"罢了"直接附在一个命题上,就可以重新分析为语气词,这就是"罢了$_2$"。例如:

(27)二十是个好日子,打发他每起身去罢了。(《金瓶梅·第五十一回》)

(28)王夫人因回贾母说:"这里风大,才又吃了螃蟹,老太太还是回房去歇歇罢了。(《红楼梦·第三十八回》)

上述例句中的"罢了"没有实在意义,删除后不影响句子的命题意义,失却的只是语气意义,可以确定为语气词。

很多学者认为,现代汉语祈使语气词"吧"(近代汉语的书写形式为"罢")跟近代汉语的动词"罢"有密切关系。太田辰夫(1987)推测:"恐怕助词'罢'是用于句末的'便罢',或者'也罢'的省略。即:'罢'原来是述语性的,如果说'你去罢',可能就有'你如果去就完了'、'你去就得了'一类的意思。"用在句末的'便罢'、'也罢'似乎还能感到一些陈述意思的残留,因此,它应该说是准句末助词。再进一步省略了'便'或'也',就只成了'罢',那就完全丧失了陈述的功能,成为单纯表示语气的了。"冯春田(2000)认为:"语气助词的'罢'是出现于元代。它的实词来源,那就是动词'罢休'、'罢了'的'罢'。"齐沪扬(2002)也认为现代汉语的"吧"来源于动词"罢"。与上述两位学者不同的是,齐沪扬认为现代汉语语气词"吧"的语法化源头是动补结构补语位置上的"罢",随着动补结构的瓦解,"罢"的意义出现虚化,然后吸收语境义而语法化为语气词"罢"。

通过对语料的研究,我们认为本文所谓的"罢了 2"也是现代汉语语气词"吧"来源之一。比较下面两个例句:

(29)西门庆便道:"今日晚了,老先生不回船上去罢了。"(《金瓶梅·第四十九回》)

(30)先是月娘对西门庆说:"孩子且不消教他往坟上去罢。"(《金瓶梅·第四十八回》)

例(29)、(30)表示相同的语气意义,一个用"罢了",一个用"罢",因为"罢了$_2$"是语气词,其中"了"位于句末,意义空灵,声音弱化,弱化到一定程度就会脱落,语气词"罢"出现。

3.3 "罢了$_3$"的产生

"罢了$_3$"表示把事情往小处说的语气,跟"而已"相当,常跟"不过、只是、无非"等词前后呼应。"罢了$_3$"也是在动词组合"罢了"的基础上通过语用推理、吸收语境义而产生的。

由于含有"罢了"小句表示的事件在说话人看来可以容忍的事件,可以容忍的事件就不是重要的事件,也不需要给予特别的关注,因而就产生了把事情往小处说的意味。例如:

(31) 人若骂我,我也不恼;若打我,我也不嗔,只是陪个礼儿就罢了。(《西游记·第一回》)

(32) 玳安在铺子里篦头,篦了,打发那人钱去了,走出来说:"平安儿,我不言语,憋的我慌。亏你还答应主子,当家的性格,你还不知道?你怎怪人?常言养儿不要屙金溺银,只要见景生情。比不的应二叔和谢叔来,答应在家不在家,他彼此都是心甜厚间便罢了。"(《金瓶梅·第三十五回》)

上述例句中"罢了"已经具有把事情往小处的意味,但它还不是语气词,而是动词,具有陈述性,前面还有副词"就""便"等副词修饰。当"就""便"等副词不出现,"罢了$_3$"就出现了。例如:

(33) 金莲道:"怪行货子,好冷手,冰的人慌!莫不我哄了你不成?我的苦恼,谁人知道,眼泪打肚里流罢了。"(《金瓶梅·第三十八回》)

(34) 宝钗笑道:"将来也不过多费得一副嫁妆罢了,如今也愁不到这里。"(《红楼梦·第四十五回》)

我们发现,在元明时期,表示这种意义的"罢了"与"不过、只是、无非"配对使用的不多,清朝以后配对使用才普及起来。

3.4 "罢了"语气意义的历时替换

明清时期,"罢了"的三种语气意义都有用例,我们统计了明代《金瓶梅》和清代《红楼梦》、《官场现形记》和《老残游记》几部书中语气词"罢了"的使用情况。看下表:

语气词 作品	罢了$_1$	罢了$_2$	罢了$_3$
金瓶梅	26	21	14
红楼梦	22	23	46
官场现形记	1	1	5
老残游记			3

从上表中可以看出,《金瓶梅》的"罢了$_1$""罢了$_2$"的用法基本持平,"罢了$_3$"的用法略少;《红楼梦》中"罢了$_1$""罢了$_2$"的用法不相上下,"罢了$_3$"的用法大幅增加;《官场现形记》中"罢了$_1$""罢了$_2$"还各有 1 例;《老残游记》中就只有"罢了$_3$"的用法了。

现代部分我们统计了老舍的《骆驼祥子》、《二马》、《马威先生》、《蜕》、《四世同堂》,钱钟书的《围城》,茅盾的《林家铺子》、《秋收》、《残冬》等作品,没有发现"罢了$_1$""罢了$_2$",只有"罢了$_3$"。说明在现代汉语中"罢了$_1$""罢了$_2$"已经被淘汰,只留下"罢了$_3$"的用法。

本文认为上述现象是词汇替换造成的。20 世纪初以来,汉语语气词有了新的发展,出现了一批新的语气词和准语气词,如"好了"、"得了"、"行了"、"算了"等,这些语气词替换了"罢了$_1$"、"罢了$_2$"用法。

"好了"、"行了"、"得了"等替换了"罢了$_1$"。看下面的例句:

(35) 张兆和不好意思地说:"你甭管,照拍好了。"(沈从文《求"凤"记》)

(36) 最后把我们砸急了,确实走投无路,索性站住,脸红脖子粗地嚷:"你砸死我们得了!"(王朔《一点正经没有》

例(35)的"好了",(36)的"得了"都表示表示姑且这样,具有不介意、不在乎的语气,相当于"罢了$_1$"用法。

"算了"替换了"罢了$_2$"。例如:

(37) 你那么喜欢他,就收他做儿子算了。(余华《在细雨中呼喊》)

(38) 我给您出个主意,前两年不是各厂都买了许多国库券吗?您就把它折给我们算了,反正您留也留不住。(毕淑敏《预约死亡》)

上述例句中的"算了"表达建议或劝说的祈使语气,跟"罢了$_2$"的用法完全相同。

据刘顺(2010)考察,作为语气词的"算了"最早出现在 20 世纪初,彭伶楠(2005)认为语气词"好了"产生于现代汉语,这跟"罢了$_1$"、"罢了$_2$"的消失时间相吻合。

词汇替换的原因可能是"罢了"负载了太多的语法意义,不利于语言的理解,意义的分化会促使形式和意义组配的简单化,从而加快语言理解的速度。在现代汉语共时平面上,"罢了"只用于表示把事情往小处说的语气,其语法意义变得专门化。

四、结　语

"罢了"是近代汉语和现代汉语重要的虚词。"罢"和"了"最早都是动词,意思是"完结"、"停止"。宋代时开始构成线性序列,两者是连动关系,在句中充当述语或谓语。"罢了"语气词的用法就是连动关系的动词组合"罢了"语法化和词汇化的产物。"罢了"的词汇化和语法化是相伴进行的,语气词"罢了"的语法化是在由陈述性成分充当主语、"罢了"充当谓语的句法结构中实现的。与语法化的过程相伴,词汇化过程同时进行,而语法化伴随的"了"语音的弱化,巩固了词汇化的成果。在近代汉语中,语气词"罢了"的三种语气意义,分别是吸收不同语境义,通过语用推理,不断固化而产生的;"罢了"在使用过程中,其语气意义越来越专门化,在现代汉语平面上只表示表示把事情往小处说的语气,原来的"罢了$_1$""罢了$_2$"分别由现代汉语新产生的语气词"好了、得了、算了"等所替换,语言的发展就是在不断更新旧的形式,发展新的形式。

参考文献

吕叔湘　1999　《现代汉语八百词(增订本)》,商务印书馆。
太田辰夫　2003　《中国语历史文法(修订译本)》,北京大学出版社。
孙锡信　1999　《近代汉语语气词》,语文出版社。
冯春田　2000　《近代汉语语法研究》,山东教育出版社。
沈家煊　1994　"语法化"研究综观,《外语教学与研究》,第4期。
沈家煊　2001　语言的"主观性"和"主观化",《外语教学与研究》,第4期。
刘丹青　2008　重新分析的无标化解释,《世界汉语教学》,第1期。
江蓝生　2000　语法化程度的语音表现,《近代汉语探源》,商务印书馆。
齐沪扬　2002　《语气词与语气系统》,安徽教育出版社。
刘　顺　2010　"算了"的词汇化和语法化《语言研究》第2期。
彭伶楠　2005　"好了"的词化、分化和虚化,《语言科学》第3期。

(作者单位　南京审计学院国际文化交流学院　211815)

"似的"结构

朱俊阳

一、引 言

"似的"在以往研究中,主要是针对它的词性及其语义,目前比较统一的看法是:"似的"可以分成两个:结构助词"似的$_1$"和语气词"似的$_2$",前者表示比较或比喻,后者表示推断。例如:

(1) 并且从他这张爆豆锅似的$_1$嘴巴里,很快地知道了工地和这个单位的一些情况。(王愿坚《普通劳动者》)

(2) 每打一拳都要连忙扶下晃动的枣树,那架式就像怕会把枣树打倒似的$_2$。(王朔《千万别把我当人》)

本文主要考察结构助词"似的$_1$"形成的结构。吕叔湘(1979:51)在谈"主谓短语"时说道:"如果要用它修饰名词,得加个'的'字,就变成'的'字短语,不再是主谓短语了。如果要用它修饰动词或形容词,得加上'像……似的(那样)'之类的字眼,也不再是主谓短语了。"《现代汉语虚词例释》则更明确地指出:"'似的'能使名词动词化。"(393页)可见,"似的"具有与"的"字相反的功能,"似的"结构和"的"字结构正相反,是谓词性结构,而这一点,在以往研究中,没有得到充分的重视,本文正是抱着这种思想来探讨"似的"结构。

二、"似的"结构的自述和转述

2.1 理论依据:自指和转指

朱德熙(1983)曾用自指和转指来解释"的"字结构,认为自指的"的"字结构和构成成分,只是词类的转化,意义保持不变,如"开车的技术"中的"开车的",而转指的除了词类发生变化,意义也变化了,如"开车的",转指"开车的人"。然而袁毓林(1995)认为所谓自指的"的"跟转指的"的"都具有提取成分的句法功能和表示转指的语义功能,即模糊了自指和转指的明显界限,自指有了转指的特点。同样,郭锐(2000)则从词性转化可以是句法层面的,也可以是词汇层面的,说明"的"字结构作主宾语是饰词性成分的零标记转指,是句法层面的名词化,即转指只是句法层面的变化,词汇层面保持不变,潜藏的含义是意义保持不变,转指有了自指的特点。这样看来,自指和转指并不是一对严格的对立性概念。因为意义的变化总是处在渐进中的,变化到什么程度才能定性为不一样(变化),什么程度还可以算是一样,这都不是可以一刀切的。

自述和转述这一对概念,以往是用于话语角色的,这里我们用它有着完全不同的含义,是和自指、转指相对的一组概念。"的"字结构具有指称性,而"似的"结构是谓词性结构。"似的"结构和"的"字结构一样,同样有词类变化、意义是否变化的问题。从语义角度看,非谓词性成分的谓词化有两种:第一种是单纯的词类转化,语义保持不变,我们称作自述;第二种除了词类的转化以外,语义也发生明显的变化,我们称作转述。自述和转述不是一对对立性的概念,自述有转述的特点,转述有自述的特点,自述和转述处在一个连续统中。从句法角度看,自指和转指的区别在于构成的定语从句里是否有空位,自指的"的"字结构只能作定语。自述和转述的区别也在于构成的状语从句里是否有空位,一般来说自述的"似的"结构只能作状语。例如"狐狸似的拍着领导马屁"中状语从句"狐狸似的"是有空位的,空位由名词"狐狸"的属性"狡猾"担当;而"发疯似的跑到衙门"中状语从句"发疯似的"则没有空位,或者说"发疯"不能激活任何属性。

"似的"结构包括"NP+似的"、"VP+似的"、"AP+似的"这三种结构,例如:

(3) 两个滚成泥猴的孩子在屋里的地上弹来弹去,<u>玻璃球似的</u>。(吕新《圆寂的天》)

(4) 她哆嗦了一下,<u>逃跑似的</u>走出那屋。(廉声《月色狰狞》)

(5) 朱三太忸着她的瘪嘴唇,<u>很艰难似的</u>说。(茅盾《林家铺子》)

张谊生(2002:172)指出:"'似的$_1$'既附着在体词性词语后面,也可以附在谓词性词语后面。"但是在他的例子中"VP+似的"如果处在句末又当作"似的$_2$",例如:

(6) 他转身,放开步,往回走,疯了似的。(老舍《骆驼祥子》)

(7) 战士们个个生龙活虎似的,使我一到哨所,仿佛晚凉新浴,深深地浸到一种新鲜而又清爽的气息里。(杨朔《三千里江山》)

张谊生(2002:172)认为(6)、(7)的"似的"是"似的$_2$",而我们认为,这里的"似的"仍然是"似的$_1$",是"VP+似的"结构作谓语,因为同样的"VP+似的"还可以充当状语,此时就不可能是"似的$_2$",同样"AP+似的"充当谓语时和充当状语时,"似的"具有同一性。下面我们就这三种结构来逐一讨论。

2.2 NP+似的

"NP+似的"可以作谓语、定语、补语、状语,整个结构呈现出明显的形容词性,例如:

(8) 明白,太明白了,老刘心里明镜似的,小戈呀,你别在意,还照平时那么穿,那么笑,老刘喜欢看。(王朔《谁比谁傻多少》)(谓语)

(9) 一个坐在一边始终没吭声的娘儿们举着葱尖儿似的五指,偏着脸向大胖子要求发言。(王朔《一点正经没有》)(定语)

(10) 这是过节唱的歌儿,不能太惨了,让孩子们哭得成泪人儿似的,合适吗?(《编辑部的故事》)(补语)

(11) 头看看高跳,有点含胡,他就走过去接过一百五十斤的担子,一支箭似的上到跳顶,两手一提,把两箩稻子倒在"窝积"里,随即三五步就下到平地。(汪曾祺《大淖记事》)(状语)

例(8)的"明镜似的"意思是清清楚楚,和"明镜"的意思具有较大的差距,一个是"明镜",一个是"明镜"的性质。用"明镜"的性质描述另一个事物。同理,例(9)"葱尖儿似的"是细细长长的意思,例(10)"泪人儿似的"是伤心的意思,例(11)"一支箭似的"是快的意思,都和原来构成成分的意思不一样,前两例都是用性质描述事物,后一例是用性质描述动作的状态。所以"似的"结构和构成成分词类不同,意义也不同,"似的"表示转述,转述名词的一种性质,表示另一事物的性质或一动作的状态。

2.3 VP+似的

"VP+似的"同样也可以作谓语、定语、补语和状语,整个结构也是形容词性的。例如:

(12) 几代人蜗居一堂,煮饺子似的,你碰我,我撞你,没条件也没心情去装修。(《人民日报》1994年第3季度)(谓语)

(13) 他看着那大声呼喊泪流满面<u>中了魔似的</u>群众……他踩过红地毯,步上讲台。(龙应台《啊,上海男人!》)(定语)

(14) 他们家里的屋子亮堂得<u>涂抹过蜡似的</u>,能照出人的倒影来。(引自李咏春(2005))(补语)

(15) 特别是在饭馆吃饭的男人们,他们假装义气,<u>打架似的</u>让座让账;(老舍《月牙儿》)(状语)

例(12)"煮饺子似的"是指拥挤的样子,说明几代人居住的状态,"煮饺子"是一个具体动作,意义上的差距还是很大的,所以是转述。同理,例(13)"中了魔似的"指癫狂,例(14)"涂抹过蜡似的"指亮堂,用动作的性质来描述事物,这里虽然是"VP+似的"结构,但是可以明显感觉到它是用"(V+N)+似的"结构中N的性质来描述事物的,不是严格地用动作的性质描述事物,这是因为事物还是用另一个事物的性质描写为好,而不用动作的性质。例(15)"打架似的"因为修饰的是一个动作"让座让账",所以是比较严格地用动作的性质来描述另一动作的状态,它表达的"凶猛"的意思和"打架"还是有差距,所以也是转述的"似的"结构。这种情况不限于"VP+似的"结构作状语,作谓语同样也可以,例如:

(16) 小王高声大嗓,辩论似的。(陈建功、赵大年《皇城根》)(谓语)

虽然"VP+似的"也是表示转述,但是强度明显没有"NP+似的"强,石毓智(1992)认为名词具有离散性,形容词具有连续性,动词兼具离散性和连续性。动词相对名词的连续性越来越强,即具有的形容词性越来越强,意义的联系相对就会越来越紧,所以转述的作用体现得越来越弱,自述的作用潜在地在加强。例(15)"打架似的"、(16)的"辩论似的"离散性还是比连续性要强一点,所以它们的转述性还是可以分析得出来。但是有些"VP+似的"中"VP"连续性非常强,以致意义改变与否很难断定,这些"VP+似的"经常作状语,例如:

(17) 她哆嗦了一下,逃跑似的走出那屋。(廉声《月色狰狞》)

(18) 我又说了一遍,她才明白似的笑了。(吕新《圆寂的天》)

(19) 觉民也笑了,他解嘲似地分辩道:"为什么全是我一个人不好?"(巴金《春》)

有时这样的"似的"也写成"似地",以表明它只能作状语,我们不在文字上过于纠缠,认为"逃跑似的"、"明白似的"同样可以作谓语,例如:

(17') 她哆嗦了一下,走出那屋,<u>逃跑似的</u>。

(18') 我又说了一遍,她笑了,<u>才明白似的</u>。

"VP+似的"作谓语且位于句末位置时,"似的"仍然是结构助词"似的$_1$",不是语气词的"似的₂",那么"VP+似的"结构就表示比较或者比喻,例(17)、(18)的比较对象分别是"逃跑"和"走"、"明白"和"笑"。但是细琢磨例(17)、(18),我们发现"逃跑似的"可以换成"逃跑的(地)","明白似的"可以换成"明白的(地)",即加"似的"和加"的(地)"一样,加之前和加之后意义保持不变(纯粹的意义没有改变是不可能的),我们说意义没有改变的是自述,那么这里的"似的"起什么作用呢?"的(地)"是副词的标记,但是副词化这种说法行不通,因为同样的结构还可以作谓语,即没有唯一性。那么什么词作状语比较自由呢?唯一的答案就是状态形容词,作为结构,我们认为"似的"结构和状态形容词具有一样的功能,这里的"的(地)/似的"是状态标记。所以我们将"'似的'能使名词动词化"的说法修正为:"似的"具有状态化的作用,我们认为状态化是"似的"最基本的语义特征,它包含了比较或者比喻,甚至包含了推断。这在后面我们会谈到。

2.4 AP+似的

"AP+似的"在我们的考察中,主要是作状语,有时写作"似地",AP 主要是性质形容词。例如:

(20) 以后闪电更亮得蓝森森地可怕,雷也<u>更凶恶似地</u>隆隆地滚着。(曹禺《雷雨》)

(21) 姑娘应声而起,又<u>有点难为情似的</u>,回头问小芳……(陆文夫《清高》)

(22) 高个子有点得意,可又<u>惭愧似的</u>,叹了口气。(老舍《骆驼祥子》)

例(21)、(22)表面上看是作谓语,如果放在口语中,没有中间的",",完全可以看作状语,同样它们也是"似的₁",有比较的对象。例(20)~(22)"AP+似的"意思和"AP"意思相当,"AP+似的"表示自述。"似的"将性质形容词 AP 状态化。

三、"似的"结构的同一性

3.1 "似的"结构的隐喻性

石毓智(2000)认为"的"的作用是从认知域中确立出成员。我们认为"似的"正好和"的"字相反:"似的"是把一个认知域中的成员放入另一个认知域中认识,这正好符合隐喻的特征,"似的"结构是一种述谓现象,描述了人类认识事物的隐喻方式。束定芳(2000:73)同样提到隐喻也有程度之分,隐喻性的变化参数主要有:相似性大小、是否常规化、标记性有无、矛盾性大小、明确性大小等。相似性和矛盾性是隐喻的基础,它们之间相辅相成,相似性越大,矛盾性却小,反之亦然。隐喻不能是相似性极大以致矛盾性为零,也不能是矛盾性极大以致相似性为零。如何在这两者之间取一个合适的度,是现代隐喻学研究的重要内容,"似的"也同样存在这样的问题。

根据两个认知域在逻辑上是否相等、相似性和矛盾性的比例,我们可以把上述三类"似的"结构一一地加以对比。假定目的认知域为 A,原认知域为 B,形成的"似的"结构即为"AB 似的(……)"格式。如果 A≠B,"似的"为转述的结构助词;如果 A≈B,"似的"为自述的结构助词;如果 A=B 或者 A≠B,"似的"为语气词。如表 1 所示:

表 1 "似的"相似性和矛盾性的对比表

"似的"	相似性	矛盾性
转述的	1/4	3/4
自述的	3/4	1/4
语气词	1/2	1/2

转述的"似的"认知域 A 和 B 的相似性只占 1/4,而矛盾性则占到 3/4,所以两个认知域矛盾性比较大,或者说差异性比较大;自述的"似的"两个认知域则相反,相似性战胜了矛盾性;语气词的"似的"相似性和矛盾性的 1/2 并不是互补关系,即相似性和矛盾性不是各占一半,而是要么相似,要么矛盾,是指它们存在几率各占一半。

3.2 "似的"结构的无界性

沈家煊(1995)从"有界"和"无界"的对立,提出了"的"的基本用法是使有关成分"有界化",那么"似的"就是使有关成分"无界化"。"无界化"其实是来源于"状态化",我们上面已经说到"似的"的主要功能是"状态化",说得更直白些,就是将其事物或动作呈现出它的样子来。自述结构中"似的"状态化功能最明显。我们通常说"NP+似的"表示比较,其实它首先是将其名词状态形容词化,这正是状态化的体现,转述"VP+似的"也是先将动词状态形容词化,使动作呈现出它的样子来。即使是表推测"似的$_2$",我们认为它是感觉之间的比较,首先将其感觉"状态化",可见,表示比较和表示推断的不是不表示状态化,只是"状态化"隐藏在比较、推断之后,比较和推断凸显了。所以"状态化"是"似的"的根本属性,有没有比较、推断没关系,重要的是"状态化"。

正是这种状态化的作用,进入"似的"结构的词类呈现出明显的差异,如下图所示:

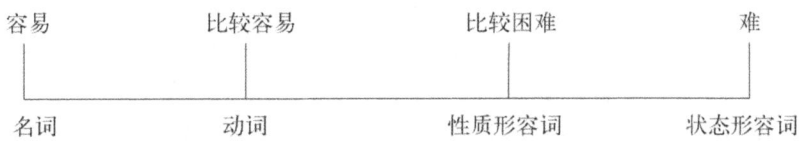

图 1 "似的"结构组成成分的难易图

可见越是离状态距离大的越容易进入,相反则越难进入,这也说明了为什么"AP+似的"中的 AP 只能是性质形容词性短语,而不能是状态形容词性短语,同样,"似的"的词缀作用还没有完全体现出来。

3.3 "似的"结构的语义不确定性

上文为了方便讨论,一直认可谓语性句末的"似的"是结构助词"似的$_1$",而非语气词"似的$_2$",但是这样的格式确实不好判断,说它是语气词,有时也未尝不可,如果一定要说它是语气词,我们更倾向于这时的"似的"="似的$_1$"+"似的$_2$",这里"似的"既有比较的意思又有推断的意思。而上一部分我们分析了状态化是"似的"结构的基本性质。所以,语气词的"似的"和结构助词的"似的"很难分开,沈家煊(1991)将这样的现象称作语义的不确定性,该文指出,"'语义的不确定性'是指这样一种语义性质:从逻辑上讲,一个语言片段的两种或几种意义具有一种依存关系,即'衍推'(entailment)关系。这种关系的定义是:当且仅当 A 为真的一切场合 B 也为真时,A 在语义上衍推 B。"这里的"衍推"有时也被译作"蕴含",符号表示为"⊃":

图 2 "VP+似的"语义图

可见,语义的不确定性的"VP+似的"的三种意义呈"缺性对立",M1 可以衍推 M2,M2 可以衍推 M3,所以 M1 也可以衍推 M3,即 M1 为真时,M2 和 M3 必为真,M2 为真时,M3 也必为真。由于三种意义具有衍推关系,分化这样的语义句子是不可能得出三个独立的单义句,因为它们处在一个蕴含关系中:M1 蕴含了 M2,M2 又蕴含了 M3,即 M1⊃ M2 ⊃ M3。

纯粹的 M3 是不存在的,或者说"似的"的实义性还没有完全消解,这可能是以后"似的"发展的方向,即"似的"结构只作状语,是副词性的。M2 包括了自述和转述的"VP+似的$_1$",M1 则是"VP+似的$_1$+似的$_2$",至于语气词的"似的"能否被剥出来,即 M2—M1 能否独立的存在还要看推断的独立存活性强不强,如果每次推断的"似的$_2$"都伴随着"似的$_1$"的出现而出现,我们则认为,推断的"似的"和比较的"似的"具有不可分化性,所以大家的争议在这点上可以得到很好的诠释。

四、"似的"句的句式义

Goldberg(1995:4)对构式的定义是:"C 是一个构式当且仅当 C 是一个形式—意义的配对 <Fi,Si>,且 C 的形式(Fi)或意义(Si)的某些方面不能从 C 的构成成分或其他先前已有的构式中得到严格意义上的预测。"关于这个定义,我们有两点要进行说明:一、形式和意义总是在不平衡中发展,而真正的一一对应情况却很少,"处置义"不仅能解释"把"字句,也能解释"被"字句;"被动义"不仅能解释"被"字句,也能解释受事主语句,此时意义的范围要大于形式的范围。另一方面,形式的范围也有可能大于意义的范围。徐杰(2004)认为:"所谓的'双宾语句式'不是一种句式,而是共同拥有某些关键语法特征的一组句式。"我们也知道"双宾句"的意义很多,此时形式的范围要大于意义的范围。二、"句式义不能从组成成分推测出来"这一点则严重违背"弗雷格原则"(见 Frege,1914,转引自邹崇理(2008))。

面对这样的尴尬,我们如何去处理句式义呢？只有两个选择:要么句式义不存在,因为此时的句式义可以从其他的句式或者组成成分推测出来,这不符合定义;要么句式义重新定义。我们只能采取第二个选择,重新定义句式义。首先句式义不是这个句式所特有的含义,可以被其他句式或组成成分所拥有;其次句式义是这个句式典型的含义,但并非是唯一含义;最后句式义不能作为建立句式的标准,只能作为分析句式的一个手段。我们正是在这种定义下来研究"似的"句的句式义。

上面我们从宏观上了解了句式义,那么"似的"的句式义又是什么呢？我们主要研究典型的"似的"句,即"似的"结构谓语句和语气词"似的"句。以往"似的"句都是在等比句式中加以研究,当然我们不否认"似的"句的比较性,只是我们认为句式义和词义一样,词有上位词和下位词,句式也有上位句式和下位句式,这种上位和下位的概念是通过语义确定的,所以"似的"句也有意义更广的上位句式或者说上位义。我们已经说了句式义并不排除从组成成分推测,同样"似的"句的句式义也可以从"似的"推测出来。在讨论"似的"的合并时,我们把它归结为"状态化",而典型的"似的"句就是状态句,确切地说"似的"句的上位句式是状态形容词谓语句,状态义是"似的"句的上位义。可见,状态是"似的"句的基本语义,而所谓的比较义以及推断义只是"似的"句的两种不同的情况,如图所示:

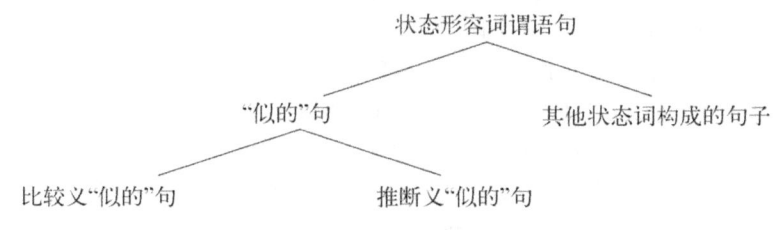

图 3　"似的"句的关系图

朱德熙(1956)在讨论有系词的形容词谓语句时,区分了性质形容词和状态形容词充当谓语所体现出来的两种不同句子含义:区别义和估价义。同理,我们也认为当有"像"时,"似的"句除了呈现比较状态义外,还有一种估价义,这是比较"似的"句的一种下位义。至于还有没有其他下位义尚待考察。

五、余　论

我们知道"VP+的"字结构的转指一般和动词的论元相关,那么"似的"结构的转述和什么相关呢?最直观的感觉是和名词的属性有关。在句法上,沈阳(2003)指出,"VP"转指的句法制约是提取论元,典型的是提取主宾语,我们可以说,"似的"结构转述一个述位;在语义上,Dowty(1991)指出,题元角色是动词对一组和指称相关的名词的蕴含,即动词是依存于名词的,我们可以根据所给的动词判断它和几个名词以及和什么样语义角色的名词相联系,而"似的"结构正相反,我们可以根据结构中的名词判断它和几个动词或形容词以及和什么样性质的动词或形容词相联系吗?即名词可以蕴含一组和它性质相关的动词、形容词的吗?如果可以的话,名词和动词、形容词就是互相依存,从逻辑上讲就是双向蕴含,但是具体运用中又有哪些"述位性质"呢?储泽祥(1999)对名词的语义细节进行分类:内质、外貌、状态,这为我们以后的进一步研究有一定的启发作用。

参考文献

北京大学中文系语言班编　1982　《现代汉语虚词例释》,商务印书馆。
储泽祥　1999　相似性的"N1似的N2"格式——兼谈比喻的典型性问题,《语言教学与研究》第4期。
古川裕　1997　谈现象句与双宾句的认知特点,《汉语学习》第1期。
郭　锐　2000　表述功能的转化和"的"字的作用,《当代语言学》第1期。
李咏春　2005　《"述语+得+'像X似的'"结构研究》,上海师范大学硕士学位论文。
陆俭明　1982　析"像……似的",《语文月刊》第1期。
陆俭明　2004　"句式语法"理论与汉语研究,《中国语文》第5期。
吕叔湘　1979　《汉语语法分析问题》,商务印书馆。
沈家煊　1991　"语义的不确定性"和无法分化的多义句,《中国语文》第4期。
沈家煊　1995　"有界"与"无界",《中国语文》第5期。
沈家煊　1999　"在"字句和"给"字句,《中国语文》第2期。
沈家煊　2000　句式和配价,《中国语文》第4期。
沈　阳　2003　"VP的"转指的认知解释和句法制约,见《对外汉语研究的跨学科探索——汉语学习与认知国际学术研讨会论文集》,北京语言大学出版社。
石毓智　1992　《肯定和否定的对称与不对称》,台湾学生书局。
石毓智　2000　论"的"的语法功能的同一性,《世界汉语教学》第1期。
束定芳　2000　《隐喻学研究》,上海外语教育出版社。
徐　杰　2004　语义上的同指关系与句法上的双宾句式——兼复刘乃仲先生,《中国语文》第4期。
袁毓林　1995　谓词隐含及其句法后果——"的"字结构的称代规则和"的"的语法、语义功能,《中国语文》第4期。
张　斌主编　2002　《新编现代汉语》,复旦大学出版社。
张伯江　1999　现代汉语的双及物结构式,《中国语文》第3期。
张伯江　2000　论"把"字句的句式语义,《语言研究》第1期。
张谊生　2002　比况助词及比况结构,《助词与相关格式》,安徽教育出版社。
朱德熙　1983　自指和转指——汉语名词化标记"的、者、所、之"的语法功能和语义功能,《方言》第1期。
朱德熙　1956　现代汉语形容词研究,《语言研究》第1期。
邹崇理　2008　组合原则,《逻辑学研究》第1期。
Dowty, D. 1991 Thematic Proto-Role and Argument Selection, Language 67.3: 547-619.
Frege, G.. 1914 Letter to Jourdain, In Beaney. M（ed.）, *The Frege Reader*. Oxford:

Blackwell.

Goldberg, A. E. 1995 *Construction: A Construction Grammar Approach to Argument Structure*. The University Chicago Press.

(作者单位 北京大学中文系 100871)

从评价到语气
——兼论"吧"的意义

高增霞

一、现　象

汉语中表示语气的成份有语气副词和语气词,这些成份相当一部分来源于表示评价、判断的词语,或者说从评价、判断词语到语气成分在汉语中是一条比较强势的语法化途径。

1.1 "X 了":从评价、判断到语气助词

对于"X 了"向语气词演变的研究很多,如共时层面上对"算了"①、"完了"②、"好了"、"行了"、"罢了"③的研究,历时层面上徐时仪(2000)研究了"不成"演变为语气词的虚化机制④,齐沪扬(2002)讨论了"吧"(罢)的演变成语气词的过程⑤,孙锡信(1999)更是广泛地考察了近代汉语语气词如"休","罢","罢了","罢休","便了"的发展演变⑥。结合古今语气词的来源与发展,可以看到一个比较明显的规律:"达成"义词语具有较强的发展为语气词的倾向⑦。

---

① 刘红妮(2007)非句法结构"算了"的词汇化与语法化,《语言科学》第 6 期。
② 彭伶楠(2006)现代汉语双音词"X 了"的虚化与词汇化研究——以"好了"、行了"、"完了"、"罢了"为例,上海师范大学硕士学位论文。方环海、刘继磊、赵鸣(2007)"X 了"的虚化问题——以"完了"的个案研究为例,《汉语学习》第 3 期。
③ 彭伶楠. 现代汉语双音词"X 了"的虚化与词汇化研究——以"好了"、行了"、"完了"、"罢了"为例,上海师范大学硕士学位论文。李淑荣(2006)语气词"好了",《语文学刊(高教版)》第 7 期。
④ 徐时仪(2007)语气词"不成"的虚化机制考论,《华东师范大学学报(哲学社会科学版)》第 3 期。
⑤ 齐沪扬(2002)《语气词与语气系统》,安徽教育出版社。
⑥ 孙锡信(1999)《近代汉语语气词—汉语语气词的历史考察》,语文出版社。
⑦ 高增霞(2010)"达成"义与句子语气的互动,《语法研究和探索(十五)》,商务印书馆。

汉语里能够表达"达成"("完成、实现")意义的词语可以分为两类:(1) 完结意义动词,即表达"完成"、"结束"、"成功"、"得到"意义的动词,例如"完"、"罢"、"结"、"了"(liao)、"成"、"得"等;(2) 属性意义动词,如表示属性、关系的词,如:是、算、好、行等。如:

(1) 给他们不就完了?
(2) 爱谁谁吧,甭搭理他完了。
(3) 你请我们坐车就结了。
(4) 那伙计还犹疑,拿眼问少掌柜,少掌柜没好气地说:"看什么,收下不结了?"
(5) 其实,你没必要和人搭伙,自己屋里搭座灶就成。
(6) 索性站住,脸红脖子粗地嚷:"你砸死我们得了!"
(7) 只望你老别顶真,对付瞧着就得。
(8) 您差不多行了,也不瞧瞧这是什么地方。
(9) 吃是了,别管我。
(10) 咱们既然住在一个屋顶下,就得彼此熟悉才是。
(11) 刘会元说:"咱抓阄算了。谁抓着什么就玩什么,也别争也别躲。"

这类词语都是在评价句式 S(+ad.)+X(了) 格式中发展出语气词或类似于语气词的用法,"X(了)"是对 S 对于整个事件的作用(是否能解决问题)进行的评判,"X(了)"词汇化就是这种评价义逐渐凝固到 X(了)上的结果。

太田辰夫(1987)在讨论语气词"罢"的语法化过程时认为:"'罢'原来是述语性的,如果说'你去罢',可能就有'你如果去就完了''你去就得了'一类的意思。用在句末的'便罢'、'也罢'似乎还能感到一些陈述意思的残留,因此,它应该说是准句末助词。再进一步省略了'便'、'也',就只成了'罢',那就完全丧失了陈述的功能,成为单纯表示语气的了。"[①]对此,冯春田(2000)提出异议,认为:"'罢'成为语气词,并不是用于句末的'便罢'、'也罢'的省略(即省去'便'或'也'字),而是由述语性的'罢'(罢休、罢了)用于句末变化而来的"[②]。其实,这两种路径在本质上是同样的,都是在 S(+ad.)+X(了) 格式中,"罢"发生了虚化。在同样的格式中,不止是"罢",具有相似作用的词语都可以走向语法化。例如:下面例子中的"够"显然已经离其本义很远了:

---

① 太田辰夫(1987)《中国语历史文法》,北京大学出版社。
② 冯春田(2000)《近代汉语语法研究》,山东教育出版社。

(12) 别太用功了;得个学士就够了,何必非考留洋不可呢?

(13) 好在,他只须走过来就够了,他晓得韵梅在这种场合下比他更聪明,更会说话。

(14) 艄公走过来,没好气地说:"你呀,把你面前骗人混饭吃的玩艺儿丢了就够了!"

1.2　ad.＋X：从评价、判断到语气副词

在语气副词中有一些是用"副词语素＋形/动语素"(ad.＋X)构成的,例如"可惜"、"可巧"、"可好"、"不巧"、"正巧"、"恰巧"、"最好"、"不妨"等。这些词语的虚化过程,也是从评价或判断用法开始的。例如姚小鹏、姚双云(2009)对"不妨"的虚化过程进行了研究,指出"不妨"是从表判断发展出表建议用法的[①]。而且"不妨"不仅能用作副词,还兼具语气词及关联词的用法,例如:

(15) 按道理说,我一句话不能说。不过局长既讲到了面子,我不妨告诉你一半句。

1.2.1　"可惜"

"可惜"的副词用法显然是从形容词用法引申而来的,当"可惜"用于句子尾部,是形容词用法,用来判断一个事件 S 的价值:"这些书都还有用,卖了可惜。"

当"可惜"用在状语位置上时[②],仍然是对 S 的价值进行判断,但这时,"可惜"是语气副词:

(16) 她想主动说些安慰对方的宽心话儿,可惜仍是未能脱开"孩子"这个话题儿。(《皇城根》)

(17) 那女孩子长得不错,可惜打扮有点儿过火,决不是本地人。(钱钟书《纪念》)

(18) 眼下政策好了,准许人们八仙过海各显神通,可惜山里人没文化,凭死气力很难弄个三元五元。(乔典运《香与香》)

(19) 他以为我死了,可惜我还活着。

(20) 你想我当你的替罪羊,可惜我就是不上你的当!

(21) 如果话到此为止,事情也就过去了,可惜小林憋不住气,又补了一句……

[①] 姚小鹏、姚双云(2009)"不妨"的演化历程与功能扩展,《世界汉语教学》第4期。
[②] 郝雪飞(2003)"可惜"的用法,《广播电视大学学报(哲学社会科学版)》第1期。

(22) 南京的名胜真多,可惜我的时间太短促了。(梁实秋《南游杂感》)

在这些句子中,"可惜"还具有关联作用,相当于"但是"。但这种篇章上的转折,并不是事实上的转折,而是一种认知、情感上的转折。

1.2.2 "最好"

"最好"在《现代汉语词典》(第5版)已经被标注为语气副词,表示建议"最为适当"。如:

(23) 你最好早点出发。

(24) 这件事你最好事先通知他一声。

(25) 最好我们在天黑以前到达。

在语料中,"最好"也可用于句末,如:

(26) 我问安佳,"如果一个人吃饱了饭没事干,他怎么消磨时间最好?"

(27) 又说,那也劝老爷子先出去遛遛鸟,让金枝悄没声儿回来最好,省得迎门儿又撞上老爷子,俩人儿脸上都挂不住。

(28) 本来,一家子似的过了这么多年,有点磕碰也没什么大不了的,回来了,谁也别吭气儿,慢慢儿淡忘了最好,这一赔不是,倒生分了。

有的"最好"也可以出现在篇章联系网络中,如:

(29) 这个运动项目最好下班儿以后再开场,免得作者来了看着不像话。

(30) 不用说了,你不能说服了我,我也不能叫你明白我;最好说点别的,不然,咱们就快打起来了!

(31) 如果可能的话,最好是哭诉。

(32) 依我看奖品还可以再高级点,面儿还可以再宽一些,最好再设个读者奖,给来参加会的人都发点纪念品。

1.2.3 小结

以上词语都是"副词语素+形/动语素"(ad.+X)构成的,所在构式是(ad.+X+)S(+ad.+X)。作为评价部分的"ad.+X"可出现在X左侧或右侧,在左侧时就向语气副词方向发展,在右侧时就向语气助词方向发展。而"不成""不妨"在语法化过程中都有在两个位置游移的情况[①],如:

(33) 不成杀人者亦止令出金而免!(《朱子语类》卷七十八)(反诘副词)

(34) 员外着你跪,你就跪;难道着你死,你就死了不成?(《元曲选 杀狗劝夫》第二折)(反诘语气助词)

[①] 徐时仪(2000)语气词"不成"的虚化机制考论,《华东师范大学学报(哲学社会科学版)》第3期。

(35) 不妨伺便时相邀袭,宜为之备,以折要冲。(《大唐创业起居注》卷二)(语气副词)

(36) 要歇,便在我家安歇不妨。(《水浒传》第二十七回)(语气词)

"最好""可惜"虽然也可以在两个位置上出现,但是,显然两者语义很"实",还没有虚化到语气词的地步,但是这个事实表明,它们的"辖域"是整个句子,是对句子所述事实的评价或判断。

二、问题讨论

2.1 词义、句式义、功能义的互动

以上词语所在的句子都表现出强烈的主观性,往往能表现出更强的主体意识和委婉情态。而这些词语虚化的结果也都是主观意味较浓的语气副词或语气助词。这些词语或者表达祈使语气,或者在篇章中起到关联作用,这些作用也都是认知、情感层面的。这说明,在语法化过程中词义、句式义、功能义是相互作用的。

2.1.1 石定栩(2008)认为:句末助词(即语气词)并不完全同语气相关,与前面小句有着广义的主谓关系,可能源自虚化了的各种句法关系,反映在句法上,就是句末助词同小句有着选择关系。① 我们赞成这种观点,我们认为,语气词或准语气词与小句之间确实存在着句法关系,而且语法化程度越低,这种句法关系就越明显。但是,我们认为,并不是所有的句法关系都能成为语气词的源头,语气词的来源受到词汇意义、构式意义双重限制。从"X 了"的情况来看,表示终结意义、属性意义的动词可以表达一种"完结"义,这类词语在描述一种非现实状况时,可以在"S 就 X 了"构式中表达一种可能的情况,可以用反问句的形式来加强这种主观性,这样"S 就 X 了"就成为句末助词的一个源头,可以发展出一系列的语气词或准语气词。

徐时仪(2000)在讨论"不成"的语法化机制时在附注中提出一个问题:为什么"不成"虚化为句末语气词而"难道"没有。② 答案就在于两者不同的词义与构式特征。"不成"用在小句宾语述语位置上的时候,它的意义已经延伸为表示属

---

① 石定栩(2008)句末助词与小句结构,国际中国语言学学会第 16 次学术年会(北京)会议论文。
② 徐时仪(2000)语气词"不成"的虚化机制考论,《华东师范大学学报(哲学社会科学版)》第 3 期。

性的动词,表达"不能"意义。它可以出现在述语和句尾两个位置,处于述语位置就可以虚化为反诘副词,处于句尾时就可以虚化为语气助词。而"难道"不属于"完结"义词语,只能处于小句宾语的述语位置,不能出现在句尾,因此就不会成为语气助词。可见,在语法化的过程中,词汇意义和构式都是重要的影响因素,互相制约、互相影响。

2.1.2 这些词语相当一部分可用于祈使句,在语法化过程中表现出从陈述句到祈使句之间的转换。这一事实以往的研究中也有很多涉及,例如江蓝生(2005)对"vp 的好""vp 好"的研究中论述:"祈使句的语义核心是劝导取舍,它的产生是'VP 底是'陈述句句义引申的必然结果。因为陈述句无论是陈述对是非的判断、对优劣的比较,还是对利害的权衡,都隐含着'应当 VP'的意思……当句子的主体是第二人称时,陈述句就转为祈使句了。"①比如:

(37) 事已如此,我还是当强盗的好。(陈述句)
(38) 事已如此,你还是当强盗的好。(陈述句)

实际上当主语为第二人称的时候,这个句子也仍然是一个陈述,祈使的意味,是基于陈述句的语用含义。例如"你还是当强盗的好"是表达了个人看法:你当强盗,这样比较好。这个看法在听话人那里之所以具有建议的作用,是听话人经过自己的逻辑推理赋予的。因此这种祈使功能完全可以取消:

(39) 我认为你当强盗好,但是我并没有(说)让你当强盗。

因此,"X(了)"的这种祈使作用,完全是一种语用含义。这就决定了,一方面,这种祈使句语气很委婉,另一方面,这些词语的语气意义很不单纯。例如对"吧"的功能、"好了""行了"等词语的研究,罗列出的功能很多。其实就是因为这些词语并没有完全语法化为语气词,他们的各种语气功能,实际上只是句子的语用意义而已。

2.2 关于"吧"

关于"吧"的意义,目前在其核心意义上还没有一个公认的看法。就其用法而言,基本上有三种:(1)用于祈使句中,表示商酌。(2)用于疑问句中表示推测。(3)用于句中,表示停顿。

对于"吧"是从"罢"虚化而来的看法,卢英顺(2007)曾提出疑问:

按照一般的说法,"吧"是表示"不确定"的语气的,按照作者自己的说法,语

---

① 江蓝生(2005)"VP 的好"句式的两个来源——兼谈结构的语法化,《中国语文》第 5 期。

气词"吧"在现代汉语中的主要功能有两个：一是表示祈使语气，一是表示揣测语气。这些都与"决断、决定"的意思是相冲突的。如果说"吧'，是"罢"语法化的结果，这"不确定"、"揣测"的意思又是如何获得的？

笔者因而怀疑，"吧"并不是"罢"语法化的结果。至于早期文献中"吧"和"罢"混用的现象，只是因同音而借用"罢"而已。没有考证，姑妄言之。①

我们并不认为"吧"完全就是"罢"虚化的结果②，但我们赞成冯春田（2000）的看法：

由语气助词"罢"的来历也可以看出，它在本质上是表示一种抉择或决定的语气；其他种种，都是这种语法意义在不同或稍异的语言（句子）环境里又发生的变化。③

根据我们的调查④，"吧"的辖域是一个推断式或祈使式。也就是说，"吧"的出现总是标志着说话人在做一个推断或决断的言语行为。这表现为：第一，当句子中有表示进行决断、判断的词语时，只能使用"吧"，不能使用其他语气词。如：

（40）（我没有问，）总是她的邻居、常见的人吧。

　　＊总是她的邻居、常见的人吗/啊/呢。

（41）您横是快六十了吧？

　　＊您横是快六十了呢/吗/啊？

第二，"吧"可以改变句子语气类别。例如：

要不要？/要不要呢？要不要啊？/要不要吗？/要不要吧？

"要不要"是一个反复问疑问形式，即使没有语气词，也改变不了其表达疑问的性质。加了"呢"和"啊"，对句子的语气表达没有任何影响。加上"吗"之后，疑问点虽然发生了变化，但是疑问性质没有改变。但是加上"吧"之后，整个句子的语气发生了变化，变成了祈使句。这种祈使只能是"吧"带来的。

---

① 卢英顺（2007）"吧"的语法意义再探，《世界汉语教学》第3期。
② 吕叔湘（1948）关于"吧"有一段论述：罢、吧、啵。——这个语气词音 ba，从前写"罢"，现在多数写"吧"。也有疑问和非疑问两用，疑问的用法也许是由"不"加 a 而成。非疑问的用法加 a 时仅略延其音长，加 o 或 ou 则变为 bo 或 bou，写"啵"（吕叔湘（1990）《中国文法要略》，商务印书馆，第260页）。赵元任（1968）也有同样的论述。我们认为，"吧"字在用开的过程中，可能一部分覆盖了"罢"的用法，另一部分是音变的结果。一方面"不"和"吧"在方言中也能找到音转的例子（冯春田（2006）汉语方言助词"吧咋/不咋"的来历，《古汉语研究》第1期，另一方面反复问句有表肯定看法的例子，如"vp 不是"可表达祈使（叶建军（2002）表祈使义的反问句"VP 不是？"，《甘肃社会科学》第2期）。
③ 冯春田（2000）《近代汉语语法研究》第516页。
④ 高增霞（2000）语气词"吧"的意义再探，《山东师范大学学报（社会科学版）》第1期。

因此,"吧"的出现,是说话人在做出一个决断行为的标志。说话人做出自己的决定、判断,本来只是限于自身的,应该表现为陈述句;又如何能够施及他人、影响他人的行为呢?也就是说,如何成为祈使句、疑问句的呢?这是衍推的结果。甲方表示"我觉得这样好""我觉得应该这么处理",在乙方看来就是要求乙方"这样做"或者"这么处理"。建议性的行为往往具有互动效力。因此,由于"吧"字祈使句的祈使效能是听话人自己根据说话人的"言外之意"领会的,因此"吧"字祈使句就表现出语气委婉、和缓的特点,也表现出"要求对方确认"的意味。

那句中的"吧"又如何解释呢?句中的"吧"仍然是说话人做出决断行为的标志,例如:

(42) 我觉得吧,你特有才气哎!

在 coco 语料库中搜索,"我觉得吧……"出现了 5 次,而"我觉得呢……"格式为 0,"你觉得呢"都是疑问句,"呢"不作为句中语气词使用。"我觉得吧"后所出现的句子,无论短长,都是进行一个评价或判断。下例是比较长的一个句子:

(43) "我觉得吧,<u>自己到编辑部后,基本上能完成领导交给的工作,表现一般,但也没犯什么过失,自己还是能够严格要求自己的</u>——实事求是吧?"

说话人采取这样一个决断行为,其目的是为了与听话人保持一个共同的谈话起点。例如:

(44) 听戏吧,乡里连个剧团也没有。听广播吧,广播已经中断五年了。看电视吧,天黑不供电,单等群众都睡了,半夜才来电。

在这个句子中,"吧"的作用就是说话人决定选择一个话题,与听话人站在同样的话语起点上。在这种情况下,"吧"和"呢"能互换使用,或者交替使用。

(45) 不回去吧,想孩子,回去吧,怕花钱。

不回去呢,想孩子,回去呢,怕花钱。

＊不回去的话,想孩子,回去的话,怕花钱。(赵国军 2009 例)

把以上"吧"字的起源与语义系统联系在一起,应该是:

罢(完) → 罢(吧)(语气词) → 吧(句中提顿词)
对 S 价值的判断、评价　决断行为标志(和缓、求证)　　话题标志

参考文献

方环海、刘继磊、赵鸣　2007　"X 了"的虚化问题——以"完了"的个案研究为例,《汉语学习》第 3 期。

冯春田　2000　《近代汉语语法研究》,山东教育出版社。
冯春田　2006　汉语方言助词"吧咋/不咋"的来历,《古汉语研究》第1期。
高增霞　1999　疑问祈使句,《语文学刊》第5期。
高增霞　2000　语气词"吧"的意义再探,《山东师大学报(社会科学版)》第1期。
高增霞　2010　"达成"义与句子语气的互动,《语法研究和探索(十五)》,商务印书馆。
郝雪飞　2003　"可惜"的用法,《广播电视大学学报(哲学社会科学版)》第1期。
江蓝生　2005　"VP的好"句式的两个来源——兼谈结构的语法化,《中国语文》第5期。
李淑荣　2006　语气词"好了",《语文学刊(高教版)》第7期
刘红妮　2007　非句法结构"算了"的词汇化与语法化,《语言科学》第6期。
卢英顺　2007　"吧"的语法意义再探,《世界汉语教学》第3期。
吕叔湘　1990　《中国文法要略》,商务印书馆。
彭伶楠　2006　现代汉语双音词"X了"的虚化与词汇化研究——以"好了"、"行了"、"完了"、"罢了"为例,上海师范大学硕士学位论文。
齐沪扬　2002　《语气词与语气系统》,安徽教育出版社。
石定栩　2008　句末助词与小句结构,国际中国语言学学会第16次学术年会(北京)会议论文。
孙锡信　1999　《近代汉语语气词—汉语语气词的历史考察》,语文出版社。
太田辰夫　1987　《中国语历史文法》,北京大学出版社。
徐时仪　2000　语气词"不成"的虚化机制考论,《华东师范大学学报(哲学社会科学版)》第3期。
姚小鹏、姚双云　2009　"不妨"的演化历程与功能扩展,《世界汉语教学》第4期。
叶建军　2002　表祈使义的反问句"VP不是?",《甘肃社会科学》第2期。
赵元任　2002　《中国话的文法》,商务印书馆。

(作者单位　中国人民大学文学院　100872)

语法化现象在不同层面中的句法表现[*]

张谊生

〇、前言

0.1 本文不拟对语法化现象作以全景式的论述,而是选取了句法、词义、语用、篇章四个不同层面的语法化现象,分析语法化演变在不同层面中的句法表现。本文的基本结论是:无论哪个层面的语法化,其演化结果总是体现在形式和内容两个方面。语法化在形式方面的进化包括句法结构由自由转化为粘着、由繁复转变为简洁、由基干转为辅助等;语法化在内容方面的演化则包括基本义的抽象化、泛化与主观化的增强等。语用表达中,发话人为了强调某些表现成分或者为了使表达更为精确,有时就会运用强化方式从而导致叠加与羡余;篇章中的言语小句在频繁使用中会逐渐凝固化与关联化,进而转化为关联词语或情态成分。

0.2 本文例句部分引自北京大学语料库,部分选自通过人民网等网络检索到的当代新闻报道,部分简单的常识性例句是自拟的;为了节省篇幅,现代例句一般不标出处。

---

[*] 本文曾在第四届"现代汉语虚词研究与对外汉语教学"学术研讨会上(上海 2010)宣读,根据与会学者的意见,作了一定的修改。本文是国家社科基金项目(07BYY048)"近30年来汉语虚词的发展变化及其演化趋势研究"和上海市哲社项目(2006BYY006)"语法化理论与汉语虚词的发展与演化"的专题成果之一,并获得上海市重点学科三期"汉语言文字学(S30402)"资助。对于所获的各项资助和帮助,笔者表示由衷的谢意。本文缩略稿曾在《语文研究》2010年4期发表,并被人大资料2011年2期全文复印。

一、句法结构中的滞后与遗留

滞后(retardation)与遗留(remaining)是语法化过程中普遍存在的句法现象(Hopper J. Paul & Elizabeth C. Traugott, 1993; 沈家煊, 1994)。滞后是指语形的变化总是滞后于语义的变化,而遗留则是指实词虚化成语法成分后,总归会或多或少保留一些原实词的句法语义特点。就词类的演化趋势而言,名词、动词、形容词虚化会为区别词、副词,名词会虚化为量词、方位词,动词会虚化为介词;副词也会再虚化为连词和语气词等。总之,词类的虚化总是从开放到封闭、从自由到黏着、从较虚到更虚,一类类、一级级降格。比如"中"本来是表方位的名词,经常后附于其他名词并逐渐黏着和定位,成为方位词;再向前虚化就成了时态助词:

(1) 庙在山中＞位置居中＞属于华中＞躺在家中＞留在心中＞在运行中＞正营业中＞热卖中;

又比如,"给"本来是动词,先降格为介词,再继续虚化为助词乃至一个焦点标记词:

(2) 给我一本书＞交给我一本书＞交一本书给我＞给我交一本书＞那本书给他弄丢了＞那本书他给弄丢了＞那本书被他给弄丢了/他把那本书给弄丢了＞//那本书我给你带来了＞那本书我给带来了;

实词和虚词发展到一定程度还会成为形态成分或进入词内成为构词语素,比如"被"的演变就经历了从名词到动词、介词、助词,进而成为被动标记和定位语素的历程:

(3) 去冠被,舍鞭＞忠而被谤＞被尚书召问＞龙被射死＞被贬潮州→被贬、被困、被囚、被围,被捕、被刺、被俘、被害＞被动、被迫、被控/被告、被试;

再进一步,"被"又成了类前缀,而近年来更是成了个极为活跃的、表非自主义的特殊前缀:

(4) 被压迫、被剥削＞被乘数、被除数＞被就业、被加薪、被结婚＞被高速、被小三;

然而,句法结构的语法化,虽然也是不断地从一种结构关系朝另一种更虚化的结构演化,但由于滞后效应的存在,经常会出现表层形式不变、深层关系已经转变的情况。比如"需、想、欲、要"四个词,其实义动词的基本语义都是表示"希望(得到/达到)",而且,这四个词的语法化进程分别达到"体宾动词、谓宾动词、助动词、副词、连词"这样五个不同阶段。由于新用法形成旧用法一般不会消亡，所以，各词的句法功能与结构关系呈现出如下阶梯式分布：

（5）需¹：a 本公司急需一批柴油发电机。b 公司尚需若干熟练工，方能维系正常运作。

（6）想¹：a 刚住校时，她天天想家。b 其实我也很想你。c 你快想办法吧，没时间了。

想²：a 我很想自己去。b 你想喝点什么？c 不管困难有多大，他就想出国深造。

（7）欲²：今王发政施仁，使天下仕者皆欲立于王之朝，耕者皆欲耕于王之野，商贾皆欲藏于王之市，行旅皆欲出于王之涂，天下之欲疾其君者，皆欲赴愬于王。（《孟子·梁惠王》上）

欲³：a 欲擒故纵。b 欲罢不能。c 欲速则不达。d 欲加之罪，何患无辞。

欲⁴：a 东方欲晓。b 摇摇欲坠。c 山雨欲来风满楼。

（8）要¹：a 我们就要小李了。b 大家都要阳面的，阴面的给谁呢？

要²：a 她要老师再讲一遍。b 他要我们尽量保持安静。

要³：a 这个问题一定要解决。b 路很滑，你们可要小心啊。

要⁴：a 看这天，恐怕又要下雨了。b 天要亮了，你们快走吧。

要⁵：a 你要不想去，我派小张去。b 我要当面说他吧，又怕他面子挂不住。

显然，各词从带体宾、带谓宾直到表限定、表关联，五个阶段在句法上是动词的支配性与及物性逐渐弱化，最终缺失，语义上是主语的意愿性与能动性逐步淡化，最后消失。可以归纳如下：

表1

性质词	动词₁		动词₂		助动词		副词		连词	
	体宾	支配	谓宾	意愿	谓宾	可能	状语	即将	句外	假设
需	＋	（＋）	－		－		－		－	
想	＋		＋		（＋）		－		－	
欲	（＋）		＋		＋		（＋）		－	
要	＋		＋		＋		＋		（＋）	

上表带括号的"（＋）"的各项，都表示尽管存在，但都不典型、不常见。具体

解释如下:

首先,由于跟"须"存在着竞争与分工,"需¹"一般只能带体宾,不过,近年来也出现了带谓宾的倾向,像"还需认真辨别、尚需认真调查、更需仔细核对"这样的"需²"用法已在网上频频出现;表明"需²"已开始萌芽,只是尚不典型,所以,表中用(+)来表示。

其次,一些北方方言中已有"想₃"的助动词用法,如:"我浑身又酸又痛,恐怕又想生病了";但"想₃"在普通话中还只是初露端倪。比如像"这几天我可能想生病了,因为鼻子老酸酸的,是累了吗?说不清楚!""生活习惯乱了,也可能想生病,要发烧了,好担心啊!"这样的例句网上也已出现,但接受度还不高,因此,也只能用(+)来显示。

再次,"欲"是一个书面色彩很浓的文言词,其当代共时语法化轨迹已不复存在,只能从历时语料和熟语中搜寻。从历时用例来看,"欲¹"带体宾时都要借助于介词"于",似乎是不及物动词;不过,也有些材料认为"欲¹"可以直接带体宾①,据此,"欲¹"也可以标(+)。至于"欲⁴"的(+),是因为该副词用法虽然早已形成,但已经习语化了,一般不能类推。

最后,"要⁵"作为连词尽管已经形成,但其用法远不如"要是"来得典型、常用。

通过上面所揭示的这四个词因滞后与遗留而形成的句法关系,可以看出,这类结构的演化轨迹常常是两头清楚而中间模糊;从带谓宾到作状语,都是表层形式不变、深层结构改变,也都是重新分析的结果。换句话说,语义重心在前,就是带谓宾,语义重心在后,就是作状语。这就导致对充当助动词的第三阶段,学界一直存在不同的认识。比如现行的教科书和语法书都认为"助动词+动词"是偏正关系,其中的助动词与副词的性质与用法一样,也是作状语的②,但赵元任(1979~³²²)、朱德熙(1982~⁶¹)却认为是动宾关系;两位都认为"要去、敢去、会去、能够去、可以去"在结构上接近于"想去、爱去、怕去、希望去、喜欢去",而不同

---

① 欲(慾),古汉语的"欲"本是名词指贪欲、情欲;用作动词一般不直接体宾,要借助"于"。我们推测,"欲"在形成之初,应该也是可以带体宾的,只是没有留下确凿的例证。本文所举例句中的"欲疾",一般都理解为谓宾关系,意为"天下那些想嫉恨他们国君的人,都想跑来向您诉说"。但也有人将"欲疾"分析为反义并列,认为"欲"是带体宾的动词。如俞樾的《群经平议·孟子一》指出:"欲其君者,谓好其君者也;疾其君者,谓恶其君者也。天下之好恶其君者莫不来告,故曰皆欲赴愬于王。"而且《汉语大词典》对"欲"的解释,也同意俞樾的分析。所以,欲¹应该是很可能存在的,故表中也用(+)表示。

② 比如张静主编的《新编现代汉语》(上海教育出版社 1986)、邢福义主编的《现代汉语教程》(南开大学出版社 1992)、黄伯荣、廖序东主编的《现代汉语》(增订三版,高等教育出版社 2002)、张斌主编的《新编现代汉语》(复旦大学出版社 2008 增订版)都认为助动词修饰谓词的结构是状中关系的构造。

于"刚去、都去、常去、马上去、一起去"。从上面对结构关系滞后与遗留的分析来看,赵、朱两位的观点应该讲是很有见地的,因为到底是否述宾关系,还可以通过变换分析来进一步验证:

(9) 爱不爱去、想不想去、喜欢不喜欢去→你要²不要我回避?
   　能不能去、敢不敢去、可以不可以去→你要³不要再看看?
   　*刚不刚去、*都不都去、*马上不马上去→*天要⁴不要下大雨?

很显然,"要²"和"要³"都还可以用"X不X"提问,而"要⁴"不行,这就表明"要⁴"已发生了质变。根据上述滞留的语法化表现,还可以发现:张谊生(2000~²⁶)曾经提出的"敢于、善于、擅于、勇于、急于、乐于、便于、苦于"跟"擅自、大肆、大力"一样都是描摹性副词,由这些"X于"构成的"X于VP"都是状中短语的观点,以此来验证,也是不妥的。因为"敢于、擅于、乐于、急于"等词,与描摹性副词"亲自、擅自、全力、黯然"的变换适用度是完全不一样的:

(10) 敢于不敢于过问、擅于不擅于理财、乐于不乐于助人、急于不急于离开
    *亲自不亲自过问 *擅自不擅自决定、*全力不全力相助、*黯然不黯然离开

也就是说,由原介词前附谓词而导致分界转移、逐渐与谓词凝固为双音节的这类"X于"单词,目前绝大多数都还处在粘宾动词的阶段①,其副词化历程正在形成中,还没有最终完成。

二、词义演化中的抽象化与主观化

总体而言,词义的语法化主要是基本义的抽象化,但有时也会伴随主观化的增强,两者互相促进。主观化增强是指说话人表达客观词义的同时流露出言者的立场、态度和情感等因素的现象日益显现。下面根据抽象化与主观化相促进、相结合的原则,对动词"怕"的词义共时派生途径,作一番分析和梳理②。现代汉

---

① 根据(张谊生2010)研究可知:当"于X"位于单音节V/A后面时,一部分"于"仍保持介词不变,比如"建于、优于"的"于";而另一部分则已分界转移(boundary shift)虚化为构词后缀。比如"敢于、勇于"的"于"。差异就在于"V/A单"的黏着度以及跟"于"的共现率,黏着度、共现率越高,"于"越可能成为构词后缀。"X于"一旦形成后,一开始都是黏宾动词,即原来的介词宾语转化为动词宾语,随着语义重心的后移,部分也已发展为状中关系,但都还没有成为副词。从结构关系看,与助动词+谓词比较接近。

② 高增霞(2004)曾对"怕"的词义作过分析,并与"看、别"作过比较,揭示出一些语法化规律。

语的"怕",大致具有或者说可以细分为10个互相依存的义项①。梳理并揭示从A到J这10个义项的共时语法化轨迹,可以看出,"怕"的词义虚化历程正是一个主语能动性不断弱化与言者的主观性逐渐增强的过程。下面逐项举例说明。

A. 害怕而畏惧。例如:

(11) a 孩子怕父亲。b 小偷怕警察。c 学生怕老师。d 病人怕医生。e 村民怕老虎。

在"怕A"这个义项上,动词"怕"的主体是"孩子、学生、小偷、病人、村民",都具有[＋有生性]、[＋能动性]的语义特征的,都具有可控能力的;"怕"的对象一般也都是有生的人物,"怕"的行为是经常性的,"怕"表示的情况都具有恒常时态。这是"怕"最基本的用法。

B. 害怕而担心。例如:

(12) a 我怕他不愿回家。b 我怕他知道了难受,就隐瞒起来。c 怕他着凉,我又给他添了件衣服。

d 同伴怕事情闹大,就上来把他们拉开了。e 红军不怕远征难,万水千山只等闲(毛泽东)。

"怕B"的主体仍然是"人"具有[＋有生性],[±能动性]。但"怕"的对象是一个事件或一种情况。"怕"的行为是一件临时性的情况,"怕"所表示的情状大多出于即将发生的未然时态。"怕"从上一用法发展到这一用法,已经隐含了一定的言者主观上对未来因素的担心。

C. 害怕面对。例如:

(13) a 孩子怕吓。b 病人怕闹。c 老人怕吵。d 大家都怕麻烦。e 他不怕困难。

"怕C"的主体仍然是"人"具有[＋有生性]、[－能动性]的语义特征,但"怕"的对象是一种状态、情景。"怕"的状况、情景却又是经常性的、不可控的,"怕"表示的情状也具有恒常时态。

D. 禁受不住。例如:

(14) a 蓝布怕晒。b 瓦罐怕摔。c 面粉怕受潮。d 这种纸不怕水。
e 石英表不怕磁、不怕水、不怕震。

"怕D"的主体不再是"人","怕"的对象也是一种状态、情景。"怕"的状况、情景是经常性的,"怕"具有恒常的时态特征;"不怕"接近于"防"。至此,句子主

---

① 目前一般都认为"怕"有4个义项,比如《现代汉语词典》(5版)和《现代汉语规范词典》都只列出了相当于本文"A、B、D、H"4个义项。当然,本文的10个义项,出于不同的需要也可以作一定的归并。张谊生(2006)曾经将"怕"的义项归纳为依次派生的7个,现在看来,当时的分析也是不够准确的。

语的能动性已基本淡出。

E. (不)要紧、(没)关系。多用于否定、常用于对举。例如：

(15) a 不怕一万,就怕万一。b 不怕慢,就怕站。c 不怕管,就怕算。d 不怕低,就怕比。e 不怕不识货,就怕货比货。f 不怕不知道,就怕不想要。

"怕 E"的主体是任何人、任何情况,叙说的现象往往是一种哲理性、告诫性的经验。比如"不怕一万"、"不怕慢"就是说出现"一万"、"慢"这样的现象不要紧、没关系,但相比出现后面这种情况就有关系、就要紧了,甚至麻烦了。这种表示泛化担心的"怕",迄今为止所有的字典或词典都没有专门提到。毫无疑问,这种用法的"怕"自然还是与义项 B 的"害怕而担心"有一定继承关系,但"怕"的主体却发生了根本的转变。当然也可以认为,"要紧"的意思是"不怕 X 就怕 Y"这个构式所赋予的,是一种构式语义(construction meaning)。

F. 担心地估计。例如：

(16) a 就怕他到时不来。b 你去的话,怕有生命危险。c 地基打得太浅,就怕不够牢固。

"怕 F"由"怕 B"直接引申而来,一般多用于未然态的或然句、假设句。"怕"的逻辑主语当然是说话人,但这个主语是一般不能在句法表层出现的(如果补出来的话,就接近于"怕 B"了),这就表明这种用法的"怕"正在由句法主语向言者主语演变。

G. 揣测并估计。例如：

(17) a 这段时间一直没见到老赵,怕是到外国去进修去了。b 老李最近身体不太舒服,怕是不会来了。

"怕 G"已没有担心的因素,只有估计的因素。"怕"的逻辑主语是说话人,而不是句子里面的"老赵、老李"。"怕"由句子主语变成言者主语,这个主观性成分已不能在句法表层出现。

H. 委婉地推测。例如：

(18) a 这个西瓜怕有二十斤重。b 两个村子距离还不近,怕三十多里地。

"怕 H"已彻底丧失句子主语,主观化的量变引起了质变,已经成了表估测的副词。义项 G 和 H 的区别在于,G 还隐含有言者主语,是"我估计"而 H 已经没有言者主语了。或者说,言者主语"我"已经彻底隐含、消失,所以,这个"怕"已经是评注性副词了,相当于"大约"。

I. 需要做到。例如：

(19) a 世界上的事情就怕认真,共产党就最讲认真(毛泽东)。

b 减肥瘦身就怕坚持,只要不屈不饶地减下去,效果自然就会有了。

c 练毛笔字就怕持之以恒地苦练,只要功夫真正到家,不愁写不好。

"怕Ⅰ"是从怕E引申转化而来的,由担心做不到转到反面要求达到。这种用法的"怕"还是动词,只是基点转移了,从担心施行者的结果转到考虑被施行的对象,以行为涉及的对方需要克服的现象作为"怕"的着眼点。换句话说,说话人将自己的立场放到"怕"的主体的对立面,从"以X为要紧"再引申出"以X为要求",这样一来"怕"的对象从本来须回避的现象转变成须要达到的条件。"怕"的这种转变立场的主观性用法,迄今未见有论著或辞书提到过。

J. 表使动或被动(作为语素)。"怕"的语素义有两种用法,一个是后面接语素"人",转向使动;一个是附在语素"可"后面,转向被动。例如:

(20) a 样子很怕人≈样子很可怕。b 当时的情形太怕人了≈当时的情形太可怕了。

c 这个孩子很怕人≠这个孩子很可怕。d 这只藏獒其实很怕人≠这只藏獒其实很可怕。

可见,"怕J"的主语,如果是[＋有生]的,就会有歧义,可以兼表"害怕"或"使……怕"。再例如:

(21) a 这条青蛇很怕人。b 这只兔子很怕人。c 孩子很怕人。d 这只老虎很怕人。

这些句子都有歧义,只是歧义度高低不同。a、d 句也可以有"害怕(人)"的歧义,而 b、c 句也还兼有"使人怕"的歧义;而且,这四句之间歧义度的高低也不相同:a 句歧义度最高,d 最低,b 句略高于 c 句。当然,如果句子的主语都是[－有生]的,那就都没有歧义了。例如:

(22) a 他的样子很怕人。b 她走起路来快得怕人。c 山洞里面阴森森的,很怕人。

义项 J 的用法还是动词性功能,但已不能独立运用,须与语素"人"结合起来使用。在这一构造中衍生出语素的情态化的义素与致使性的用法。据此,"怕"的派生途径可以归纳如下:

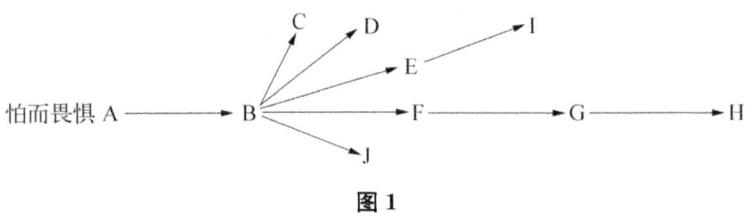

图1

从"怕"的词义发展延伸的路径来看,从 A 到 B、F、G、H,以及从 A 到 B、E、I 这两条派生轨迹来看,都是典型的链环型;就 B 分别到 C、D、E、F、J 的派生方式来看,则是标准的辐射型。然而,就"怕"的词义演进虚化的性质而言,可以发现,词义的虚化和抽象化常常与言者的主观化逐渐强化密切相关。这就又提出了一个问题,在语义的演变历程中主观化是否比抽象化更为基本。因为一般所说的"语义虚化",西方语言学家常用"semantic bleaching"称之,是语义淡化或语义消退的意思。现在有不少研究语法化的学者认为,从主观化的角度看,语义并没有完全淡化或消退,只不过是减弱了客观意义,加强了主观意义,可以认为只是语义的重新调整(realignment)而已。

三、语用表达中的强化与叠加

在语用表达过程中,强化(reinforcement)与叠加(overlaying)的语法现象可以说无处不在,其结果必然会导致羡余(redundancy)现象的产生。就语法化语言表达过程中的具体表现而言,所谓强化,就是指在已有的虚词和虚化成分上面再加上同类的或相关的虚化要素,使原有的虚化单位的句法语义得到了加强(刘丹青,2001)。

比如,现代汉语中的"源自于、介乎于、不在于"都是与介词"于"有关的叠加形式。"自、乎、在"本身也是介词,再加上"于"就成了强化式羡余。先看"自"和"于"的叠加:

(23) 作为半岛都市报下属的全资子公司,半岛网秉承了半岛都市报灵活的体制和"精彩源自创新"的经营理念,借助半岛都市报的全力支持和大力宣传,发展势头迅猛。

(24) 发展创新文化是先进文化建设的重要内容。文化的生命力源于创新,凡是具有广泛和长久影响力的文化都是有很强创新能力的文化。

(25) 章臣桂教授认为这一切源自于创新:"几千年的中药文明,本身就是一部创新史,无数前人的心血、智慧以至生命的付出,造就了中医药文化绵延不绝,根深叶茂。"

而"介乎"和"介于"的"乎"和"于"一旦叠加,就会出现"介乎于"。例如:

(26) 人类美好的感情爱情,亲情,友情之外,介乎爱情与友情之间,游离于亲情和爱情之中,而唯一稳定的一个指标是异性之间的感情,那么说这样的玄乎其玄的感情,还一定不能少了性别的魅力,这不是暧昧是什么呢?

(27)你和他之间的那种情感,那种超乎于寻常的友情、又不能简单地归类到爱情的情感,也只能是介于友情与爱情之间,也许你将它凌驾于友情与爱情之上。

(28)有一种朋友,我想那是一种介乎于爱情与友情之间的感情,你会在偶尔的一时间默默地想念他。想起他时,心里暖暖的,有一份美好,有一份感动。

同样,"在"和"于"也可以叠加,从而形成了强化的叠加式"V在于"。例如:

(29)在动荡多变和经济不景气的国际环境中,我们伟大的社会主义祖国经济发展,政治稳定,民族团结,社会进步,巍然屹立在世界的东方。

(30)社会主义中国要以更加雄健的姿态屹立于世界东方,必须集中力量把国内的事情办好,关键是更好更快地把国民经济搞上去。

(31)走过60年的风风雨雨,我们硬是用小米加步枪打出了一个灿烂的新中国,我们的祖国巍然屹立在于世界的东方。

由于介词"于"的语义与功能已经弱化,所以,强化与叠加式有不少是与介词"于"有关的。而且,与之叠加的除了介词"自、乎、在",常见的还有动介兼类词"及、至、到"。比如"甚至→甚至于→甚至于到→甚至于到达"这四种形式,也是一种层层叠加的强化式:

(32)其实做销售也是这样,最后成交的总是您接触客户的十分之一甚至百分之一,您能说前面九十九个都是浪费时间吗?

(33)我们的力量最多可以被削弱一半,甚至于百分之六十,但是请你们记住,受伤更严重的是别人,是这个世界所有的普通人。

(34)这边有个调查,巴黎这个地区,一半以上的城市存在着种族歧视的问题,严重的甚至于到百分之九十。过去没有调查我们不知道,看到这些资讯,我们知道这个社会问题的严重。

(35)原则上我们希望平衡贸易逆差的观念,我们跟日本厂商定了日本回销的百分比,从73年的7%到2002年的17%。定的目标实际不高,但是我们实际输出的百分比超出了很多,甚至于到达60%。

那么,强化的叠加现象为什么会频频出现呢?首先,是表达的需要。比如,由于"于"在古汉语中功能和用法太多,发展到现代已经弱化,人们在使用中常常会觉得只用一个"于"表达的力度不够,于是就会在"于"的前后使用了"乎、自、在、到"等;或者说有些人已经不了解"乎"和"于"的具体作用,于是就附加了"于"或者启用了"自、在、到"又保留了"于"。其次,是词义的磨损,随着语言的发展,发话人有时候对某些文言词语的理解不太清楚,就会使用叠加表达形式。不但像"于"这类虚词的词义会磨损,一些文言实词的词义也会磨损。比如"凯旋、凯旋而归、胜利凯旋、胜利凯旋而归"这四种表示法中后三种,都是叠加形式:

(36) 东海舰队副司令员王志国踏上码头,向海军副司令员丁一平报告。丁一平说:"欢迎同志们<u>凯旋</u>,你们辛苦了!"

(37) 韦德孤胆英雄难以拯救全军的颓势,他骑在高头大马上,望着振臂欢呼的克里夫兰人,眼神中透露出不甘,但这已经是败局,也许下一次他再来造访这座城市的时候,能够带走胜利,<u>凯旋而归</u>。

(38) 我们衷心祝愿你们身体健康、安全顺利,祖国和人民期盼着你们<u>胜利凯旋</u>,战友和亲人们期待着早日与你们团聚!

(39) 1979年2月,我所在的部队从广西水口关、布局一线对越南实施了现代化条件下的自卫还击作战,这是建国以来规模最大的局部战争,也是维护地区和平的有效战役。经过激烈的28天战斗,我们终于<u>胜利凯旋而归</u>。

由于发话人已经不清楚"凯"就是"胜利"、"旋"就是"归",所以就运用了各种强化叠加式。当然,韵律与节奏有时也会起一定作用,"凯旋而归、胜利凯旋"都是四音节,显得整齐有力。

强化导致的句法结果是:由于语法化的演化发展,使得某些虚词的意义越来越虚,用法越来越多,从而使得该虚词在使用中信息量降低,表义不够明确,因此语言发展到一定程度,就会出现语义重复的词语形式,通过叠加的羡余式句法表达手段,在保留原形式的基础上,再重复使用某些比较具体或者新近虚化的成分,从而以使语言表达更加清楚和明确。

四、语篇交际中的凝固化与关联化

一般情况下,语法化研究的对象,大多是句中的名动形三类实词是由于什么诱因和机制、遵循怎样的规律,虚化为表达语法意义的虚词和形态成分的。其实,语法化研究的着眼点也可以扩展到格式、小句等句法成分,乃至探讨语篇成分是怎么凝固化、关联化的。下面就举一个当代汉语中小句固化的例子,说明语篇成分怎样经过七个阶段的语法化成为一个关联成分的。

当代汉语中"话是这么说"本来是语篇中的一个普通而具体的言语小句,经过不断的演化正在逐渐凝固化、关联化,转化为一个表示转折关系兼表委婉情态的转折性固化短语。例如:

(40) a 遇到人家夸奖,他就会这样说上一句:"不行了!前两年坐公共汽车没有人让座,现在倒是有人让座了,可见还是老了!"话是这么说,大家还是说他年轻,可是,问他有什么秘方,回答是:"不锻炼!吃肉!"其实,真正让丁聪永远年轻的还是他的达观精神。

b 钱亮亮说:"就咱们俩,别你敬我我敬你的了,随便喝。"话是这么说,他还是端起酒杯跟窝头碰了一碰。两人都喝了一口,窝头给钱亮亮布菜:"钱处长,我知道这姜丝虾仁是你最中意的一道菜,你尝尝今天做得怎么样。"

这两句"话"都是直接引语;"话"真的这么"说"了,句子是用来复述具体话语的,都是篇章中实在的"话"。作者之所以要复指说过的话,目的就是引出相反的情况,表示"说"和"做"其实并不能完全一致,"说"归"说",真正做起来恐怕就不是这样了。所以后面会引出相反的描述,因此,转折义也蕴含其中了。这种场合下引出的还不是"言者"的主观看法。略进一步:

(41) a 当时,项秉炎向市里领导表态:"给总会 500 万元铺底资金,这以后,我们一分钱也不会要,完全靠自己。"话是这么说,但项秉炎心里清楚地知道,如果不想方设法做大慈善事业这块"蛋糕",500 万元可能还维持不了一年的慈善投入。

b "孩子多哭点不要紧,要让她大声哭,才能增加肺活量。多哭哭,将来才有好嗓子,才能唱好歌呢。"话是这么说,孩子真哭了,他显得比谁都急。每次下班回来,总要进去看看。才在月子里,就不断地拍她、抱她,听不得她一点哭声。

这两句的"话"前面也出现了,也是直接引语;但"说"没有出现,前句是"说"的下位词"表态",后句借着直接引语隐含了。看来没有"说"也能用"话是这么说"复述。再进一步:

(42) a 江建平也觉得挺满足的,他对郭芳说我们什么时候去把证领了吧。郭芳搂住江建平的脖子说,只要你真心对我好,证不证的我不在乎。话是这么说,可她眼里却闪烁着一丝的慌乱。

b 我转身把她搂在怀里,强挤出一缕笑容,摸摸她的脑袋说,丫头,别怕,现在的医疗水平这么发达,你爸一定不会有事的。话是这么说,我的眼泪也悄悄地流了下来。

这两句"话"的具体内容前面也表述清楚了,但这个"话"只是间接引语,句子虽然复述某人说过的话,但篇章中没有具体的话,是一种转述的话,"话"的复指功能已弱化。又进一步：

(43) a 一向狂傲的贝卢斯科尼知道这篇报道后只是耸了耸肩。他的发言人称，总理还有更重要的事情要去做，没有时间阅读《经济学家》。<u>话是这么说</u>，贝卢斯科尼私下里正在以诽谤罪起诉这家杂志社，因为不久前该杂志曾大幅报道他的丑闻案子。

b 我于是感叹，节日真好，积分押宝真好，唯一的遗憾就是口袋又没钱了。现在重新努力赚钱看来是来不及了，因为等赚够赌本，圣诞也过去了。<u>话是这么说</u>，钱还是要赚的，因为还有春节，到时候一定还有新鲜玩意，等着看吧……

这两句所谓的"话"，具体内容前面也已转述清楚了，但实际上并没有"说"，而是"称"和"感叹"。可见，间接引语中"说"也可以用下位词，"话是这么说"又虚化了一步。再比如：

(44) a 在病床上，我常<u>想</u>，出去以后，一定要多跑步，多运动，把身体锻炼好，每天吃吃维生素、补补钙。哎，<u>话是这么说</u>，可是什么时候又坚持过呢，而且，现在离出院还好远呢，能不能让我马上就好起来现在还难说。这样每天躺在床上，真的很折磨人。

b 有人<u>觉得</u>，对死人过分的孝心、铺张的仪式纯属多余，因为有些做儿女的平时对老人其实孝心一般，并没让老人生前享过多少福；与其老人死后大办丧宴，不如把这份孝心体现在平时。<u>话是这么说</u>，千年之俗、万户皆崇，不这么操办，闲话岂不是更多？

前面并没有出现"说"，只有"想、觉得"。其实，从认知心理学的角度看，"说"与"想"是可以相通的，譬如英语中的"I see"既可以是"我看见了"，也可以是"我明白了"。所以，汉语也可以用所说的"话"来转述"想法和感觉"。这就表明，发话人已不在乎、意识不到"话"和"说"的字面义；"话是这么说"小句的语法化到了这个阶段发生了质变；已基本固化、虚化了，其功能主要是对前面某个命题的否定，进而引出"言者"要表达的主观看法。如果改成"想是这么想、觉得是这么觉得"反而不顺、不通，这表明这个小句不但已关联化，而且已凝固化。再进一步虚化，就成了一个表转折的固化类短语了：

(45) a 在加油的时候，工作人员知道<u>我要去塔公草原</u>，竟然叫<u>我不要去</u>，说是有土匪。(我想/我思忖)难道真的有吗？朗朗乾坤，几个小蟊贼，只要他敢来，定叫他身上添几个窟窿。<u>话是这么说/（不过）</u>，还是小心为妙，总之，有车就跟在一起，这样更安全。

b 我还是继续坚持在外面晃悠着找地方吃饭。(我心里想)哼,别以为做饭给我吃,我就会感恩,就会屈服,美去吧你!我一个月不吃你做的饭,看我会不会饿死!唉,话是这么说,(不过/只是)每次在外晃悠的时候,闻到别人家的饭菜香,心里也还是有点那个。

"我"和"想"类知觉动词都已经可以一起省略了,所谓的"话"已转变为"言者"本人的一种主观感觉、主观陈述,所以,这里的"话是这么说"已经可以直接换成转折连词"不过",当然,替换后深层含义还有较大不同。再发展一步,"说话"的人和"言者"都可以隐含:

(46) a 做家长的职责就是抚养一个孩子,直到 18 岁独立为止。话是这么说,(但是/可是)现在中国这独立的年限正在无限延长:婚礼父母包办、买房父母首付、孩子父母代养;当曾经的"独生子女"升格为"独生父母"之后,却把更多的责任义务仍然"遗忘"在他们的父母那里了。

b 如果对方不爱你,就应该知趣地离开;可是,有些人偏偏就是死心眼,非卿不娶,非君不嫁。这样不但给对方带来困扰,也让自己陷入困境。话是这么说/(当然/但是),毕竟人非草木,见到心仪的姑娘和小伙,谁又能完全做到无动于衷呢?更何况又是朝夕相处。所以,一般的人,常常会为情而痴、为情所苦。可见,要断然放下自己的感情,其实,是件很不容易的事。

这两句"话"根本就不知道谁说的,"言者我"和知觉动词都没有出现。"话是这么说"的作用在于否定某种观点以引出发话人的议论:前句是为了引出对独生子女现状的批评,后句是为了引出对痴情男女的同情。说话人用此来表示一种逆转性看法,其用法已非常接近于转折连词了,甚至用连词比用"话是这么说"还简捷些。总之,"话是这么说"这个小句的语法化过程大致经过了这样七个阶段,而且目前还在进一步虚化中,下一步很可能是凝固、压缩和脱落,逐渐成为语言中的一个转折连词。而这一演化方式正是语篇语法化导致连词产生的句法现象。

如果将观察的视角稍稍扩大,可以发现,在当代汉语篇章中"话是这么说"还有许多相关形式,比如"话虽这么说、说是这么说、说归这么说、理是这么个理",否定形式"话不能这么说、话不要这么说、话不是这么说"等,这些变体之间用频不同,语用义也有细微的差异。有关这些小句之间的细微差异及其各自不同的固化与专化历程,潘晓军(2010)已经展开了初步的探讨与分析,不过,与此有关的语法化机制及其相应的句法后果,都值得进一步研究。

五、结　语

综上所述,语法化现象在各个不同层面都有可能发生,其引起的句法现象必然会涉及形式与意义两个方面,而且总是互为表里、密切相关的。不同层面的语法化现象,有的主要与形式有关,有的主要与表达有关;有的落实在结构关系上,有的落实在语义性质上;语言中词义的虚化经常伴随主观化的增强,而语篇中小句的凝固化常会伴随关联化的发生。因此,从揭示语言发展的动因与轨迹来看,语法化导致的各种句法现象,无论是哪一种动因引起的,也不管发生在哪一层面上,现有的句法构造及其内在差异都是有理据的,也都是有一定规律可循的。

参考文献

高增霞　2004　汉语的担心—认识情态词"怕""看"和"别",《语法研究与探索(十二)》,商务印书馆。
刘丹青　2001　语法化的更新、强化和叠加,《语言研究》第2期。
潘晓军　2010　《固化插说成分的关联化与情态化》,上海师范大学博士学位论文。
沈家煊　1994　"语法化"研究综观,《外语教学与研究》第4期。
沈家煊　2001　语言的"主观性"和"主观化",《外语教学与研究》第4期。
赵元任　1979　《汉语口语语法》(吕叔湘译,英文原版1968年),商务印书馆。
张谊生　2000　论与汉语副词相关的虚化机制,《中国语文》第1期。
张谊生　2000　《现代汉语副词研究》,学林出版社。
张谊生　2006　元语理论与汉语副词的元语用法,《语法研究与探索(十三)》,商务印书馆。
张谊生　2010　从错配到脱落:附缀"于"的零形化后果与形容词、动词的及物化,《中国语文》第2期。
朱德熙　1982　《语法讲义》,商务印书馆。
Heine, B., U. Claudi & F. Hunnemeyer 1991 *Grammaticalization: A conceptual framework*, The University of Chicago Press。
Hopper J. Paul & Elizabeth C. Traugott 1993 *Grammaticalization*, Cambridge University Press(2001,国内影印版《语法化学说》,外语教学与研究出版社)

(作者单位　上海师范大学人文与传播学院　200234)

"至今"、"于今"的词汇化
——兼论介宾式双音词词汇化的动因

陈昌来[1]　陈全静[2]

一、引　言

　　现代汉语中有许多双音词是由介宾式句法结构词汇化而成的,如方位词"以后、以前、以内、以外"等,时间词"从前、当今、当时"等,副词"按时、从此、何以、于今、自古、至今"等,连词"因此、于是"等。这些词在古汉语中都是由介词与其宾语组成的介宾结构(介词短语),如"于是"在先秦是作为介宾结构的,"于"是介词,其宾语"是"是一个指示代词,"于是"可以表示"在这个/那个时候",到了汉代这一意义的"于是"黏合为一个连词,表示承接。再如"因此","因"在古汉语中是个多义介词,可以表示"趁着、借着"义,也可以表示"由于"义,"此"是代词,"因此"是介宾结构,或表示"借这个机会"、"在这个(时候、情况下)",或表示"由于这个(情况、因素等)","后来'因此'从表示'由于这个(情况、因素等)'的介宾短语变为一个表示因果关系的句子层面的连词。'因'原来的介词性和'此'的代词性都消失了"①。再如"何以"是介宾倒装结构词汇化而来的。"何"是疑问代词,充当介词"以"的宾语,放在介词前面,在先秦时可以表示"用什么或为什么",后来演变为词。因为"于"、"因"、"以"是古代汉语中产生很早,已经非常纯粹的介词②,这些介词的词汇性意义很早就消失了,语法化程度很高,因此词汇化完成得相对较早。不过,因为介词本身是从动词语法化而来的,汉语中有些介词的语法化程度不是很高,还兼有动词的用法,所以由这类介词构成的介宾短语词汇化

---

①　董秀芳(2002)《词汇化:汉语双音节的衍生和发展》,四川民族出版社,第263页。
②　董秀芳(2002)《词汇化:汉语双音节的衍生和发展》,四川民族出版社,第263页。

的过程就相对比较漫长,如"至今、按时"等,"至今"在先秦就已连用,而到唐代才成词,"按时"在东汉已连用,到明代才成词。目前对动词语法化为介词的研究比较多,对这类介宾短语词汇化过程的研究还不多见,而这类介宾短语词汇化的历程有共性也各有特性,值得深入研究。通过对介宾结构词汇化历时过程的描写分析,不仅可以帮助理清这些介宾式双音词的发展脉络,还可帮助解决共时平面难以解决的问题。

本文将以一对近义的介宾式时间副词"至今"、"于今"为例,通过对两个词成词年代、成词过程、演变路径的差异,其词汇化和语法化的动因和机制的异同来揭示介宾结构词汇化的特点和动因。

二、"至今"的词汇化

2.1 现代汉语"至今"的共时分布

现代汉语里"至今"连用分为三种情况:一种是形成"从/自……至今"结构,"从/自……至……"构成一个介词框架①,表示起始点和终到点,在"从/自……至今"中,"今"是介词"至"的时间宾语,如:

(1) 从1986年至今,先后5次捐款赞助中国的旅游教育事业。(人民日报)

(2) 琉璃渠村是北京琉璃制品的发源地,自元代建窑至今,已有700多年的历史。(人民日报)

上两例中,"至今"都是用在介词框架"从/自……至"中,"至今"是介宾结构,不是词。要说明的是,框架中的前置介词"从/自"会经常隐省,出现"……至今"的用法,如:

(3) 大年初一至今,已整整半个月,北京的大街小巷,往日星罗棋布的菜摊,在这半个月里只能偶见一二。(人民日报)

这里的"大年初一至今"是表起点的前置介词"从/自"隐省的结果,"至今"仍是介宾结构而不是动宾结构。

第二种情况是形成"V+(O)+至今"结构,如:

(4) 大明眼镜店是一家有几十年历史的老字号,一直经营眼镜至今。(人民日报)

---

① 陈昌来(2002)《介词与介引功能》,安徽教育出版社。

(5) 这种习惯沿袭至今,给人一种男人抽烟天经地义的感觉。(人民日报)

很明显这里的"至今"是前面动词性结构的时间补语,也是介宾短语。

第三种是用于"(S)＋至今＋V＋……"或"至今＋S＋V＋……"结构,如:

(6) 我国蔬菜至今尚未占领日本市场的主要原因是蔬菜质量、规模不合标准。(人民日报)

(7) 至今全区已有 18 种农副产品拥有了国家注册商标。(人民日报)

这里的"至今"位于句首或谓语动词前,充当句子的状语,是一个词,时间副词。

2.2 "至今"由动宾短语向介宾短语的演变

我们认为现代汉语中的时间副词"至今"是由古汉语中的介词短语"至今"词汇化而来的。

通过对十三经以及《国语》、《吕氏春秋》、《庄子》、《荀子》、《韩非子》、《墨子》、《老子》、《管子》、《商君书》等二十多部先秦文献的穷尽性考察,共检索到"至"和"今"连用的 25 个用例,其中有两例"自……至今"的用例:

(8) 且善之伐不善也,自古至今,未有改之。(《管子·匡君中匡第十九》)

(9) 君何疑焉? 不治而昌,不乱而亡者,自古至今未尝有也。(《管子·禁藏第五十三》)

两例"V(＋O)＋至今"的用例:

(10) 天下共割韩上地十城以谢秦,解其兵。夫韩尝一背秦而国迫地侵,兵弱至今,所以然者,听奸臣之浮说,不权事实,故虽杀戮奸臣,不能使韩复强。(《韩非子·存韩第二》)

(11) 故上得其君长之赏,下得其百姓之誉。列士桀大夫声闻不废,流传至今,而天下皆曰其力也,必不能曰我见命焉。(《墨子间诂卷九》)

其余的 21 例全是"至今＋V＋……"的用例,我们认为这一句法结构是时间副词"至今"的源结构。

"至今＋V＋……"在《诗经》中已见一例,如:

(12) 君子实维,秉心无竞。谁生厉阶,至今为梗?(《诗经·大雅》)

这种用法沿用于《春秋左传》、《春秋公羊传》:

(13) 文王之功,天下诵而歌舞之,可谓则之,文王之行,至今为法,可谓象之。(《春秋左传·襄公三十一年》)

(14) 齐有仲孙之难而获桓公,至今赖之。晋有里、丕之难而获文公,是以为

盟主。(《春秋左传·昭公》)

(15) 古者有明天子,则纪侯必诛,必无纪者。纪侯之不诛,至今有纪者,犹无明天子也。(《春秋公羊传·庄公》)

以上四例中的"至今"都是动宾短语,"至"是动词①。我们认为这里的"至今"是动宾短语,整个句子"至今为梗"、"至今为法"、"至今有纪"是由两个动宾结构组成的双动结构,"至今"和后面的动词都是双动结构中的主要动词,不过这四例中的第二个动词都是静态的非动作性动词,"为"是表判断的动词,"有"表存在。但是到了战国时期,"至今"后的动词结构发生了变化,经常出现在"至今+不/未+V"或"至今+V+之"这样的句法结构中,并且"至今"后的动词范围扩大,意义也更实在,如:

(16) 孙叔敖死,王果以美地封其子,而子辞,请寝之丘,故至今不失。(《吕氏春秋·异宝》)

(17) 古者周公旦非关叔,辞三公,东处于商盖,人皆谓之狂,后世称其德,扬其名,至今不息。(《墨子后语上》)

(18) 先王县权衡,立尺寸,而至今法之,其分明也。(《商君书·修权第十四》)

(19) 故使贵为天子,富有天下,业万世子孙。传称其善,方施天下,至今称之,谓之圣王。(《墨子间诂卷七》)

我们认为上例中的"至今"处于动宾、介宾之间,可以作双重分析,全句既可以理解为连动结构,也可以理解为状中结构,即"至今"是后面谓词的时间状语。

然而同样在战国时期,也检索到了"S+至今+V"的用例:

(20) 孔子伏轼而叹,曰:"甚矣由之难化也!湛于礼仪有间矣,而朴鄙之心至今未去。(《庄子集释卷十上》)

(21) 帝善其顺法则也,故举殷以赏之,使贵为天子,富有天下,名誉至今不息。(《墨子间诂卷十一》)

(22) 因以代君之车迎其妻,其妻遥闻之状,磨笄以自刺。故赵氏至今有刺笄之证,与反斗之号。(《吕氏春秋·长攻》)

(23) 逢泽之会,魏王尝为御,韩王为右,名号至今不忘。(《吕氏春秋·报更》)

上例中"至今"去掉后仍成句,合乎语法,只是在语义上有差别,有"至今",谓

---

① 马贝加(2002)《近代汉语介词》,中华书局,第131页。

语动词就有时间限制,表示"到现在怎么样",如果去掉,谓语动词就失去了时间限制,我们觉得这里的"至今"已经是介宾结构,并且"至今"表示"到现在"的意义与后面的谓语性成分相比意义明显虚化,加之"至今"所在的句法位置正好是"S＋至今＋Vp",即在动词性成分前是状语的位置,"至今"已经由句子主要成分降级为次要成分,成为状语。

2.3 介宾短语"至今"的词化

到了汉代,在《史记》中发现了下面的用例:

(24) 夫以秦卒之勇,车骑之众,以治诸侯,譬若驰韩卢而搏蹇兔也,霸王之业可致也。而群臣莫当其位。至今闭关十五年,不敢窥兵于山东者,是穰侯为秦谋不忠,而大王之计有所失也。《史记卷七九　列传第一九》

(25) 广曰:"吾尝为陇西守,羌尝反,吾诱而降,降者八百馀人,吾诈而同日杀之,至今大恨独此耳。"(《史记卷一九　列传第四九》)

《史记》前,"至今"一般位于主语后谓语前,但是上两例中,"至今"居于句首,成为了全句的修饰状语。"至今"后面的成分由短语扩展为小句,并且其句法位置变得灵活,可居于主语后谓语前,也可以居于句首,这是"至今"成词的关键一步,"至今"就是在这种句法环境中逐渐词汇化成词的。

但是这一成词过程比较漫长,"至今"后一直是接简单谓词,构成四字形式为主,直到唐代,由"至今"构成的四字形式才大量减少,"至今"后面的成分绝大多数为复杂的谓词性结构或小句,句法上有了进一步的扩展,"至今"的副词地位才逐渐成熟,如:

(26) 祗乃造沈莱堰,至今兖、豫无水患,百姓为立碑颂焉。(《晋书卷四七　列传第一七》)

(27) 诸僚属乘昔西台养望余弊,小心恭肃,更以为俗,偃蹇倨傲,以为优雅。至今朝士纵诞,临事游行,渐弊不革,以至倾国。(《晋书卷七一　列传第四一》)

(28) 况颛忠以卫主,身死王事,虽嵇绍之不违难,何以过之！至今不闻复封加赠襃显之言。(《晋书卷六一　列传第三一》)

(29) 隋时有释道骞,善读之,能为楚声,音韵清切,至今传《楚辞》者,皆祖骞公之音。(《隋书卷三五　志第三〇》)

(30) 治致升平,颎之力也,论者以为真宰相。及其被诛,天下莫不伤惜,至今称冤不已。(《隋书卷四一　列传第六》)

例(26)、(27)、(29)中"至今"后接的是主谓俱全的小句,例(28)中后接的是复杂的动宾结构,例(30)中接的是动补结构,其后成分发生了扩展,此时"至今"动词性已经丧失,主要是谓语性结构或全句的修饰语,已经是时间副词。由此可见,词汇化的成熟、演变在某种程度上是和句法演变同步的。词汇化的成熟引起了句法演变,抑或句法演变加速了词汇化的成熟。总之,词汇化的过程中伴随着一定的句法演变。

到了明清时期,成词的"至今"几乎都是副词用法,并且"至今"后跟复杂谓词和小句为常,可见,"至今"作为副词的用法已经完全成熟。如:

(31) 二人功迹尚如此,至今谁肯论英雄?(《三国演义·第三十七回　司马徽再荐名士　刘玄德三顾草庐》)

(32) 你做的勾当,我亲手来捉着你奸,你倒挑拨奸夫踢了我的心！至今求生不生,求死不死,你们却自去快活。(《水浒传·第二十五回　王婆计啜西门庆　淫妇药鸩武大郎》)

(33) 至今山上犹见谈经之处天花散漫,所求必灵,时常显圣,救人苦厄。(《红楼·第一零一回　大观园月夜感幽魂　散花寺神签惊异兆梦》)

成词的"至今"除了作全句主要谓词的状语,也可以作整个句子的状语,另外还具有关联功能,起到衔接和连贯句段的连接作用。我们可以将"至今"的演变过程简单勾勒如下:

$$至(动)+今(名) \xrightarrow{语法化} 至(介)+今(名) \xrightarrow{词汇化} 至今$$

从上面的论述可知,"至今"是在双动结构的句法环境中因为降格而虚化成为介宾结构的,又因为后接成分的扩展而逐渐成词的。而"从/自……至今"、"V+O+至今"两种结构中的"至今"只是发生了语法化,没有再继续词汇化,到现在仍然是介宾结构,不是词。

三、"于今"的词汇化

"于今"又是如何发展的？其发展轨迹如何呢？

《现代汉语词典》(第5版)中对"于今"的释义为[①]:① 副词,到现在:故乡一别,于今十载。② 名词,如今:这城市建设得非常快,于今已看不出原来的面貌。我们把副词"于今"称为"于今$_1$",名词"于今"称为"于今$_2$"。根据对历史语料的

[①] 中国社会科学院语言研究所词典编辑室编(2005)《现代汉语词典(第5版)》,商务印书馆。

甄查发现,"于今₁"和"于今₂"成词的源结构相同,都是由介词"于"+时间词"今"构成的介宾结构词汇化而来的,然而其词汇化轨迹不同,有着两条不同的演变路径。

3.1 名词"于今"的词汇化

"于"在甲骨文中确已用作介词,其来源于"去到"义的动词"于",用以示地、示时、示人①。"于"可以引进时间的终到点,可以译为"到",也可以表示时点,译为"在"。"于今"最早连用是在周朝的《今文尚书》和《诗经》中,见例:

(34)先王有服,恪谨天命;兹犹不常宁,不常厥邑,于今五邦。(《商书·盘庚上第九》)

(35)自我不见,于今三年。(《诗经·国风》)

这种用法一直沿用到春秋战国时期:

(36)主相晋国于今八年。(《春秋左传·昭公》)

(37)寡君寝疾于今三月矣。(《春秋左传·昭公》)

据董治国《古代汉语句型大全》(1988)②,例(36)应该分析为"主语+及物动词+宾语+补语1(于/至/至于+介词宾语)+补语2(数+时间名)",例(37)分析为"主语+不及物动词+补语1(于/至/至于+介词宾语)+补语2(数+时间名)","于"字等介词词组(即介词短语)表示动作行为到某时间,补语2表示时段,动作持续的时间。也就是说(34)—(37)中"于今"都还是介宾结构,"于"是表示时间终到点的介词,整个介宾短语可以理解为"到现在"。然而同样在《春秋左传》中也有这样的用例:

(38)故《诗》曰:"高岸为谷,深谷为陵"。三后之姓,于今为庶,王所知也。(《春秋左传·昭公》)

《淮南子》中也有相同用法的例子:

(39)古之伐国,不杀黄口,不获二毛,于古为义,于今为笑。(《淮南子卷十三 氾论训》)

上例中"于今"也是介宾结构,不同的是"于"是时点介词,"于今"应理解为"在今",这里的"于今"是"于今₂"的源结构,我们认为表示"如今"的"于今₂"正是由表示时点的介宾短语词化而成,我们先来看"于今₂"的演变。

---

① 郭锡良(1997)介词"于"的起源和发展,《中国语文》(2):131-138页。
② 董治国(1988)《古代汉语句型大全》,天津古籍出版社。

在东汉以前,表示时点的介宾结构"于今"不多,大多后接简单谓词组成四字形式,此时"于"的词汇义还比较明显,但是从东汉开始,我们发现"于今"后接小句居多,如:

(40) 臣闻周室既衰,四夷并侵,猃狁最强,于今匈奴是也。(《汉书卷七十三 韦贤传第四十三》)

(41) 于今遭清明之时,飭躬力行之秋,而怨仇丛兴,讥议横世。(《后汉书卷二十八下 冯衍列传第十八下》)

(42) 司马相如为武帝制封禅之文,于今天下所共闻也。(《三国志卷三十八 蜀书八》)

上三例中的"于今"具有连接作用,已经成词,并且"于"的词汇意义似乎在慢慢地消逝,语义重心是"今",因为上句中去掉"于",语义不变且完全合乎语法,原本在语义、句法上独立的介词"于"发生了去范畴化,并入到名词"今"内部成为了词内成分,两者合成了一个整体,成为一个独立的新词。

到了元明清,"于今$_2$"的名词用法更加成熟,其前常有时间名词与其呼应,如:

(43) 为问当年素服儒,于今腰下佩金鱼。(《琵琶记·第三十六出 孝妇题真》)

(44) 试览石家金谷地,于今荆棘昔楼台。(《喻世明言·第三十六卷 宋四公大闹禁魂张》)

(45) 前日一个家乡人来,说我父亲在家有病。于今不知个存亡,是这般苦楚。(《儒林外史·第十五回 葬神仙马秀才送丧 思父母匡童生尽孝》)

上例中分别有时间名词"前日、当年、昔、前日"等与"于今"对照呼应,"于今"名词地位已经相当稳固。然而就在此时表示时点的"于"发展出了新的用法,如:

(46) 臣抟大数有终,圣朝难念,已于今月二十二日化形于莲花峰下张超谷中。(《宋史卷四百五十七 列传第二百一十六》)

(47) 为因孩儿中纯,梦境随邪,病魔为祟,特于今年今月今日今时,敬请神官……(《娇红记·第二十五出 病禳》)

(48) 事不宜迟,将军就于今夜三更,带领人马前去破阵,我们自当助你一臂之力。(《镜花缘·第一百回 建奇复节度还朝 传大宝中宗复位》)

也许是因为"于今"只是一个模糊的时间概念,为了表达精确,"于"后出现了更精准的时间词语,并且这种用法一直延续到现代,我们检索了北大语料库,"于今"作为词使用的频率很低,500条用例里面都是"于+今年+几月"之类的用法,没有1例"于今"作为词的用例。同样,我们也检索了1994年全年的《市场报》,122例含"于今"相邻的用例中,"于今"作为词的用例只有5例,如:

(49)在成套设备投标方面,该公司参加了印尼利用亚洲开发银行贷款的500KV超高压输电线工程的国际投标,在七国九公司的激烈角逐中脱颖而出,于今正在紧张实施之中。

(50)那时我们的青春文化生活,可说许多时候渗入了梁上泉先生的风格。尽管于今已去十年、二十年,时代变更,观念也几乎重殖,早年的"女孩子",也已为妻做母,但是重温梁氏诗句,情景宛然如昨。

(51)我已经经历了半个多世纪,真有点"古已有之,于今为烈"的感叹。

(52)可叹的是,这种方城赌战古已有之,于今为烈,不仅是"翻两番",而且不时有"上一个新的台阶"之势。

(53)老实说,文艺期刊编辑这碗饭,于今并不容易吃,行内甚至流行着这样的说法:"见了半老的徐娘,千万勿要打听年龄;见了文艺期刊的主编,千万勿要打听发行量。"

也就是说介词"于"表示时点的用法一直沿用到现代,并且很发达,相反成词的"于今"似乎只是古汉语的遗留,使用频率倒直线下降了。

3.2 副词"于今"的词汇化

下面来看副词"于今$_1$"的演变。我们认为例(34)~(37)中的"于今"是"于今$_1$"的源头,"于今$_1$"就是由表示终到点的介词"于"+时间名词"今"词化而来的。

在先秦时期,"于今+数+时间名"是其主要格式,表示动作行为持续到现在有多长时间,此时的"于今"还是介宾结构,但是到了汉代"于今"后接的成分扩大,不再仅限于时量短语,而是出现了很多谓词性成分。如:

(54)王道粲然,基业既著,千载之废,百世之遗,于今乃成,道德庶几于唐、虞,功烈比齐于殷、周。(《汉书卷八十四 翟方进传第五十四》)

(55)又言武帝与仙人对博,棋没石中,马蹄迹处于今尚存,虚妄若此,非一事也。(《风俗通义·正失第二》)

由于"于今"后接成分的变化,句子的语义重心也发生了转移,上几例中的"乃成"、"尚存"明显是句子的重心,"于今"是谓词的修饰语,但"于今"后的谓词绝大多数是简单的两个音节,很少发现后面带更复杂的谓词性成分或小句的情况,因此这里的"于今"可作双重分析,可以理解为未成词的介宾结构,也可以理解为成词的副词。

直到唐代,"于今"后的谓词性成分才变得复杂起来,还出现了不少主谓俱全的用例,至此我们觉得"于今"才真正成词。如:

(56) 今年八月,陵上荆一枝围七寸二分者被斫,司徒太常,奔走道路,虽知事小,而案劾难测,搔扰驱驰,各竞免负,于今太常禁止未解。(《晋书卷三十 志第二十》)

(57) 汉武帝飨年久长,比崩而茂陵不复容物,其树皆已可拱。赤眉取陵中物不能减半,于今犹有朽帛委积,珠玉未尽。(《晋书卷六十 列传第三十》)

但同时唐宋时期,"于今+时量短语"的使用频率一直居高不下,见表1:

表1 "于今"后接成分用频比较

	隋书	晋书	太平广记	旧五代史
于今+时量短语	3	11	3	4
于今+谓词性成分	4	12	3	3

例如:

(58) 朕重违让德,抑礼亏制,以章公志,于今四载。(《晋书卷二 帝纪第二》)

(59) 我有隋之御天下也,于今二十有四年,虽复外夷侵叛,而内难不作,修文偃武,四海晏然。(《隋书卷四十八 列传第十三》)

(60) 契阔途径,艰苦蹊路,于今十三年矣。(《太平广记卷四 神仙四》)

(61) 粤朕受命,于今三年,何曾不寅畏晨兴,焦劳夕惕。(《旧五代史卷五(梁书) 太祖纪五》)

我们认为这里的"于今"也可以看成词,首先到了近代,"于"表示终到点的功能趋于消失,而据董秀芳(2008)①,"当一个功能词的某个语法功能在历史发展中消失之后,这个功能词与实词的某些搭配有可能就作为历史的遗迹而可能发生词汇化,该功能词就成为词内的组成成分。"当"于"表示终到点的功能消失以后,因为高频连用,"于今"就发生了词汇化。其次受韵律的影响,冯胜利(2009)②认为汉语最基本的音步是两个音节,韵律词是由音步决定的,由一个音步构成的韵律词是标准的韵律词。先秦时期"于今+时量短语"中"于"和"今"都只是一个音节,不在一个音步中,其形成的音步是:于/今/时量短语,后来由于

---

① 董秀芳(2008)《句法演变与词汇化》,第四届肯特岗国际汉语语言学圆桌会议论文。
② 冯胜利(1997)《汉语的韵律、词法与句法》,北京大学出版社。

高频使用,加之韵律的不和谐、不平衡促使"于"和"今"在语音上要经历停顿转移和音步重组,变成:于今/时量短语,以达到韵律的和谐于平衡,从而形成一个标准的韵律词,句法结构也因之重新分析为:【于今】+【时量短语】。下面将"于今"的演变过程勾勒如下:

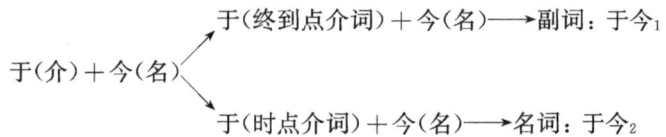

四、"至今"和"于今"词汇化动因之异同

词汇化是指:"短语、句法结构、跨层等非词单位逐渐凝固或变得紧凑而形成单词的过程"①,从上两节对"至今"、"于今"两词词汇化演变过程的详细描述中可以看出两个词的成词动因有异有同。

4.1 降格——"至今"词汇化的主要动因之一

结构形式的变化是实词虚化的基础,由于结构关系和句法位置的改变,一些实词由表核心功能转变为表辅助功能,词义也随之变得抽象空灵。其中诱发汉语实词虚化的句法结构主要有三种:动宾结构、连动结构、联合结构②。"至今"由动宾结构虚化为介宾结构,主要就是因为其位于连动结构的第一个谓词性位置。先秦时期,"至今"还处于主要谓词的位置,是动宾结构,但是到了战国时期,"至今"后的谓词语义更具体实在,句子的表义重点主要经常落在了后一个动词上,"至今"的表义功能逐渐变弱,虚化为介宾结构,主要是后面谓词的时间限制,做后面谓词的状语,而"充当状语或者说进入状位,无疑是一条实词虚化为副词的重要途径。"至今"由主要谓词性结构降格为次要的修饰成分,由句子的前景信息变为背景信息,同时,因为其后成分由简单谓语扩展为复杂谓语甚或小句,加上韵律的作用,"至+今"逐渐凝固成一个独立的新词。除了"至今"外,还有很多介宾式双音词也经历了由动宾结构虚化为介宾结构,又由介宾结构词化为介宾式双音词的过程,其中降格也起到了重要的作用,如"顺道、按时、临时、随

---

① 董秀芳(2002)《词汇化:汉语双音节的衍生和发展》,四川民族出版社,第35页。
② 张谊生(2000)《现代汉语副词研究》,学林出版社。

地、照例"等。①

4.2 介词并入——"于今"词汇化的主要动因

并入是指一个语义上独立的词进入另一个词的内部,两者合并成一个整体的过程,对汉语的并入现象进行研究的重要文献当推汤廷池的论文,他对"并入"进行了精辟的概述:"所谓'并入'系指词语或词组藉'重新分析'而加接到另一个语素、语词或词组,因而与后者'合并'或'并入'后者,成为后者成分的现象。汉语语法的并入现象,有发生于复合词内部的'词法上的并入',也有发生于语词与语词组间的'句法上的并入';有以动词为主要语的并入,也有以名词为主要语的并入;被并入的语法范畴则包括名词、名词组、介词、动词、形容词、副词等"。"不少语言中都存在并入这种现象。虽然并入这个概念在生成语法中通常是指一种共时平面的句法移位操作的规则,与历时词汇化历程中的并入并不完全等同,但存在很多相似之处,都是由非词成分合并为词的过程,所以我们认为并入的概念也可适用于对词汇化的解释"②。

"于今"的形成就是介词"于"的去范畴化和并入共同作用的结果。如前所述,"于今$_1$"是由表示终到点的介词"于"+名词"今"演变而来的,但是到了近代"于"表示终到点的用法趋于消失,而当一个功能词的某个语法功能在发展中消失之后,这个功能词与实词的某些搭配有可能就作为历史的遗迹而可能发生词汇化,该功能词就成为词内的组成成分。"于"和"今"在线性序列上高频连用,加上表终到点的语义特征消失为"于"与其后的"今"结合构成新的副词打开了方便之门,经过介词并入的整合操作,"于"和"今"因而凝固为副词。"于今$_2$"是由表示时点的介词"于"+名词"今"词化而成的,在这一过程中,因为"于"表示时点的词汇义逐渐弱化,整个语义重心落在"今"上,"于"的存在可有可无,原本在语义、句法上独立的介词"于"发生了去范畴化,并入到名词"今"内部成为了词内成分,两者合成了一个整体,成为一个独立的新词。当然,在发生去范畴化和介词并入的同时,韵律的协调和句法结构的重新分析也发挥了一定作用,当"于"的功能衰落之后,原本属于介宾句法结构的"于"+"今"在韵律上被组织在一个音步中,其意义也被当作一个整体来理解,加之句法上的重新分析,"于今"凝固为一个词。

---

① 文全民(2009)《汉语介宾式复合词研究》,上海师范大学硕士学位论文。
② 刘红妮(2009)《汉语非句法结构的词汇化》,上海师范大学博士学位论文。

4.3 去范畴化——"至今"、"于今"词汇化的共同诱因之一

去范畴化(又称为"非范畴化")这个术语是 Hopper 和 Thompson(1984)首先提出来的,其基本含义是,词类在一定的语篇条件下脱离其基本语义与句法特征的过程。语言的非范畴化具有以下几个主要特征:"(1) 在语义上,语义抽象与泛化是前提;(2) 在句法形态上,范畴的某些典型的分布特征(句法/语义特征)消失,范畴之间的对立中性化。范畴分布的特征消失为范畴成员跨越自己的边界或者说为一个范畴中的实体进入另一范畴打开了方便之门;(3) 在语篇和信息组织上,发生功能扩展或转移;(4) 在范畴属性上,或由高范畴属性成员转变为低范畴属性成员,或发生范畴转移①"。

"至今"成词过程中,"至"的去范畴化起了重要作用。"至"的初始义是"到、到达",是表示运行义的动词,可以单用,也可以带方所名词作宾语。后来由于经常用于连动结构"V1+N1+V2+N2"中的 V1 位置而慢慢虚化为介词,因为两个动词性成分在线性序列上并列排列,位于前项的动词很容易发生虚化。虚化为介词以后,"至"的功能发生扩展,由空间域向时间域投射,不仅可以带方所宾语也可以带时间宾语,与此同时它的动词范畴的一些句法特征和语义特征也消失了,作为介词后的"至"不再能单用,只能介引方所、时间等来修饰、限制其后的谓词性成分,并且其表示运行的义素也消失了,发生了去范畴化,而这一变化是"至今"能成为词的重要一步。

同样,在"于今"成词过程中,去范畴化也起到了关键性的作用,只是它和介词并入是互相配合作用的,此不再赘述。此外,介宾式双音词中还有"沿江、沿海、由此、趁早"等在成词过程也发生了去范畴化,因为"沿、由、趁"等在由运行动词语法化为介词的过程中,其运行义素就会消失,在功能上也会发生扩展②。

4.4 句法结构的复杂化——"至今"、"于今"词汇化的共同诱因之二

梅广(2003)③指出,上古汉语是一种以并列为结构主体的语言,中古以来,汉语变成一种以主从为结构主体的语言。"至今"和"于今"在上古连用初期以跟简单的谓词组成四字形式为主,此时的"至今"和"于今"都还是短语不是词,但是随着汉语句子的语法结构变得越来越复杂,谓词性成分由单音节发展为复杂的

---

① 刘正光(2006)《语言非范畴化——语言范畴化理论的重要组成部分》,上海外语教育出版社。
② 马贝加(2003)在汉语历时分析中如何区分动词和介词,《中国语文》(1):59—96 页。
③ 梅 广(2003)《古今通塞:汉语的历史与发展》,中央研究院语言学研究所筹备处。

动宾结构、动补结构,"至今"、"于今"后所跟的成分也发生了扩展,由简单谓词扩大为复杂的谓词性成分甚或小句,"至今"、"于今"也具有了篇章连接功能,这促使了两词由短语演变为词,因此,从东汉开始的汉语句子语法结构复杂化的大背景在"至今"、"于今"的词汇化过程中也功不可没。

五、结　语

现代汉语中同为介宾式的时间副词,可以表示"到现在"的"至今"和"于今",虽然在现代汉语中的用法相似,都可以用充当状语,表示时间限制,但是其成词过程却不同:"至今"是由动宾结构演变而来,而"于今"由介宾结构演变而来;在"至今"的成词过程中,动词"至"虚化为介词是关键的一步,而在"于今"的成词过程中,功能词"于"的句法功能的丧失起了重要作用。两词在历史长河中以绝对优势战胜了"迄于今"、"至于今"而沿用至今,其使用频率曾经旗鼓相当,然而到了现代汉语中,"至今"的使用远远超过了"于今","于今"似乎只是历史的遗留,作为古代句法结构的"化石"而沉淀下来的,其原因何在呢,值得我们继续研究。

此外,本文仅对介宾式双音词中的两个——"至今"、"于今"进行了研究,探讨了其词汇化的路径及其动因差异,只是抛砖引玉,现代汉语中还有很多有意思而又值得研究的介宾式双音词,如"为何、从此、当(dāng)时、当(dāng)下、何以"等,探讨其从古至今的发展历程,分析其结构和意义的来源,无疑是一件有意义的课题。

最后,通过对"至今"、"于今"词汇化过程的研究可知,介宾式双音词可能都经历了由介宾短语到词的的演变这一步,这是介宾式双音词成词的共性,但是各个词的词汇化过程会呈现多种个性,并且成词的时间早晚、成词的难易程度等均可能各有千秋,那么导致成词难易度差异的原因何在?另外本文虽然主要探讨了"至今"、"于今"词汇化的动因,但是通过这两个词可以折射出整个介宾式双音词的词汇化的一些共同动因,比如降格、去范畴化等,不过除此之外可能也还存在一些不同的词汇化动因,个性化的动因有哪些呢?这些都值得去深入挖掘。

参考文献
陈昌来　2002　《介词与介引功能》,安徽教育出版社。
董秀芳　2002　《词汇化:汉语双音节的衍生和发展》,四川民族出版社。
董秀芳　2008　句法演变与词汇化,第四届肯特岗国际汉语语言学圆桌会议论文。

董治国　1988　《古代汉语句型大全》,天津古籍出版社。
冯胜利　1997　《汉语的韵律、词法与句法》,北京大学出版社。
郭锡良　1997　介词"于"的起源和发展,《中国语文》第2期。
刘红妮　2009　汉语非句法结构的词汇化,上海师范大学博士学位论文。
刘正光　2006　《语言非范畴化——语言范畴化理论的重要组成部分》,上海外语教育出版社。
马贝加　2002　《近代汉语介词》,中华书局。
马贝加　2003　在汉语历时分析中如何区分动词和介词,《中国语文》第1期。
梅　广　2003　《古今通塞:汉语的历史与发展》,中央研究院语言学研究所筹备处。
文全民　2009　汉语介宾式复合词研究,上海师范大学硕士学位论文。
张谊生　2000　《现代汉语副词研究》,学林出版社。
中国社会科学院语言研究所词典编辑室编　2005　《现代汉语词典(第5版)》,商务印书馆。

(作者单位　1　上海师范大学对外汉语学院　200234)

(作者单位　2　上海师范大学天华学院 201815)

"不好+V"的语法化与主观性

黄健秦

一、引 言

学界对"好(hǎo)"的句法语义属性和认知演化过程非常关注,成果很多,但往往习惯于从"好+V"的角度进行研究(郑怀德,1988;王为民,1989;李晋霞,2005;张定、丁海燕,2009;申惠仁,2009;王文凤,2009),而且很注意考察"好 V"的词汇化。

《现代汉语八百词》把"好"解释为形容词,其一表示容易,用在动词前,作用类似于助动词,如:好走、好解释;其二表示效果好,如:好看、好听。结合更紧密,更为词化。有学者认为这是对部分单音节 V 的双音化韵律操作,"好"的反义词是"难"。如果 V 是双音节的话,为了整体和谐,"好"和"难"也往往变成"不好""很难"等双音节形式。照此理解,如果加上否定标记"不"后,应该放在外层,形成"不+好 V"格式,仅仅改变真值义,不改变逻辑义。但下面这些在中级汉语中出现的句子,让我们不由得重新思考划界的问题。

(1) 这个问题<u>不好</u>讲。
(2) 面对质疑,我<u>不好</u>不讲。
(3) 这条路在施工,<u>不好</u>走。
(4) 大家都没走,我也<u>不好</u>走。

(1)(3)可以沿袭传统分析,(2)(4)却不一定,上述四个例句可以转化为:

(5) 这个问题<u>难</u>讲。
(6) *面对质疑,我<u>难</u>不讲。
(7) 这条路在施工,<u>难</u>走。
(8) *大家都没走,我也<u>难</u>走。

可以发现："不好"并不等于"不"和"好"的简单相加,所以"不好 V"也不等于"不"加上"好 V"那么简单。而且不能用"双音化"来简单解释所有形式的问题,如(4)句的"走",只是单音节 V,但分析为"不＋好走"无论从语感还是语义上都不太合适。这中间已经有了一些细微的变化,本文尝试揭示并解释这个问题。

本文主要考察通常认为是助动词的"(不)好"与动词的组配,而作为副词的"好"(1 数量多,如：好几年；2 程度深,如：好大,好晚),作为连词的"好"(以便,如：带上伞,下雨好用)等词类和义项暂不在讨论之列。

二、"不好"与动词 V 的类

例句(1)到(8)其实已经提供了一组不对称的现象,例句(6)(7)中,如果换成"很难",句子似乎也成立。但是"难 1"表客观困难,"难 2"表主观为难,和"好"相对的是"难 1",所以"不好"相应地也分为"效果不好"、"不容易"和"不恰当、不可以"三个义项。作为"不恰当"的"不好",在普通话中没有对立的形式。(个别方言中可能有,参见《现代汉语词典》P543,〈方〉,动词,应该；可以：我好进来吗？时间不早了,你好走了。)

我们从共时语义和语用平面,通过对立分析和平行变换,发现了一系列对称与不对称：

NP＋不好 V_1——　　　　　　榴莲不好闻　心里不好受(体验性)

NP＋不好 V_2—— V 不好＋NP　日子不好过　科长不好当（过程性)

Sb＋不好 V_3—— SbV,不好　　我不好多说　他不好找你（事件性)

（一）V_1 感知性：看、听、闻、吃、受、使……

结合紧密,大多已经词化,肯定式"好 V_1"表示"效果好",与之相对应的否定式可替换成同样较为词化的"难 V_1",也可以"不好 V_1"。"不好 V_1"不能平行变换,虽然形式上多数 NP 是 V_1 的逻辑宾语。

"不好 V_1"作为体验的一般性结论或者个别性结论,可以是已然态,也可以是未然态。如：

(9) 这种鱼样子不好看,而且有点凶恶。(汪曾祺《故乡的食物》)

(10) 小林害怕肠,以为肠汤一定不好喝。(刘震云《一地鸡毛》)

（二）V2 技术性：走、解释、修、教、做、当、干、考、惹、办、安排、派、猜、捉……

"好 V2"中的"好"为助动词,表"容易"义,是对动作的过程性进行推断,而否定式"不好 V2"用法相同,表"困难"义;V2 类可以把"不好 V2"(情态)平行变换为"V2 不好"(结果);

作主语的是 NP,从语义指向上看,NP 是 V2 的逻辑宾语。常用的副词搭配:更、真、也,只能在"不好"前面。"不好 V2"可以是已然态,也可以是未然态。如:

(11) 他回剧团办过扫盲班。这个"盲"真不好扫呀。(汪曾祺《云致秋行状》)

(12) 要不然,等河南一拨腿,媳妇更不好使唤了。(浩然《新媳妇》)

(三) V3 情理性:说、走、离开、迟到、回避、生气、推托、埋怨……

V3 的难度都不大,能做而不为,体现出对事件的一种价值判断,"不好"并不表示难度大,而是主观情理评价,表示"不该、不合适、不适宜",如果平行变化为"V3,不好",构成的是主谓结构。(注:V2 的"走"(例句 3)和 V3 的"走"(例句 4)不一样,V2 强调技术性的"能不能""难不难",V3 强调情理上的"该不该""合不合适";

作主语的往往是人(Sb),Sb 与 V_3 构成主谓结构;所以很好从形式和语义指向上区分"不好 V_2"与"不好 V_3",再看例句(3)(4):

(3) 这条路在施工,<u>不好走</u>。 —— 路 不好走 —— 走 路

(4) 大家都没走,我也<u>不好走</u>。 —— 人 不好走 —— 人 走

"不好 V_3"常用的副词搭配:就、也、又、却(常在"不好"前);再、先、多(常在"不好"后),能在"不好"和 V_3 之间插入副词,正好标明了划界。"不好 V_3"一定是未然态,如:

(13) 父亲性子倔,儿子不好<u>多</u>说。(彭见明《那山那人那狗》)

(14) 大家<u>也</u>不好<u>再</u>说什么,就去看各种比赛,倒也热闹。(阿城《棋王》)

虽然上述分析可以在语法上把 V_{123} 分开,但是语义上仍有交缠,如:

(15) 我们连党支部虽是通过我入党了,营、团党委却不好批准。(石言《秋雪湖之恋》)

此例既有难度义,又有情理义,介于 V_2、V_3 之间,主要还是情理义。

(16) 大年三十可不好再赖在床上了。(李杭育《沙灶遗风》)

此例是纯情理性的 V_3。

列表归纳如下:

	V_1	V_2	V_3
肯定式	好V_1	好V_2	无对应的肯定式/可以V_3
否定式	难V_1/不好V_1	难V_2/不好V_2	不好V_3
划界问题	不/好V_1	不/好V_2；不好/V_2	不好/V_3

关于"可以V_3",如昆山话中讨价还价的语境,卖家常说"不好卖的呃",意为反对买家给出的价位;摘草莓时偷吃,园主也会礼貌地制止"不好吃的哋",两种否定都显得柔声、客气、委婉,听着比较舒服。这个"不好卖"、"不好吃"没有对立的肯定形式,只能用"可以""行"或者表肯定的体态语。

三、"不好＋V"的历时追溯

李晋霞(2005)把"容易"义和"可以"义合起来作为好2,指出其用法在唐宋时期已较为常见。我们认为由于在否定中这两个义项的差异还是比较大,从第二节的分析可以看出其在形式上的差异。"容易"是客观描述和主观感受难易程度,是"能不能"的问题;而"可以"是表示客观条件允许或者主观同意,是"为不为"的问题,尤其是在否定的时候,分别比较明显。所以还是分开处理为好。

我们在历时的语料中,发现"不好V_3"要更多一些,"不好V_2"却相对较少,如:

(17) 只是目下岁暮,冰雪载途,不好行走。(《醒世恒言》)

(18) 但只是你这洞口窄逼,不好使家火,须往宽处去。(《西游记》)

不好V_3的例子,如:

(19) 你怎生还是这等的?有父母在前,我不好说你。((南宋/元)《快嘴李翠莲记》)

(20) 我这里不便,不好留你们远来的僧。(《西游记》)

(21) 他有心也要和,只是不好说出来的。(《金瓶梅》)

(22) 只是侄儿初到,未见怎的,又不知他曾有妻未,不好就启齿。(《二刻拍案惊奇》)

(23) 又不好对爹娘说得出心事,暗暗纳闷。(《初刻拍案惊奇》)

(24) 王匠就拿酒来斟上。三官不好推辞,连饮了三杯。(《警世通言》)

(25) 宝玉还要说话,因见麝月在那里,不好再说别的。(《红楼梦》)

值得一提的是"不好"与"不好意思","不好＋V₃"表不恰当、不适合、不可取,大多数可以替换为"不好意思＋V₃",如果"好意思＋V₃"成立,那么,"不好意思＋V₃"就是它的否定形式,部分"不好＋V₃"就可以看作"不好意思＋V₃"的省略式。

(26)(颂莲)不喜欢这些零嘴,又不好(意思)表露出来。(苏童《妻妾成群》)

(27)杜林答应了,可过了半年他一直没再提这事儿,老张也不好意思再问。(刘兆林《雪国热闹镇》)

但是从历时来看,"不好＋V₃"要早于"不好意思＋V₃",而且"不好＋V₃"的内涵比"不好意思＋V₃"要大,如：

(28)我明日另寻一方好汗巾儿,这汗巾儿是你爹成日眼里见过,不好与你的。(《金瓶梅》)

这里的"不好"就不能替换成"不好意思",非为主观羞涩,而是客观情理不便,从宋元话本到三言二拍,由于社会伦理和说教色彩浓厚,所以可以找到大量"不好＋V₃"的语料。

"不好(意思)"与"没好(意思)"的区别,其实就是"不"和"没"、作为整体事件的未然和已然的区别。

四、"不好＋V"的三域分析

沈家煊(2003)在 Sweetser(1990)的基础上区分和界定了三个既有区别又有联系的概念域,即行域、知域、言域。"行"指现实的行为和行状,跟"行态"或"事态"有关,"知"指主观的知觉和认识,跟说话人或听话人的知识状态即"知态"有关,"言"指用以实现某种意图的言语行为,如命令、许诺、请求等,跟言语状态即"言态"有关。这三个概念域在语言的许多方面都有反映,区分这三个域有利于厘清许多复杂的语义现象。(肖治野、沈家煊,2009)

体验跟行为直接相关,"不好 V₁"(不好吃、不好听)是属于行域的"不好 V行";

技术性、过程性的"不好 V₂"分两种情况：

已然态：根据自身经历对难度作出判断,(路真是不好走)属于行域的"不好 V行";

未然态：根据相关知识对难度作出推断,(路可能不好走)属于知域的"不好 V知";

情理性的"不好 V₃"都是未然性,分三种情况：

根据自身经历对情理作出推断(推自己),属于知域的"不好 V$_{知}$";

(29) 以后你有什么人要就医的,可以找我。你写个条子都行。我不好出面的,我自会找别人……(莫怀戚《陪都旧事》)

根据相关经验对情理作出推断(推别人),属于知域的"不好 V$_{知}$";

(30) 客人们一早就鱼贯而入,他又不好谢客,只得坐陪。(冯骥才《雕花烟斗》)

如果能表达一定的言语行为,就属于言域的"不好 V$_{言}$",如:

(31) 五块一斤,四块五不好卖。——(我)不好卖——我卖(自己)不好+V$_3$ 表态

(32) 草莓(你)不好吃。 ——你吃 你不好+V$_3$ 评价、反对、规劝

从"行域"到"知域"再到"言域",这是一个语义逐渐引申和虚化的过程。"行域"和"知域"之间有交叉,"知域"和"言域"之间也有交叉,这是很自然的事情。对应关系如下表:

不好 V1	不好 V$_{行}$	不好 V$_{行}$
不好 V2	不好 V$_{行}$	不好 V$_{知}$
	不好 V$_{知}$	
不好 V3	不好 V$_{知}$	不好 V$_{言}$
	不好 V$_{言}$	

行域义最基本,知域义和言域义都是在行域的基础上引申出来的,因此在缺乏语境支持的情况下,人们总是倾向于行域的理解。(肖治野、沈家煊,2009)

"不好 V$_{行}$"的语义相对客观,言谈双方的主体作用并不突出,无需附加问句,如:

(33) 鸡蛋坏了,不好闻。—— 鸡蛋坏了,不好闻。*对吧/*行吧?

(34) 我来的时候下雨了,路不好走。—— 我来的时候下雨了,路不好走。*对吧/*行吧?

"不好 V$_{知}$"的语义相对主观,言谈双方的主体作用突出。

(35) 最近政策紧,房子不好卖。—— 最近政策紧,房子不好卖。对吧/*行吧?

"不好 V$_{言}$"强调言谈主体"我"对事态的影响,"我"是相对于另一个主体"你"出现的(除非是自言自语),在交际中突出"我"和"你"之间的互动(interaction)。认识有正确与错误之分,言语行为有合适与不合适之分,所以可

以附加问句"行吧?",再看例句(31)

(31) 五块一斤,(我)四块五不好卖。——五块一斤,(我)四块五不好卖。* 对吧/行吧?

从难易义到适合义、恰当义,正好吻合"行知言"三域,也符合 Traugott 的概念—语篇—人际功能的语法化程度,这是"不好 V"的语法化和主观化过程。

$$不好\ V_1 \longrightarrow 不好\ V_2 \longrightarrow 不好\ V_3$$
客观描述,行域　　　难易判断,知域　　价值评价(主观表态),言域

用"不好"而非"坏/差"来以言行事,表示主观评价、反对、规劝等语用功能时,充分体现了礼貌原则和言语行为理论。

参考文献

李晋霞　2005　"好"的语法化与主观化,《世界汉语教学》第 1 期。
吕叔湘　1999　《现代汉语八百词(增订本)》,商务印书馆。
申惠仁　2009　现代汉语四种"好 V"结构,《语文学刊》第 5 期。
王为民　1989　"好 V"和"好 VN",《汉语学习》第 2 期。
王文凤　2009　"NP+好 V"认知分析,《语文学刊》第 1 期。
肖治野、沈家煊　2009　"了 2"的行、知、言三域,《中国语文》第 6 期。
熊金星　2005　"好+V"与"好好+V",《湖南科技学院学报》第 12 期。
余　芳　2008　"好"的语义研究,南京师范大学硕士论文。
张定、丁海燕　2009　助动词"好"的语法化及相关词汇化现象,《语言教学与研究》第 5 期。
郑怀德　1988　好+动,《语法研究与探索(四)》,北京大学出版社。

(作者单位　解放军外国语学院昆山校区　215335)

"多的是"词汇化及其形成机制与动因探讨
——兼论"多的是"的语义扩展及其动因

吴怀成

一、引 言

词汇化研究是近年来汉语语法研究的一个热点问题,但是以往词汇化研究多集中在书面语,而且研究对象多是明确收录到词典之中的词汇,对口语中的词汇关注不够。本文以现代汉语口语中正在广泛应用的一个词汇"多的是"为研究对象,详细考察其各种语义内涵,并在此基础上探讨其形成机制与动因。通过对当前正在发生演变的语言现象的研究,也许更能揭示语言演变的规律。

二、"多的是"的基本语义及语义扩展

通过考察发现,"多的是"的基本语义是"非常多",例如:

(1) 这种年轻女人在昆明附近村子中[多的是]。性情明朗活泼,劳动手脚勤快,生长得一张黑中透红的脸,满口白白。

(2) 人的智慧和莺也相差不远,全凭主观意象而不顾实际,这样的例证[多的是]。

(3) 他坐在床边,双手交叉抓住床头的栏杆,额头枕在胳膊上。时间还[多的是]。而且他的头还疼得厉害——大脑中央好像疼得很。

以上这些例子中的"多的是"如果换成"非常多",语义基本上差不多,没有发生大的改变。但是如果"多的是"和"非常多"意义完全一样,按照语言结构的同构性假说,或者出于语言经济性考虑,既然有了A,那么再创造一个与其意义完

全一样的 B 就没有什么意义了。语言结构的同构性假说（Croft,2009:113;Haiman,2009:14）为:

所有语言形式的分析必须假设单义,就是说语言形式和语言意义之间应该是一一对应的关系。

正是基于语言结构的同构性假说,我们认为"多的是"应该具有"非常多"所不具备的语义内涵。经考察,我们发现大多数"多的是"还带有一些附加义,这些附加义基本上都是语境带来的,因此我们称之为语境义。由某种情况经常发生或存在的语境带来的语义,我们叫做"多的是"的语境义$_1$,语境义$_1$主要表示"常见的、司空见惯的"。例如:

(4) 据说,把柳林枣换个包装和牌子卖出好价钱的[多的是]。

(5) 爱情,犬的世界中[多的是]。达比和娇姻是一对比利时牧羊狗。

(6) 出版界的商业观念,美国的所谓"方程式"(Formula)小说[多的是]。那类情节的小说能畅销,其他作家便相继效尤,制造类似的作品。

以上这些例子中的"多的是"当然也可以换成"非常多",但是如果换成"非常多"以后,给人的感觉是说话人客观陈述某种情况很多,而用"多的是"却给人一种强调说话人所说的这种情况是经常可以看到的,有一种很强的个人主观性。例(4)说明"把柳林枣换个包装和牌子卖出好价钱"这种情况是经常发生的事。余例可作类似分析。

由对某种情况的发生感到惊奇的语境带来的语义,我们叫做"多的是"的语境义$_2$,语境义$_2$主要表示"不足为奇、太平常不过了"。例如:

(7) "你是全村最好的吗?""书记,比我好的[多的是]。不信,您去数数村里的大房子就清楚了。"

(8) "这棵算不得'油茶树之王',才一百多年。以前村里树龄比这棵大的[多的是]。"老人张着没牙的嘴,含混不清的话语中透露着不屑。

(9) 俱乐部主教练维塔利说:"毋庸置疑,比意大利俱乐部富有的俱乐部[多的是]。对德国和英格兰俱乐部来说,从意大利购买球星要比在本国便宜。"

上面这些例子中,"多的是"也可以换成"非常多",但是换成"非常多"给人的感觉只是客观说明这种情况很多,而不能表达"多的是"所要表达的"不足为奇、太平常不过了"这种含义来。例(7)是说,书记认为说话人是全村最好的,很了不起,而说话人却认为比自己好的人非常多,"不足为奇、太平常不过了"。余例可作类似分析。

由担心某种情况以后不会再出现的语境带来的语义,我们叫做"多的是"的

语境义₃,语境义₃主要表示"不怕没有、不担心找不到"。例如:

(10) 杂志拒绝提高稿费,因为作家(或想当作家的)供过于求,青年作家[多的是]。同时,书价也没有大大地与通货膨胀作比例性的提高。

(11) 这两方面的问题在将近两年的实践中都是比较普遍地存在的,即便有些好的迹象,也没有根本打消人们心中一直的疑虑。实行不好的原因就是不好实行。正如我们现在陆地淡水资源匮乏,但海水却[多的是]。或许有人会建议,将海水淡化不就行了吗?

(12) 蹬车师傅告诉我们,这里安定祥和,游人[多的是],不愁赚不到钱。他是既蹬车又当"导游",把知道的尽量讲给游人听,保证游人在拉萨玩得开心。

以上几例中的"多的是"仍然可以换成"非常多",但是"非常多"表达不出说话者主观强调的"不怕没有、不担心找不到"的附加意义来。例(10)是说,即使杂志社拒绝提高稿费,也不怕没有人投稿,"多的是"表明青年作家非常多,"不怕没有、不担心找不到"人投稿。余例可作类似的分析。

通过以上分析可以看出,"多的是"虽然基本语义和"非常多"差不多,如上面的例(1)~(3)所示,但是"多的是"在一些语境中所扩展出来的附加的语境意义,"非常多"是无法表达的,这也许就是"多的是"存在的一个合理的理由吧。

三、"多的是"词汇化的机制与动因

董秀芳(2002:23;2004:161)认为词汇化有三种主要方式:由短语发展为词、由包含功能性成分的句法结构发展为词、由原本不在同一层次上的相邻成分发展为词。我们认为"多的是"的词汇化属于第一种情况,即由短语发展为词的。但是它和董文所说的由短语发展为词的情况又有一点不同,就是董文(2002:98)在谈到由短语发展为词的原因时指出,一些短语就是由于在语义上发生了隐喻或转喻才变成了词。而我们认为"多的是"的词汇化似乎与隐喻、转喻没有多大的关系①,而是由于句法演变造成的,属于句法驱动的变化。贝罗贝、李明(2008:16)推测句法驱动的变化是:句法演变先于语义演变,语义演变无规律,而且重新分析通常改变直接成分的边界,这个过程常常导致词汇化或不太正常的语法化。因此我们认为"多的是"的词汇化是由于"是"字后的宾语话题化和韵律运作造成的,其演变过程如下:

---

① 我们认为其语义扩展与转喻有关,后文将进行详细的讨论。

(13) 多的是 X ⟶ X 多的是

例如：

(14) 像恒温库这样的大项目并不多，[多的是]零碎繁琐的小事。

(15)（克明）同志家见面，反正都是受迫害的"牛鬼蛇神"，共同遭遇，[多的是]共同语言，发牢骚，咒骂"四人帮"，交流"小道新闻"。

上面两例都是"多的是 X"结构的例子，如果我们把它们变为"X 多的是"，两句在句法结构和语义上就变了。在例(14)中，主语是一个"的"字结构"多的"，谓语是判断词"是"，宾语为"零碎繁琐的小事"；在例(15)中主语是也是一个"的"字结构"多的"，谓语是判断词"是"，宾语是"共同语言"。但是把这两句改为"X 多的是"以后就变成了：

(16) 像恒温库这样的大项目并不多，零碎繁琐的小事[多的是]。

(17)（克明）同志家见面，反正都是受迫害的"牛鬼蛇神"，共同遭遇，共同语言[多的是]，发牢骚，咒骂"四人帮"，交流"小道新闻"。

例(16)的主语就成了"零碎繁琐的小事"，谓语是"多的是"。例(17)中的主语是"共同语言"，谓语是"多的是"。因此可以说"多的是"是通过上面的(13)所展示的句法演变即话题化而形成的。由于经常这么使用，在韵律的作用下"多的是"主谓结构的边界就变得模糊起来，成了一个不可分析性的超音步的韵律词。我们认为"多的是"就是在当代汉语口语中形成的，因为我们在北大语料库的古代汉语部分没有找到"多的是"作为韵律词的形式而出现的例子。无独有偶，我们发现现代汉语中有一个类词结构"到处都是"与"多的是"的形成具有相似性，也是通过和上面的(13)中一样的句法演变形成的，例如：

(18) 欧阳德一看这个地方甚为清雅，是北房五间，四周围着花栅，[到处都是]奇花异草，静悄悄，四顾无人。

(19) 他们刚走不久，就听一片锣声，[到处都是]明军人马，刘六他们仗着轻功好，跑得快，还是走脱了。

(20) 然而在大厅外，兜售车票的票贩子却[到处都是]。

(21) 三条腿的蛤蟆（那叫金蟾）不好找，两条腿的人[到处都是]。

上面的例(18)、(19)是"到处都是 X"结构，而例(20)、(21)是"X 到处都是"结构。从上面的例子可以看出，不仅"到处都是"在形成机制上面和"多的是"一样，而且在语义扩展方面和"多的是"也相似，如例(21)也有"不怕没有的、不担心找不到的"的附加含义。但是"多的是"和"到处都是"也有不同之处，就是"到处都是"在现代汉语中两种结构即"到处都是 X"和"X 到处都是"仍然并存，在"到处都是X"中"到处"还可分析为处所主语,而"多的是"在现代汉语中"多的是X"格式几乎消失,只有少数几个例子,但是仍然有许多"最/更/(比)较/挺多的是X"格式存在于现代汉语中,例如:

(22)云母粉产量<u>最多的是</u>美国。中国探明的云母产地有127个。

(23)在参加弥撒的基督徒的面庞上,看不到节日的喜庆与祥和,<u>更多的是</u>对恐怖袭击的无奈和对和平安宁的向往。

(24)目前,我们出版的外国文学作品<u>比较多的是</u>资产阶级作家的作品,应当承认资产阶级的近代文化有进步的一面。

上面我们讨论了"多的是"的词汇化的形成机制:宾语的话题化和韵律运作。下面我们简单地讨论一下其词汇化的动因。因为"多的是"词汇化是发生在宾语的话题化之后,即是一种句法演变的结果,那么是什么原因促使宾语的话题化呢?这首先要从话题的话语功能说起,徐烈炯、刘丹青(2007:26~27)指出话题的话语功能的性质有:1)话题必须是有定成分,而不能是无定或类指的成分;2)话题是已知信息;3)话题须是听说双方共享的信息;(4)话题是已被激活的信息;5)话题是说话人有意引导听话方注意的中心;6)话题跟焦点相对,因此话题不能是焦点。因此,上面的例(16)、(17)只是我们演示"多的是"的词汇化是话题化造成的,但是相对于例(14)、(15)来说,例(16)、(17)这种突然转变话题就显得有点突兀,因为关于这些话题方面的信息,前文中都没有出现。而上面其他关于"多的是"的例子就很自然,因为"多的是"要说明的话题都是已知信息,再例如:

(25)到某个招收习画学生的画室去兼课,赚点外快,反正这类画室在巴黎[多的是]。星期二这一天,由米歇尔·罗兰来阿米特拉诺授课。

(26)眼神有点直勾勾的,脸上气色也不大好。不过这年头,两眼发直的人[多的是]。这人走到靠近后湖的一张长椅旁边,坐下来,望着湖水。

"这类画室"作话题,是因为它符合上面提到的话题的话语功能,话题是一个有定的、已知的、已激活的信息,这里就是指"招收习画学生的画室"的这类画室;"两眼发直的人"作话题也是因为它符合上面提到的话题的话语功能,这里"两眼发直的人"就是指"眼神有点直勾勾的,脸上气色也不大好"的人。

另外,张谊生(2009)在谈到介词悬空的动因时指出,从语用表达看,不少介词悬空,为了强调表达重点,协调句中结构,追求简洁。强调就是出于语用突显的需要,一部分介词为了强化而悬空。比如将介词宾语作为话题前置就能收到凸显的强化效果。介词宾语话题化后,如不宜用复指式就须要用悬空

式。例如①:

(27) 是故不知声者,不可与言音。不知音者,不可与言乐,知乐则几于礼矣。(《礼记·乐记》)

(28) 自暴者,不可与有言也;自弃者,不可与有为也。(《孟子·离娄上》)

"不知声者"和"不知音者"、"自暴者"和"自弃者"是需要强调的重点,作为话题前置了;同时,由于两句都是对举式,重复用代词复指略显繁琐,所以就选用了介词悬空式。

因此出于语用强调而使宾语话题化看来是汉语这类话题优先型语言的一种常用的语序安排。从前面提到的话题的话语功能之一"话题是说话人有意引导听话方注意的中心"也可以看出来。而语用强调本身就体现了语言的主观性,因此话题化也是一种主观化。关于语言的"主观性"和"主观化"请参看沈家煊(2001)。

还有,现代汉语"有的是"的形成与"多的是"的形成有相似的地方,都是词汇化的结果(王建军,2006;谭代龙,2009)。其中,谭代龙(2009)认为,"有的是"之所以能发展出表示强调很多的语义,并不是因为它自身某个成分(如"有")的词义引申造成的,而是因为"有的是"作为一个整体,由它所在的句法结构赋予的,是人们凭主观推测、推导出来的。我们认为"多的是"的基本义和语境义都是句法赋予的,在其形成前的结构"多的是X"中,"多的是"是一个可分析性的结构,即"的"字结构加上判断词"是",这时它根本没有"非常多"等语义,如例(14)、(15);但是在"X多的是"结构中,"多的是"是一个不可分析性的结构,它的语义发生了变化,从其构成成分无法推出整个结构的语义。根据构式语法理论(Goldberg,2007:4),如果语法中存在的其他构式的知识不能完全预测某个构式的一个或多个特征,那么该构式在语法中独立存在。因此,我们也可以把"多的是"看作一个构式。

四、"多的是"的语义扩展的动因

我们在第一节中已经提到,"多的是"的基本义是"非常多",但是它在不同的语境中又扩展出三个语境义:语境义$_1$(常见的、司空见惯的)、语境义$_2$(不足为奇、太

---

① 下面两例引自张谊生(2009),原文中的序号为(57)、(58)。

平常不过了)和语境义$_3$(不怕没有、不担心找不到)。那么"非常多"语义扩展的动因到底是什么呢?本文认为就是语用推理和认知转喻。Hopper&Traugott(2005：76)指出,语义演变最初是语用的和联想的,它们产生于语流语境中。他们(2005：81)认为 since 的不同意义(表时间和表原因)与不同的语境有关。这些意义的差异有时候在句法上面不太明显,于是就存在歧义,例如:

(29) Since Susan left him, John has been very miserable.
　　自从/因为苏珊离开了他,约翰一直很痛苦。

因此,我们把"多的是"的语义扩展归于不同的语境,并认为对"多的是"在三种语境中作三种语境义解读是由于语用推理和认知转喻应该不成问题。贝罗贝、李明(2008：4)还指出,在 Traugott 对语义演变的阐述中,"语用推理"、"转喻化"、"主观化"三者可以画上约等于号:语用推理≈转喻化≈主观化,被视为语义演变的主要机制。他们还用汉语实例说明语义演变的特点是:新义 M_2 蕴含源义 M_1,即 $M_2 \supset M_1$。我们发现,"多的是"三种语境义都蕴含其基本义"非常多",例如:

(30) 话又说回来,法也责众的事现实中[多的是]。泰安市的胡建学们一窝7名贪赃之官,不也被一网打尽了?

(31) 这太蹩脚了是不是?不光是流行音乐,这种蹩脚[多的是]。

(32) 他们最简单有效的办法就是拉倒。拉倒了再交别的男朋友,天下男人[多的是]。比如李晓非走了还有牟林森,牟林森走了不是还有吴双吗?

例(30)是语境义$_1$,说明"法也责众的事"是常见的、司空见惯的,这里当然蕴含着这种事情非常多,如果这种事情不多,那也就不可能是常见的。例(31)是语境义$_2$,说明其中一人认为"流行音乐很蹩脚",而说话人认为这种蹩脚事是"不足为奇、太平常不过了",这里同样蕴含了这种蹩脚事是非常多的,正是因为多,所以也就没有必要感到奇怪了。例(32)是语境义$_3$,说明"天下男人"是"不怕没有、不担心找不到",当然也蕴含了天下男人非常多,要多少有多少,因此才"不怕没有,不担心找不到"。

贝罗贝、李明(2008：7)认为由语境带来的附加义就是一种主观性意义,用公式表示为:新义 M_2=源义 M_1+X(说话人的主观性)。他们指出,理解了这个公式,就很容易理解 Traugott 下面的观点:一、语义演变源于语用推理。因为 X 这个成分一开始是个上下文义;在特定的上下文里,理解为 M_1 固然不错,但是说话人促使听话人把 M_1 理解为 M_2。二、语义演变是转喻在起作用;这个转喻过程大多涉及主观化。三、这类有方向性的语义演变是语用原则中的"不过量原则

(Relation Principle)①"在起作用。因为说话人说 M_1 时,其真正用意是诱使听话人推理出另外一个信息量更大的 M_2(= M_1+说话人的主观性)。

最后需要指出的是,"多的是"基本义为"非常多",其三个语境义正好体现了语境带来的附加义是一种主观性意义,代入上面的公式:新义 M_2=源义 M_1+X(说话人的主观性),则:新义(M_2="多的是"的三种语境义)=源义(M_1="非常多")+ X(说话人的主观性),由此可得:X=新义 M_2-源义 M_1,即在"多的是"的三种语境义中,X(说话人的主观性)到底是什么呢?我们认为,在语境义₁中,说话人的主观性 X 体现为一种"提醒、强调"的话语功能,如例(4)~(6);在语境义₂中,说话人的主观性体现为一种"对比、对照"的话语功能,如例(7)~(9)均为比较句;在语境义₃中,说话人的主观性体现为一种"宽解、慰藉"的话语功能,如例(10)~(12)。总之,三种语境义中包含的说话人的主观性体现在它们的不同的话语表达功能上,因此可以说,新义=源义+语用义。

通过上面的论述可以说明,任何语义的演变都与交际双方在特定的交际环境分不开,更与人(说者和听者)的语用推理和认知转喻分不开,而语用推理和认知转喻本身就体现了语言的主观性,因此 Traugott 把"语用推理"、"转喻化"、"主观化"三者画上约等于号还是有一定道理的。"多的是"的语义扩展当然也离不开这些因素的作用。

五、结 语

本文以汉语口语中的一个尚未收入词典中的词汇"多的是"为研究对象,考察了其基本语义及语义扩展,并对其产生机制和动因以及语义扩展的动因进行了探讨。通过考察发现,"多的是"的基本语义为"非常多",但在不同的语境中又扩展出三个语境义,分别为:"常见的、司空见惯的"、"不足为奇、太平常不过"、"不怕没有、不担心找不到"。本文认为,"多的是"的产生机制是宾语的话题化和韵律运作,其产生动因是语用强调和主观化;而其语义扩展的动因则与人的语用推理和认知转喻有关。本文的研究只是一个个案性的研究,但是通过对当前正在发生变化着的语言现象的研究,有助于人们对共时语言演变现象的认识,探索人类语言演变尤其是语义演变的奥秘。

---

① 参看沈家煊(2004)中对 Horn(1984)"不过量原则"和"足量原则(Quantity Principle)"的说明。

参考文献

贝罗贝、李 明 2008 语义演变理论与语义演变和句法演变研究,沈阳、冯胜利(主编),《代语言学理论和汉语研究》,商务印书馆。
董秀芳 2002 《词汇化:汉语双音词的衍生和发展》,四川民族出版社。
董秀芳 2004 《汉语的词库与词法》,北京大学出版社。
董秀芳 2009 汉语的句法演变与词汇化,《中国语文》第5期。
刘红妮 2010 词汇化与语法化,《当代语言学》第1期。
沈家煊 2001 语言的"主观性"和"主观化",《外语教学与研究》第4期。
沈家煊 2004 语用原则、语用推理和语义演变,《外语教学与研究》第4期。
谭代龙 2009 现代汉语"有的是"的位置及形成,《燕山大学学报》第1期。
王建军 2006 "有的是"源流探略,《语言教学与研究》第4期。
徐烈炯、刘丹青 2007 《话题的结构与功能》,上海教育出版社。
张谊生 2009 介词悬空的方式与后果、动因和作用,《语言科学》第5期。
Croft 2009 《激进构式语法》,世界图书出版公司。
Goldberg著、吴海波译 2007 《构式:论元结构的构式语法研究》,北京大学出版社。
Haiman 2009 《自然句法——相似性与磨损》,世界图书出版公司。
Paul J. Hopper、Elizabeth Closs Traugott 2005 《语法化》(第二版),北京大学出版社。

(作者单位 上海师范大学对外汉语学院 200234)

构词成分对区别词功能游移的制约*

张素玲

现代汉语区别词是指像"金、银、大型"等只能在名词或助词"的"前边出现的黏着词。虽然区别词的核心词不易发生功能上的游移,但整个说来,区别词的家族成员不太稳定,新区别词不断产生,非典型性区别词不断发生功能游移。到底哪些区别词容易发生功能游移,这些发生功能游移的词在构词方式上有什么特点,构词成分和功能游移是否有联系……回答这些问题都需要具体的数据统计。本文以吕叔湘、饶长溶(1981)的经典文献《试论非谓形容词》中列出的 476 个区别词为主要考察对象,以俞士汶(2003)《现代汉语语法信息词典(第二版)》中列出的 194 个区别词为旁证,从构词成分的角度考察区别词之所以游移为名词、动词、形容词的深层次原因,以期对汉语词类研究以及对外汉语教学有所裨益。

一、区别词功能游移情况的考察

本文所说的功能游移主要包括以下两种情况:一种是刚产生时是区别词,随其使用范围的扩大,语法功能的增强,最终游移为名词、形容词、动词;另一种情况是,刚产生时是名词、动词或者形容词等,在历史发展的某个阶段,因其空间性、时间性、程度性被不同程度地削弱,属性义得到凸显或强化,区别事物的功能占据绝对优势,在绝大部分情况下被用作名词的定语,因此被当时的语法学家认定为区别词或"非谓形容词",但随着时间的推移,在一定的环境中,其空间性、时间性、程度性被"激活"或被强化,原有的属性和功能从而得以恢复,随着语法功能的增强和使用范围的扩大,它们逐渐回归或游移到了相邻的词类中。

---

* 本研究得到上海市普通高校人文社会科学重点研究基地基金资助(基地编号为 SJ0705)

一个区别词是否已经转化为其他词性或正在向其他词性转化,判断的依据主要是区别词的划分标准,即:~[的]〈名词〉∧*(〈主语、谓语、宾语、状语、补语〉|很(不、没、没有)~|~(着、了、过、起来、下去)[1]以及对区别词兼类时划类策略的选取原则。如果一个区别词能够非常自由地、稳定地用作其他句子成分而不是固定地充当名词的定语,我们则认为该区别词已经游移为其他词性了。

(一)对吕叔湘、饶长溶(1981)《试论非谓形容词》中区别词功能游移情况的考察

1. 区别词游移为名词

我们认为,如果一个区别词能够非常自由地、稳定地用作句子的主语、宾语,或者能受量词短语修饰,那么这个区别词就游移为名词了。《试论非谓形容词》中有21个区别词已经游移为名词,它们是"粉色、湖色、酱色、茶色、栗色、米色、藕色、长期、当前、当时、短期、最初、最后、最终、创造性、机密(兼形容词)、机制、名牌、椭圆、意外(兼形容词)、中华"。

这些游移为名词的词有如下特点:

A. 一些以"色"结尾的表示颜色的区别词游移成了名词,例如"粉色、湖色、酱色、茶色、栗色、米色、藕色"。

(1) 等到快日落的时候,微黄的阳光斜射在山腰上,那点薄雪好像忽然害了羞,微微露出点<u>粉色</u>。(老舍《一些印象》)

(2) 上游的一处造纸厂和数不清的化工厂,使河水和一大片海水都变成了<u>酱色</u>。(张炜《柏慧》)

B. 一些表示时间的区别词游移成了名词,例如"长期、当前、当时、短期、最初、最后、最终"。

(3) 在工程设计时,需要进行大量的运算,而这在<u>当时</u>是难于做到的。(《人民日报》\1995\Rm95)

(4) 价格在<u>短期</u>内不会上涨①。(《现代汉语词典(第5版)》340页)

2. 区别词游移为动词

《试论非谓形容词》中有12个区别词已经游移为动词,它们是"对开、函授、混纺(兼名词)、口传、裸体(兼名词)、启蒙、特制、特邀、外敷、无效、专用、兼职(兼名词)"。

例如:

(5) 正在施工的西客站,将拥有9股铁道,每日可让180列火车<u>对开</u>,日吞

---

① 除例句(4)外,其它例句均取自北京大学汉语语言学研究中心的现代汉语语料库。

吐旅客量达 60 万人次。(《报刊精选》\1994\09)

(6) 太监口传了"圣旨"以后,转身便走。(姚雪垠《李自成》)

(7) 邮电局还特制了 18 台宣传彩车,组织了由 150 人组成的自行车前导队……(《人民日报》\1996\96News05)

(8) 二是花巨金购买一架飞机,供肯尼迪专用,让他能坐着飞机迅速飞往全国任何一个地区去发表演说……(《哈佛管理培训系列全集:第一单元——哈佛经理职业素质》)

3. 区别词游移为形容词

能否受"很"等程度副词的修饰是判断一个区别词是否转化为形容词的主要标准,因为受"很"等程度副词的修饰和能作谓语、带补语、受其他状语的修饰以及能作补语有很高的相容性,所以,如果一个区别词能够非常自由地、稳定地受"很"等程度副词的修饰,那么这个区别词就游移为形容词了。

经过考察,我们发现《试论非谓形容词》中有 22 个已经游移为形容词,它们是"低级、积极、消极、直接、正式、直观、独特、无辜(兼名词)、专业(兼名词)、稀有、大好、绝妙、草绿、葱绿、大红、鹅黄、粉红、金黄、水红、杏黄、银白、银灰"。

这些游移为形容词的词主要有如下特点:

A. 能直接受"很"或"非常、太、特别、更加、极"等程度副词的修饰,如"低级、积极、消极"等。例如:

(9) 这种奖励制度很独特,很有吸引力。(《报刊精选》\1994\05)

(10) 中生代的恐龙蛋化石是一种很稀有且又很特殊的化石……(《报刊精选》\1994\03)

B. 能够作谓语如"大好"或者补语如"绝妙"等。例如:

(11) 1991 年 9 月,我到西安与他签订出版合同,平凹的身体已经大好,心绪也颇佳。(彭匈《贾平凹和编辑的友情》\《作家文摘》\1993)

(12) 当得知是比利时撒利尔啤酒厂的产品时,无不赞叹这个广告做得绝妙。(《读者》)

C. 表示颜色的词。为了使词类的划分符合一般人的心理接受性,并同时减少兼类词的数量,我们采用优先同型策略,把绝大部分表示颜色的词如"葱绿、金黄"等词划为形容词。

(二) 对俞士汶(2003)《现代汉语语法信息词典(第二版)》中区别词功能游移情况的考察

《现代汉语语法信息词典(第二版)》有 194 个区别词,已经游移为形容词的有16个,它们是"草绿、大红、淡红、鹅黄、粉白、粉红、酱紫、嫩绿、青绿、深灰、深蓝、杏红、杏黄、银白、银灰、枣红"。游移为名词的有2个,它们是"深色、长期"。游移为动词的有2个,它们是"盥洗、混纺(兼名词)"。

例如:

(13)婆婆一下床,媳妇便捧着洗脸水、面巾、牙刷、皂角团子,服侍她盥洗以后,又要替她梳髻。(苏雪林《棘心》)

(14)取其所长,补其不足的最好办法,就是将两者混纺。(人民日报\1993\R93_09)

(三)区别词功能游移的过程是一个连续统

从严格意义上说,区别词与名词、动词、形容词的兼类是不存在的,但是,从宽泛意义上讲,区别词向名词、动词、形容词的游移是渐进的,不是一蹴而就的,区别词功能游移的过程是一个连续统。游移初期相当于是活用阶段,游移中期相当于是兼类阶段,游移后期可能会形成同形,也有可能是意义不变词性完全转变。"临时活用→常见活用→兼类→同形词"是一个连续统,如下图表示。

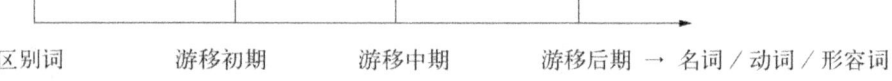

区别词　　游移初期　　游移中期　　游移后期　→　名词/动词/形容词

例证一:"专业"

郭锐(2002:49)认为,虽然"近年产生'很专业'的说法,不过此用法并不普遍,也不稳定,给人一种活用的感觉",所以他把"专业"依然定性为区别词。但是根据郭锐给出的形容词的划分标准,我们认为,9年之后的今天,意义为"专门从事某种工作或职业的"的"专业"已经形容词化了,因为在北大现代汉语语料库里,"很专业"有23例,"非常专业"有15例,"比较专业"有10例,"太专业"有10例,"十分专业"有8例,"特专业"有6例,"特别专业"有2例,"极专业"有2例。另外,"很专业"在"百度"里找到相关结果约24 000 000个,在google里找到约390 000 000条结果①。另外,我们还对中文系的本科生、语言学及应用语言学专业的研究生等进行了随机测试,发现"很专业"、"非常专业"的用法已经相当普遍和稳定了。因此,我们认为"专业"除具有名词的词性外,已经具有了形容词的词性。

例证二:"廉价"

在北大现代汉语语料库中的1 802条搜索结果中,"廉价"做谓语的至少有

---

① 搜索时间为2010年7月18日。

40例,"很廉价"有6例,"十分廉价"有5例,"太廉价"有3例,"非常廉价"有2例,"极廉价"有1例,这说明,"廉价"正在朝形容词发生功能上的游移,但还不太稳定,还处在游移初期或中期,这证实了区别词功能游移的过程是一个连续统。

Haspelmath(1999)指出,语言演变导源于说话者无数的个体行为的累积,说话者并非有意要改变语言,但其话语行为的后果导致语言朝一个特定方向演变。"临时活用→常见活用→兼类→同形词"是一个连续统。

二、构词成分对区别词功能游移制约情况的考察

为了简洁方便,我们把《试论非谓形容词》和《现代汉语语法信息词典》中发生功能游移的区别词放在一起,共同考察其构词成分对区别词功能游移的制约情况。

(一)区别词游移为名词的

上述两篇文献中,共有22个区别词游移成了名词,这22个词全都包含名语素,而且全部都是以名语素结尾的,其构词方式为:

A. 名素+名素:茶色、湖色、酱色、栗色、米色、藕色、名牌、椭圆、中华、机密、机制。

B. 形素+名素:短期、粉色、长期、深色。

C. 动素+名素:意外、创造性。

D. 副素+名素:最初、最后、最终。

E. 介素+名素:当前、当时。

(二)区别词游移为动词的

上述两篇文献中,共有13个区别词游移成了动词,这13个词全都包含动语素,以动语素结尾的有10个,占总数的77%,其构词方式为:

A. 动素+动素:混纺、启蒙、对开、盥洗。

B. 名素+动素:函授、口传、外敷。

C. 副素+动素:特制、特邀、专用。

D. 动素+名素:无效、裸体、兼职。

(三)区别词游移为形容词的

上述两篇文献中,共有31个区别词游移成了形容词,构词成分中包含形语素的有28个,占总数的90%,以形语素结尾的有22个,占总数的71%,其构词方式为:

A. 形素＋形素：大好、独特、绝妙、永久、大红、粉红、淡红、粉白、酱紫、嫩绿、青绿、深灰、深蓝。

B. 名素＋形素：草绿、葱绿、水红、鹅黄、金黄、杏黄、杏红、银白、银灰、枣红。

C. 形素＋名素：低级、快速、正式、专业。

D. 形素＋动素：稀有、直接、直观。

E. 动素＋名素：积极、消极、无辜。

三、结 语

通过对《试论非谓形容词》所列的 476 个区别词以及《现代汉语语法信息词典详解(第二版)》所列的 194 个区别词功能游移情况以及构词成分的全面考察，我们发现，发生功能游移的词在构词方式上与其构词语素的语法性质有着比较密切的对应关系，构词成分的语法性质尤其是最后一个语素的语法性质在区别词功能游移时起到了非常关键的制约作用，比如，游移为名词的 22 个词中，全部都包含名语素，而且全部都是名语素结尾；游移为动词的 13 个词中，全部都包含动语素，以动语素结尾的有 10 个，占总数的 77％；游移为形容词的 31 个词中，包含形语素的有 28 个，占总数的 90％，以形语素结尾的有 22 个，占总数的 71％。另外，构词方式为"形素＋形素"的，均游移成了形容词，构词方式为"名素＋名素"的，均游移成了名词，构词方式为"动素＋动素"的，均游移成了动词，据此，我们可以对现有的区别词进行预测，将来如果具备了一定的条件，构词方式为"名素＋名素"的区别词，很可能会游移为名词，构词方式为"形素＋形素"的区别词，很可能会游移为形容词，构词方式为"动素＋动素"的区别词，则很可能会游移为动词。

区别词之所以会游移为名词、形容词、动词，是有其语法、语义、语用根源的。首先，从词类地位上看，区别词是名词、形容词、动词连续统的"中间站"，一些非典型的名词、形容词、动词在某段时期内随着其空间性、程度性、时间性的弱化，使用范围的缩小，语法功能的衰减，很容易游移为区别词，游移过来的这些区别词一般是无法成为区别词的核心成员的，在一定的条件下，其空间性、程度性、时间性很可能又会被"激活"、被凸显，因此很可能再游移到原来的词类或相近的词类中去；从构词成分的角度看，区别词构词成分的语法性质尤其是最后一个语素的语法性质在区别词功能游移时起到了一定的制约作用；从语义的角度分析，虽然区别词的构词成分为区别词功能游移的原因提供了一定的解释，但是，构词成分的语法性质只能为区别词功能游移指出一个大方向,构词成分相同的区别词也有可能会游移为不同的词类,例如,构词方式同为"形+名"的"低级"游移成了形容词,而"长期"却游移成了名词,这一方面是因为构词方式为"形+名"的区别词在功能游移时本来就有两个方向——形容词或名词,另一方面,语义在区别词功能转变过程中也充当重要角色;从语用选择机制上讲,由于发话者使用语言时总是在遵循"经济原则"的同时又在有意无意地求新、求异,而会话的双方又都遵循着会话的"合作原则",从而使得一部分区别词逐渐吸收了所修饰的中心语的意思而发生了功能上的游移,如"白领"刚出现的时候是个纯粹的区别词,经常和"白领"共现的中心语主要是"阶层、丽人"等,这种高频率的共现使得修饰语"受感染"而逐渐吸收了中心语的意思,发话者为了节省时间,直接使用"白领"代替整个偏正词组的意义,受话者遵循会话的"合作原则",利用自己的世界知识即背景知识,在一定的语境和上下文中,是完全能够理解发话者要表达的意思的,这样就使得"白领"可以省略后面的中心语而独立运用,现在像"小白领"这样的说法已经很常见、很固定了。

　　我们在研究区别词以及在对留学生进行区别词的教学时,首先要把区别词分成典型性区别词和非典型性区别词,典型性区别词是完全符合区别词的语法特征的,是稳定的,而非典型性区别词则有可能会发生功能游移,区别词发生功能游移的原因是什么,和区别词的构词成分是否有关系,区别词的构词成分能否预测其功能游移的大致方向,发生功能游移的词是处在"临时活用→常见活用→兼类→同形词"的哪个阶段上,我们只有弄清楚这些问题之后才能使留学生真正掌握区别词的用法。

参考文献

郭　锐　2002　《现代汉语词类研究》,商务印书馆。
李宇明　1996　非谓形容词的词类地位,《中国语文》第1期。
吕叔湘、饶长溶　1981　试论非谓形容词,《中国语文》第2期。
齐沪扬、张素玲　2008　区别词功能游移的原因,《汉语学习》第4期。
俞士汶等　2003　《现代汉语语法信息词典详解(第二版)》,清华大学出版社。
朱德熙　1982　《语法讲义》,商务印书馆。
中国社会科学院语言研究所词典编辑室　2005　《现代汉语词典(第5版)》,商务印书馆。
Haspelmath, Martin 1999 Why is grammaticalization irreversible, *Linguistics* 37.6.

(作者单位　上海师范大学对外汉语学院　200234)

人称代词"人家"的劝解场景与移情功能[*]

——基于三部电视剧台词的话语分析

张旺熹 韩 超

一、引 言

在现代汉语人称代词家族中,"人家"常被称作"万能代词",因为"人家"在具体的话语中可以分别指代"别(的)人、他(们)、你、我"这些不同的对象。那么,一个"人家"为何具有这四种指称用法?造成这一现象的内在机制是什么?这些问题引起了我们的研究兴趣。在正式讨论"人家"之前,先让我们简要回顾一下相关的研究,并对本研究的一些背景作些说明。

1.1 相关研究简述

综观"人家"已有的研究可以看到:有针对结构和语义的(如王冬梅,1997),有针对来源和发展的(如吕叔湘,1985),有针对社会语言学的(如王慧慧,2006),有与其他代词比较的(如刘月华等,1984),有针对"人家"的指称类别和意义的(如方梅,1998)等。这些成果与本研究关系较远,故略而不述。下面,我们着重介绍一下对"人家"的认知语义和功能方面的研究成果。

21世纪以来,已有学者从认知语义、交际功能和修辞功能等角度对"人家"进行过深入的探讨,比如杜道流(2002)、吴卸耀(2002)、翟颖华(2004)、唐正大(2005)、万中亚(2006)、杨春冉等(2006)、吴伟萍等(2006)、闫亚平(2007)、莫珍珍等(2009)等。这其中,以郭继懋、沈红丹(2004)和董秀芳(2005)与本研究最为

---

[*] 本研究受教育部人文社会科学重点研究基地重大项目(项目号:02JAZJD740020)的支持。

相关。郭继懋、沈红丹(2004)认为,"人家"的语义特点是其"外人"认知模式造成的;董秀芳(2005)指出,"人家"的使用是说话人故意降低自身的移情度,是一种自己退到远处的方式。这两篇论文在研究视角和研究思路上,都对本研究的开展产生了积极的影响。

学界对"人家"的研究,成果已相当丰富且视角多样,问题涉及较广,尤其是对指称类别和指称意义的讨论,已基本达成共识,这为我们进一步的研究提供了良好的基础。但我们认为,这些成果的内在系统性不够,尤其是对"人家"所体现出的情态功能的认识还众说纷纭,不是完全符合对外汉语语法教学的需要,也未能说明"人家"的本质。因此,本研究设定的研究目标是,努力寻求更为深入而系统化的理论认识。

1.2 本研究的背景说明

本研究所要探讨的问题如下:第一,"人家"的基本表达功能究竟是什么?第二,"人家"之所以成为一个"万能代词"的内在动因是什么?第三,"人家"作为一个典型的口语成分,其所出现的典型会话场景具有怎样的特征?这一会话场景对其基本的表达功能具有怎样的制约作用?

我们认为,对不同指代词的选用,直接体现着言者对人际之间不同社会关系和社会价值的评判。也就是说,当指称同为"单数第一人称"的概念时,是选用"我"还是选用"人家",其所体现出的言者与所指对象之间的关系应当是不同的、有差别的:不同的人称代词具有确立不同评价对象的功能。过去,人们仅从指称的角度来研究"人家",并不能很好地解决为何而用的问题。吕明臣(2005)指出,话语意义是以意图为核心的认知建构。由此我们相信,人称代词"人家"是一个具有移情功能的话语成分,这正是我们研究此问题的出发点。

本研究立足于真实语料的话语文本。我们对电视剧《亮剑》、《王贵与安娜》、《甜蜜蜜》中含有"人家"的台词结合会话语境逐句进行听录、转写,共得例句290个,并在此基础上用Excel对例句的11种属性特征逐项加以标注、统计和分析,从而形成本研究的基本认识和结论。

二、"人家"所在的"劝解"场景

"人家"作为一个典型的口语成分,总是出现在会话场景之中。那么,它所出现的典型会话场景是什么样的?这一会话场景具有怎样的特征?这是我们首先要探讨的问题。

2.1 "劝解"场景中的人物关系格局

根据对语料的观察和分析,我们可以肯定地说,人称代词"人家"基本处于"劝解"场景之中。而"劝解"场景所具有的特征是,言者利用一定的言语手段去劝说、教育听者,使之认同、理解直至赞同自己的某种观点,从而促使听者与自己一起达成某种共识,以实现其特定的交际意图。

分析会话场景,首要的因素是会话参与者之间的人物关系格局,不同的人物关系格局决定着不同的会话结构。从"人家"所在的会话场景来看,会话双方的人物关系虽然有很多情形,但不外乎两大类:一类是亲缘关系,包括母女、夫妻、姐弟、父子、恋人等;另一类是社会关系,像朋友、同学、敌人等。这些错综复杂的人物关系背后,均蕴含着会话双方的社会等级关系。

我们把"人家"所在的会话场景中的人物关系简要归纳为下表:

人物关系格局	亲属关系	社会关系	数量及占比例	
上—下	叔—侄、母—子、母—女……	上级—下级……	81	28%
平—平	夫妻……	朋友、恋人、同事、敌人……	174	60%
下—上	弟—嫂、女—母……	下级—上级、追求者—被追求者……	35	12%

由此表可以看到,"人家"所在会话场景中的人物("言者—听者"),往往是具有重要利益关切的人,他们之间存在着明显不同的社会等级关系,因而体现出一定的权势地位差异。而无论是"上—下"还是"平—平",甚至包括少量的"下—上"关系格局,都为言者"劝解"交际意图的实现提供了有利的话语条件。这是"人家"所在场景明显具有"劝解"特征的最基本要素之一。

2.2 "劝解"场景的基本类型

通过对 290 例台词的逐句分析,我们把"人家"所在的会话场景概括为"劝解"这一典型范畴。这一范畴可再细分为五个具体类别:劝说场景(81 例)、夸赞场景(58 例)、教育场景(56 例)、解释场景(55 例)、感慨场景(40 例)。我们先看例句,然后再作简要说明。

(1) [王贵的婶对王贵]:来,把你叔这件衬衣拿去穿吧,好歹也是看<u>人家</u>姑娘呢,打扮体面点儿。

(2) [安娜对王贵]:那顾老师,<u>人家</u>现在就已经是研究生了。去英国我看你算了吧,还是先把副教授评上是真的。

(3) [安娜的娘对安娜]:说明<u>人家</u>把你当成宝贝。别敬酒不吃吃罚酒!

(4) [王贵对室友]:可惜她们家人都在,要是不在,我能吃掉一盆!我不好意思……我怕<u>人家</u>说我太能吃。

(5) [王贵的娘对王贵]:她傲得不轻啊。<u>人家</u>还想着咱家娶了小姐呢!

例(1)所代表的是典型的"劝说"场景:从剧情可知,王贵去和安娜相亲回来,觉得安娜太高傲,看不起他,情绪很低落,于是王贵的婶就给他出主意,叮嘱他打扮体面点儿,才能为自己创造更多和姑娘见面的机会。这是"人家"出现最多的场景,主要是言者劝说、开导、催促、叮嘱或是阻止、劝阻、反对听者的情况;例(2)所代表的是典型的"夸赞"场景:剧情表明,安娜在夸赞顾老师的优势,以挖苦王贵学历没有顾老师高。这是"人家"出现较多的场景。在这样的场景中,言者在夸赞、夸耀被指称者。我们把"打趣、讽刺、挖苦、嘲笑"等看作是一种"假夸赞",因此把它们与"真夸赞"归为一类;例(3)所代表的是典型的"教育"场景:从剧情可知,王贵送来一大堆聘礼,安娜坚决不愿意嫁,责备她娘,但安娜的娘从心底对王贵非常满意,觉得女儿不应该嫌弃王贵,于是教育女儿不要太任性。这也是"人家"出现较多的另一种场景。在这一场景中,基本上都是言者在教育、批评、责怪、责备、抱怨、埋怨听者;例(4)所代表的是典型的"解释"场景:王贵从安娜家回寝室后一夜未眠,只想着安娜的娘做的红烧肉,但又害怕吃多了安娜家人会对他不满意,所以没敢多吃,回来和室友们诉说苦衷。这是"人家"出现较多的另一场景。我们把言者在会话中进行解释、道歉、谅解、诉苦和反驳等情形都归为解释;例(5)所代表的是典型的"感慨"场景:此段会话所在的场景是,安娜在王贵老家要上茅房,让王贵去给她清理粪坑,王贵的娘瞧见以后便和王贵发感慨:城里来的姑娘太娇贵。这是"人家"出现较少的一种场景。在此类场景中,言者表达感慨、慨叹、担心、犯愁一类的情绪。由上述例句的分析我们相信,"人家"所处的会话场景与"劝解"具有不可分割的联系,这不是一个偶然的语言现象,其中定有某种规律存在。

2.3 "劝解"场景的内在统一性

我们认为,"劝解"场景的五个小类,彼此之间在交际意图上虽存有细微的差别,但它们所体现出的内在本质是高度统一的:从交际意图的角度说,"劝说"、

"教育"都是言者为了说服听者认同自己的某种观点和认识,因而是比较典型的劝解;而"解释"的交际意图一般也在于言者为消除听者的某种误解而认同自己的观点和认识;"夸赞"、"感慨"虽然表面看来距离劝解稍远一些,但我们知道,言者在具体的语境中一般不会毫无目的地发出夸赞或是感慨,而往往是为了引导听者来赞同或认同自己的观点和认识。正是基于这样的认识,我们把"人家"所出现的各种场景统一处理为"劝解"。可以说,"劝解"场景为言者和听者的会话格局奠定了基调,它制约着言者言语表达的目的和意图,自然也就制约着"人家"使用的价值取向。

三、"人家"所指对象的角色特征

下面我们来看一下会话场景中"人家"所指对象所具有的角色特征,这对理解为何使用"人家"的问题十分重要。我们认为,人称代词"人家"在具体的话语情境中,总是用来指代某个或某些特定的社会人物。而某个或某些特定的社会人物,总是要在特定的社会关系中凸显出某种特定的社会身份或社会属性特征。因此,我们把具体话语情境中所凸显出来的特定人物的特定社会身份或社会属性特征概括为角色特征。"人家"在会话场景中总是与某种角色特征相联系的。

3.1 "人家"所指对象角色特征的类别

下面,我们先来考察一下"人家"在各种会话场景中凸显所指对象角色特征的类别。

A类:在会话场景中,"人家"常常用来指称那些对言者或/和听者而言,具有亲缘关系(包括恋爱对象、夫妻、亲家等)的人;也可以用来指称那些对言者或/和听者而言,具有一定利益关切的人,他们往往与言者或/和听者具有某种社会利益的关联。

(6)〔王贵的婶对王贵〕:别让<u>人家</u>相不中咱啊!

(7)〔王贵对安娜〕:<u>人家</u>现在这个贼呀,都不用智商了,直接把你这个老太太绑起来,拿钳子敲你的大板牙,我看你招不招。

例(6)中的"人家"指听者恋爱的对象,属于广义的亲者;例(7)中的"人家"泛指现在的贼,贼是有可能对言者和/或听者造成利益伤害的人,是利益关切者。泛指的"人家"往往用来指称具有一定利益关切的人。

B类:"人家"也常常用来指称那些对言者或/和听者而言,具有更高社会地位和更高权势的人(包括有权势者、有地位者、有钱人、施惠者等);与此相对,"人家"也可以指称那些在言者或/和听者看来,能力弱、地位低、需要帮助或保护的人。

(8)[同学甲对刘波]:他呀,他现在可厉害得很哪。<u>人家</u>现在是销售科长,他们厂啊,那在全国都是挂着号的大厂,求他办事的人,恐怕那屁股后要排三里地。

(9)[田雨对同事]:哎,你把勺子放<u>人家</u>耳朵上了。

例(8)中的"人家"指对言者和听者来说是有钱、有地位的人,当属强者;例(9)中的"人家"是指需要言者和听者护理的病人,当属弱者。

C类:"人家"可以指称那些具有更大魅力的人(包括作为榜样的人、值得信任的人、受人尊敬的人、有威信的人、勇敢者等);与此相对,"人家"也用来指称那些受讽刺、挖苦的对象或是不受欢迎的人。

(10)[孔捷对李云龙]:李云龙,你怎么当的团长,连个主攻任务都抢不来!<u>人家</u>在前面打得热闹,咱独立团在后面坐冷板凳!

(11)田雨对同事:<u>人家</u>是人家,我田雨出身再不好也不想沾这种光。

例(10)中的"人家"是指有机会打主攻的"程瞎子团",当然是令言者和听者羡慕的人;例(11)中的"人家"指言者心目中那些想当首长夫人的人,是言者所不以为然的人。

3.2 "人家"所指对象角色特征的共性

我们把"人家"所指对象角色特征的类别及其数量分布概括为下表:

表1

角色类别		用 例 数	数 量 及 比 例	
A	亲者	9	45	16%
	利益关切者	36		
B	强者	76	145	50%
	弱者	69		
C	有魅力者	76	100	34%
	令人生厌者	24		

我们认为,"人家"所指对象的各类角色特征具有一定的共性:无论是恋爱对象、亲家、亲戚还是邻里、朋友,对言者和听者来说,都是需要我们加以关注、关心、爱护和尊重的对象,而不是可以漠视的毫无关系的人;而社会地位较高的有权势者、有地位者、有钱人、施惠者,在社会中更容易获得人们的羡慕、尊重或是遭人嫉妒,他们也是需要我们倾注更多情感的对象;再有就是,怜悯之心人皆有之,无论是能力弱、地位低的人还是需要帮助或保护的人,都会让我们付出更多的情感;最后,对那些个人能力强、魅力大、值得信任的人、受尊敬的人、有威信的人以及榜样、强者、勇敢者等等,我们也会自然地付出更多的情感关注。因此我们说,"人家"的所指对象,在具体的话语情境中都是需要我们(在会话场景中就具体化为言者和听者)倾注更多情感的对象。从主观性的角度说就是,"人家"作为一个人称代词,具有明显的"移情"功能。

四、"人家"移情的类别与机制

综合前人的研究我们看到,人称代词"人家"在话语中的指称类别可以分为泛指(别人)、他指(他)、对指(你)[①]和自指(我)四种。下面我们把四种指称类别的具体数据列为下表:

表2

指称类别	他 指	泛 指	自 指	对 指
语例(条)	225	54	9	2
所占比例	77.59%	18.62%	3.10%	0.69%

我们的问题是,"劝解"场景对"人家"的指称形式及其表达功能具有怎样的制约作用呢?从指称概念上说,"人家"既然可以分别换作"他(她)、别人、我、你",那为什么不用这些普通的人称代词而统一使用"人家"来指称各自的对象呢?李战子(2002)认为,指称的变换还蕴含了作者(即言者——引者注)评价的人际功能。我们相信,四种指称类别与"人家"的变换使用这一现象存在的根本原因是,"人家"作为人称代词在会话场景中具有明显的人际功能——移情。

[①] "人家"是否有"对指"的用法,人们存有不同的看法。杜道流(2002)列举了此类用法。

4.1 "人家"移情的类别

在言语交际中,移情(empathy)是指说话者描述事件或状态时所采取的视角,即说话者站在某一言语参与者或行为参与者的立场或角度来进行叙述,即移情于该对象。(董秀芳,2005)我们认为,人称代词"人家"作为一个典型的口语成分,在话语交际过程中被言者刻意使用这一现象,充分体现了言者对"移情"手段的应用。具体地说,言者在使用"人家"替代其他人称代词的过程中,将自己的思想感情移位到所要描写和指称的对象上去,从而自然地体现出对言谈对象所持有的情感和态度。

我们在对语料进行逐条分析的基础上认为,言者使用"人家"所能表达的移情功能,主要有两大类四小类,它们分别是:称羡和讽刺、同情和自怜。

首先,"人家"在会话场景中,使用最多的是"称羡"形式,即指代称赞和羡慕的对象。

(12)[段鹏对李云龙]:反正啊,我见过的人里边,就数<u>人家</u>赵政委有文化。

(13)[赵刚对小战士]:可是兄弟啊,咱们有了土地,<u>人家</u>蒋介石不干哪,总想方设法要给抢回去,咱怎么办呢?

在例(12)中,"人家"分别指代政委赵刚,对言者和听者来说,他是有文化知识修养的人,当然也就是值得称羡的人;例(13)中的"人家"指"蒋介石",对于八路军战士来说,"蒋介石"显然是敌人。可这里用"人家"称代,表明言者对所指对象的态度看似肯定,实则充满"讽刺"的意味。而"讽刺"实为虚假的"称羡",两者内在的联系性不言而喻。

其次,"人家"的另一种移情功能是,表达言者对所指对象"同情"的态度。例如:

(14)[赵刚对李云龙]:第二天就装着没事人似的,理也不理<u>人家</u>。

(15)[秀芹对李云龙]:<u>人家</u>纳鞋底把手都磨破了,你可倒好,随手就给那臭和尚了,就他那脏样儿,也配穿那么好的鞋?

例(14)中,言者用"人家"指秀芹(暗恋李云龙而又遭冷遇者)表达对所指对象的同情;例(15)中,言者秀芹用"人家"自指,故意不说"我",从而想让听者(李云龙)感受自己的委屈和不满,是典型的"自怜"用法。"人家"这种"自怜"的用法,是女性表达自我同情的一种常见手段。

我们把"人家"的移情类别与指称类别之间的关系列为下表:

表3

指称类别 \ 移情类别	称羡	讽刺	同情	自怜	合计
泛　指	42	10	2	0	54
他　指	136	29	60	0	225
对　指	0	1	1	0	2
自　指	0	0	0	9	9
总　计	178	40	63	9	290

此表显示：第一，泛指和他指时，"人家"主要用来表现"称羡和讽刺"，较少表现"同情"，从不表现"自怜"；第二，对指的用法极少，只有讽刺和同情各1例，可以忽略；第三，自指时，"人家"只表现"自怜"，而不表现"称羡和讽刺"以及"同情"。

4.2 "人家"移情的会话场景机制

下面，我们来讨论"人家"发生"移情"的会话场景机制。"人家"发生移情作用的机制可以从会话场景和言语表现两个方面来分析。（受篇幅限制，言语表现机制的分析从略。）我们认为，会话场景的移情机制主要体现在："劝解"场景决定了其移情的必要性，人物关系格局决定了其移情的可行性，所指对象的角色特征为移情提供了语义基础。下面作简要的阐述。

首先，"人家"作为一个典型的口语成分，其所出现的典型场景可以概括为"劝解"场景。"劝解"场景必然要求言者有意地对所指对象进行移情，也可以说是进行"心理移位"，从而实现让听者与自己一起"设身处地为他人着想"的交际意图，这也就是"劝解"所具有的交际功能。"劝解"场景在宏观上规定着"人家"移情发生的必要性。

(16)［王贵对安娜］：<u>人家</u>别人家都三四个孩子，就咱家就两个还多呀，不多。

例(16)所在的场景显示，王贵对"别人家都三四个孩子"的事实进行评说，认为这是值得我们羡慕和学习的，这显然是为了达到劝说安娜再生孩子的目的。

其次，在"人家"所出现的会话场景中，"言者—听者"之间的人物关系格局具有如下特征：第一，"言者—听者"之间往往是具有亲缘关系或社会关系中具有重要利益关切的人；第二，在"言者—听者"的人物关系格局中，"上—下"和"平—

平"的人物关系占据相当的优势(达到88%)。这两个特征说明,因为彼此有重要的利益关切,而"言者"对"听者"往往又处于上位或平等的地位,这样的人物关系格局为"劝解"交际意图的实现提供了充分的可行性。在这双重特征的制约下,言者用"人家"对所指对象进行移情便顺理成章了。

(17)[吴主任对叶青]:没听说宁当鸡头不当凤尾嘛,你们去了,<u>人家</u>一定拿你们当宝贝。

例(17)所在的场景显示,言者(吴主任)是听者(叶青)的老师,属于"上—下"的人物关系格局,"上"对"下"进行劝说是十分自然的事情。

最后,我们对"人家"所指对象角色特征的分析表明,无论"人家"所指对象具体是哪一类,具有怎样的角色特征,他们都是需要言者和/或听者倾注更多情感的对象。这就为言者用"人家"进行移情表达提供了语义的基础。我们认为,"人家"的所指对象,在具体的会话场景中均富有某种值得我们关注的角色特征。这种角色特征,不仅是"人家"所指对象本身所具有的,更是言者在当下会话场景中所要凸显的,它规约着言者和/或听者移情表达的方向。

(18)[雷雷的娘对雷雷]:要不你再去考一回。你瞧<u>人家</u>七七级的,三十多岁还上大学呢,你才多大呀。

例(18)所在的场景是,雷雷的娘为了劝说雷雷考大学,就把"七七级的"作为不怕年纪大而考大学的榜样,以凸显其值得学习、羡慕的角色特征。

综上我们认为,"人家"作为一个特殊的人称代词,具有明确的移情表达功能,这是"劝解"场景内在机制的要求。同时,这种移情功能的实现,也使"人家"作为人称代词而超越了指称类别的局限,成为特殊的"万能代词"。

五、结　语

本文以三部电视剧台词为语料基础,从会话场景分析出发,得到如下基本认识:人称代词"人家"是在"劝解"场景中,基于言者和听者的人物关系格局而由言者使用的一种具有移情功能的语法手段。在这一场景中,言者使用"人家"是为了凸显其所指对象具有的某种角色特征,并要求听者与自己一起对该对象进行移情,从而实现对听者进行"劝解"的交际意图。"人家"移情功能的实现,是"劝解"场景内在机制的要求,也是其成为"万能代词"的基本动因。我们认为,"人家"作为一个特殊的人称代词,是否具有语言类型学的价值,还是值得进一步思考的课题。

参考文献

董秀芳　2005　移情策略与言语交际中代词的非常规使用,《现代汉语虚词研究与对外汉语教学》,复旦大学出版社。

杜道流　2002　指代词"人家"的修辞作用,《修辞学习》第3期。

方　梅　1998　北京话他称代词的语义分析,《句法结构中的语义研究》,北京语言文化大学出版社。

郭继懋、沈红丹　2004　"外人"模式与"人家"的语义特点,《世界汉语教学》第1期。

李战子　2002　《话语的人际意义研究》,上海外语教育出版社。

刘月华、潘文娱、故　韡　1984　《实用现代汉语语法》,外语教学与研究出版社。

吕明臣　2005　《话语意义的建构》,东北师范大学出版社。

吕叔湘　1985　《近代汉语指代词》,学林出版社。

莫珍珍、田志飞　2009　"人家"指称功能转变原因分析,《铜仁职业技术学院学报(社会科学版)》第12期。

唐正大　2005　关中方言第三人称指称形式的类型学研究,《方言》第2期。

万中亚　2006　从视角转换看"人家"的语义,《周口师范学院学报》第11期。

王冬梅　1997　指代词"人家"的句法、语义考察,《汉语学习》第4期。

王慧慧　2006　代词"人家"自称的社会语言学研究,暨南大学硕士学位论文。

吴伟萍、肖友群　2006　代词的语用功能及翻译探析——以《红楼梦》"人家"为例,《江西社会科学》第10期。

吴卸耀　2002　自称调节人际关系的功能与言语情景,《修辞学习》第6期。

闫亚平　2007　人际功能与"人家"所指的扩张,《语言教学与研究》第2期。

杨春冉、杨青云　2006　指代词"人家"的指称功能及修辞效果,《安徽文学》第11期。

翟颖华　2004　旁指代词"人家"的构成及其语用状况考察,《修辞学习》第4期。

(作者单位　北京语言大学汉语水平考试中心　100083)

汉语动结式的整合度高低及唯补成分的典型特征*

石慧敏

一、引 言

汉语动结式具有复杂性,其内部是不同质的,有的是本义或基本义之间的整合,有的则是本义与引申义(比喻义或转喻义)或引申义与引申义的整合,我们认为它们的整合度有高低之分,其分布也是有层级性的。在现代汉语中,我们经常可以看到这样的句子。

a. 那条疯狗被几个小伙子打死了。
b. 会议日期已经定死了,不能再变更了。
c. 气死我了,梦里都没有东西吃。

上例 a 句中,"打"的意义具体实在,表示具体的行为动作,是基本义,"死"也是本义"死亡"的意思,"打"和"死"两个概念在本义基础上整合,表示"因为打这个动作而产生了死亡的结果",整合结果没有产生其他新的意义,因而整合度低。b 句中的"定"虽然是本义,但意义比较抽象,"死"不再表示本义,而是引申义(隐喻义)"不活动,不可移动,丧失作用"的意思,"定+死"这两个概念整合后产生了浮现意义,即:(日期)已经决定,不能再更改。所以"定死"的整合度比"打死"高。c 句中的"气"是非自主动词,动作性很弱,"死"表示程度,"气死"整合后产生更抽象的意义,即"非常生气"。它们的整合度比"定死"更高。

根据动结式的成分意义及句法表现,我们把动结构式的整合度高低分成三

---

* 本文是教育部人文社会科学研究项目(09YJA740078)及上海师范大学原创与前瞻性预研项目(A-3138-11-020001)成果的一部分。

个不同的层级：A级（低整合度）、B级（中整合度）、C级（高整合度），动结式第二成分用"R"表示，用"VR_1"、"VR_2"和"VR_3"分别表示A级低整合度动结式、B级中整合度动结式、C级高整合度动结式。本文论及的动结式中的"动"是广义的谓词，即包括动词和形容词。本文主要分析和考察B级中整合度动结式、尤其是唯补成分R_2在句法语义等方面的典型特征。

二、B级中整合度动结式动词V的句法语义属性

A级低整合度动结式的动词V意义实在，一般都表示本义，是自主的动作行为动词，自主性、动作性、及物性都比较强，能带表示具体事物的宾语。跟A级相比，B级中整合度动结式的动词V在句法语义上具有以下特征：

2.1 B级中整合度动结式中的动词V发生了明显的变化，动词的属性特征开始弱化，有的动词不再表示本义或基本义，意义开始抽象；也有的动词虽然表示本义，但动作性不强。举例如下：

（1）李德顺怕俺拆穿他，给俺封了一个主任助理的头衔。（《假银行诈骗记》）

（2）他甩掉了所有的对手，远远地跑在前头。（《汉语动词—结果补语搭配词典》）

（3）苏宇眼中流露出的疑惑和忧伤神色还是深深打动了我，燃起了我和苏宇继续昔日友情的强烈愿望。（余华《活着》）

（4）他觉得自己就像死过数次似的，很有些看破红尘。（《王朔文集》）

（5）他们真正吃透了中央精神。（《人民日报》1994）

例（1）～（3）"拆穿"、"甩掉"、"打动"中的"拆、甩、打"虽然都是自主的动作动词，但在上述例句中都已不再表示实在的"拆毁"、"挥动"、"用手撞击"等本义，而是"揭露"、"抛开"、"使人感动"等引申义，属于非原型义。"打"已是泛义动词。例（4）"看"与"破"搭配后，语义跟"看电视"的"看"是不同的，已经不具有"看"的实际意义，也即不再表示本义，"看"已有"领悟"之意。例（5）中的"吃"也不再是本义。

2.2 进入B级中整合度动结式的动词V的自主性、动作性和及物性开始发生变化，有的虽然是自主动词，但动作性不强，虽然可带宾语，但宾语一般都是表示抽象事物的名词。有的动词则是非自主动词，动作性、及物性弱。下面分别举例如下：

(6) 那是个十足的败家子,一个月就花掉了一年的工资。(《汉语动词—结果补语搭配词典》)

(7) 周正见没法劝动他,心里很是不高兴。只好说:"你总得想想以后的事,夜路走多了,总会碰见鬼呀!"(彭荆风《绿月亮》)

(8) 如果只按照书中的条条生搬硬套,会把事情办坏。(《中国儿童百科全书》)

(9) 文章的字数限死了,因为版面有限。(《汉语动词—结果补语搭配词典》)

(10) 冷艳的中国公主图兰朵向求婚者宣布:谁能猜中她的三个谜语,就嫁给谁,但若猜不中,就将被处死。(新华社2004年新闻稿)

上述例句中"花掉"、"劝动"、"办坏"、"限死"、"猜中"等动结式中的动词"花、劝、办、限、猜"等都不表示具体实在的行为动作,而是一种抽象行为。再看几个例子。

(11) 假如他晓得对方霸道的时候,他会笑着脸,寻个机会,一转身溜掉的。(李健吾《希伯先生》)

(12) 那几颗螺丝钉都锈死了,怎么拧也拧不动。(《汉语动词—结果补语搭配词典》)

(13) 林老板逃走的新闻传遍了全镇。(《茅盾小说》)

例(11)~(13)"溜掉"、"锈死"、"逃走"中的"溜"、"锈"、"逃"虽然表示的是本义,但都是非自主动词。

另外,我们发现B级动结构式中认知、感知类动词增多。如:

(14) 你看我跟马青混了这么些年,一点没看出他有什么优良品质,倒叫冯老师一语道破。(《王朔文集》)

(15) 你不把话说透了他就不明白。(《汉语动词—结果补语搭配词典》)

(16) 想穿了,这病反正都是一死,真要让我等来个罪犯,同他交上手,让他杀了,好歹我还是个烈士。(方方《埋伏》)

上述例句中的"道、说、想"等都是认知、感知类动词,动作性弱。

B级动结式中,不仅动词属性发生变化,搭配的连带成分宾语也随之发生了相应的变化,出现在VR_2后面的宾语抽象名词开始多起来。如:

(17) 他的用意我早就看穿了。(《汉语动词—结果补语搭配词典》)

(18) 你一直写他想走出废都,你让他东冲西撞,你让他入木三分地看穿人生。(《平凹,咱们聊聊……》)

(19) 村干部把全村群众组织起来,展开大讨论,把好处讲够,把坏处说透,让大伙儿选择。(《人民日报》1993)

"用意"、"人生"、"坏处"不是看得见摸得着的具体事物,而是抽象的。

在这种搭配关系中,与其说是补语 R_2 的不断虚化引起了搭配宾语的变化,还不如说跟它搭配的宾语的抽象化促进了 R_2 的进一步虚化。

三、B 级中整合度动结式唯补成分 R_2 的句法语义特征

A 级低整合度动结式的补语 R_1 表示前项动作的具体结果,语义具体实在,基本保持着自身的本义。补语 R_1 有明确的语义指向,分别指向受事或施事。跟 A 级动结式的补语相比,进入 B 级中整合度动结式的补语 R_2,从语义上来看已经虚化,是个唯补成分,学界也有人称之为"唯补词"(刘丹青,1994),参与整合的都是其引申义。

汉语动结构式内部情况非常复杂,补语数量也十分繁多。为了保证选择标准的一致性和研究的有效性,本文选择《现代汉语八百词》(1999 增订本)作为考察对象来限定我们的研究范围。根据我们的考察和统计,发现做动结式第二成分并有引申义的结果补语共有 16 个,即"成、穿、到、掉、定、动、好、坏、破、死、透、完、着、中、住、走"。以上唯补成分 R_2 在句法语义上具有以下特征:

3.1 进入 B 级中整合度的动结式 VR_2 整合度较高。R_2 的语义趋向抽象与泛化,是已经虚化的补语,因此它们在句法语义方面与 A 级低整合度动结式中的 R_1 有明显的不同。刘正光(2006)从非范畴化角度谈到实词语义虚化的问题,并指出,在 V—V 构式中,V_2 已经丧失了它作为动词独立出现在谓语位置上的许多属性特征,处于实义动词和助动词之间的中间状态。实词的语法化或非范畴化前提就是语义抽象,因为,语法意义总是抽象的,并且随着时间的推移越来越抽象。如"V 破"中的"破"意义就发生了很大的变化。例如:

(20)当初,他还只是冷笑,随后眼光便凶狠起来,一到说破他们的隐情,那就满脸都变成青色了。(《鲁迅文集》)

(21)现在他给女人揭破身份,又要让位子,骨朵着嘴只好站起来。(《钱钟书文集》)

上述例句中"隐情、身份"等不再是看得见摸得着的具体事物,"破"由物质的实在的"破损"发展为非物质的、抽象的"破",表示"使真相显露","破"所包含的"显露"义开始成为此类"V 破"语义抽象的共核。

又如"V 死"中的"死"表示"不活动、不起作用",虽然与基本义还有一定的联

系,还没有完全失去词汇意义,但也已经开始虚化。例如:

(22) 会议日期已经定死了,不能再变更了。(《汉语动词—结果补语搭配词典》)
(23) 文章的字数限死了,因为版面有限。(《汉语动词—结果补语搭配词典》)

上述例句中"定死、限死"表示不能再改变、不能再动了,而"堵死"则表示这个门已经丧失了作用,不能通行了。这里的"死"已经不再表示具体、物质的"死亡"了。作为 R_2 的"死"谓词的属性特征逐渐消失。"死"所包含的"不活动、不起作用"成为 R_2 语义抽象的共核。

R_2 在丧失形态句法特征的同时,也丧失了它作为谓词(动词或形容词)的典型语义特征。根据我们的考察,B 级动结构式中 R_2 的语法意义虽然各自的侧重点各不相同,但概括起来大致可以归纳为以下几类:

第一类:表示"达成义"。

这一类虚化补语主要有"着"、"中"、"成"、"好"、"完"、"动"、"到",侧重于表示行为动作完成并达到了预期的目的。分别举例如下:

(24) 那本侦探小说我可借着了。(《汉语动词—结果补语搭配词典》)
(25) 这是大路货,在哪个商店都能买着。(《汉语动词—结果补语搭配词典》)
(26) 人们都说他雇着了个好保姆,人又好,又能干。(《汉语动词—结果补语搭配词典》)
(27) 这部电视剧里需要几个群众演员演流氓地痞,我由于个子高,被选中了。(《中国北漂艺人生存实录》)
(28) 他相中了一位姑娘,非要娶她不可。(《汉语动词—结果补语搭配词典》)
(29) 售货员把货架上的衣服都拿出来,她还是一件也没挑中。(《汉语动词—结果补语搭配词典》)

上述例句中"借着"、"买着"、"雇着"和"选中"、"相中"、"挑中"都侧重于动作行为达到了预期的目的。

(30) 他吃成了红烧排骨。(引自玄玥(2006))
(31) 电影终于看成了,可是在我的脑海中始终有个谜。(杨筱怀《"蝴蝶"球拍与世界冠军》)
(32) 等他们烧好了,这道菜的技术我也掌握了。(《人民日报》)
(33) 你那一堂木器,价钱都讲好了?(高阳《红顶商人胡雪岩》
(34) 介绍信全给你们开好了,快去拿吧。(王朔《永失我爱》)
(35) 事情都做完了,你才说要帮忙,这不是马后炮吗?(《现代汉语词典》)
(36) 趁熄灯前赶忙把日记写完。(《现代汉语词典》)

上述例句中"成"在动词后面表示"吃红烧排骨、看电影"等动作的完成,达到了预期的目的。"好"在动词"烧、讲、开"等后面、"完"出现在"做、写"等动词后面,也都表示动作的完成和结束。

(37)他一直喊到半夜,才把明霞喊动了心,把他放进来。(老舍短篇小说)

(38)周正见没法劝动他,心里很是不高兴。只好说:"你总得想想以后的事,夜路走多了,总会碰见鬼呀!"(彭荆风《绿月亮》)

(39)在那天早晨七点整时,他买到了一张七点半去小城烟的汽车票。(余华《世事如烟》)

(40)是最长最深的死胡同的最尽里头,我在那个破杂院的破东屋里找到了他。(刘心武《多桅的帆船》)

从以上例句中我们可以发现,"动"往往是指在主客观条件作用下,施事通过某种动作使受事发生变化,如改变主意、受感动而决定做某事等,动作完成,也就达到了预期的目的。"无法劝动"则表示没有完成劝说的任务,没有达到预期的目的。"到"用在动词"买"、"找"的后面表示动作达到了目的,也就是完成了自己预想的任务。

第二类:表示"定止义"。

这一类虚化补语主要有"定"、"死"、"住"。它们都有固定、不动或不变的意思,我们把它概括为"定止义"。例如:

(41)我们跟保姆讲定,要是想回老家过节,节假期间的工钱我们不付。(《汉语动词—结果补语搭配词典》)

(42)说定交货地点后,那生意人便匆匆告辞了。(《当代短篇小说》)

(43)原来这里有一个门,现在堵死了,出入很不方便。(《汉语动词—结果补语搭配词典》)

(44)当他因为"特嫌"和"恶攻"而被投放到号子里的时侯,当铁门哐地一声关死,……还谈得上什么对于海的爱恋和想恋呢?(《王蒙文集》)

(45)伯禽连连点头,表示一定记住父亲的教导。(曹余章《中华上下五千年》)

(46)当遇见贝类时,海星就会用五腕将贝类紧紧握住,而且始终不放。(《中国儿童百科全书》)

上述例句中"讲定"和"说定"表示"如果保姆回家就不付工钱"以及"交货地点",双方已经决定下来,不再改变;而"堵死"一句中的"这个门"是个无生命体,不会发生真正"死亡"的现象,因此"死"在这里表示"固定不动、丧失原有的作用"的意思。"关死"也是表示铁门关得紧紧的,固定不动了。"记住"则表示父亲的教导都已经通过"记"这个动作牢牢地固定在脑子里。"握住"也同样,表示通过"握"这个动作,把贝类固定了。

通过分析,我们可以看出,作为 R_2 的"定"、"死"、"住"都已不再表示本义,而是已虚化的语法意义——"定止义"。

第三类:表示"透彻义"。

这一类虚化补语主要有"穿"、"破"、"透",表示识破、显露、领悟、透彻等引申义。例如:

(47) 这种欺骗如不坚决揭穿,根据下级片面的、歪曲的、不真实的信息作出决策、指导工作、任用干部,不出问题才怪!(《人民日报》)

(48) 有不少企业由于欠缺看穿往后将是销售滑坡的慧眼,以致错过促销商品的时机而宣告倒闭。(《哈佛管理培训系列全集》)

(49) 现在他给女人揭破身份,又要让位子,骨朵着嘴只好站起来。(《钱钟书文集》)

(50) 当初,他还只是冷笑,随后眼光便凶狠起来,一到说破他们的隐情,那就满脸都变成青色了。(《鲁迅文集》)

(51) 村干部把全村群众组织起来,展开大讨论,把好处讲够,把坏处说透,让大伙儿选择。(《人民日报》1993)

(52) 这个人我算看透了,他太自私了。(《汉语动词—结果补语搭配词典》)

以上例句中"揭穿"、"看穿"经过整合,"穿"的语义不再表示具体实在的本义"穿透"、"凿通"之意,因为"欺骗"、"企业销售滑坡的现象"都是抽象事物,这里的"穿"表示"识破"、"显露"的透彻义。"揭破"、"说破"、"说透"和"看透"也同样,"破"和"透"在句中都已虚化为"透彻义"。

第四类:表示"损失义"。

这一类虚化补语主要有"坏"、"掉"、"走",表示由于某种原因"引起了不好的变化"或"消失"、"离开"。"不好的变化"无论从哪个角度来讲总是一种"损",而"消失、离开"就是一种"失"。因此我们把它们概括为"损失义"。

首先来看"坏"的情况,"坏"侧重引起不好的变化。请看例句:

(53) 大同矿务局局长宋永津说:"计划经济体制下,国家在煤炭企业物资上供'皇粮',产品搞统销,企业被宠坏了、惯坏了,只要有产量便一俊遮百丑。"(1994 年报刊精选)

(54)《疯狂的赛车》遭炮轰,韩寒称国产影视教坏观众。(《中国网·新闻中心》2009 年 5 月 9 日)

上述例句中的"宠"、"惯"、"教"都不是具体的动作动词,跟"坏"整合起来,不会产生物体损坏的结果,而是抽象的后果,使企业、观众产生了不好的变化,是一种抽象的"损坏"。

(55)那张画儿拿掉以后,墙上显得光秃秃的。(《汉语动词—结果补语搭配词典》)

(56)秘密处工作人员统统包圆才十余人,工作开始方一周便吃掉七千多袋方便面喝掉一百公斤茶叶,实在过于糜费。(王朔《千万别把我当人》)

上述例句中的"掉"表示"客体消失",即客体因某一外力的作用而消失。"拿掉画儿"表示画儿因"拿"而消失;"吃掉方便面"、"喝掉茶叶"则是方便面、茶叶因为"吃"和"喝"的动作而消失了。

(57)不知怎么让老先生察觉了,将端砚收走不说,还用竹板奖赏了他的手心。(《当代短篇小说》)

(58)我躲闪着,到底还是被吴胖子把打火机抢走了。(《王朔小说》)

因"收"、"抢"这个动作使客体"端砚、打火机"移动、离开或者消失了。

3.2 B级中整合度动结式的补语R_2虚化后,已经丧失了单独作谓语的能力,它只能处在补语的位置上,语义一般不能指向施事或受事,而是指向其前面的述语动词本身。请看下面的例子:

(59)有朝一日你让我抓着了真凭实据——哼!别以为你大了,订了亲了,我打不得你了!(张爱玲《金锁记》)

(60)俄狄浦斯在经忒拜城时与斯芬克斯相遇,他猜中了这个谜语:这是人。(《中国儿童百科全书》)

(61)我本来打算星期天去公园,不料来了客人,结果没去成。(《汉语动词—结果补语搭配词典》)

(62)辛弃疾抓住义端,那叛徒吓得哆哆嗦嗦,跪在地上求饶。(曹余章《中华上下五千年》)

(63)可那宾馆偏偏用化学的玩艺儿把墙全糊死啦,好比把人装在个塑料袋儿里,切断了内外之地气,那还有好儿呀!(王朔《皇城根》)

(64)卖掉一车干草,装好一车炭后,时间就已进入腊月了。(吕新《葵花》)

我们知道,一般的结果补语都可以根据其语义指向进行分解式变换,而R_2则不能按语义指向进行分解。以上例句的"抓着"、"猜中"、"去成"中的"着"、"中"、"成"的语义不能指向句中的主语"我"、"他",也不能指向宾语"真凭实据"、"谜语"、"公园",而是指向前面的动词。

沈家煊(2003)认为,汉语基本属于"附加语构架语言",有必要将意义核心(Semantic Core)和结构核心(Syntactic Core)区分开来。两者可能一致,也可能不一致。补语动词是一个封闭类。这些动词大多语法语义功能已经弱化,有的可以读轻声。如"站住、听见、气死、改掉、拿开、想到、买着(zhao)"这种读轻声的补语动词,其语法语义功能已经弱化,在语义指向上只能与前面的动词发生联系。

在研究中我们发现,B级中整合度动结式中有一些R_2的语义还可以指向受事,比如"打动了心"、"宠坏了孩子",我们可以分析为"心动了"、"孩子坏了"。不过,这里R_2的语义指向受事与A级低整合度R_1语义指向受事还是不同的,因为这里的"动"、"坏"是抽象的,表示"心"被感动或被说服,"坏"表示孩子的身上发生了不好的变化。

四、B级中整合度动结式VR_2整合度高低的句法表现

4.1　B级中整合度动结式的VR_2结构紧密度较高,有的可以插入"得/不"构成可能式,有的则不太自由。

B级动结式中虚化了补语R_2跟A级动结式中的谓词性补语R_1的语法特点有较大不同。R_2紧附于动词之后,黏着性强。有的可以插入"得/不"构成可能式,多数已不能构成可能式。例如:

记得住/记不住	?办得坏/办不坏
想得穿/想不穿	?揭得穿/揭不穿
劝得动/劝不动	?咬得定/咬不定
买得到/买不到	?锁得好/锁不好
摸得透/摸不透	?道得破/道不破
花得掉/花不掉	?锈得死/锈不死

4.2　不能进入"一A就B"格式,也不能进行变换式分解。张寿康(1978)曾提出用"一……就……"的嵌入法来区别谓补结构和谓补式复合词。根据我们的考察,进入B级中整合度动结式VR_2一般都不能进入"一A就B"式。说明V和R_2之间结合紧密,整合度提高。例如:

打动(我的心)	*一打就动
看穿(人生)	*一看就穿

买到(火车票)	*一买就到
看破(红尘)	*一看就破
拿定(主意)	*一拿就定
揭破(身份)	*一揭就破
说破(隐情)	*一说就破
花掉(工资)	*一花就掉
限死(字数)	*一限就死

由于 R_2 对论元结构的约束力减弱,与句中主语或宾语已不存在述谓关系。即 R_2 与主语或宾语不能构成一个完整的表述了。因此,进入 B 级的动结式不能进行分解式变换,构成两个完整的表述。请看下面的例句:

(65) 他们丢的东西都<u>找着</u>了。　→他们找东西　　*东西着了
(66) 昨天我<u>选中</u>了一块花布。　→我选花布　　　*花布中了
(67) 我<u>记住</u>这一课的生词了。　→我记生词　　　*生词住了
(68) 老师<u>擦掉</u>黑板上的字。　　→老师擦黑板上的字　*字掉了
(69) 山里的孩子<u>看成</u>了电影。　→孩子看电影　　*电影成了
(70) 他们已把会议日期<u>定死</u>了。→他们定会议日期　*日期死了
(71) 她的脾气我早就<u>摸透</u>了。　→我摸她的脾气　　*她的脾气透了

进入 B 级中整合度的动结式,由于补语 R_2 已经虚化,对句子进行提问时一般只能用"动结"一起来问,因为 R_2 已经不能作为谓词单独使用,也就不能用来单独提问。其省略回答方式一般也只能是"动词+结果补语"。例如:

(72) 他们之间的秘密被<u>揭穿</u>了。
　　问:他们之间的秘密被揭穿了吗?
　　答:——(被)揭穿了。/ *穿了。
(73) 楚平王好色,被费无忌<u>说动</u>了心。
　　问:楚平王被费无忌说动心了吗?
　　答:——说动了。/ *动了。
(74) 我终于<u>找到</u>了这个机会。
　　问:你找到机会了吗?
　　答:——找到了。/ *到了。
(75) 这孩子从小叫大人<u>惯坏</u>了。
　　问:这孩子从小叫大人惯坏了吗?
　　答:——惯坏了。/ *坏了。

(76) 开会时间已经定死了。
　　问：开会时间定死了吗？
　　答：——定死了。／＊死了。

(77) 姐姐看中了那个小伙子。
　　问：姐姐看中那个小伙子了吗？
　　答：——看中了。／＊中了。

(78) 箱子和床被人抬走了。
　　问：箱子和床被人抬走了吗？
　　答：——抬走了。／＊走了。

五、结　语

以上我们较为详细地描写和分析了B级中整合度动结式的句法语义表现，尤其是唯补成分 R_2 的句法语义典型特征。

(1) 进入B级动结式的动词V的属性特征开始弱化，有的动词不再表示本义，意义开始抽象；也有的动词虽然是自主动词，也表示本义，但动作性不强。有的动词则是非自主动词，动作性、及物性弱。总体来说，B级动结式的动词V及物性减弱，宾语开始出现抽象事物。

(2) B级中整合度动结式中的补语 R_2 语义趋向抽象与泛化，概括起来大致可以归纳为"达成义"、"定止义"、"透彻义"和"损失义"这四类语法意义。补语"R_2"虚化后，已经丧失了单独作谓语的能力，它只能处在补语的位置上，语义指向动词本身。

(3) B级中整合度动结式的VR_2结构紧密度较高，R_2紧附于动词之后，黏着性强。有的可以插入"得/不"构成可能式，有的则不太自由。不能进入"一A就B"格式。一般也不能进行变换式分解，不能构成两个完整的表述。由此B级中整合度动结式的一般疑问句，一般只能用"动结"一起来问，其省略回答方式一般也只能是"动结"一起出现。

参考文献

刘丹青　1994　"唯补词"初探，《汉语学习》第3期。
刘海燕　2006　结果补语是非问句的回答方式，《语言文字应用》第2期。
卢英顺　1995　语义指向研究漫谈，《世界汉语教学》第3期。

陆俭明　2006　《构式:论元结构的构式语法研究》中文版序 2,北京大学出版社。
吕叔湘主编　1999　《现代汉语八百词(增订本)》,商务印书馆。
沈家煊　2007　语法与认知:概念整合与浮现意义,中国社科院建院 30 周年系列学术报告会。
施春宏　2005　动结式论元结构的整合过程及相关问题,《世界汉语教学》第 1 期。
石毓智　2001　《汉语语法化的历程——形态句法发展的动因和机制》,北京大学出版社。
石毓智　2002　汉语发展史上双音化趋势和动补结构的诞生,《语言研究》第 1 期。
石慧敏　2009　动结式"V 死"的产生、演变及其虚化轨迹,《语文论丛》第九辑,上海教育出版社。
石慧敏　2010　动结式"V 破"的句法语义特性及其演变过程,《上海师范大学学报(哲社版)》第 4 期。
王红旗　1994　谓语充当结果补语的语义限制,《汉语学习》第 5 期。
王红旗　1996　动结式述补结构的语义是什么,《汉语学习》第 1 期。
吴福祥　1999　试论现代汉语动补结构的来源,《汉语现状与历史的研究——首届汉语语言学国际讨论会文集》,中国社会科学出版社。
吴为善、陈　颖　2007　述宾两字组的整合度高低及其层级分布,《汉语学习》第 5 期。
吴为善、吴怀成　2008　双音述宾结果补语"动结式"初探——简论韵律运作、词语整合与动结式的生成,《中国语文》第 6 期。
徐　丹　2000　动补结构中的上字与下字,《语法研究与探索(十)》,商务印书馆。
玄　玥　2006　"V 成"述补结构的句法形式,《华中科技大学学报》第 4 期。
薛　红　1985　后项虚化的动补格,《汉语学习》第 4 期。
张国宪　1988　结果补语语义指向分析,《汉语学习》第 4 期。
张云秋、王馥芳　2003　概念整合的层级性与动宾结构的熟语化,《世界汉语教学》第 3 期。
Adele E. Goldberg　2006　《构式:论元结构的构式语法研究》(Constructions: A Construction Grammar Approach to Argument Structure),吴海波译,北京大学出版社。

(作者单位　上海师范大学对外汉语学院　200234)

小句补语句整合方式初探

蒋 静

一、引 言

1.1 "得"字句中有一类格式是"(NP$_1$)+VP$_1$+得+NP$_2$+VP$_2$",即第一个动词性成分后面加上"得"字后,引进的补语是一个完整的小句,句中有两个谓词性成分,由两个小句整合而成,我们称之为小句补语句,如:"爸爸打得孩子乱跑。"

前人有关小句补语句的研究,多关注 NP$_1$、VP$_1$、NP$_2$、VP$_2$ 四个成分之间的关系,如补语谓词 VP$_2$ 所指向的句法成分等。我们的研究则更强调这个整体是由前后两个小句"NP$_1$+VP$_1$"和"NP$_2$+VP$_2$"整合而成,所以本文主要从两个小句如何整合成小句补语句的角度来加以分析。以前有学者提到过这种观点,如孙银新(1998)、森山美纪子(1999)、金海月(2008)等,他们认为从语义的构成来看,小句补语句一般包括"NP$_1$+VP$_1$+NP$_2$"和"NP$_2$+VP$_2$"两个部分,也就是两个事件,但并没有进行深入的研究,本文将对此进行详细的讨论。

1.2 20 世纪 90 年代以来,Fauconnier and Turner(1996,1998),Coulson(1996),Rohrer(1997),Fauconnier(1997,1998)等认知语言学家在 Lakoff & Johnson(1980)所提出的"概念隐喻理论"影响之下,在心理空间理论基础上,提出了一种意义构建的理论框架——概念整合理论(Conceptual Blending Theory),这一理论已经成为了第二代认知语言学理论的核心。

概念整合是人类的思维方式。与以前科学研究中强调分析不同,合二(多)

---

* 本文为上海交通大学国际教育学院科研创新项目"小句补语句整合方式及特征研究(项目编号:10YQN01)"的阶段性成果。

为一是人的心智概念整合的基本思维方式,是人类认识客观世界的一种基本认知方式。概念整合是在语言表现形式的幕后运作的,具有隐匿性和复杂性,我们试图通过对小句补语整合方式的研究,来揭示这些具体的整合方式。

1.3 本文的语料来源于王朔、邓友梅、汪曾祺、王蒙等诸位先生的作品,包括小说、散文、纪实文学、电视剧记录的纯口语对话文本,如《编辑部的故事》《北京人在纽约》等,共计660万字。我们首先用软件检索上述文本的电子版,查找出带"得"的例句,然后根据"(NP_1)+VP_1+得+NP_2+VP_2"的格式来确定,NP_1有时会省略,若能补出来的话,也算作小句补语句,其他的成分则是不可缺少的,共检索出1432个小句补语句。囿于语料库的局限性,有极少例句是自拟的。例句中词语的释义及词性,主要依据的是《现代汉语词典》第5版(商务印书馆,2007年)。

二、两个小句的整合形式

根据整合方式在形式方面的特点,我们将两个小句的整合分为截搭型和直搭型两种方式。我们假设整合前的小句是一根根绳子,"截搭型整合"好似将两根绳子截取一段重新接成一根,"直搭型整合"好像将两根绳子直接搭在一起成一根。我们认为相关关系的成分多用截搭、直搭的方法整合成一个整体。下面就在大量语料的基础上来考察小句补语句的整合方式。

2.1 直搭型整合

此类型是由"NP_1+VP_1"和"NP_2+VP_2"直搭整合而成。所谓直搭,指的是两个成分在整合的过程中仍保留着原来的形式。这类例句共有837句。

2.1.1 普通直搭型

普通直搭型的小句补语句,如:

(1)我狐疑地打量着他的举止,他终于明白了,又是一阵大笑,震得我耳膜都嗡嗡发麻。(李斌奎《天山深处的"大兵"》)

例(1)的"耳膜"是句中NP_2的一部分,全句由"震我耳膜"和"我耳膜都嗡嗡发麻"两个小句直搭而成,整合的过程中两个小句的成分都没有被截去。

我们发现NP_2和NP_1在语义方面多有部分——整体的关系,即在语义上有$NP_2 \in NP_1$的特点,NP_2大部分是指人身体的某部分,例(1)的补语小句是一个主谓谓语句,可表示为NP_1+VP_1+得+NP_2+(NP_3+VP_2),并且NP_3在语义上属于 NP₂ 的一部分，NP₃ 同样多为人的身体部位，我们发现有"肝肠、面、下巴、头、牙、心、耳朵、脸、肚子、耳根子、肺部、胃、脖子"等词。

2.1.2 特殊直搭型

此类特殊之处在于，与汉语其他特殊句型叠加，如与"把"字句、被动句叠加等。此类例句共 207 个。

1. 与"把"字句叠加

此类例句有 46 例，如：

(2) 晨阳把校门口的语录牌坊照得红处格外鲜艳、金字格外耀眼。(刘心武《如意》)

(3) 我不知道那种酶是个什么东西，可我知道我没有，我只要喝酒，就觉得那些藏着火苗的水,把我的胃烧得一块一块脱皮，就像尿碱沤了的墙灰，大片往下掉。(毕淑敏《女人之约》)

这一类例句中，小句补语是作为"把"字句中的一个成分存在的，整合后的句子同时具有了"把"字句的特点和小句补语句的特点。其中"把"引进的宾语为句中动词的受事，外部事因可以在"把"前面标明，如例(2)中的"晨阳"；也可在"把"字句外部，以独立句式的形式标明，如例(3)中的"喝酒"。一般认为，"把"字句中的动词也多具有"处置"的特点，动词的"处置性"必然隐含着这一动作存在着不可忽视的"施事"，而这一施事正是引起"小句补语句"这个结果的外部原因。这类与"把"字句的叠加形式中，"把"字句中前面的成分作为原因，造成了后面的"小句补语"这个结果，原因义多由其中"处置义"的动词来体现，如例(3)中的"烧"。

2. 与"被动句"叠加

我们的语料中与被动句(被、叫、让、给)叠加的句子有 55 个。如下：

(4) 李小兰被早孕折磨得心烦意乱，萎靡不振，哪顾得上写什么申请，女工委员就给赵胜天打电话，说你爱人好不懂道理……(池莉《太阳出世》)

(5) 我在这年夏天几次累倒，那些好帮手也给弄得筋疲力竭。(张炜《柏慧》)

汉语被动句的一个典型特点，是其中的介词常引入一个动作的发出者。在上述与小句补语叠加的例句中，"被、叫、让"分别引入了一个外部事因，如例(4)中的"早孕"。"给"则隐含着一个外部事因，如例(5)中隐含一种"使帮手受累"的原因。小句补语作为被动句的一个组成部分，表现为一种结果。

3. 与"使/让"字句叠加

与"使/让"字叠加的句子有 5 个，如下：

(6) 有一次都下雪了，他还是光着脚丫在雪地里吧嗒吧嗒往学校跑，让我这

个做爹的看得好心疼,我叫住他:(余华《活着》)

此类叠加句中,"使/让"前面介引外部事因,后面则表示这个原因导致的结果。这和这类句式的"致使义"是一致的。例(6)中"他光着脚丫在雪地里吧哒吧哒往学校跑"是"我看得好心疼"的原因。

4. 与"令、让、使、叫"一类词叠加

与前面一类不同的是,此类小句中的"令、让、使、叫"等词语是作为一个小句的组成成分出现的,即出现于句中的"得"后面。此类例句共有83个。

(7) 尤其是"特殊情况"——他估计着会有几种形式。一琢磨便越想越多,这"特殊"多得可以包罗万象!这个词深奥得叫人摸不着边际。(楚良《抢劫即将发生》)

上面例句中"令、让、使、叫"突显了"原因"部分的致使义。例(7)突出了"这个词深奥"。它们与后附小句一起作为小句补语而存在。由于这些词语本身含有致使义,小句补语中使用这些词语使得"致使义"更加明显。

5. 与"连"字句叠加

与"连"字句叠加的句子有18个,如下:

(8) 而狗见了邢老汉就一下子扑上去,舔他的脸,舔他的手,两只耳朵紧紧地贴在头上,尾巴摇摆得连腰肢都扭动起来。(张贤亮《邢老汉和狗的故事》)

这一类"连"字句同现的句子结构是:$NP_1+VP_1+得+连NP_2+VP_2$。整合后"连字句"作为整合前的事件$_2$在整合后并未发生性质上的改变,而在语义上作为小句补语句的结果而存在。

2.2 截搭型

截搭型整合小句补语句是指两个小句整合的过程中有成分被截去,这类小句补语句在我们检索的语料中共有595例。具体有以下几类:

2.2.1 "NP_1+VP_1"与"NP_2+VP_2"($NP_1=NP_2$)——"$VP_1+NP_2+VP_2$"

这类小句补语句由"NP_1+VP_1"和"NP_2+VP_2"截搭整合而成。其中,两个小句的主语NP_1和NP_2是等同的关系。由于两个小句陈述的是同一个对象,整合为小句补语句时,它们必须在句法层面互相迁就,只保留一个NP,这是句法的需要,同时也有助于语言的表达和理解。由于小句$_1$和小句$_2$使用的是同一个主语,所以从因果关系上来看,它们之间明显是一种内部事因关系。

以前也有学者观察过这种现象,如宛新政(2005)将此类现象解释为V_1语义指向不同,一种是前指,即指向"V_1得"前的名词,该名词是动作V_1的主体;一种是后指,即指向"V₁得"后的名词,该名词也是动作 V₁ 的主体。而从整合的角度来看,动词指向前面还是后面,属于两种不同的小句整合。杨建国(1959)也探讨过这类小句补语句,他认为这类句子"主谓结构中的主语,意念上为全句动词的施事,而全句中的主要动词则是一种心理活动的动词"。

这一类截搭整合小句补语句又可根据 NP_2 的性质分为两小类:其一是小句₂主语性质单一,即 NP_2 后没有其他成分;其二是 NP_2 之后还有 NP_3,其中 NP_2 和 NP_3 之间是整体和部分的关系,即小句₂是主谓谓语句,如"吓得我腿都抖了",其中"我"和"腿"分别处于 NP_2 和 NP_3 的位置。第一类如:

(9)否则,吃了不法小贩的不洁食品,拉稀会一直<u>拉得你脱肛脱水</u>。(王朔《空中小姐》)

(10)他在他们面前装得很老练很大方,侃侃而谈,吹着他那套生意经和人生观,<u>听得我那些一辈子营营苟苟的同学目瞪口呆</u>。(王朔《玩儿的就是心跳》)

例(9)中的小句补语句由"你拉稀"和"你脱肛脱水"两个小句整合而成,两个小句的主语相同,从因果关系看属于内部事因,在整合的过程中只保留了一个 NP_2;例(10)中小句补语句的因果关系可以表示为:"(我那些同学)听(生意经和人生观)"是"(他们)目瞪口呆"的直接内部原因,两个小句的主语 NP_1 和 NP_2 所指相同,因此在整合之后只保留了一个,属于典型的截搭整合。

张旺熹(1999)指出,主谓谓语句中两个主语之间主要为"整体——部分"的关系,这在此类小句补语句整合前的小句₂中有很好的体现,NP_2 和 NP_3 之间多为整体和部分的关系:

(11)镇南堡和我想象的全然不同,我懊悔一上午急急忙忙地赶了三十里路,<u>走得我脚底板生疼</u>。(张贤亮《绿化树》)

例(11)中的"我"和"脚底板"是整体和部分的关系。其中表示"整体"的"我"处于 NP_2 的位置,在句法上这类 NP_2 可以移到 NP_1 的位置,易位以后变为直搭型内部事因小句补语句。此外,我们的语料中,NP_3 还有"腰肌、眼、毛骨、脸、鼻尖、脸色、眼泪、嘴"等。

2.2.2 "$NP_1 + VP_1 + \underline{NP_2}$"与"$\underline{NP_2} + VP_2$"——"$NP_1 + VP_1 + 得 + NP_2 + VP_2$"

此类截搭型句是由"$NP_1 + VP_1 + NP_2$"与"$NP_2 + VP_2$"两个小句整合而成,整合的过程中一个 NP_2 被截去,形成"$NP_1 + VP_1 + 得 + NP_2 + VP_2$"结构。语义上 NP_1 和 NP_2 分别是 VP_1 的域内论元,VP_1 多为及物动词,整体语义接近于前人研究中的"致使"义。我们认为,"致使"和"外部事因"之间有一种内在的关联。这类小句补语句在我们检索的语料中共有 326 例,是截搭型整合中数量最多的一类。在这类里面,又可以分出两小类:一类是事件$_2$的主语为 NP$_2$,表示为"NP$_1$+VP$_1$+得+NP$_2$+VP$_2$";另一类存在 NP$_3$,NP$_2$ 与 NP$_3$ 在语义上为整体与部分的关系,表示为:"NP$_1$+VP$_1$+得+NP$_2$+NP$_3$+VP$_2$"。

1. 事件$_2$主语为 NP$_2$

(12)"我一年只有一休假能和她在一起,有时假期还常常被打断,没能好好教育她,惯得她太任性,脾气还不小……"(王朔《刘慧芳》)

例(12)中,"(我)惯她"是"她太任性"的外部事因,在整合的过程中,两个小句的重复成分"她"只保留了一个。

2. 事件$_2$主语为 NP$_2$+NP$_3$

此类截搭方式中,事件2的主语是一个主谓谓语句。即 NP$_1$+VP$_1$+得+NP$_2$+(NP$_3$+VP$_2$),NP$_3$ 在语义上为 NP$_2$ 的一部分,此类例句共 75 个。如:

(13)丁小鲁说,"你们抽烟抽得太凶,熏得我脑仁疼。"(王朔《你不是一个俗人》)

以上例句从语义上来说,整合后导致结果的原因来自于事件$_2$外部,且在整合的过程中两个小句采用了截搭的整合方式。其中 NP$_2$ 可以理解为 VP$_1$ 的域内论元。例(13)中的"脑仁"是句中 NP$_2$ 的一部分。其中 NP$_3$ 还有"后背、手腕、手、眼、脸颊、鼻子、脸、口、心、腮、头、心底、小臂、嗓子、胸口、两颊、面、嘴唇、上颚、神经、脖儿、身体里的骨头、腿、耳朵、膝盖"等词。

2.2.3 特殊类型截搭

1. 重动句

此类小句补语句的特点在于,事件$_1$中的动词和事件$_2$中的动词重合。结构上由:"NP$_1$+VP$_1$+NP$_3$"和"NP$_1$+VP$_2$"整合而成,两个小句的 NP$_1$ 重复,只保留了一个。由于 NP$_3$ 的存在,使得整合后的句子中 VP$_1$ 不得不重复一次。省去主语,可以简单地表示为 VOVC。这类例句在我们的语料中共有 9 例。如:

(14)后来,水香便常去牺那儿,并渐渐地帮牺干活儿.不是洗被单便是拖地板,有一天水香洗被套时洗得满头大汗,便脱了春装,紧身的尼龙衫将她的身子裹得线条十分清晰。(方方《桃花灿烂》)

根据张旺熹(2004),重动句代表的是"远距离结果动因",其结果中常蕴含着"始料不及"的意外性。这也说明了两个小句之间的因果关系。

2. 其他特殊类型

在截搭整合方式中还有一种特殊类型,两个小句并非按照上面的截搭方式直接整合而来,且语义上两个小句前后的因果关系并未发生质的变化。如下例句：

(15) 大家找得你好辛苦啊。（大家找你＋大家好辛苦）

李敏(1999)指出了这类句子语义上的特殊性,其中 VP1 是表示"寻找"、"等待"义或某些表示心理活动的动词,如"找、等、盼、想、爱、恨"等,且一般都是单音节的;N1,N2 由人称代词或指人的名词充当;VP2 一般为表示心理感受或形容程度深的短语充当,如"好苦、心焦、不耐烦"等。VP2 在语义上和 NP2 没有联系。宛新政(2005)认为从表面上来看这类句子可以构成主谓关系,但是从深层来看,它们之间并没有语义关联。朱德熙(1982)、丁恒顺(1989)曾将这种句子分析为动补结构中插入宾语,而不是主谓短语做"V1 得"的补语。可见,学界此类特殊的句子在结构上还存在不同的见解。据岳俊发(1984)①考察,这种"V 得"句最早见于宋代,用得相当普遍,元明时期也不少见,在清代仍有使用。在后来的演变过程中它却逐渐处于一种被淘汰的地位,使用呈下降趋势,"在现代汉语里,就一般说,这种结构是避免了的"②,通常采用的是重动式。

我们认为,如按照一般的截搭整合方式,例(15)表示为"＊大家找你＋得＋好辛苦",事实上这个句子不合法。我们注意到,在汉语中表达同类语义还可以用重动句③(从形式上看,重动句本身也是小句补语句的一种)：

(16) 大家找你找得好辛苦。（大家找你＋大家找得好辛苦）

重动句作为小句补语句的一种也表示因果关系,只是其中的结果常常是"始料不及"的④。整合后(16)可以理解为：因为大家找你,所以大家好辛苦。认知语言学认为,不同的语言形式一定蕴含着不同的语义。相对于"大家找得好辛苦",(16)分别整合了原因小句"大家找你"和"我想你",也就是分别突出了"大家找你"、"我想你"两个事因,在这两个原因里面,"你"作为一个参与者势必为结果承担相应的"责任"。而在上例(15)中,"你"这个责任承担者由形式上表示"原因"的位置换到了"表示"结果的位置,于是它所承担的"原因义"减弱。我们认为,如果说重动句在一定程度上突出了事件的"责任者",那么(15)这种特殊的整合类型则是说话人有意将"你"的责任缩小。形式上"你"的位置的变化与语义上的责任大小的变化是对应的。

我们再看下面的例句：

---

① 岳俊发(1984)得字句的产生和发展,《语言研究》第 2 期。
② 王力(1980)《汉语史稿》,中华书局,第 444 页。
③ 李敏(1999)也认为此类句子可以变为"重复动词句"即重动句。
④ 参见张旺熹(2004)。

(17) 你让大家找得好辛苦。

这个例句属于外部事因,即说话人将原因归到外部事物。我们认为,(17)相对于(16),其中"你"作为责任承担者的意义更加明显。

从表述事件₂的原因即"追究责任"这一点上来说,我们认为"你"在以上例句中所承担的责任大小存在以下序列(">"表示"责任大于"):

(17)你让大家找得好辛苦＞(16)大家找你找得好辛苦＞(15)大家找得你好辛苦＞大家找得好辛苦

此类特殊类型的截搭小句在我们检索的语料中没有出现,这可能受到语料语体色彩的限制,一般认为此类句子带有很强的口语色彩。

2.3 直搭型整合与截搭型整合的区别

直搭型整合与截搭型整合的一个重要区别就是,前者的 VP_1 多为形容词、不及物动词,即使是及物动词,与后面的 NP_2 直接组合或者搭配,也不合语法或语义要求,如"吓身子"是不合语法的搭配;而后者的 NP_2 是 VP_1 的论元。我们来看如下例句:

(18) 经理紧张得汗都下来了,"她骂我是叛徒是指我把她的住址告诉了你们。"(王朔《人莫予毒》)

(19) 我也是人呐,姐妹们谁没有理想谁没有追求你都忙得四脚朝天。(王朔《千万别把我当人》)

(20) 裴菊吟把门拉开一尺,门外是一个陌生的少年,脸膛胀得通红.两只眼睛仰望着她,仿佛放射着激光光束,她顿时吓得身子一抖,双腿发软。(刘心武《一窗灯火》)

(21) 然后就是审啊,听说打得人快死了,他才说了真话。原来他是知青,化妆成一个可怜的人,拦了师傅的车。(毕淑敏《翻浆》)

其中例(18)、例(19)、例(20)为直搭型整合,例(21)是截搭型整合。例(21)中 VP_1 与 NP_2 可以构成动宾关系,也就是"打人",而例(18)中 VP_1 是由形容词"紧张"充当,不能与后面的 NP_2 "汗"构成动宾关系,例(19)中 VP_1 是"忙",是一个不及物动词,与后面的 NP_2 构成"忙四脚"是不成立的,例(20)中 VP_1 是"吓",虽然是一个及物动词,但是与后面的 NP_2 所构成的"吓身子"在语义上是不成立的。

相对于直搭型整合,截搭型整合必须具备的一个特点是,两个事件在小句层面必须存在共有成分,在整合过程中这个共有成分受到句法限制不得不截去一个。

三、两个小句的关系

我们试图通过分析两个小句关系的方法,揭示和解释小句组成更大意义单位的规律。

3.1 语义方面

3.1.1 概念整合

理论中的压缩主要是指对关系的压缩,压缩因果关系进入整合空间,这是最普遍的概念整合基础,因为因果关系是概念整合不可缺少的关系之一。小句补语句中的两个小句之间就是因果关系,小句$_1$是表示原因,小句$_2$是表示结果。

在小句补语句内部,根据原因和结果之间的语义关系,我们将小句补语句分为内部事因型和外部事因型两大类。所谓内部事因,指的是事件$_1$中的动作发出者和事件$_2$中的动作发出者相同,或两者具有同一事物"整体与部分"的关系;而外部事因指的是事件$_1$和事件$_2$动作的发出者不同,即对于事件$_2$这个结果来说,事件$_1$所代表的原因来自于外部,即原因表现为外力作用,因此可以理解为致使义。如:

(22) <u>夏青已喊得嗓子嘶哑</u>,泪干气尽,她的头发凌乱,衣服上鞋上落满人脚踢腾飞扬起来的尘土。(王朔《我是你爸爸》)

(23) 金豹不认识似的盯着他,随手斟满了杯子,轻轻地吮着。<u>他直看得老刚笑了</u>,这才说话:"我不抢走她,她要上吊哩。……"(张炜《海边的雪》)

例(22)表示"因为夏青喊,所以嗓子嘶哑",通过观察原因小句和结果小句中的名词性成分我们可以发现,两者在语义上具有整体与部分的关系:"夏青"是"嗓子"的整体,内部事因小句补语句多具有这个特点。例(23)中"他"和"老刚"之间没有语义关联,"因为他看,所以老刚笑"这个因果关系是整合之后的小句补语句整体带来的。对于"老刚笑"这个结果事件来说,"他看"这个原因完全来自于外部。

还有一类句子可有两种理解:内部事因或外部事因。如:

(24) 学费愁<u>得</u>我睡不好觉。

对于例(24)的两种理解如下:

内部事因:因为<u>我愁学费</u> 所以 <u>我睡不着觉</u>
外部事因:<u>学费</u> (使)<u>我睡不着觉</u>

3.1.2 句式意义

两个小句构成因果关系,小句补语句的句式意义却也可以表达程度。如下:

(25) 他继续说:"你高兴得连呼吸都不需要了。"(余华《现实一种》)

由于"连"的标记作用,小句补语句表程度义一目了然。关于句式义,前人有表因果还是表程度之争,我们认为小句补语句是表示因果关系的,程度是因果关系中的一类。

3.2 句法地位

根据方梅(2009)所提出的"依附(dependent)"和"内嵌(embedded)"两个基本参项,直搭型小句补语句具有(+依附,-内嵌)的特征,两个小句之间是主次关系,第一个小句是自立小句,第二个小句是其依附小句,如:

(26) 哪知道,反倒更复杂了,更乱了! 这屋子挤得人喘不出气来,我得出去,赶快去找加丽亚。(邓友梅《在悬崖上》)

截搭型则具有(+依附,+内嵌)的特征,两个小句之间是从属关系,第一个小句是自立小句,第二个小句是其内嵌小句,内嵌小句的句法等级要低于依附小句。总而言之,小句补语句中的两个小句一个是主句,另外一个是从句,直搭型从句语法地位高于截搭型的。主句具有丰富的句法形式,相对而言,从句缺少句法形态。

3.3 句法特点

3.3.1 句法功能

小句补语句中的第一个小句是自立小句,为主句。第二个小句有的是依附小句,有的是内嵌小句,为从句。根据 Reinhart(1984)的研究,从属性是背景信息的重要句法特征。我们认为,小句补语句中作为主句的小句$_1$为前景,表达的是某个事件过程;作为从句的小句$_2$表现事件过程外的结果或者程度,是作为后景。屈承熹(2006)也谈到,由于前景信息直接影响事件的进展,因此一般使用高及物性动词(即动作动词)表示;后景信息不影响事件的进展,因此用低及物性动词(及状态动词)和/或从属结构表示。如:

(27) 只看见老大娘躲在屋里把脸贴在窗户上往外张望,门外那锅还在冒热气,木柴已经烧到灶门外边来了,生烟呛得人直咳嗽。(邓友梅《别了,濑户内海!》)

上面例句由两个小句所表达的两个子事件组成:"生烟呛人"和"人直咳嗽",

第一个子事件直接影响叙述的进展,表达的是前景,第二个子事件"人直咳嗽"不直接影响叙述的进展,所以是后景资料。

3.3.2 表达特点

两个小句整合成,由此也带来了小句补语句在表达效果上的特点。主要表现在以下几个方面:(1)信息完备性,小句补语句不仅表明发生了什么事情,而且指出了事情的结果,所以它所传达的信息是非常完备的。(2)简洁性,表达的信息量相同,用一个句式与用两个句式相比,肯定是前者更为简洁明了。

四、结　语

小句补语句是汉语中一种比较特殊的表达方式。本文运用概念整合理论分析了两个小句的整合形式,认为主要有直搭型和截搭型两类。两个具有因果关系的小句进入小句补语句后,一个为主句,另一个成为从句。

参考文献

方　梅　2009　小句句法整合的篇章意义(提纲),语言学暑期班。
金海月　2008　从朝鲜语反观汉语的"V得"致使结构,《汉语学习》第2期。
屈承熹　2006　《汉语篇章语法》,北京语言大学出版社。
森山美纪子　1999　主谓补语句的语义结构研究,《汉语学习》第1期。
沈家煊　2006　"糅合"和"截搭",《世界汉语教学》第4期。
孙银新　1998　"得"字兼语句新论,《汉语学习》第1期。
王正元　2009　概念整合理论及其应用研究,高等教育出版社。
岳俊发　1984　"得"字句的产生和发展,《语言研究》第2期。
张旺熹　1999　《汉语特殊句法的语义研究》,北京语言大学出版社。
朱德熙　1998　《语法讲义》,商务印书馆。

(作者单位　上海交通大学国际教育学院　200030)

现代汉语"看上去"与"看起来"用法比较*

任海波

一、引 言

在现代汉语中,"看上去"和"看起来"两个短语意思接近,留学生在学到"看上去"时常常会问:"看上去"与"看起来"是否一样?有的老师常会顺口回答,两者一样。于是留学生在课堂练习时就会说出了如下这样的句子:

(1) 看上去徐美娜今天上午不来上课了。

(2) 我昨天考了HSK,可是听力题目很难,看上去我不能过8级了。

在以上两例中,"看上去"用得不妥,句子读起来不顺。如果改成"看起来"就比较好了。由此,我们看到,"看上去"和"看起来"并不完全一样,不过在真实话语的句子中,"看上去"与"看起来"也确实是常常可以替换使用。例如:

(3) 发出这一声尖叫的是一个女孩子,她的年龄看上去比陶韵略小一些。(周力军《我们这一届学生会》)

(4) 我也没想到,这种看起来很难看的食物竟引起了我的强烈的食欲,一口气喝了十几碗酥油茶,同时把她们那一小袋炒稞麦粉吃掉了一半。(白桦《远方有个女儿国》)

在例(4)和(5)中,"看上去"和"看起来"可以互相替换使用,替换之后,句子依然通顺,意思不变。

为什么在句子中"看上去"和"看起来"有时候可以替换有时候又不能替换呢?从汉语教学的目标出发,我们觉得有必要作比较研究,以便更好地进行

---

* 本文是上海市教委科研项目《基于语料库的现代汉语近义虚词对比研究》(项目编号:07ZS72)的阶段性研究成果并得到上海市普通高校人文社会科学重点研究基地基金资助(基地编号:SJ0705)。

教学。

有关"起来"的研究,前人已有很多专论,目前所能看到的论文大约有三十多篇,其中大都是关注"起来"这一词的语义虚化问题①,也有不少文章分析"起来"所在句的句法和语义特征②。研究"上去"的专论则十分少见,我们目前能看到的只有2篇,这可能是因为"'上去'的虚化程度还不高"(卢英顺,2006),人们关注得还不够多。这些研究给了我们不少启发,但是并不直接解决我们关心的问题。张谊生(2006)曾经以"看起来"与"看上去"为题对这两者的异同作了研究,文章分析虽然细致,但是他主要关注的问题是"起来"与"上去"的虚化问题,而且他所分析的与这两个词搭配使用的动词不局限于"看"。他所观察的事实虽然有不少跟我们所观察的相似,但是也有一些不同。从对外汉语教学的目标出发,我们觉得有必要作更为切实的观察、分析和表述。我们在大规模真实文本语料③的基础上对"看上去"和"看起来"在句子中的用法进行对比分析。(我们共搜索到包含"看上去"的句子483个,包含"看起来"的句子347个。)分析之后,我们认为"看上去"和"看起来"在使用的时候至少有以下几方面值得注意:

二、句法构造能力上的差异

这两个短语所在句子的句法格式通常是"NP+看上去/看起来+AP/VP",例如:

(5)生活一切照旧。旅游回来的他看上去比一个月前年轻了几岁。我不知道是爱情在起作用。(水果《恋恋风尘》)

(6)在另一张肖像里,她头发看上去仿佛截短了,像个男孩子,脸面也使人想起一个饱经风霜的孩子,有一种老得太早的感觉。(张爱玲《都市人生》)

(7)她又笑了:"有时,你看起来比所有人都聪明,可现在,又像个十足的傻子。你母亲那么聪明,怎么生下了你?"(阿来《尘埃落定》)

(8)我在早餐店里又遇到了那对情侣,他们看起来睡得很不好,在我撕咬煎饼的时候……(周洁茹《小妖的网》)

---

① 请参看房玉清(1992)"起来"的分布和语义特征,《世界汉语教学》第1期。贺阳(2004)动趋式"起来"的语义分化及其句法表现,《语言研究》第3期。
② 请参看吴锋文(2006)"VP+V-起来+AP"格式句法语义分析,《华中师范大学研究生学报》第4期。
③ 我们使用的语料是主要有两种:一、当代小说80本,共计字数:10,475,225汉字;二、《人民日报2000年》,共计字数:24,181,518汉字。

以上例(5),"看上去"后面是形容词性短语,例(6)中"看上去"后面则是动词性短语;而例(7)中,"看起来"后面是形容词性短语,例(8)中"看起来"后面则是动词性短语。这么看,两者似乎没有什么差别,但是,实际上两者有一定的差异。有时候,"看起来"在所处的句子中充当谓语的主要成分,例如:

(9)一会儿,他走到我前面,坐在我身边,低下头默默看起来,看得出来,我那本黑塞的《在轮下》叫他爱不释手。(石康《晃晃悠悠》)

(10)一个早上,肖万昌正背着手往大队部走去,路上遇到一群孩子在滚打玻璃球儿玩,就站在一旁看起来。(张炜《秋天的愤怒》)

以上的例(9)和(10)中,"看起来"的"起来"是表示"开始",而动词"看"具有明显的实际动作意义①。例(9)中的"看起来"虽然在中间的小句中,其实,后面的小句不再出现,其语义上也已经自足。而"看上去"在句子中使用的情况则与此不同。例如:

(11)卡姬娅穿一身普通衣裙,远远看上去,和一个辽西农村的妇女差不多。(洪峰《苦界》)

(12)那时候他好像比现在瘦,从我坐的那个角度看上去,他的脸显得有些长,有棱有角的。(安顿《欲望碎片》)

从上面的例(11)和(12),我们可以看到,"看上去"后面虽然可以有停顿,但是其所在的小句,在句子语义的表述上是不能自足的,后面需要有一定的成分出现才能完成整个句子的表述。

"看起来"和"看上去"这种句法构造能力上的差异反映了两者语义虚化特点的差异。"看起来"有比较虚的意思,但是也有非常实的意思。贺阳把"起来"的意义分为三种:位移义、结果义、体貌义②。可见,他注意到了动词加"起来"的语义的复杂性。张谊生把像在例(9)和(10)中的"看起来"称为基谓语,而把例(7)和(8)中的"看起来"称为泛谓语③。依据的主要就是这两种语义的虚实不同。他同时也相应地把"看上去"分为基谓语和泛谓语,但是"看上去"在句子中的虚实语义差异不像"看起来"这么明显,或者说"看上去"在句子中哪个更虚哪个更

---

① "看起来"用在句子中,"看"可以念成阴平,表示"看守",例如:"我这儿是你们家呀,吵得个天昏地暗!住口,男的挑担去,把女的也给我看起来。"(邓友梅《追赶队伍的女兵们》)。这里"看"的意思仍然很实,而"起来"则有点虚。这样的例子很少,在我们的语料中仅有2例。(我的下人们被带枪的人【看起来】了。《阿来《尘埃落定》)

② 参见贺阳(2004)动趋式"起来"的语义分化及其句法表现,《语言研究》第3期。

③ 参见张谊生(2006)"看起来"与"看上去"——兼论动趋式短语词汇化的机制与动因,《世界汉语教学》第3期。

实是很难分辨的,其实,"看上去"从实的方面看,它要比"看起来"虚,从虚的方面看,它要比"看起来"实。张谊生忽略了两者对后续句的不同要求,试图把它统一起来,给出的解释并不圆满。我们收集到的含有"看上去"的句子中,没有一个不需要后续成分,而在含有"看起来"的句子中,"看起来"能够作为主要谓语使用的有 14 句,约占总例句数的 4.03%。

三、句法关系表达上的差异

位于"看上去"和"看起来"之前的名词性成分通常表示的是"看"的对象,或者说是"看"的客体,例如:

(13) 邓才刚看上去似乎很轻松,而朱怀镜感觉到的气氛是悲壮而落寞的。邓才刚去意已决,朱怀镜便不再相劝。(王跃文《国画》)

(14) 余嫣红看起来是憔悴的、狠狠的。(琦君《橘子红了》)

在以上两句中,例(13)和(14)中"看上去"和"看起来"前的人名所表示的人是动作行为"看"的对象,但是,有时候由于谓语核心部分语义的特点,"看上去"和"看起来"前的名词性成分可以是"看"的施事,或者说是主体。例如:

(15) 梁梓君一眼看上去全不明白,仔细看就被第一节里的"磨"、"增"、"潜"三兄弟给唬住,问林雨翔怎么这三个字如此相近。(韩寒《三重门》)

(16) 龙虎是个有心人,他用学者的眼光来琢磨自己从事的这份常人看起来很简单、不起眼的工作。(《人民日报》2000 年 11 月)

以上例(15)中的"梁梓君"和例(16)中的"常人"是"看上去"和"看起来"的动作行为"看"的主体。这种句法关系上的差异,是由"看上去"和"看起来"前后的句法成分之间的语义关系所决定的。虽然它们之前的句法成分可以有主动和被动之分,不过表示主动的情况极少。在含有"看上去"的句子中,"看上去"之前的句法成分表示主动的句子有 2 句,约占总例句数的 0.41%;在含有"看起来"的句子中,"看起来"之前的句法成分表示主动的句子有 2 句,约占 0.58%。但是不管怎么说,句子中的这种句法多义性是存在的。这种多义性也存在于他们能够进入的使令句中。例如:

(17) 和服遮住了禾子的大部分肌肤,这使禾子看上去有点神秘。(洪峰《苦界》)

(18) 虽说"地球围着大国转"让中小国家看上去不舒服……(《人民日报》2000 年 9 月)

(19) 收税人的褐色制服使他的脸看起来更加深沉严肃。(阿来《尘埃落定》)

(20) 那些平日里使姚江河看起来甚觉浅薄的男女学生,此时也在他的心底里激起温馨的波澜。(罗伟章《妻子与情人》)

以上四个例句中,"看上去"和"看起来"都是被用在使令句或者使令结构中,例(17)和(19)的"禾子"和"他的脸"都是被看的对象,而例(18)和(19)中的"中小国家"和"姚江河"则是看的主体。在含有"看上去"的句子中,使令结构中"看上去"之前的句法成分表示主动的句子仅有 1 句,约占总例句数的 0.21%;表示被动的句子有 30 句,约占总例句数的 6.21%。在含有"看起来"的句子中,使令结构中"看起来"之前的句法成分表示主动的句子有 3 句,约占总例句数的 0.86%;表示被动的句子有 20 句,约占总例句数的 5.76%。

这些可以说是这两者的在句法关系表达上的相同点,但是它们也有不同点。

"看起来"之前,可以用介词结构"在……"等引入一个名词性成分,而这时,这个名词性成分就表示"看"的主体①。例如:

(21) 她穿着在家穿的衣服,在她,那套衣服可能很平常,但是在我看起来,比我们平时穿出去参加什么活动的衣服还要好。(安顿《欲望碎片》)

(22) 这个地方在外人乃至新华书店一渠道的人看起来,很有一些神秘色彩。(阿登《书感》)

在以上的两个例子中,"在……"引入"看"的主体,被看的对象在"看起来"之前。这样的句子共有 2 句,约占总例句数的 0.58%。在使用"看上去"的句子中,我们没有发现用这种方法引入"看"的主体。可见,"看上去"和"看起来"在句法关系的表达上有差异。

四、被述对象语义上的差异

"看上去"表述的对象比较具体,通常要有能被视觉感知的特征,大多数情况下是一种有具体形象的人或物,有时候也可以是一种行为、事件等。例如:

(23) 镜子里的人看上去有些紧张,脸色微红。(安顿《欲望碎片》)

(24) 女主人席上的三姨看上去简直像那瓶里的鲜花……(欣力《纽约丽人》)

(25) 穿一身名牌的休闲西服,看上去既讲究也很随意。(水果《恋恋风尘》)

(26) 以前自己和魏明是刘总的左膀右臂,两人不分上下,现在的调整看上

---

① 关于这一点,张谊生(2006)的观察跟我们相同。

去似乎自己下了一层。(汪向勇《逃往中关村》)

在以上的例(23)和(24)中,"看上去"的对象是具体的人,具有被视觉感知的特征。而例(25)和(26)中,"看上去"的对象则是某种行为或者事件。在含有"看上去"的句子中,表述对象是有具体形象的人或物的有433句,约占总例句数的89.65%。"看起来"则不限于表达这些。"看起来"的表述对象可以是具体的也可以是抽象的,例如:

(27)彼此的脸看起来都变得恍惚,声音也恍惚。(王安忆《长恨歌》)

(28)在妇女剪发运动中,你做"剪发匠",剪掉了那么多妇女的头发,你还同男人一起宣传新思想,用旧眼光看起来,当然都是大逆不道,不守清规的了。(秦德君、刘淮《火凤凰》)

(29)有好多次,蔡闽义就曾语重心长地提醒过陶韵,要站稳脚跟,分清敌我友,三思而后行。现在看起来,这些话是起了作用的。(周力军《我们这一届学生会》)

(30)我实在是为二十七岁的我感到不好意思,那时我的一切,包括虚荣心在内,都十分好笑——可是,现在看起来,只在那个年纪,我才干得出那种事……(石康《晃晃悠悠》)

在以上的句子中,例(27)和(28)中"看起来"的对象是具体的形象和行为,其中,用"看上去"替换也未尝不可,但是,例(29)、(30)句中,句子的意思表示估计、推测和推断,"看起来"的对象不是一个具体的视觉可感知的事物,而是复杂的情况。这里就很难用"看上去"进行替换。根据我们对语料的观察和统计,在含有"看起来"的句子中,表述对象是有具体形象的人或物的有239句,约占总例句数的68.88%,这个概率要比"看上去"低许多。有45个句子表示估计、推测和推断,约占总例句数的12.97%。

五、句式表达功能上的差异

如前所述,"看上去"所在的句子表述的对象具有视觉感知的特点,所以,其句式语义更强调描述,而"看起来"所在的句子,除了表述具体对象之外,其句式语义还强调估计、推测和推断,常常根据被述对象(情况)来推测或者推断结果。张谊生认为经过语法化之后,"看上去"和"看起来"不管出现在小句之前还是小句中间,这两个词已经成为评注性副词。含有这两个词的句子从表达观感虚化为表达感知①。我们觉得从表达观感到表达感知,它带来的变化不只是表现在语义上,更重要的是,它们各自语义特点的不同会使各自进入的句式产生差异。"看上去"和"看起来"能够大量进入转折句等句式中。例如:

(31)"上海小姐"这项桂冠是一片浮云,它看上去夺人眼目,可是转瞬即逝,它其实是过眼的烟云,留不住的风景……(王安忆《长恨歌》)

(32)我的周围是柔软而纤长的芦苇,随风摇荡着,看上去是那么结实,但当我伸出手去,它们摇向了相反的方向。(安顿《欲望碎片》)

(33)面上看起来很活跃,底下其实是静如止水。(王安忆《长恨歌》)

(34)世上许多人看起来很相似,然而开口说话,却有着天壤之别。他究竟是一个什么样的人呢?(张抗抗《北极光》)

从以上的例(31)到(34)中都有一些词语表明"看上去"和"看起来"处在转折句中。进入转折句是"看上去"和"看起来"的共同的句式表达功能。这个时候,"看起来"跟"看上去"一样,表述的对象是具体的,句子句式语义具有描述性特征。在含有"看上去"的句子中,处在转折句中的有65句,约占总例句数的13.46%。在含有"看起来"的句子中,处在转折句中的有117句,约占总例句数的33.72%。然而,含有"看起来"的句子的句式语义,除了这种功能外,还有表示估计、推测和推断。这个时候,"看起来"所在的小句后面就不会出现表转折的小句。如上面的例(29)、(30)。更值得注意的是以下这样的句子:

(35)那张旧沙发床还在原位,但玛格丽特给沙发床遮了一块鲜艳的毯子,使那张躺上去咯吱咯吱乱响的沙发显得顺眼了许多。屋里摆了一张写字台、几把椅子及两个书架,看起来,玛格丽特已把这里当做了自己的工作间。(王小平《刮痧》)

(36)你看你,我一看到你,你的脸色便是这样煞白煞白的。看起来,似乎精力不济,你是不是一直睡眠不足。(凌非《天囚》)

(37)转而对萧木说:"在你们宿舍门口正碰上她,急猴猴的。看起来关心你的人还不止我一个……"陶韵抬手打了他一下:"去你的,贫嘴!"(周力军《我们这一届学生会》)

以上三句中,"看起来"的表述对象都是某种情况而不是某个具体的事物或人,这时句式语义表示的是估计、推测和推断。"看起来"的后续句中没有表转折的小句出现。这是"看起来"与"看上去"的一个很大的不同之处。张谊生把以上

---

① 请参看张谊生(2006)"看起来"与"看上去"——兼论动趋式短语词汇化的机制与动因,《世界汉语教学》第3期。

三句中的"看起来"称为插入语。他认为这样的插入语"都可以省略且不会影响句子的结构关系和基本语义。"[①]其实,省略了"看起来",有的句子的估计、推测和推断意义就没有了,如例(35);有的则句子语义不能连贯,如例(36)和(37)。可见,他还没有充分注意到"看上去"和"看起来"在句式表达功能上的差异。其实,此时"看起来"更像一个表示连接关系的关联词语。

六、结　语

总之,虽然"看上去"和"看起来"所处句子的句法特征有不少可以被描述,但是我们认为两者之间的重要差异存在于四个方面:1. 由于"看上去"与"看起来"两者的语义虚化特点的不同,"看起来"实时很实,而虚时很虚,"看上去"则没有极端的情况。这种差异造成了两者在句法构造能力上的差异。2. 单纯直接出现在"看上去"和"看起来"前的名词性成分,通常就是它们的表述对象,但是在极少数的情况下,这样的名词性成分也可以成为表述的主体。"看起来"可以通过让"在……"等结构直接位于自己的前面来介引表述主体。3. "看上去"的表述对象具有形象的特点,可以被视觉所感知。"看起来"的表述对象既可以是具体的也可以是抽象的。它可以把某种情况(抽象事物)当作表述对象。4. "看上去"和"看起来"都可以大量用于转折句子中,但是当"看起来"的句子表示估计、推测或推断时,其后面就没有表转折的小句出现了。

参考文献

房玉清　1992　"起来"的分布和语义特征,《世界汉语教学》第1期。
贺　阳　2004　动趋式"起来"的语义分化及其句法表现,《语言研究》第3期。
吴锋文　2006　"NP＋V－起来＋AP"格式句法语义分析,《华中师范大学研究生学报》第4期。
卢英顺　2006　"上去"句法、语义特点探析,《安徽师范大学学报(人文社会科学版)》第4期。
张谊生　2006　"看起来"与"看上去"——兼论动趋式短语词汇化的机制与动因,《世界汉语教学》第3期。

(作者单位　上海师范大学对外汉语学院　200234)

---

① 请参看张谊生(2006)"看起来"与"看上去"——兼论动趋式短语词汇化的机制与动因,《世界汉语教学》第3期。

外国学生习得时间介词的中介语考察*

周文华

一、引 言

时间介词是现代汉语介词系统中重要的、不可缺少的一类。虽然很多学者在讨论介词时都会涉及它们,但因为"时间系统和空间系统是有很强的相似之处和对应关系的,时间介词和处所介词也有很强的对应关系。"(陈昌来,2002)所以一些学者常把表时间和空间的介词放在一起讨论,称为时空介词。到目前为止,单独对时间介词有比较系统研究的只有刘月华等(2001)和陈昌来(2002)。而且,还鲜有学者对时间介词的习得情况进行过系统考察。所以,本文拟对中介语中时间介词的使用情况进行考察,以期发现中介语中时间介词的使用规律,为教学提供一些参考。至于部分时间介词介引空间成分的用法将另文讨论。

二、时间介词的界定及句法功能考察

时间介词到底包括哪些,它们的句法特征是什么?学者们的观点不太一致,研究得也不太全面。目前,除了刘月华等(2001)和陈昌来(2002)对时间介词有比较详细的列举以外,其他的语法论著(如吕叔湘,1980;张斌主编,2001等)都

---

* 本文得到教育部人文社会科学研究项目(10YJA740101)、江苏高校优势学科建设工程项目、南京师范大学211工程三期重点学科建设项目及南京师范大学青年人才科研培育项目(10QNPY02)的资助。本文曾发表于《汉语学习》2011年第2期。肖奚强教授、李泉教授曾对本文的写作和修改提出过许多宝贵意见,在此谨致谢忱!错缪之处均由本人负责。周文华,男,南京师范大学国际文化教育学院讲师,博士,研究方向为语言习得理论与运用。

只是零星列举,而且都把介引时间成分和空间成分放在一起讨论。遵循学者们对时间介词的列举,同时参照语料①的考察,我们认为时间介词主要有"当、在、于、从、自、自从②、打、离③、临、趁"等10个。虽然它们同属时间介词一类,但表义和句法功能却各不相同。下面分别看一下它们的主要区别和句法功能。

(一) 当、在、于

"当、在、于"介引的成分都可以表示动作发生的时点或时段,但只有"在"与"当"、"于"有一定的互换关系,"当"和"于"没有互换关系。

1. "当"是三个表时点/段的介词中使用最复杂的。它的典型用法是与"时/的时候"、"(以/之)后"等构成介词框架,如:

(1)【当】爱情真正降临时,一个人想坏也坏不出来了,要是人人都拥有一点爱呢?

(2) 所以,【当】安心为毛杰包扎好伤口以后并没有急着要走……

含"当"的小句通常可以加"每、正"等副词,尤其是"当"后加表时间的名词时,如:

(3) 每【当】这时,我都要死一次,尽管是在梦中,也死得惟妙惟肖……

(4) 正【当】我兴致勃勃鼓捣个没完时,发现她正看着我笑。

另外,"当"还可以直接加小句,小句中一般要有结果补语或趋向补语,如:

(5)【当】她看到我,我做了个鬼脸。

(6)【当】我走向阮琳想让她劝劝司徒聪"别在意",她这么对我说。

2. "在"和"当"的相似之处是也可与"(之/以)后、时/的时候"构成介词框架,如:

(7) 毛杰这个案子【在】毛家战斗结束之后,基本上算是告破了。

(8) 那白床单的这头一颗圆圆的东西,【在】平板车推下三级低低的台阶时……

不同之处是:① "当"可与"每、正"等副词联用,如例(3)、(4),而"在"不可以;② "在"可以直接与时间名词构成介词短语,不需要加副词"每、正"。另外,

---

① 本文考察的语料有三种:汉语母语者语料(150万字),选自王朔的《看上去很美》、《编辑部的故事》,海岩的《玉观音》,贾平凹的《废都》,王小波的《天长地久》;中介语语料(150万字),来源于南京师范大学汉语中介语偏误信息语料库,分初、中、高三级,每级50万字;对外汉语教材课文语料库(53万字),来源于杨寄洲主编的《汉语教程》(北京语言大学出版社,1999)、陈灼主编的《桥梁》(北京语言大学出版社,1996)和姜德梧主编的《高级汉语教程》(北京语言学院出版社,1990)的课文。本文用例均出自前两种语料。

② 语料还有极少量的"自打"用例,与"自从"的用法完全相同,本文把"自打"的用法归入"自从",不再另行讨论。

③ 时间介词"离"与"距"和"距离"在表义和用法上区别不大,在本文考察的三种语料中出现最多的都是"离",另外两个很少。因此,本文的分析以"离"为代表,实际语料统计中包括少量的"距"和"距离"。

"在"还可与"(之/以)前"构成介词框架,而"当"不可以。如:

(9) 电车……又【在】顷刻间塞满,摇摇晃晃开走,满街仍是熙熙攘攘的人群。

(10) 我们认为有必要【在】大规模开展业务以前总结一下前一段的工作。

3. "于"只能加表时间的名词构成介词短语。而且受古汉语的影响,多用在动词之后;只有少数"于"字介词短语可以放在动词前,如:

(11) 只是庄老师不能生【于】古时,也不能寿【于】将来。

(12) 张璐【于】一九八四年经家庭介绍与一年轻军官结婚……

位于动词之后的"于"只能部分替换为"在"。一些不能自由运用的单音节动词,如例(11)中的"寿"后的"于"不能换成"在"。位于动词之前的"于"多用于比较正式的文体,语料中出现的用例较少,都可替换成"在"。

(二) 从、自、自从、打

"从、自、自从、打"都表示动作发生的时间起点,它们之间存在一定的互换关系。

1. "从"是四个介词中使用频率最高的一个。可与表时间的名词性成分构成介词短语,还可与"开始/起"、"(之/以)后"、"……到……"等构成介词框架,如:

(13) 也愧对子孙,人家将来要查的,到底这优良传统【从】哪朝哪代失传的?

(14) 我把车开到香江花园,【从】我爸让车刮了以后我就又搬回这里住了。

(15) 【从】写完到交上去,方枪枪都被一种陌生的情绪所控制……

2. "自"与"从"的用法近似,只是"自"比较口语化。两者大部分情况下可以互换,除了"自"位于动词之后的用法,如:

(16) 这和我一个来【自】童年,萦绕已久的不快印象倒是吻合。

3. "自从"跟"自"、"从"的用法类似,但"自从"没有置于动词之后的用法,也没有与名词直接构成介词短语的用法。其他用法与"自"、"从"一样,语料考察无一例外,用例不再赘举。

4. "打"除了不能置于动词之后以外,其他的用法与"从、自、自从"等无异。不过它的使用十分口语化,在语料中出现的用例非常少。

(三) 离、临、趁

这三个时间介词表义各有特色,不存在互换关系。

1. "离"的用法比较简单,只能加表时间的名词构成介词短语。"离"介词短语只能位于谓语动词之前作状语,且谓语动词之前常有"还、尚、只"等副词,如:

(17) 心下纳闷:【离】春节尚有二月余,为何此刻便通宵抢购年货。

(18) 她看表,十一点了,【离】第二天早上六点只有七个小时的时间……

2."临"常与"(之/以)前、时/的时候"构成介词框架,框架中只能加谓词性成分,如:

(19) 我马上站起来,说了声谢谢就出了门,【临】出门前那女的又叫住了我。
(20) 【临】走时又发现没有了龚靖元的那幅字。

介词框架中的"(之/以)前、时/的时候"通常可以省略,形成"临+动"结构,这是"临"的特殊用法。

3."趁"常与"之际/之时、时/的时候"等构成介词框架,框架中通常加小句,如:

(21) 钱康【趁】李缅宁分神之际已渐占上风,面呈得意。
(22) 后来我就琢磨开了:为啥这小娘儿们总是【趁】丽珠不在家的时候来?

"趁"也可以直接加谓词性成分(通常为形容词)或小句构成时间介词短语作状语,如:

(23) 我早想抱外孙,他却说【趁】年轻多玩玩,要个小孩多累赘……
(24) 黑子答应一声,【趁】人不注意,溜出院门贴墙根儿慢慢走了几步……

另外,"趁"也可以加"着",用法与"趁"没有差异。

从以上分析可以看出,这10个时间介词的句法构成各有特点,即使是近义的介词之间也不能等同互换。所以,在教学中应注意它们的句法构成讲解,以区别近义介词之间的用法。

三、时间介词的使用频率考察

在本文考察的三种语料中,各时间介词的频率分布是不同的。请看表1[①]:

表1

	汉语母语者使用情况		外国学生使用情况		教材出现情况	
	使用频次	使用频率	使用频次	使用频率	出现频次	出现频率
当	190	1.267	139	0.927	169	3.189
在	602	4.013	572	3.813	285	5.377
于	27	0.180	44	0.293	7	0.132
从	213	1.420	673	4.487	92	1.736

[①] 汉语母语者及外国学生使用频率=使用频次/语料总量(150万),教材出现频率=出现频次/语料总量(53万)。

(续表)

	汉语母语者使用情况		外国学生使用情况		教材出现情况	
	使用频次	使用频率	使用频次	使用频率	出现频次	出现频率
自	16	0.107	21	0.140	7	0.132
自从	12	0.080	19	0.127	28	0.528
打	11	0.073	2	0.013	9	0.170
离	5	0.033	5	0.033	8	0.151
临	29	0.193	36	0.240	24	0.453
趁	22	0.147	29	0.193	18	0.340
总计	1127	7.513	1540	10.267	647	12.208

从表1的总频率上来看，教材的出现频率最高，外国学生的使用频率次之，汉语母语者使用频率最低。看一下不同介词的使用频率对比情况就会发现，除了个别使用严重超量或使用严重不足的介词外，外国学生与汉语母语者的差别相对于两者与教材的差别要小得多。说明中介语是向目的语靠近的，教材的编排与中介语和目的语的情况不太一致，有待改善。

从表1还可以看出，"当、在、从"在三种语料中的使用频率都是最突出的，远远高于其他七个时间介词。不过它们的具体使用情况不一致：汉语母语者倾向于使用"在"，然后是"从"和"当"。后两个时间介词的使用频率相差不大，而"在"的使用频率要远高于它们；外国学生倾向于使用"从"和"在"，然后是"当"，而且外国学生对"从"的使用远高于汉语母语者和教材；教材中出现最多的是"在"，然后是"当"，最后是"从"，而且"在"和"当"的出现频率都远远高于汉语母语者和教材。其他的时间介词使用频率都不高，而且变化也不大。下面是三种语料中各时间介词的出现频率排序情况：

汉语母语者使用频率高低顺序为：在＞从＞当＞临＞于＞趁＞自＞自从＞打＞离

外国学生使用频率高低顺序为：从＞在＞当＞于＞临＞趁＞自＞自从＞离＞打

教材出现频率高低顺序为：在＞当＞从＞自从＞临＞趁＞打＞离＞自、于

可以看出，三种语料中频率的排序各不相同，尤其是教材中的输入频率与汉语母语者和外国学生的使用频率差别较大。但是可以看出外国学生与汉语母语

者的使用情况有一定的趋同性,再次证明中介语的发展是向目的语靠近的。

四、时间介词习得情况动态考察

本节考察外国学生在初、中、高三个学习阶段时间介词的习得情况。首先看一下三个学习阶段不同时间介词外国学生使用频率和正确率的变化情况,请看表2①:

表 2

	使用频率						正确率					
	初级		中级		高级		初级		中级		高级	
	例数	频率	例数	频率	例数	频率	正例	频率	正例	频率	正例	频率
当	33	0.66	49	0.98	57	1.14	28	0.85	45	0.92	52	0.91
在	127	2.54	204	4.08	241	4.82	108	0.85	192	0.94	233	0.97
于	2	0.04	10	0.20	32	0.64	2	1.00	9	0.90	31	0.97
从	249	4.98	218	4.36	206	4.12	167	0.67	175	0.80	182	0.88
自	/	/	17	0.34	4	0.08	/	/	13	0.77	3	0.75
自从	4	0.08	13	0.26	2	0.04	3	0.75	11	0.85	1	0.50
打	2	0.04	/	/	/	/	1	0.50	/	/	/	/
离	1	0.02	2	0.04	2	0.04	1	1.00	2	1.00	2	1.00
临	17	0.34	11	0.22	8	0.16	14	0.82	10	0.91	8	1.00
趁	4	0.08	16	0.32	9	0.18	4	1.00	16	1.00	9	1.00
总计	439	8.78	540	10.8	561	11.2	328	0.75	473	0.88	521	0.93

从表2可以看出,外国学生时间介词的总体使用频率和正确率都是呈递增趋势的。说明学生对时间介词的习得是稳步提高的。从总体上看,时间介词的难度不高。

为了更清楚地看到各时间介词在不同学习阶段的使用频率和正确率的变化趋势,可以把上表中的使用频率和正确率分别转换成图1、图2:

---

① 使用频率=例数/各级语料总量(50万),是万分位的。正确率=正例/例数,是百分位的。"/"表示未出现用例(下同)。

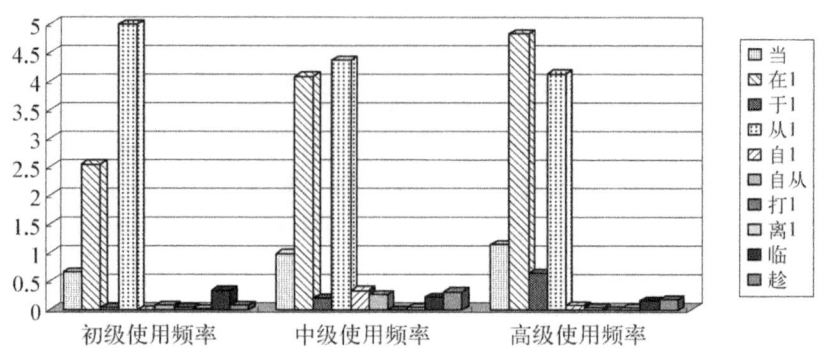

图 1

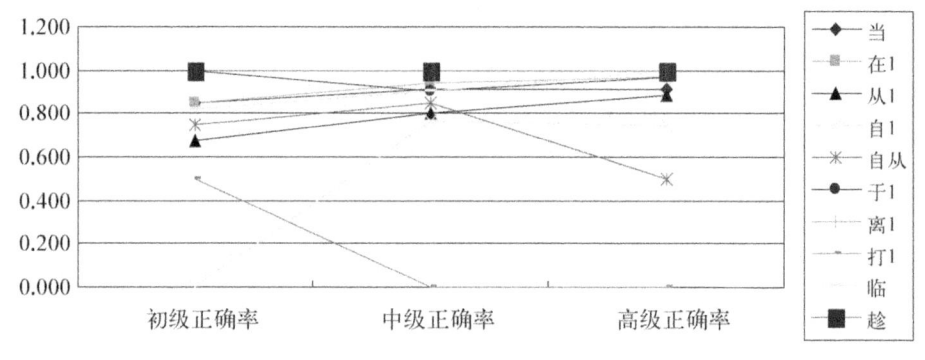

图 2

具体时间介词的习得情况大体可以分为三种：

1. 三个学习阶段正确率都在 0.8 以上[①]的时间介词有 6 个，它们分别是"当、在、于、离、临、趁"，它们的习得难度都比较低。"离"和"趁"的正确率在三个学习阶段都是 1。其中"离"在每一个学习阶段的使用数量都达不到"初现率标准（emergence criterion）"[②]，但对比一下外国学生与汉语母语者的使用频率，就会发现它们的频率差不多，说明"离"原本在语言交际中的使用频率就不高。因

[①] 此标准的运用参见施家炜(1998)。但 0.8 的正确率只是作为习得统计时一个比较容易操作的衡量标准，肖奚强教授在学术讨论时多次指出具体的语言项目的习得难度还需要根据其他一些因素进行适当的调整。

[②] "初现率标准"是以某一个语法现象在中介语中第一次"有系统"的和非"公式化"的出现和使用作为参数来确定这个语法现象习得过程的开始(Meisel, Clahsen and Pienemann, 1981; Pienemann, 1984; Larsen-Freeman & Long, 1991)。（转引自张燕吟，2003）初现率标准作为一种习得衡量标准，不是为了发现某个语法结构什么时候习得成功，而是旨在确定习得的起始(Pienemann, 1998)。

此,可以确定"离"和"趁"的难度最低。"于"在初级阶段未达初现率标准,中级阶段以后使用频率增加很大,所以难度也不高。

2. 初级阶段正确率未达0.8,中、高级阶段正确率在0.8以上的时间介词只有"从"。它不仅是中介语中使用频率最高的,而且偏误数量也是最多的时间介词。这说明外国学生遇到起点时间的表达时,最倾向于使用"从"。从上文的句法功能分析可以看出,"从"的句法构成是最复杂的,这也是导致"从"的偏误数量多的一个原因。

3. 剩下的三个时间介词"自、自从、打"使用频率不高,正确率有较大反复:"自"在中级才出现用例,正确率也没有达到0.8。到高级阶段,使用频率和正确率都降低了,说明"自"难度比较高;"自从"虽然在初级阶段就出现用例了,但正确率未达到0.8,到中级阶段才升为0.846,但高级阶段又降为0.5。说明"自从"也是比较难的。"打"只在初级阶段出现用例,且均达不到初现率标准和习得标准,说明外国学生根本没有习得时间介词"打"。

综合来看,中介语中所反映出的时间介词的难度等级和习得顺序大致可分为:

(1) 难度较低,在初级阶段习得的时间介词有:当、在、临、趁、离。

(2) 难度中等,在中级阶段习得的时间介词有:从、于。

(3) 难度较高,未习得的时间介词有:自、打、自从。

五、时间介词习得过程中的偏误分析

本节分析一下时间介词在各学习阶段出现的偏误情况,请看表3[①]:

表3

	初级偏误情况		中级偏误情况		高级偏误情况		总 计
	偏误数	比 例	偏误数	比 例	偏误数	比 例	
当	5	0.045	4	0.060	5	0.125	14
在	19	0.171	12	0.179	8	0.200	39
于	/	/	1	0.015	1	0.025	2
从	82	0.739	43	0.642	24	0.600	149

① 比例=偏误数/某一阶段偏误合计数。"离、趁"没有出现偏误用例,故未列入。

(续表)

	初级偏误情况		中级偏误情况		高级偏误情况		总　计
	偏误数	比　例	偏误数	比　例	偏误数	比　例	
自	/	/	4	0.060	1	0.025	5
自从	1	0.009	2	0.030	1	0.025	4
打	1	0.009	/	/	/	/	1
临	3	0.027	1	0.015	/	/	4
合计	111	1.000	67	1.000	40	1.000	218

从上表可以清楚地看出，学生的偏误总数是逐级减少的。考察具体的介词，大部分的偏误数量也是逐级减少的，这说明外国学生对时间介词的掌握逐渐变好。同时也可以看到，"从、在、当"三个时间介词的偏误跟它们的使用频率一样，也是最高的三个，占据了时间介词偏误数的92.66%。正如Schachter(1974)研究得出的结论那样：学生用得越多，错得相对也就越多。其他的时间介词偏误数量都不太多。

下面再来看一下各学习阶段偏误的类型分布，请看表4①：

表4

	错　序		遗　漏		误　加		误　代		合计
	数量	比率	数量	比率	数量	比率	数量	比率	
初级	9	0.082	75	0.682	13	0.118	13	0.118	110
中级	3	0.045	34	0.507	9	0.134	21	0.313	67
高级	3	0.075	17	0.425	7	0.175	13	0.325	40
总计	15	0.069	126	0.581	29	0.134	47	0.217	217

从上表可以看出，时间介词的典型偏误是遗漏，其次是误代和误加，错序是最少的。在四类偏误中，错序、遗漏和误加的数量是逐级减少的，误代则呈倒"U"型分布。(Diane Larsen-Freeman & Michael H. Long., 1991)误代偏误的变化情况看上去有点反常，其实仔细分析一下，就会发现这与学生习得时间介词

---

① 比率=偏误数量/某一学习阶段偏误数合计。初级阶段有1例偏误用例表义混乱，故只考察217例。

的数量和监控有关:在初级阶段学生接触和习得的时间介词少,缺少产生误代的条件;到了中级阶段,学生接触和习得的时间介词增多,很多时间介词的表义和用法近似,若对使用规则掌握不好,极易产生误代;高级阶段,学生的知识水平提高,各时间介词之间的用法区别也较中级阶段有了很大的提高,监控加强,偏误数量就会有所下降。学生的偏误出现倒"U"型误代规律提醒我们要加强近义时间介词的区别教学。

(一) 错序

错序偏误是最少的偏误形式,所占比例很低,不会对学生的习得造成很大影响。有一半以上出现在初级阶段,中、高级阶段很少。基本都是"从"、"在"介词短语的错序,如:

(25) *他来南京【在】二月十六号。(初级　越南)①

(26) *我最喜欢的花也是开花【在】春天,那个花就是白色的牡丹。(中级　韩国)

(27) *我父母认识他【从】高中起,那时他住在我们邻居的家。(高级　蒙古)

例(25)应改为"他在二月十六号来南京",例(26)应改为"……在春天开花",例(27)应改为"我父母从高中起认识他……"

(二) 遗漏

遗漏是时间介词的典型偏误。其数量虽然逐级减少,但所占比例在每一级都是最高的。

遗漏偏误主要出现在"从、在、当、自"4个介词的用例中,其中以"从"的用例最多,初、中、高级分别有58例、26例、12例。多数是介词框架构成成分的遗漏,如:

(28) *【从】那天∧如果我有问题他来帮助我。(初级　美国)

(29) *【从】这时∧他们的关系越来越好。(中级　日本)

(30) *就【从】那刻∧,我感觉很高兴,因为我又有一个好朋友了。(高级　越南)

这3例都遗漏了框架构成成分"起/开始"。

介词"从"的遗漏只出现在初级阶段,如:

(31) *爸爸∧早到晚一直找工作。(初级　孟加拉)

(32) *所以这几天我∧早到晚忙得连信也写不了。(初级　日本)

---

① 外国学生的偏误用例前以"*"标出。如果是错序、误加和误代,把句中的偏误部分用下划线标出;如果是遗漏,在句中的遗漏处用"∧"标出。

"在"只在初、中级阶段出现遗漏偏误,分别有 11 例和 2 例,都是介词框架构成成分"时/的时候"的遗漏,如:

(33) *【在】刚开始学汉语∧,我发现了汉字很奇怪。(初级 德国)

(34) *……,是因为【在】旅行∧我听到了终生难忘的一句话。(中级 韩国)

"当"出现的遗漏偏误数量不多,但每一级都占其偏误数的一半。多是框架构成成分"时/的时候"的遗漏,如:

(35) *【当】我们遇到了闲(困)难∧,有什么不好解就去找老师。(初级 罗马尼亚)

(36) *【当】别人待他不怎么样∧他却显出原谅的样子,毫不在乎地说。(中级 古巴)

(37) *【当】银行的行情一不稳定∧他(就)切裁员,减工资。(高级 泰国)

中级阶段的"自"也有一半偏误是遗漏,如:

(38) *【自】那个小事∧我连一棵树也没爬。(中级 德国)

(39) *从此可见,人们【自】很久以前∧和狗维持好的关系。(中级 韩国)

例(38)遗漏了"起/开始/以后",例(39)遗漏了副词"就"。

这四个介词之所以会出现较的遗漏偏误,是因为它们的使用多涉及介词框架和副词的搭配使用,学生稍不注意就会遗漏。其他的时间介词由于使用数量都比较少,而且没有以上四个时间介词那样有较多的介词框架和副词搭配规则,所以遗漏的偏误相对较少。

(三) 误加

误加偏误从数量上看,也是逐级减少的,但所占比例却是逐级上升的。这说明它的纠正速度不理想,而且有"从、在、当、临、当、自、自从"等 8 个介词出现这类偏误,说明这种偏误覆盖的范围广,需要在教学中加以重视。

在所有的误加偏误中,仍以"从"为最多,大部分是"从"的误加。其他介词数量不多,但也都是介词的误加。如:

(40) *经济发展了,【从】目前比以前变化得很多。(初级 老挝)

(41) *【自】三十多年以来,在西方,东方的文化非常流行。(中级 加拿大)

(42) *【当】我来中国的最后一天是无可忘记的。(高级 澳大利亚)

学生的误加偏误是目的语规则泛化引起的偏误,需要让他们了解各时间介词的使用条件才能纠正。

(四) 误代

误代的数量和比例一直都占第二位。它也像误加一样,所占比例逐级升高,而且它的数量呈倒"U"形分布。因此,在教学中,尤其是中高级阶段要特别注意。

"从"和"在"的误代偏误贯穿三个学习阶段,且数量较多。"当、临、自、自从、于"等5个介词只在某一阶段出现误代偏误,且数量很少。误代主要有两种情况,一种是介词本身的误代,语料中出现最多的是它们与"在"的误代,如:

(43) *【从】小时候我不能提出来我的意见或方法,我必须……(初级　巴巴多斯)

(44) *【于】这段时间之内人从孩子发展成一个大人……(中级　俄罗斯)

(45) *母亲【从】小时候也没过生日,她每天都一边忙工作一边忙家务。(高级　越南)

说明外国学生对"在"与其他时间介词的用法区别不清,应在教学中加以注意。

另一种是介词框架构成成分的误代,如:

(46) *妈妈,【自从】我出国留学时,这是我第三次给您写信。(中级　越南)

(47) *【在】秋天中最使人注意的是罗马尼亚的风景。(高级　罗马尼亚)

例(46)是用"时"误代了"以后"。例(47)是用"在……中"误代了"在……时",语料中像这样的误代有不少。这主要是受表空间的"在"构成的介词框架"在……中"使用的影响。因此,在教学中还要注意"在"表时间和表空间的用法区别。

六、教学建议

首先看一下对外汉语教学大纲和教材对时间介词的编排情况,但大纲和教材都未明确区分时间介词和空间介词,故以时空介词为单位进行考察。

《高等学校外国留学生汉语教学大纲(长期进修)》(2002)列入一年级的时空介词有:从、当、离、在、趁、自、自从。列入二年级的时空介词有:打。《高等学校外国留学生汉语言专业教学大纲》(2001)列入一年级的时空介词有:从$_1$、当、在、趁、自、自从。列入二年级的时空介词有:打。

与课文中大量出现时间介词用法所不同的是,教材的生词表中列的时间介词并不多。一年级教材《汉语教程》在生词表中出现的时空介词不少,但从其对应的课文来看,除了"自从、趁"以外,"在、从、离、自"等都是介引空间成分的用法。二年级教材《桥梁》的生词表中没列时间介词。三年级教材《高级汉语教程》

的生词表中只列了"趁"。

可见,教材和大纲,尤其是教材普遍对于时间介词的设置重视不够,且它们的编排都与外国学生的习得顺序不一致,需要进行适当调整。

结合上文的频率分析、难度考察以及偏误分析,本着"急用先学"的原则①,本文提出如下教学建议:

(1) 初级阶段可以教授"当、在、从、趁、离、临"等六个时间介词及"自"置于动词之后的用法。要注意各个介词的构句规则,避免遗漏偏误。尤其要注意"从"的遗漏偏误。

(2) 中级阶段再教授"于"。除了还要注意介词使用中的遗漏以外,还需要讲解清楚各时间介词之间的区别,尤其是与"在"之间的区别,避免误代偏误的发生。

(3) 时间介词"自(除去置于动词之后的用法)、自从、打"使用量极低,且有其他介词可替代。所以,可作为扩展内容教学,或让学生在交际中自然习得。

参考文献

陈昌来　2002　《介词与介引功能》,安徽教育出版社。

国家对外汉语教学领导小组办公室编　2001　《高等学校外国留学生汉语言专业教学大纲》,北京语言文化大学出版社。

国家对外汉语教学领导小组办公室编　2002　《高等学校外国留学生汉语教学大纲(长期进修)》,北京语言文化大学出版社。

刘月华等　2001　《实用现代汉语语法》,商务印书馆。

吕叔湘　1980　《现代汉语八百词》,商务印书馆。

施家炜　1998　外国留学生22类现代汉语句式的习得顺序研究,《世界汉语教学》第4期。

张斌主编　2001　《现代汉语虚词词典》,商务印书馆。

张燕吟　2003　准确率标准和初现率标准略谈,《世界汉语教学》第3期。

Diane Larsen-Freeman & Michael H. Long. 2000《An Introduction to Second Language Acquisition Research》,外语教学与研究出版社。

Pienemann 1998《Language Processing and Second Language Development: Processability Theory》, Amsterdam: Benjamins。

Schachter 1974 An error in error analysis,《Language Learning》第24期。

(作者单位　南京师范大学国际文化教育学院　210097)

---

① 比如"从"在实际交际中需求量很大,虽然难度较高,也应提前教授。"自"置于动词之后的用法在交际中有实际需求,且难度不高,可以脱离"自"的其它用法,提前教授。

元话语标记"依X看"与"在X看来"

胡清国

一、引 言

"依X看""在X看来"是汉语中两个有较高使用频率的元话语标记（metadiscourse markers）。徐赳赳（2006）指出，元话语是用于组织话语、表明作者对话语的观点、涉及读者反映的一种方法，元话语标记就是体现这种方法的语言形式。"依X看"与"在X看来"一般作为插入语用于句首或句中，省去也不会影响后面话语的命题内容。它们属于半封闭结构，即两头不能换做别的词语，中间可以代入代词或名词。它们的表达功用似乎基本相同。例如：

(1) a. <u>依我看</u>，这个问题不难理解。①

　　b. "<u>在我看来</u>，这几乎没什么问题，我会参加大师杯赛的。"费德勒说。

例(1)中两句，两个结构互换一下，似乎也无不可。我们认为这两者之间必然存在细微差异，只是我们习焉不察而已，否则两个不同的结构有完全相同的表达作用，就存在相互竞争的关系，结果一定是其中一个结构成为冗余最终被淘汰。

一次给留学生的 HSK 辅导，有道题目涉及这两个结构，学生就问它们有没有什么不同。既然学生给出了问题，老师就要回答。经过考察与分析，我们发现这两个介词框架在单复数、视角和已然未然等方面存在差异或对立。

二、视角的差异

视角（perspective），就是说话人对事件的观察角度，或是对客观情状加以叙

---

① 本文所用语料均引自北京大学平衡语料库，谨致谢意。

说的角度,是指从什么人的角度、立场看待、评论一个事件或人物。在这个方面,两者呈现出明显的分布差异。

2.1 "依X看"可以是第一、二人称,一般不能是第三人称;"在X看来"不受任何人称的限制,视角是全方位的。例如:

(2) a. 高教局的王金瑞处长说:"中国那么大国家,一种花覆盖面较小,<u>依我看</u>,最少也得选两三种。"

b. <u>在我看来</u>,在当代文坛上,像秦兆阳同志这样集作家、评论家、编辑于一身,而又那么富有远见卓识,那么扶植青年的不多。

(3) a. 说到辛苦,的确,做什么事都很辛苦。<u>在你看来</u>,世上的人所作的一切都没有意思吗?

b. 对魏德华的这些牢骚,何波不予置评,也没有制止,一直等到魏德华不再说了,才接着问道:"<u>依你看</u>,罗维民现在还能不能像平时一样工作?"

(4) 他说:"在电视上看到美军士兵虐待伊拉克战俘的镜头时,我都惊呆了。"<u>在他看来</u>(*依他看),虐俘事件是严重践踏人道主义的事件,作为红十字会的一名工作人员,他非常痛恨美军这种行为。

例(2)、(3)分别是"在我/你看来"和"依我/你看",这说明它们可以从说话人或听话人的视点去看待、分析问题,也就是从第一人称或第二人称的视角加以叙说。例(4)只能用"在他看来",不能用"依他看",原因容后分析。

从语料库的语料统计情况中,可能更能看出这种差异。

表 1

人称 数字	第一人称(我)	第二人称(你)	第三人称(他)
在X看来	1 368	48	993
依X看	562	41	24

两个结构在第一、二人称上均有较多的用例,但在第三人称方面倾向于用"在X看来",表中"在X看来"结构是"依X看"结构的40多倍。而且更有意思的是,用"依他看"的语料基本来源于同一篇文章。例如:

(5) 克莱德心想,她这是故意的。<u>依他看</u>,她这个人太粗野放肆了。

(6) 过了一些日子,克莱德对这三个女人有了一个想法,那就是:她们跟别的姑娘迥然不同。<u>依他看</u>,她们头脑比较简单,既不那么拘谨古板,也不那么小心提防,交友时压根儿不受传统习俗束缚。

这是否跟作家的个人风格有关系,24句中有确凿证据是来源于同一语篇的就有13条,因为这些句子都有同一个人物"克莱德"。这至少能说明,"依他看"在实际语言中不太说。

2.2 "在X看来"中的"X"可以是名词或名词词组,"依X看"中的"X"一般除代词外,不能是名词,更不能是名词词组。例如:

在领导看来　　　　　　　　＊依领导看
在老师看来　　　　　　　　＊依老师看
在记者看来　　　　　　　　？依记者看
在同行看来　　　　　　　　＊依同行看
在办公室主任看来　　　　　＊依办公室主任看

再看几个实例:

(7) <u>在导演看来</u>(＊依导演看),每个镜头都要尽善尽美,所以只要一个群众演员做错了动作,说错了台词,跑快了或跑慢了,都要重来。

(8) <u>在张店风看来</u>(＊依张店风看),村里的每一个共产党员都必须无条件地和他这位支书保持高度的一致性,否则就是不称职。

(9) <u>在76岁的乌丙安看来</u>(＊依76岁的乌丙安看),现在过年时团圆饭照吃,但很多是地点搬到了饭店;阖家团圆习俗照旧,但很多是全家出门旅游……

上述的例句中的"在X看来",都不能换诚"依X看",原因可能还是与视点的角度有关。像"导演、领导、老师"或者是人名这样的名词,其作用大致相当于第三人称,这些词语都可以换做"他/他们",句子的意思不变。例如:

(8') <u>在他看来</u>,村里的每一位共产党员都必须无条件地……

2.3 "在X看来"的"X"还可以是无生命的名词,如"政府、国名、公司"等,可以说成"在政府看来、在公司看来、在中国看来","依X看"中的"X"不能是这样的名词词语。例如:

(10) 美国坚持这一条件不动摇,反映美对朝的严重不信任,也是对朝施加压力的一种表现,而<u>在朝鲜看来</u>(＊依朝鲜看),接受美国的这一前提无异于"缴枪投降"、"任人宰割"。

(11) 7月份消费支出创出近3年最大降幅。在5月至7月底,非农业就业人数月均增幅仅为10.6万人,但<u>在美联储看来</u>(＊依美联储看),经济依然是"春光明媚"。

三、单复数的不对称

表示事物的名词或代词,内部存在数量的差异。包含一个个体的是单数,包含有两个以上个体的是复数。在汉语中,除了代词的单数复数是有界的,边界清晰之外,名词的数量比较混沌,例如"老师来了","老师"可能只是一位,这时是单数,也可以是两个以上的多个,这时就是复数了。

"在X看来"对进入框式的名词、代词是单数或是复数不做要求,有广阔的容纳性,而"依X看"对单复数有强烈的制约性,表现为对单数的亲和与对复数的排斥。

3.1 "在X看来"对单复数的代词保持开放性,单数代词或复数代词可以自由地进入框式中;"依X看"对所有的复数代词具有排斥性,复数代词不被允许进入到框式中。例如:

(12) 临海市社桥镇,<u>在我们看来(*依我们看)</u>,是个无山水之利的偏僻小镇,但一副小小的眼镜,却使他们"放眼神州",沾尽风光。

(13) 从这一年起我与德甫(赵明诚)偕归青州,屏居乡里十余年。<u>在你们看来(*依你们看)</u>,可能以为这是一种不幸,但对我来说,实在是因祸得福,巴不得终老是乡。

(14) 对于王洋和刘航的选择,双方父母都表示支持,<u>在他们看来(*依他们看)</u>,重要的是两个年轻人都是以健康和积极的心态去对待结婚这件事,子女都是成年人,有能力选择自己想要的生活。

上述例句中的"在X看来"都不宜换做"依X看"。实际语言的使用状况证实了我们的观察,下面是两种框式结构的语料统计情况。

表2

数量\人称	我们	你们	他们(她们)
在X看来	197	7	326
依X看	0	0	0

3.2 "依X看"排斥名词进入框式,即使是光杆名词也不行,更不用说是明确表示复数的名词词组;而"在X看来"没有这样的限制。

在 1.2 中我们已经谈到,"依 X 看"排斥名词,如例(7),"在导演看来",这里的"导演"可能只是指这部戏的某位导演,前面可以用"这个"来限定,"在这个导演看来",这时是单数;但是也可以表示集合概念,在没有上下文的语境之下,这里的"导演"是指所有的导演,是一个复数。这样的例句很多,例如:

(15) 在欧美人看来(*依欧美人看),汉语方言之间的差别比英语、德语之间的差别还要大。

(16) 在美国的餐馆,若用餐巾纸擦刀叉、盘子,服务员会马上换一套餐具,在服务员看来(*依服务员看),顾客擦餐具是因为不干净。

例(15)很明确地表示的是集合概念,"欧美人"绝不可能仅指一个人,而是欧洲人和美国人的合指。例(16)的语境非常明确,"在美国的餐馆"是指各式各样、许许多多的美国餐馆,而不是指在美国的某一家餐馆,因此这里的"服务员"毫无疑问是集合概念。

此外,有时,"在 X 看来"中的"X",使用的是名词词组,有明确的定语,直接表明"X"是复数,显然,"依 X 看"不可以这样用。例如:

(17) 作为国内最具权威的"皇家电视台",能进入央视,在很多人看来(*依很多人看)无疑象征着一种风光和荣耀。

(18) 但是,在很多经济学家看来(*依很多经济学家看),类似的短期行为将对"大欧洲"战略造成负面影响,阻碍正常的就业人口流动,不仅短视而且无知。

3.3　两个框式结构在单复数上的对立,最直观地看,似乎是结构的韵律在起作用。"依 X 看"要求"X"必须是单音节的代词,从韵律角度说:

两种韵律结构都不违背韵律要求。但如果是双音节代词,如"依我们看",就变成了:依我们+看(3+1)/依+我们+看(1+2+1),似乎不太符合汉语的韵律要求。

而在"在 X 看来"这个框式结构中,不论"X"是单音节、双音节还是多音节,它的韵律节奏始终是"在+X+看来",韵律结构是"1+1/2/3…+2",末尾音节始终是双音节,就符合了汉语的韵律结构要求,不至于形成韵律的"头重脚轻"的失衡情况。从表面上看,这可以说,但是仍不能解释它们在多方面的对立与差异。

四、已然未然的对立

当一个事件说话时处于已经发生或结束的状态,就是已然;反之,说话时件处于未发生的状态就是未然。"在 X 看来"与"依 X 看"在已然未然上处于对立。但这种对立不是边界非常清晰的对立,而是表现出一定的模糊状态。

我们认为,"依 X 看"既可以表示是已然,也可以表明是未然;而"在 X 看来"则只标示已然。但是,在已然或未然问题上的对立,与视点的差异有纠结。这样说,至少有三方面的理由。

第一,"依我看"的后续小句,经常有"要、必须"等情态动词以及"与其、不如"等连接词,直接表明这是事前的一种情况,"在 X 看来"一般不这样用。例如:

(19) 依我看(*在我看来),这个转轨要从组织制度、运行制度、功能设置上着手。

(20) 元昊说:"我们得到的赏赐,只是我们自己享受,可是部落的人还很穷。依我看(*在我看来),不如拒绝朝贡,训练兵马。力量小可以去掳掠,大了可以去夺取土地,这样上下都能富裕起来,岂不更好。"

上述"依我看"例句都表示未然,在"未然"的状态下,不能使用"在 X 看来"。但是,两个框式结构都能表示已然,这时两个结构似乎可以互换。例如:

(21) 我对殷墟申报世界文化遗产表示衷心地支持。作为一个外国人,在我看来(依我看),这个计划的最大意义在于它将激发外国人对中国文化的了解、支持和爱护。

(22) 温家宝去年 6 月 29 日在中国香港出席 CEPA 签署仪式后,说了一段话。我说,有人说这个安排是一份大礼。依我看(在我看来),真正的大礼是我带来了新一届中央领导集体坚定的决心。我们将毫不动摇地坚持"一国两制"、"港人治港"……

第二,"依你看"和"在你看来",它们的后续分句都常用问句的形式。但两者差别很大,"依你看"后面的分句一般是疑问句,是有疑而问,这就是表示未然了;"在你看来"后便的问句一般不需要回答,是反问。反问其实意义已经清楚,只不过用疑问形式使语气更强烈。反问当然指向已然。例如:

(23) 陈晓凤沉默了半晌,忽然道:"依你看(*在你看来),应该怎么办?"

(24) "说到辛苦,的确,做什么事都很辛苦。在你看来,世上的人所作的一切都没有意思吗?"

"依你看"还可以直接直接与"怎么办"一起使用,表明是未然的情况,"在你看来"不可以这样用。例如:

(25) 依你看(＊在你看来)怎么办?

(26) 周炳说:"依你看(＊在你看来)呢?"

第三,"在 X 看来"的"X"可以是表示已然的时间词语,如"过去、今天"等,构成"在今天看来"或者是"在昨天看来"的框式结构。但绝对不说"依昨天看、依今天看"。例如:

(27) 它证实了一种快速的发展的可能性,不发达地区只要找准路子,某些在过去看来(＊依过去看)难以逾越的阶段是可以逾越的。

(28) 他介绍说,安徒生的很多作品如《卖火柴的小女孩》、《丑小鸭》、《皇帝的新装》在中国已是家喻户晓。在今天看来(＊依今天看),大师的作品不仅给人无尽的灵感,同时也是新创作的源泉。

虽然都不能说"在明天(将来)看来"和"依明天(将来)看",但是原因是不同的。"在明天看来"不能说,是因为"在 X 看来"指向已然,因此排斥表示未然的词语"明天、将来"等。而"依 X 看"结构中,"今天、将来"之类词语不能进入,主要是前述的韵律在起作用,而不是文意上的不契合。

五、功能差异的理据

"在 x 看来"与"依 X 看"都是元话语标记(metadiscourse markers)。在话语中将它们省去,并不影响话语的表达,但它们的存在,是说话人将听话人引向说话人所期待的语境和语境效果,从而对听话人的话语理解过程进行制约。(冉永平 2000)。虽然这两个元话语标记有时可以出现在相同的语境中,两者的元语用功能(metapragmatic functions)虽有纠结之处,但还是表现出不同。前述"在 X 看来"与"依 X 看"呈现出的多方面差异和对立,其理据正源于此。

在我们看来,"在 X 看来"的元语用功能是评价,即"在 X 看来"是对后续小句的命题内容的评价;"依 X 看"的元语用功能身兼两职,以建言为主,评价为辅。

"依 X 看"与"在 X 看来"出现的语境是,对于人或事件进行评说,发表观点时,用这两个框式结构以引起听话人注意:

(前分句:已经发生或已经完结的事件),在 X 看来,Y(后续小句:具体的评价意见)

(前分句：已经发生或完结的事件/尚未发生的事件），依 X 看，Y（后续小句：具体的建议意见/具体的评价意见）

建言是说话人基于自身认知对事物状态的即时反映，是说话人对问题、事件的认识与解决之道，或者是说话人要求听话人对问题、事件的即时反馈与直接请教。评价则是说话人对问题、事件的态度、情感的反映。两者的区别表现在：

第一，在场。在场是直接面向事物或问题本身，问题、事件发生时说话人、听话人均置身于当时的情景与场合中，面对事物或问题，因此无须经过逻辑推衍与理性分析阶段，是一种即时的反馈或请教。从这个角度说，"依 X 看"凸显在场性，而"在 X 看来"不做强求，可以在场即时评价，也可以不在场，事后评价。比如有时我们会仅凭别人的转述即对一件事进行评价，发表自己的观点，这时都是用"在 X 看来"不用"依 X 看"。

第二，时间性。一个事件结构总是与一定的时间相关联。时间表现为线性状态，所以一个事件结构在时间的横轴上呈现为事前、事中和事后三种状态。"依 X 看"主要是"建言"，"建言"的时间性总是表现在事前，只有事前建言才有意义，否则就成了"马后炮"。"评价"是对事件的情感和态度的反映，总是只有等事件已经发生或者结束了才好言说得失成败、功过是非。

第三，主观性（subjectivity）。沈家煊（2000）认为，主观性是指语言的这样一种特性，即在话语中多多少少总是含有说话人的"自我"表现成分。两个结构都是带有主观性的元话语标记，但这里有分别。"在 X 看来"是对话语命题内容的情感、态度的呈现；"依 X 看"是说话人对命题内容的立场和认识。一般而言，情感、态度的主观性应该强于认识。所以，"在 X 看来"具有强主观性，"依 X 看"具有弱主观性。现将两者的不同列表显示如下：

表 3

功用/特点	结　构	在 X 看来	依 X 看
	功　　能	评　价	建言/评价
特征	在　场	在场/不在场	在　场
	时间性	事中/事后	事　前
	主观性	强主观性	弱主观性

上面我们论证了"在 X 看来"与"依 X 看"元话语功能的不同，前者表达"评

价",后者以"建言"为主,以"评价"为辅。这可以对上文两者表现出的差异与对立作出统一解释。

1. 两者在视点上有差异,"依X看"排斥第三人称;"在X看来"不排斥甚至表现出一定的亲和性。因为"依X看"主要功能是建言,无论是向听话人献计还是向听话人请教,说话人和听话人都必须在场,"建言"才能实现。在场的指称一般是"你、我",这样"依你看""依我看"是正确的面称框架结构。

"依X看"结构还排斥职业类名词和人名出现在框架中,因为名词实际上是第三者"他"的视点,"他"可能在场也可能不在场。例如不说"依专家看、依同事看、依王晓明看",而要说成"在专家看来、在同事看来、在王晓明看来",这里面可能有韵律的制约因素的影响。但与在场不在场更有关系,因为"依专家看"或"依王晓明看"无法确切地知道"专家"或"王晓明"在不在场,于是这些词语也就不能进入"依X看"框式中了。

2. 两者在单复数上呈现不对称。"在X看来"中的"X",既可以是复数代词,也可以是表示复数的名词词组,"依X看"排斥任何复数进入框架。因为如果是"建言",一般也应该是一个一个从发言者的口中说出,听话人才能有效的接收信息并作出判断,而且,建言者由于各自的认知能力、经验不同,表达的意见与方案较难定于一统,因此"建言"不从多人的角度去说。而评价,多人的情感、态度可以近似甚至相同,俗语"英雄所见略同"表达的就是这个意思。所以"在X看来"框架可以是单数和复数,而"依X看"框架中不能出现复数词语。

3. "依X看"表示"建言",用于事前,只有事前才需要建言,建言也才有意义。对事件的状态而言,事前就是"未然"状态。"在X看来"是评价,"评价"总是在一个事件业已发生或者事件已经完结之后,发言者(不一定是说话人)从各自不同的角度论列是非,判断对错。事中和事后的事件结构表现为"已然"。"依你看"和"在你看来"是未然和已然最典型的代表。"依我看"可以既表示"建言",也可以表示"评价"。"依你看"只能是"建言","在你看来"是"评价"。所以,"依你看"的后续分句常用疑问句,"在你看来"的后续分句只能用反问句。如例(25)和(26)。都不能说成"在你看来怎么样"。

由于"在X看来"是评价,是"已然"状态。这就可以从时间的角度来看待一个事件的成败得失,所以"在X看来"可以说成"在今天看来""在昨天看来""在过去看来"等,例如例(27)和(28)。但"依X看"作为"建言",不能这样用,因为它的事件状态是"未然"。当然,这也与视点有纠结。"建言"的视点必须是有生命的人才能建言,"过去/昨天"等时间词语是无生命的,所以不能出现在"依 X 看"框架中。

4."评价"具有主观性,"建言"也具有主观性,但相较之下,"建言"的主观性要弱于"评价"。即使"依我看"可以表示"建言"也能表示"评价",但"依我看"表达的评价,也是与事实或曰客观性紧密关联的。有一个事实可以说明,虽然面对的是同一个事实,"在 X 看来"却可以在句中对比出现,表达截然相反的"评价","依 X 看"没有这样的用法。例如:

(29)但是,他没有低声地沉吟,只是在他的眼神里闪灼着对敌人的焦躁的唾骂和愤慨,似是对崔副官说:"<u>在你们看来</u>它是畜生,你是人,<u>在我看来</u>,它却是人!"

(30)在这种情况下,他仍然不顾身患重病,完成党和人民的重托。<u>在有的人看来</u>,他是"傻瓜"无疑了。但<u>在我们看来</u>,李国安不是"傻瓜",而是一位真正的共产党人,是人们学习的好榜样。

六、余 论

1."在 X 看来"与"依 X 看"的纠结,主要在"在我看来"和"依我看"之间,可以互换也是在这两个框式结构中。"依我看"既表"建言",也表"评价"。但我们认为可能还是以前者的功用为主。"我"一个强主观的视角标记,我们写论文经常使用"我认为",有时为了减轻一点主观性,我们会使用"我们认为",目的就在于减轻话语的主观性,这可以作为一个旁证。

2."在 X 看来"表示"评价";"依 X 看"主要表示"建言",所以"在 X 看来"用于事中或事后,"依 X 看"主要表示"建言",因而用于事前,还有一个直接的形式证据:"在 X 看来"前常常有表示因果关系或转折关系的连词,而且,"在 X 看来"有时还直接用在句子中间,并且其前后并不适宜加上标点而停顿。"依 X 看"都没有这样的用法。例如:

(31)"在有的人眼里,这些可能都是废品,但是<u>在我看来</u>,这些可都是宝贝。"胡振康说。

(32)由于它距离地球很近,仅 8.7 亿光年,因而<u>在我们看来</u>,它的亮度名列全天第一。

(33)对于这一计划,他比谁都更感到"痛苦",但他坚称:"我决意去做<u>在我看来</u>对以色列的未来是必要的事。"

参考文献

徐赳赳 2006 关于元话语的范围和分类,《当代语言学》第 4 期。
冉永平 2000 话语标记语的语用学研究综述,《外语研究》第 4 期。
沈家煊 2001 语言的"主观性"和"主观化",《外语教学与研究》第 4 期。

(作者单位 东华大学国际文化交流学院 200051)

《商务汉语 800 句》编写原则

刘慧清[1]　齐沪扬[2]

一、引　言

　　1978 年,中国实行改革开放。在改革开放的三十多年里,中国的政治和经济都取得了迅猛的发展,中国的国际地位得到了很大的提高,国际社会对中国的关注越来越密切。这一现象在语言教学领域也有所反映。那就是,学习汉语的外国人和海外华人越来越多,生源国的数量也大大增加。

　　语言是工具,它必须为某一目标或某一行业服务,才能体现出它的价值。根据对学习者的调查,我们了解到,大多数学习者在掌握了一定的汉语技能后,选择从事与商务或旅游等专项工作有关的事务。而我们目前的汉语教材大多不具有"专用性",属于"通用型"的汉语教材。虽然也有一些"旅游汉语"、"商务汉语"方面的教材,但在进行专用汉语教学时,使用起来总还不能让老师和学生满意。由此我们产生了立足"专用汉语"的"专用性"特点,编写系列"专用汉语丛书"的想法。

二、《商务汉语 800 句》简介

　　《商务汉语 800 句》是"商务汉语"方面的实用书籍,使用起来比较方便。既可以作为会话指导手册使用,也可以作为从事商务工作的辅助工具书,还可以作为商务汉语教学的教材。

　　《商务汉语 800 句》包括十八个主题,每个主题下面包括二到五个不等的次主题。每个次主题包括十个基本句与两组对话。每一组对话根据对话上句的内容给出了两种不同的对话下句,帮助使用者了解对同一个问题可以根据情况作出两种不同的应答。

《商务汉语800句》根据商务工作的主要内容设计主题和次主题,不同主题的排列尽量按照商务工作的流程进行设置,比如主题一是"投资",主题二是"管理",主题三是"人力资源",主题四是"生产",主题五是"广告",等等。但也有一些主题,贯穿在整个商务活动的过程中,比如"财务、交流、应酬等",我们也尽量把它们放在一个比较合适的位置。还有一些不宜编入商务工作流程的主题,统一放在后面,比如主题十七的"礼仪"和主题十八的"企业文化"。《商务汉语800句》的十八个主题之间互有关联,又各自独立,比如"谈判、纠纷、保险"等,既可能是洽谈合作方面的谈判,也可能是由于产生矛盾纠纷所作的谈判,同时可能涉及保险方面的索赔和理赔业务。如此各自独立又相互关联的主题设置,对于从事商务流程中某一项工作的学习者和欲了解整个商务工作全部内容的学习者都会有所帮助。

《商务汉语800句》包括800个句子、1 246条词语,平均每个次主题25条词语左右,按照在正文中出现的先后顺序排序。第十四个主题"纠纷"下面"赔偿"次主题中的词语比较少,因为有些与第十二个主题"保险"下面"索赔与理赔"次主题中的词语有重复,两个次主题分别对应于向保险公司索赔和向合作方提出赔偿要求。词语表的设置,使这本书使用起来更加方便,既可以作为会话指导手册使用,也可以作为专用汉语教材使用。

《商务汉语800句》还有词语索引和附录。词语索引方便使用者查找词汇,附录则提供了大量与商务工作有关的资料和信息。

三、《商务汉语800句》编写背景

在编写工作的准备阶段,我们收集、阅读、整理了国内商务汉语方面的教材和大纲、习题集等资料,对这些资料进行了体例、性质、等级、学习对象等方面的分析。其中不乏一些不错的商务汉语教材,但我们通过分析、比较,同时结合教学实际和对学习者的调查了解,总结出以往教材中存在的一些不足:

1. 功能不够全面

以往的商务汉语教材,虽然都较好地体现了商务工作的"商务性"特点,但一般都不够全面,例如,有的教材没有涉及财务、物流方面的内容,有的教材没有涉及广告、保险方面的内容,大多数教材没有谈到企业文化和专利的问题,等等,而这些主题都是商务工作或商务活动中比较重要的内容。如果教材中没有涉及这些内容,就不能较好地体现商务汉语教材的"商务性"特点,也无法通过教学使学生掌握相关内容的词汇及表达方式。

2. 词汇量不够丰富

一方面,因为涉及的功能不够全面,直接导致相关词汇的缺乏。另一方面,很多教材只有大主题,大主题下不分次主题,因此,相关词汇堆积罗列在一起,没有进行合理的分类。同时,受课文长度和课文后词语表规模的限制,很多相关词汇不能容纳进去,导致词汇量的丰富性有所欠缺。

3. 编写方式不够多样

以往的商务汉语教材,或者以对话的形式编写,或者以叙述的形式编写,均呈现单一形式的特点。以对话的形式编写教学内容,其优点在于突出交际性,使学生的学习更具针对性和实用性,缺点在于对相关知识的介绍较难呈现。以叙述的形式编写教学内容,情况则恰恰相反,静态的知识介绍能够充分展现,而动态的交际过程则较难呈现。若能将两者结合,这个问题就可以得到较好的解决。

4. 商务信息比较缺乏

以往的商务汉语教材,只是按照一些主题编写了课文或对话,对商务知识和商务交际过程均有所展现,但是,对与商务活动有关的一些常用的信息未予提供,例如常用的查询电话,定期举行的展销会的名称,主题分明、各具特色的商品市场,以及中国各大银行的名称等,使用起来不够方便。

在调查统计商务汉语方面的教材、词表、习题集等材料的同时,我们还查阅了一些商务英语方面的教材,总结了商务英语教材编写的长处和不足。我们也阅读了一些商务、经贸专业的专业书籍,访问了一些商务专业的教师、学生和商务工作的从业人员,通过上述调查、统计等工作分析,基本了解了商务工作的情景、功能和工作内容。

针对国内目前出版的商务汉语教材和习题集,结合商务英语的编写情况,结合商务工作的实际内容,结合商务汉语学习者的期待和需求,《商务汉语800句》力求避免上述不足,做出自己的特色。

四、《商务汉语800句》编写原则

分析以往教材的优缺点,总结以往教材中存在的不足,给我们编写《商务汉语800句》提供了一个明确的编写思路,即:继续保持以往教材的优点,同时避免以往教材的缺点,这就是《商务汉语800句》总的编写原则。具体而言,《商务汉语800句》一共有五十个次主题,每个次主题包括十个基本句与两组对话。每一组对话根据对话上句的内容给出了两种不同的对话下句,帮助使用者了解对同一个问题,可以根据情况作出两种不同的应答。进行如此编写主要是出于以下考虑:

1. 实用性原则

实用性原则的目的是保证学习者能够"学以致用",将所学的内容实际运用到商务工作和商务活动中,而不会产生"学了以后没有地方用"的困惑。基于这样的思考,我们编写的时候在每一个次主题下面给出十个基本句,这十个基本句是从事此项活动经常听到或经常说的,也有一些背景知识的介绍,比较实用,以期满足使用者在工作中理解和表达的需要。

2. 交际性原则

交际性原则的目的是保证学习者能够顺畅地进行交际,一方面能够听懂对方的话,一方面对听到的内容能够根据具体情况给与不同的回答。基于这样的思考,我们在每一个次主题下面还给出两轮对话。这两轮对话是进行这一主题的商务活动经常使用的,出现频率比较高,对这些内容的学习,有助于提高相应的理解和表达能力。

3. 功能性原则

功能性原则的目的是保证学习者能够全面地学习到商务活动的相关词语及表达方式。针对以往教材"功能不够全面"的不足,《商务汉语800句》做了大量的工作分析,目的就是尽量使功能的覆盖面涉及商务活动的所有内容,尽量不存遗漏。同时,一问二答的话轮形式使学习者了解更多相关或相反、相对的信息。

4. 信息性原则

信息性原则的目的是保证学习者能够方便、及时地查询到与商务活动有关的常用信息。针对以往教材"商务信息比较缺乏"的不足,《商务汉语800句》设计了"附录"部分,具体包括八个附录,包括常用的查询电话,定期举行的展销会的名称,主题分明、各具特色的商品市场,以及中国各大银行的名称等。当然,这些信息有的是比较固定的,很少改变的,如银行的名称、货币的名称等;也有一些信息随着时间的推移有可能发生变化,如电话号码、展销会的时间等,那样的话,就以更改后的最新信息为准。

五、《商务汉语800句》编写体例

在上述编写原则的指导下,《商务汉语800句》设计了十八个主题,每个主题下面包括二到五个不等的次主题,一共五十个次主题,这些次主题基本涵盖了商务活动所涉及的全部场景、功能,包含了商务活动的全部内容。这些主题与次主题分别是:

一、投资 　　　　　　　　　　　第二十三课　签约
第一课　考察　　　　　　　　　　八、物流
第二课　咨询　　　　　　　　　　第二十四课　包装
第三课　注册　　　　　　　　　　第二十五课　运输
第四课　贷款　　　　　　　　　　第二十六课　验货
第五课　代理　　　　　　　　　　九、海关
二、管理　　　　　　　　　　　　第二十七课　报关
第六课　日常事务　　　　　　　　第二十八课　商检
第七课　会议　　　　　　　　　　十、交流
第八课　出差　　　　　　　　　　第二十九课　参观
第九课　福利　　　　　　　　　　第三十课　展销会
三、人力资源　　　　　　　　　　第三十一课　招商会
第十课　招聘　　　　　　　　　　十一、金融
第十一课　培训　　　　　　　　　第三十二课　融资
第十二课　调动　　　　　　　　　第三十三课　金融危机
四、生产　　　　　　　　　　　　十二、保险
第十三课　采购　　　　　　　　　第三十四课　投保
第十四课　生产　　　　　　　　　第三十五课　索赔和理赔
第十五课　研发　　　　　　　　　十三、财务
第十六课　质检　　　　　　　　　第三十六课　工资
五、广告　　　　　　　　　　　　第三十七课　税收
第十七课　设计　　　　　　　　　十四、纠纷
第十八课　投放　　　　　　　　　第三十八课　投诉
六、营销　　　　　　　　　　　　第三十九课　赔偿
第十九课　市场　　　　　　　　　第四十课　诉讼
第二十课　推销　　　　　　　　　十五、专利
第二十一课　促销　　　　　　　　第四十一课　申请
七、谈判　　　　　　　　　　　　第四十二课　保护
第二十二课　议价　　　　　　　　十六、应酬

第四十三课　寒暄
第四十四课　宴请
十七、礼仪
第四十五课　商务着装礼仪
第四十六课　商务餐会礼仪

第四十七课　商务馈赠礼仪
十八、企业文化
第四十八课　旅游
第四十九课　比赛
第五十课　年会

附录：
1. 中国省、自治区、直辖市
2. 各国货币
3. 中国各大银行及世界各国银行驻中国分行
4. 世界各大股市
5. 中国各大商品市场
6. 中国各展销会名称
7. 中国各大航空公司及世界各国航空公司驻中国分公司
8. 中国五星级酒店及商务连锁酒店

六、结　语

　　上海师范大学对外汉语学院曾经承担并完成国家汉办重大项目——"HSK（旅游）研发"工作。在研发工作的基础上，2007年，我们编写了与"旅游汉语"相关的《中国旅游会话》（汉英对照本、汉日对照本、汉韩对照本）、《旅游汉语功能大纲》和《旅游汉语词汇手册》，2008年由世界图书出版公司出版。这是我们"专用汉语丛书"编写工作的一个开端。"商务汉语"是"专用汉语"家族中的另一个重要的组成部分，也是我们"专用汉语丛书"系列工作第二个部分的工作内容。到目前为止，"商务汉语"会话、词汇手册等的编写工作已基本完成。接下来，我们还计划编写"体育汉语"、"健康汉语"、"网络汉语"和"中医汉语"等专项汉语书籍，使"专用汉语丛书"家族的产品越来越丰富。

参考文献

杨东升　2003　商务汉语教材编写初探，《辽宁工学院学报》第1期。
张永昱　2004　新一代商务汉语教材建设的初步构想，《东北财经大学学报》第4期。
周小兵、干红梅　2008　商务汉语教材选词考察与商务词汇大纲编写，《世界汉语教学》第1期。

包文英编著　2007　《实用商务汉语》,华东师范大学出版社。
董　瑾主编　2007　《初级商务汉语精读》,外语教学与研究出版社。
董　瑾主编　2007　《初级商务汉语口语》,外语教学与研究出版社。
董　瑾主编　2008　《初级商务汉语听力》,外语教学与研究出版社。
邓如冰编著　2005　《经贸汉语——听和说(练习分册)》,外语教学与研究出版社。
邓如冰编著　2005　《经贸汉语——听和说(录音文本)》,外语教学与研究出版社。
邓如冰、朱瑞蕾编著　2005　《汉语商务通——中级听力教程》,北京大学出版社。
董　瑾编著　2004　《经贸汉语中级教程》,外语教学与研究出版社。
董　瑾、范雪娇编著　2005　《汉语商务通——中级口语教程》,北京大学出版社。
哈嘉颖编著　2005　《经贸汉语—阅读与写作》,外语教学与研究出版社。
罗晨霞、朱　彤编著　2004　《经贸汉语高级教程(上)》,外语教学与研究出版社。
罗晨霞、朱　彤编著　2004　《经贸汉语高级教程(下)》,外语教学与研究出版社。
辛　平、王晓光编著　2005　《汉语商务通——中级阅读教程》,北京大学出版社。
范开泰、吴勇毅、顾顺莲主编　2007　《商务汉语考试习题解析》,世界图书出版公司。
冯伟哲、陈宝英编著　2005　《剑桥商务英语初级词汇精选》,群言出版社。
冯伟哲、陈宝英编著　2005　《剑桥商务英语高级词汇精选,群言出版社。
郭珠美　2005　《新世纪中级商用汉语(上)》,北京语言大学出版社。
郭珠美　2005　《新世纪中级商用汉语(下)》,北京语言大学出版社。
黄为之主编　2007　《经贸初级汉语口语(上)》,北京语言大学出版社。
黄为之主编　2007　《中级商务汉语实用会话》,北京语言大学出版社。
黄为之主编　2007　《经贸初级汉语口语(下)》,北京语言大学出版社。
黄为之主编　2007　《经贸高级汉语口语(上、下)》,华语教学出版社。
黄为之主编　2007　《中级商务汉语实用会话》,北京语言大学出版社。
黄为之主编　2008　《经贸中级汉语口语(上)》,北京语言大学出版社。
黄为之主编　2008　《经贸中级汉语口语(下)》,北京语言大学出版社。
黄为之主编　2008　《实用商务汉语》,华语教学出版社。
黄为之、黄锡之编著　2000　《经贸高级汉语口语(上、下)》,华语教学出版社。
李　立、丁安琪编著　2002　《公司汉语》,北京大学出版社。
李晓琪主编、李海燕、林　欢、崔华山编著　2007　《新思路——商务汉语考试仿真模拟试题集Ⅰ》,北京大学出版社。
李忆民主编　1997　《国际商务汉语》,北京语言大学出版社。
梁　镛、王庆云编著　2006　《经贸汉语》,北京语言大学出版社。
刘　军、高媛媛、李元莎编著　2005　《剑桥商务英语中级词汇精选》,群言出版社。
刘德联、钱　华主编　2007　《商务汉语考试词语手册》,北京大学出版社。
刘丽瑛主编　2004　《经贸洽谈 ABC(上)》,北京语言大学出版社。

刘丽瑛主编　2004　《经贸洽谈ABC（下）》，北京语言大学出版社。
刘美如　2007　《BBC初级实用商务汉语》，北京大学出版社。
龙清涛编著　2007　《中国经济专业汉语教程》，北京大学出版社。
任长慧主编　2003　《放眼天下——国际商务汉语》，北京语言大学出版社。
任长慧主编　2005　《卓越商务汉语教程——高级阅读》，外语教学与研究出版社。
孙　冰主编　2005　《商务汉语金桥——中级会话》，北京大学出版社。
王惠玲、黄锦章主编　2004　《商务汉语金桥——中级阅读（上）》，北京大学出版社。
王惠玲、黄锦章主编　2006　《商务汉语金桥——中级阅读（下）》，北京大学出版社。
王又民主编、草　荃编著　2007　《实用商务汉语课本（准高级篇）》，商务印书馆。
王又民主编、刘长辉编著　2007　《实用商务汉语课本（初级篇）》，商务印书馆。
王又民主编、倪明亮编著　2007　《实用商务汉语课本（高级篇）》，商务印书馆。
王又民主编、王又民编著　2007　《实用商务汉语课本（中级篇）》，商务印书馆。
王又民主编、吴春仙编著　2007　《实用商务汉语课本（准中级篇）》，商务印书馆。
邢　欣主编　2006　《商务汉语经济案例阅读教程》，北京大学出版社。
邢　欣主编　2008　《商务汉语广告案例阅读教程》，北京大学出版社。
杨东升编著　2004　《中国商务文化》，北京语言大学出版社。
张　黎主编、聂学慧编著　2006　《商务汉语入门——日常交际篇》，北京大学出版社。
张　黎主编、沈庶英编著　2005　《商务汉语入门——基本礼仪篇(1)》，北京大学出版社。
张　黎主编、陶晓红编著　2005　《商务汉语提高——应酬篇 办公篇 业务篇》，北京大学出版社。
张　黎、张静贤、聂学慧编著　2003　《商务口语教程（经贸类）》，北京语言大学出版社。
张泰平编著　2007　《法律汉语（商事篇）》，北京大学出版社。
张晓慧总主编、张　红主编　2005　《经理人汉语（商务篇）（上）》，外语教学与研究出版社。
张晓慧总主编、张　红主编　2005　《经理人汉语（商务篇）（下）》，外语教学与研究出版社。
中国国家汉语国际推广领导小组办公室、北京大学商务汉语考试研发办公室（编）　2006　《商务汉语考试大纲》，北京大学出版社。

(作者单位　1、2　上海师范大学对外汉语学院　200234)

情态动词与反问句关联的理据*

胡德明

一、情态动词与反问句

许多学者(如吕叔湘,1944;刘月华等,1983;徐思益,1986;陈昌来,1993;邵敬敏,1996;殷树林,2006;王菊平,2007;于天昱,2007;等等)都注意到反问句中的情态动词的运用。从他们的研究中,关于情态动词与反问句的关系,我们可以得到以下几点认识:

(一)反问句经常使用情态动词。

(二)情态动词帮助形成了反问句,删除情态动词,句子就不一定解读为反问句。试比较:

(1) 我敢去吗?　　　　　　我去吗?
(2) 他不会自己动手做吗?　　他不自己动手做吗?
(3) 不值得学习吗?　　　　　不学习吗?

(三)情态动词参与构成了反问句特有的格式。如:

A. 怎么+情态动词……(呢)?

(4) 你怎么敢当着面说我堕落!(例句来自 CCL 现代汉语语料库,下文标为"CCL")

B. 哪/哪儿/哪里+情态动词……(呢)?

(5) 叫我把反革命罪证拿出来,我哪里会有,这就拉出屋去整。(CCL)

C. "情态动词+不/没/没有……?"

(6) 您是大姐,还不会跟小朋友说话?祝小朋友们节日好啊,快快长啊,长

---

* 本研究为教育部人文社科 2006 年度规划项目(06JA740001)的一部分。

大了为祖国作贡献哪,这还能没词儿?(CCL)
  D. 好意思……(吗)?
 (7)我无偿地发了袋子给你,你好意思乱扔瓜皮果壳空瓶子吗?(CCL)
  E. 配……(吗)?
 (8)你配戴这个吗?(CCL)
  F. 不得……(吗)?
 (9)可是为这点功劳,你不得另有份意思吗?(CCL)
  G. 用得着……(吗)?
 (10)老师念错了自己会改,用得着你去纠正她?(CCL)
  有鉴于此,我们将情态动词看作"反问触发语"。那么情态动词为什么能触发反问呢?

二、情态意义的主观性与反问句的主观性自然关联

  情态,就是说话人对句子表达的命题的真值或事件的现实性状态所表现的主观态度。(彭利贞,2007:41-47)情态动词的主观性是不证自明的。而我们已经证明,反问句是运用表达与命题意义相反的语义内容的疑问手段对经由推理得出的某个言论或行为(q)的前提(p)发问,使得该言论或行为的前提不能成立,从而达到否定该言论或行为的目的的疑问句。反问句具有强烈的主观性;反问句的否定是一种主观否定,实际上是说话人的一种否定态度。反问句是对言论或行为 q 的前提 p 的提问,而 p 是说话人根据 q 和常理推断出来的,具有说话人的主观性;更进一步,说话人用回溯推理推断出来的 p 实际是"可能 p",而说话人主观上把它认作是"只有 p",这完全是说话人的主观操作。反问句带有感情色彩是反问句主观性的表现。① 这都说明反问句是主观性的疑问句,而情态动词主要是表达说话人的主观态度的,所以,两者自然关联。
  于天昱(2007:56-57)对情态动词在反问句中的作用作出了解释,认为:一、只有带有情态动词的反问句才表达说话人的一种主观态度,只有包含情态动词的反问句才是指向言语行为的合理性的;二、只有指向言语行为合理性的

---

① 关于"反问句是对对方言论或行为 q 的前提 p 的提问"、"反问句的主观性"等问题,详细论证见笔者博士学位论文《现代汉语反问句产生机制及相关问题研究》。

反问句才是意愿性、主观性很强的句子,不指向言语行为合理性的反问句,其意愿性、主观性就不强,甚或没有主观性;三、情态动词能够帮助指向言语行为合理性的反问句实现主观化。这些观点具有一定的代表性。这种认识是值得商榷的。有一个众所周知的事实,就是反问句都具有感情色彩。李宇明(1990)将反问句含有较重的感情色彩作为学术界在反问句研究上达成的共识之一。无论带不带情态动词,反问句都能表达各种各样的感情。如:

(11) 仇虎:(恶狠地)妈的,你跑什么?《原野》(斥责)

(12) 又是妈,又是你妈。你怎么张嘴闭嘴总离不开你妈,你妈是你的影子,怎么你到哪儿,你妈也到哪儿呢?《原野》(责怪、嘲讽)

(13) 这有什么难办的?(鄙夷、骄傲)

这些反问句中没有情态动词,但都具有感情色彩。如果只有带有情态动词的反问句才表达说话人的一种主观态度,那么这些不带情态动词的反问句所表达的各种感情该如何解释?很显然,这些感情色彩不是来自于情态动词,而是反问句本身就具有的。不是只有带有情态动词的反问句才表达说话人的一种主观态度,而是所有反问句都表达了说话人的主观态度;不是因为反问句使用了情态动词,所以才获得了主观性,而是因为反问句本身就具有强烈的主观性,而情态动词又是表达说话人主观态度的,两者功能吻合,自然关联。

三、情态意义的前提性与前提 p 自然关联

情态动词是表示可能性、必要性、能力和意愿等意义的动词。反问句是通过否定对方行为的前提来否定该行为的。而行为的可能性、必要性、行为主体的能力和意愿都是某行为实施的前提条件。情态意义在事件行为中的前提性决定了情态动词很容易充当行为 q 的前提 p。

3.1 可能性

可能性是某种行为得以实施的前提,否定了某种行为实施的可能性也就否定了某行为的实施。因此,表达事件实施可能性范畴的语言成分很适宜充当前提 p。如:

(14) 北海市的房地产虚热谁也不能否认,这种虚热的根由就是土地失控。但我有什么办法?批来的条子我能不签字吗?(网络)

(15) 那是那是,一市之长,能不忙吗?《原野》

(16) 小岗村按手印是假的,这我能不知道吗?(CCL)
(17) 咱当时也想:是呵,他是代表党和政府说话,能不算数吗?(网络)
(18) 是呵,咱想,那么大的官找咱谈,咱能不去吗,说话肯定负责任。(网络)
(19) 你别装不知道,我的干儿虎子回来了,你会不知道?(《原野》)

例(14)是对不签字的可能性 p 提问,提问的结果否定了这个可能性,既然我不可能不签字,那么你责怪我签字——这是对方的行为 q——就是不合理的。这样的例子很多,以至于"情态动词+不/没/没有……(吗)?"成了反问特有的格式。一个特别值得注意的现象是,这种在反问句中很常见的格式,在陈述句中往往难以接受:

? 我能不签字。　　　　　　　　　*市长能不忙。
? 这我能不知道。　　　　　　　　*他(说话)能不算数。
* 咱能不去。　　　　　　　　　　*你会不知道。

少数可以用在条件句中,但很受限制,似乎仅用于"能 A,尽量 A"的格式:
我能不签字,尽量不签字。　　　　咱能不去,尽量不去。
? 他(说话)能不算数,尽量不算数。　*你会不知道,尽量不知道。
* 市长能不忙,尽量不忙。　　　　*我能不知道,尽量不知道。

似乎情态动词后面的谓词表示具体动作,能进入该格式,如果不表示具体动作,则不能进入该格式,也就不能用于条件句。少数可以用于询问,也很受限制。如:
甲:我能不签字吗? 乙:你可以不签字,但你必须作出口头承诺。
咱能不去吗?　　　　　　　　　? 你会不知道吗?
? 我能不知道吗?　　　　　　　　*他(说话)能不算数吗?
* 市长能不忙吗?

跟进入条件句受到的限制差不多。我们还注意到,"情态动词+不/没/没有……(吗)?"用作反问与用于条件句和询问句,切分可能有所不同:

　　　　条件句　　　　　　　　　　询问句
我能|′不签字,尽量不签字。　　我能|′不签字吗? 如果能,我就不签字了。
我能|′不去,就尽量不去。　　　我能|′不去吗? 如果能,我就不去了。

反问句
我′能不|签字吗? 必须签字。
我′能不|去吗? 必须去。

在条件句和询问句中,停顿在情态动词后面,重音在"不",应该切分成:能|

不 VP。反问句中,停顿在否定词后面,重音在情态动词,所以,应该切分为:能不|VP。"能不"有词汇化倾向。这说明,这种格式用作反问跟用在条件句和询问句中已经有所分化,有理由认为,重音在情态动词的"情态动词+不/没/没有/……(吗)?"是反问特有的格式。

在特指型反问句中,p表现为疑问代词所代替的各种语义成分,疑问代词的无指造成对可能性的否定,通过对可能性的否定从而否定q的合理性。如:

(20) 这样的稿子怎么能用?(CCL)

(21) 可——可哪会有这样的事?(CCL)

例(20)p是这样的稿子能用的理由和原因,由于"怎么"无指,所以,其意思就是"不能用",否定了"用"的可能性,由此,也否定了南希将这样的稿子挑出来作为备用稿这一行为的合理性。

也有的反问句不是对行为的可能性的否定,恰恰相反,是对可能性的肯定:

(22) 鲁　贵:……对了,老爷刚才跟我说,怕要下大雨,请太太把老爷的那一件旧雨衣拿出来,说不定老爷就要出去。

周蘩漪:四凤跟老爷拣的衣裳,四凤不会拿么?(CCL)

q是老爷要周蘩漪亲自拿雨衣,p是"四凤不会拿","会"表示可能。对p提问的结果,周蘩漪认为,是四凤很可能会拿雨衣,得到了对可能性的肯定。既然四凤会拿,那么老爷要周蘩漪亲自拿雨衣就是不合理的。可见,在这种情况下,p中的"拿雨衣"事件的主体(四凤,甲)与q中的事件的主体(周蘩漪,乙)不是同一个对象,肯定了甲实施该行为的可能性,意味着甲应该实施,也就否定了乙实施该行为的必要性,从而否定了q的合理性。概括地说,这里涉及另外一个行为a(四凤拿雨衣),行为a与行为q(周蘩漪拿雨衣)隐含着相反、相对的关系,说话人用a的不可能性充当前提p,对p提问,获得对a的可能性的肯定,从而否定与之相对的行为q的合理性。

3.2 必要性

必要性是某种行为得以实施的前提,否定了某种行为实施的必要性也就否定了某行为的前提,因此,表达事件实施必要性范畴的语言成分也很适宜充当前提p。如:

(23) 方达生:竹均,……你……你已经结过婚?

陈白露:咦,你为什么这么惊讶,难道必须等你替我去找,我才可以冒这个险么?(CCL)

(24) 叫老天爷替我们想想,难道这些事都得由我们担待么?(《原野》)
(25) 儿子是我的,不是你的。他说得好,我爱听,要你在我面前挑拨是非?(《原野》)
(26) 刘:这回啊,那萝卜肯定还得便宜。
  李:诶,还用说吗?那报上写的亩产多少斤?(CCL)

(23) 方达生认为结婚是人生最冒险的一段,表示要为陈白露找一个真正的男人,当听到陈说自己已经结过婚时,十分吃惊,这是 q。p 是必须等你替我去找,"必须"表示必要性。对 p 提问,结果是,在陈看来,我不必等你替我去找,否定这个必要性;既然不是必须的,那么,你十分吃惊就是不合理的。

必要性经常充当前提 p,经常被否定,以至汉语中还发展出一个专门用来否定必要性前提的复合词"何必":

(27) 周冲:爸,妈不愿意,您何必这样强迫呢?(CCL)

当某个行为(a)与 q 隐含着相反、相对的关系时,说话人会用 a 的不合理性和不必要性充当前提 p,对 p 提问,获得对 a 的必要性或合理性的肯定,从而否定 q。如:

(28) 陈白露:不懂?我问你养得活我么?(男人的字典里没有这样的字,于是惊吓得说不出话来)咦?你不要这样看我!你说我不应该这么说话么?(《日出》)

"我这么说话"是行为 a,q 是方达生惊吓得说不出话来的表情,a 与 q 隐含着对立,如果我说得对,那么你就不该吓成这样。p 是 a 的不合理性"我不应该这么说话"。提问的结果,肯定了 a 的合理性(我应该这么说话),否定了 q 的合理性(你不该吓得说不出话来。)

3.3 能力是行为主体实施某行为的前提

能力是行为主体实施某行为的前提,否定了行为主体的能力也就从根本上否定了行为主体实施某行为的可能性,因此表达能力范畴的语言成分也很适宜充当前提 p。如:

(29) 李冬宝,老陈不在家,你可别胡来呀。国家天文台那么好的设备,都没发现这事儿,他们业余天文爱好者就能看出来呀?(CCL)
(30) 哼,纯属是无稽之谈,这种破望远镜还能看见星星的运动……(CCL)
(31) 我驾车向前急驶,一辆面包车追了上来,在超车的同时,司机把头伸出窗外,怒目而骂:"你会开车吗?"(CCL)

以(29)为例,"能看出来"是一种能力,说话人用"能力"充当前提,对它提问,以否定这种能力;否定了这种能力,也就否定了其行为,从而说明李冬宝让他们"胡来"(q)是不应该的。

同样,当某个行为(a)与q隐含着相反、相对的关系时,说话人会用"不具备实施a的能力"充当前提p,对p提问,以肯定对方具备施行a的能力,从而否定q。如:

(32) 她躲开我,笑着说:"你说我穿这游泳衣好看么?是不是太暴露了?"……曲线毕露,应该说很动人,可我说:"傻波依似的。""<u>你就不会说句好话?</u>"(CCL)

a"说句好话"与q"我说:'傻波依似的。'"隐含对立,p是"你就不会说句好话",是对方不具备说句好话的能力,提问的结果,肯定了这种能力,从而否定了q。再如:

(33) <u>你不能把音量开得小点吗?</u>还有邻居呢。

肯定了对方具备把音量开小点儿(a)的能力,所以,开这么大音量(q)是不应该的。

3.4 许可性

得到许可是某行为得以实施的前提,否定了许可也就否定了某行为本身,因此,表达许可范畴的语言成分也很适宜充当前提p。如:

(34) 啊,问得好。<u>我们能容忍这种行为存在吗?</u>不能!回答只有一个。(CCL)

(35) 万一哪天轰一声咱都没了,我这三十好几呢,媳妇儿也没娶,<u>你能看着我打着光棍儿就告别人生吗?</u>(CCL)

(36) 跟我们耍耍脾气,我们还能谅解,真要是碰上个脾气不好的,<u>人家还能饶他?</u>就他那样儿的能经得住几拳几脚。(CCL)

(37) 余:……就咱们这些个用这种态度对待自己错误的人,<u>咱们怎么能不进步呢?</u>
     李:就是啊。<u>进步得怎么能不快呢?</u>(CCL)

(38) 大星刚出门不两天,<u>哪能就回来</u>。(《原野》)

以(34)为例,q是"这种行为",p是"我们能容忍这种行为存在","能"表示许可。通过反问,否定了前提p;既然不能容忍,那么这种行为就是不合理的。(37)、(38)是此类特指型反问句,用疑问代词的无指来否定许可性,从而否定q的合理性。

情态动词与反问句关联的理据

同样,当某个行为(a)与q隐含着相反、相对的关系时,说话人会用"不具备实施a的许可性"充当前提p,对p提问,以肯定具备实施a的许可性,从而否定q。如:

(39) 孩子是我从娘家带来的吗?<u>你就不能接?</u>

(40) <u>有钱的人并不是罪人,难道说就不能同你们接近么?</u>(CCL)

(41) <u>我没有钱再买烟,你们难道就不许我跳河?</u>你们为什么不让我死?(CCL)

(42) <u>南希啊,你没事干不能到街上给过往群众修修自行车吗?</u>(CCL)

以(54)为例,a(你接孩子)与q(我接孩子)相反、相对,p是你接孩子的不许可性,通过反问,肯定了你接孩子的许可性,从而否定了让我接孩子的合理性。

3.5 胆量

行为主体具有实施某行为的胆量是某行为得以实施的前提,否定了这种胆量也就否定了实施某行为的动力,因此,表达实施某行为的"胆量"的语言成分也很适宜充当前提p。如:

(43) 鲁四凤:……他每月从矿上寄给妈用的钱,您偷偷地花了,他知道了,就不会答应您!

　　鲁　贵:<u>那他敢怎么样?</u>(高声地)他妈嫁给我,我就是他爸爸。(CCL)

(44) 焦花氏:(驯顺地)<u>老人家的事,我们做小辈的哪敢问。</u>(《原野》)

(45) 焦花氏:<u>他怎敢来?</u>(《原野》)

以(43)为例,p是"那他敢怎么样","敢"表示做某事的勇气和胆量,通过对"胆量"的反问,鲁贵认为,他不敢怎么样,否定了他对我采取行动的胆量,也就否定了鲁大海的行动,从而说明,你拿他来吓唬我(q)是不合理的。当对方的行为已经实施了以后,再对对方实施该行为的胆量提问时,因为该行为已经实施了,所以不能否定该行为的实施,此时句子含有"胆量太大"的意思,其语用含义还是对方的行为不合理。如:

(46) 陈白露:(立起,故意冒了火)<u>你怎么敢当着面说我堕落!</u>在我的屋子里,<u>你怎么敢说对我失望!</u>你跟我有什么关系,<u>你敢这么教训我?</u>(CCL)

从上面的分析可以看出,情态动词之所以与反问句关联,乃是因为情态动词表示的意义,诸如可能性、必要性、能力、许可、胆量等,都是一定行为的前提,具有前提性,而反问句正是对对方的行为q的前提的提问,所以两者在语义类型上十分吻合。

正因为如此,"V得C""V不C"虽然不属于情态动词,但它们表示可能与不可能,所以也经常用于反问句。如:

(47)陈白露:不懂?我问你养得活我么?(男人的字典没有这样的字,于是惊吓得说不出话来)咦?你不要这样看我!(CCL)

(48)是啊,整个儿将咱们一军啊,我们种出来了,你们吃得了吗?(CCL)

石毓智(2001:80)在对老舍、曹禺、赵树理等人的100万字作品中"得"字短语用于问句的情况进行了统计,得出结论:"所有用'V得C'的问句都是反问句,即所表达的意思是否定的。"对此,石毓智的解释是:"V得C"语义程度低是它用于反问句的原因。石文是通过比较"得"字短语的否定式与肯定式的词典释义来说明其否定式的否定程度远远高于其肯定式的肯定程度的。有两个问题需要解释:"V得C"语义程度低,反问句表示否定,所以,用于反问句;那语义程度高的"V不C"为什么也用于反问句呢?只是频率不及"V得C"高。为什么有的反问句只有"V不C"而没有"V得C"呢?例如:(转引自石毓智(2001))

(49)找遍了你们全村儿,找得出十两银子找不出?(CCL)

(50)怎么着?我碰不了洋人,还碰不了你吗?(CCL)

(51)打不了他们,还打不了你这个糟老头子吗?(CCL)

(52)这地方不能住了!不论种上什么,谁知道自己吃得上吃不上?(CCL)

对第一个问题,石文解释为"V得C"是语义重点,"V不C"只是陪衬成分;对第二个问题,石文认为是前文中出现了"V不C",后面的"V不C"只是修辞上的顺说。对此,本文补充一点理由:"V得C""V不C"都常用于反问,乃是因为它们都表示可能性。

四、反问句是表达情态的疑问句

从根本上说,反问句就是用来表达情态的。说话人使用反问句的目的就是要指明对方的言论或行为不合理。所谓"q是不合理的",就是不符合社会规约,或不符合道德准则,实际上就是说话人所表达的一种道义情态。如:

(53)打人就不对。看你白白净净的像个知识分子,怎么这道理都不懂?(CCL)

(54)你还有没有立场啊?别忘了,你也是女同志啊,怎么说话净向着老爷们儿。(CCL)

(55)哪个庙里也有屈死的鬼,何况妇女哪?解放中国容易,解放中国妇女

那道长着哪！你以为培养了几个气管儿炎就万事大吉了？（CCL）

（53），李冬宝认为，看你白白净净的像个知识分子，你不应该这道理都不懂；你打老婆是不应该的，表达的都是道义情态。其他几例都如此。

正因为说话人对 q 的态度实际是道义情态，所以，几乎所有的反问句其后都可以加上"所以，q 是不应该的"。以（53）为例：

（53'）看你白白净净的像个知识分子，怎么这道理都不懂？这道理你应该懂，所以，你打老婆是不应该的。

陈昌来（1993）指出，有些反问句不一定出现情态动词，但可以添上：

（56）新娘子的脾气我怎么（能）晓得？（陈昌来（1993）例）
（57）别忘了，你也是女同志啊。怎么（能）说话净向着老爷们儿。（CCL）
（58）跟我你还（用/用得着）客气？忙你的。（CCL）
（59）你以为培养了几个气管儿炎就（该/可以）万事大吉了？（CCL）

之所以能添加上情态动词，乃是因为反问句本质上就是表达情态的。

参考文献

陈昌来　1993　从"有疑而问"到"无疑而问"——疑问句语法手段浅探，《烟台师范学院学报》第 1 期。
胡德明　2008　"就"与反问句关联的理据，《汉语学报》第 4 期。
李宇明　1990　反问句的构成及其理解，《殷都学刊》第 3 期。
刘月华等　1983　《实用现代汉语语法》，外语教学与研究出版社。
吕叔湘　1944　《吕叔湘文集（第一卷）》，商务印书馆。
彭利贞　2007　《现代汉语情态研究》，中国社会科学出版社。
邵敬敏　1996　《现代汉语疑问句研究》，华东师范大学出版社。
石毓智　2001　《肯定与否定的对称与不对称》，北京语言文化大学出版社。
王菊平　2007　现代汉语反问句研究，南京师范大学硕士学位论文。
徐思益　1986　反问句特有的表达式，《锦州师院学报》第 4 期。
殷树林　2006　现代汉语反问句研究，福建师范大学博士学位论文。
于天昱　2007　现代汉语反问句研究，中央民族大学博士学位论文。

（作者单位　浙江师范大学国际文化与教育学院　321004）

表达情态的"X定"

范 伟

情态反映说话人对句子命题可能性情况的观点或态度,是世界语言中普遍存在的一个语义范畴。情态的表达形式复杂多样,以往的研究中总结出了几大类情态表达手段:韵律手段,如语调;语法手段,如语气、词类(情态助动词居多)、形态语缀等[①];词汇手段,如实义情态副词、情态形容词、插入语等(Haan2006;陆丙甫2008)。不同的语言有不同的情态形式表达系统,相近的形式在不同语言中发挥的作用可能并不完全一致。

本文的讨论对象——"X定"反映说话人对动作行为"一定会 X"及说话人"一定要 X"的判定,包含情态语义特征,属于汉语的一种情态表达。

一、"X定"的语法性质

1.1 "X定"的组合语义特点

"一定"可以作为语素构成认识情态词,语义上传达"肯定"、"可能"等代表说话人主观推断的内容,如"必定"、"肯定"、"不定"、"指定"等。本文讨论的"X定"不是上述典型的词类形式,其中 X 是代表某行为动作的动词性成分或某事件状态的形容词性成分,"一定"作为包含情态义的语缀,"X定"既可以表示认识情态,反映说话人对动作行为 X 能否发生的主观推断,如"赢定"表示说话人认为"(某比赛方)一定会赢";"X定"还可以传达行为主体执意要求做某事的动力情态语义,如"管定"表示说话人"一定要管(某事)"等。如此看来,"X定"语义上的

[①] 范伟(2010)提出构式也应被看作语言中表达情态的一种重要手段。

整合度并不高,具有组合性特点。

1.2 "X定"形式上的凝固性

"X定"形式上的一个明显特点就是包含情态义的"定"与前面动词性成分的组合一般须满足双音节的韵律条件,也就是说 X 多单音节,较少与双音的动词性成分组合。同义的表达选用单音形式而舍弃双音形式,如:

(1) 这个会开定了。①
(1)'* 这个会召开定了。
(2) 我今天走定了。
(2)'* 我今天离开定了。
(3) 博客中国看来是垮定了。
(3)'* 博客中国看来是垮台定了。
(4) 果农们今年赔定了。
(4)'* 果农们今年赔本定了。

许多学者都曾指出,韵律因素在汉语的词法和句法中起着重要的作用(潘文国,1990;冯胜利,1997;吴为善,2006),汉语的基本语言单位(主要是词)在发展过程中体现了双音化(disyllabification)的倾向。"X定"中"定"已固定为一个单音节的功能性成分,"X"以双音节形式与"定"高频组合,受到双音化倾向在构词和用词方面的"类化"作用,"X"便提取一个主要语素与"X"构成一个双音节形式,例如"召开定→开定""检查定→查定"等②。"X定"可以独立充当句子谓语成分,并带有较强的主观性。其语义上的组合性特点,使其仍然属于"低融合度"③的短语结构,而非复合词。

当动作有支配对象,形式为动宾组合或离合词形式时,常将宾语提前或将离合词中的宾语性成分提至动词前,而"X定"仍作为一个直接组合,中间不能插入动词的论元成分。如:

(5) 洪磊的牢坐定了。
(5)'* 洪磊坐牢定了。

---

① 本文例句选自北大网上语料库。
② "X"也可以是口语中常用的单音节动词,如"买、要、管"等,直接组合成"买定、要定、管定"等双音节形式"X定",表达了强烈的主观情态语义。
③ 参见石毓智(2002)"融合程度说"。

(6) 秋菊再也没吱声,反正这板子是挨定了。

(6)'*秋菊再也没吱声,反正是挨这板子定了。

(7) 她的品级确实不够资格翻阅这书册,……不过不管怎么说,这册子她是查定了。

(7)'*她的品级确实不够资格翻阅这书册……不过不管怎么说,她是查这册子定了。

二、认识情态"X 定"

"定"有"肯定"、"一定"的意思,而"一定"是个多义的情态词,既可以表示断定型的认识情态,还可以表示决意型的动力情态。因此包含"定"的"X 定"也有两种情态语义,当"定"做"肯定"的理解时为认识情态,当"定"做"一定要"的理解时为动力情态。我们先讨论认识情态"X 定"。

2.1 X 的语义类型

认识情态"X 定"表示说话人认为某事件行为"肯定 X"。认识情态"X 定"句中的事件常带有发展变化的特点,或者说突出过程性,并具有事件、性状发展的最终走向或结果,而 X 即是说话人认定的某种结果。如以下各例:

(8) 独得 3 分的巴蒂斯图塔更狂:"其实,踢完半场球,我们已经赢定了。"

(9) 信息产业部统计:电信设备制造商今年亏定了。

(10) 慈周寨乡几位农民贷款 20 万元,以每 500 克 1.5 元的价格收购了大量花生,眼下看来是赔定了。

(11) 男方顶不住压力熊包了,这桩婚事也就黄定了。

(12) 俺就一个斗,这辈子穷定了!

例(8)的球赛事件包含从开始到结束的过程,并且一定有比赛的结果。"赢定"就是对球赛结果"赢"的断定,即"肯定赢";例(9)商家的经营、例(10)农民的生意也都有一个盈利或亏损的最终结果,"亏定"、"赔定"即是对亏损结果的断定,即"肯定亏/赔";例(11)、(12)"X"是表示性状的形容词,"黄定"、"穷定"表示对相关物事终结情况的预断,即"婚事肯定黄"、"这辈子肯定穷"。类似的还有"垮定"("如此一来钱庄也就垮定了!")、"吹定"("他们俩吹定了")等。

"X"也可以是表示不能自由支配的动作行为或某种变化和属性的其他非自

主动词①以及离合词。如：

(5) 洪磊的牢坐定了。

(13) 这个婚我是离定了。

(14) 微软垄断的骂挨定了。

(15) 你要是不说的话,你这顿打是挨定了!

(16) 看来陆小凤这次已死定了!(古龙:《决战前后》)

(17) 擎天柱从那个通道飞到了地上……向地下狠砸,不用说,这甬道是塌定了。

"X"还可以是身体疾病类动词,如"瞎、瘫"等。如:

(18) 4年来,他经常在家为眼睛唉声叹气,心想:这辈子是瞎定了,再想见到光明怕是难了。

(19) 医生就说我的腿这辈子瘫定了。

(20) 不管的话诚宇的右脚就废定了。

2.2 "X定"积极消极用法的不对称现象

根据大量语料,我们发现"X"多消极义,"X定"存在肯否用法不对称或积极消极用法的不对称现象。如一般说"亏定",较少说"赚定";可以说"穷定",但不说"富定"②等。我们认为这可能与语言使用者在交际中的认知心理及由此带来的情态的客观化和主观化表达有关。"X定"是"肯定X"的意思,说话人选用"X定"的表达时,往往已经掌握了更充分的依据,而"肯定X"则不一定。如比赛还没开始时一般不会说某比赛方"赢定了",当比赛进行到一定程度时,观看者才可以根据赛况及双方的表现进行比赛结果的预测,就可以用上"赢定了"。但"肯定赢"比赛开始前也可以用,但却是没有较近现实依据的断定。这样看来,"肯定X"比"X定"主观性更强,也可以说,"肯定X"是情态的主观化表达,而"X定"相对来说倾向于较为客观化的表达。

消极义的"X定"一般是对事件发展、事物变化进行了一定的观察之后作出的判断,或者说是基于某种客观状况的预测(事实上预测的可达成性也比较高)。从人的认知心理上说,人都有趋利避害的心理,在涉及对方或他人的相关利益时,一般不会有意做出消极预断,从而引起他人的反感,导致交际受到负面影响

---

① 自主动词的情况也有,但语义上要求句子主语是该动词所代表的动作的发出者,且非第一人称。如:"要是在过去,团委这个纯政工部门的白卷<u>交定</u>了,但这回团委书记本人心里特踏实。"

② "赢定"、"输定"都可以说。

(相比较,人们更喜欢说吉利话,夸大未来,以获取认同)。不过,当客观上有不利的指征指向未来的发展时,说话人就以一种客观化的方式表达出来,减轻自己承担的责任,提请相关对象的注意。若使用主观性强的表达方式,则会引起相反的后果。因此,对负面结果的 X 的预断更倾向于使用"X 定"这种客观化的表达,而不是主观性强的"肯定 X"①。

总之,"X 定"认识情态成分表示对事件发展最终达到 X 结果的肯定判断,表断定型认识情态语义。

三、动力情态"X 定"

3.1 "X 定"的意愿型动力意义

当"定"为"一定要(做某事)"的意思时,"X 定"还可以表达动力情态语义,即句子主语的强烈意愿使某事件的发生成为可能。如:

(21) 这批货我们买定了。

(22) 你出个价,我要定了这支梅花簪。

(23) 不用说了,反正他的事我管定了。

(24) 我可能是愚昧糊涂,我可能是自找苦吃,但是,不管怎样,我嫁定了韦鹏飞!

例(21)、(22)说话人通过"买定"、"要定"表达了自己不容更改的强烈意愿——"一定要买这批货"、"一定要这支梅花簪"。例(23)、(24)更在上下文语境中表明自己在任何条件下都不会改变的意志,虽然有外力阻碍,但说话人"一定要管他的事"、"一定要嫁给韦鹏飞"。

"X 定"传达出的动力情态语义是行为主体执意要求做某事,因此"X"一般是动作性较强的自主动词。根据"X"与"定"结构组合的能产性,我们可以推知在合适的语境下,能够表现行为主体行动意志的动词,都可以与"定"构成动力情态的"X 定"。如以下例句均为笔者自造,但都具有可接受性:

(25) 今天这个足球赛我是看定了。

(26) 这衣服有质量问题,我退定了。

---

① X 中也有含积极义的,如"明年房价涨定了"、"这歌红定了",这仍然可以用情态的客观化表达来解释,因此并不影响我们对"肯定 X"与"X 定"情态表达的不同功能的分析。

(27) 这表你不让我戴？我还戴定了。

上几例中,说话人在行动受阻的情况下执意要做某事,都可以用"X定"来表达。从这个角度看,词法模式"X定"也具有较强的能产性。

3.2 "X定"的句法语用特点

至于表达动力情态的"X定"的句法表现,与认识情态的"X定"的一个不同之处在于,动力情态"X定"允许带上宾语,如前文所举的例子"要定了梅花簪"、"嫁定了韦鹏飞";而认识情态"X定"如"赢定了比赛"、"亏定了生意"、"死定了这盘棋"等一般不可。有的动力情态"X定"还常常用拷贝动词的方式将"X定"的支配对象突出出来。如"我管你管定了"、"我看球看定了"、"我退衣服退定了"等,这种重动表达及带宾形式似都会进一步转化为话题句的表达方式。

动力情态"X定"带上宾语时,会影响动词的配价,比如"帮"可以是兼语动词(三价的),但"帮定"就只能带体宾了：

(28) a 我帮你打官司。

　　　b＊我帮定你打官司了。

　　　c 我帮定你了。

从语用上看,动力情态"X定"通过新旧信息的配置,将"X定"所表达的意愿情态作为表述的焦点,强调行为主体的主观意志及其对命题成真的可能性的推动。

(29) a 我一定要去上海。

　　　b 上海我去定了。

　　　c? 我去定上海了。

常规的信息编排往往是从旧到新,越靠近句末信息内容就越新,例(29)各句中的句末成分就是常规焦点(张伯江、方梅,1996：73)。a句使用情态成分的组合"一定要",句子焦点在于"去上海"行动本身;b句宾语提前,句子的常规焦点是动力情态成分"X定",也就是说主体意志成为表述重心;c句则强调行动的目的地是"上海"。

动力情态"X定"意为"一定要X",两种不同的表达手段虽意义基本一致,但在语用功能上有所不同。我们认为"一定要X"主观性强,未然性强,而"X定"更强调预期的结果,预期中的已然。如例(29)a句"一定要去"强调说话人"去"的意志坚决,但何时采取该行动则没有暗示。b句"去定了"不仅表示说话人"去"的意志,而且反映出在说话人的预期(expectation)当中行动已然实现,因此b句比 a 句行动实现的可能性更大。

从交互主观性(Traugott & Dasher,2002:19-24;徐晶凝,2008:8-10)上来说,"去定了"表示出的说话人对听话人的态度、影响比较明显。也就是说,在交际语境中存在着听话人和说话人的互动,听话人对说话人意欲进行的行动产生一定的阻碍,在此情况下,说话人用"去定了"在重申自己意志的同时,表示出对听话人或外界其他阻力、意志不接纳、不服从的态度。如:

(30) 无论怎样,这个驾照我是考定了。

(31) 面对阻力,承办此案的刘检察官说:"这个案子我查定了,就是丢乌纱帽我也在所不惜。"

例(30)、(31)语境中的"无论怎样"、"面对阻力"都表明存在某种来自外界的阻力,句子用"考定了"、"查定了"表示说话人不受外力影响和改变的决心和意志,并向外界显示这一态度。而"一定 X"则不一定以使听话人受到影响为目的,可以具有交互主观性特征,也可以没有。如:

(32) 无论怎样,我一定要成功。

(33) 我的心略略得到了一丝安慰,暗下决心我一定要唱好!

(34) 加菲猫是个非常独特的形象,我一定要邀请朋友去看这部电影。

例(32)说话人的态度可以是直接针对听话人的,例(33)、(34)中"一定要"也可以只是说话人自己对自己的承诺,不涉及对听话人等外部因素的影响,如"暗下决心"。

值得注意的是,当句子主语为第三人称,且"X"所代表的动作的发出者就是句子主语时,"X 定"会出现情态的歧义解读,如:

(35) 这个罪名他扛定了。

(36) 刘炜走定了,姚明出面也没用。

例(35)"他扛这个罪名"可能是说话人根据事态的发展所做出的判断,也可能是"他"主动自愿承担"这个罪名"。补充合适的语境,这两种解读均可成立,前者是断定型认识情态,后者是意愿型动力情态。例(36)中即使有后续句说明,也不能确定"刘炜走"是其主观意志,还是说话人的猜测,还需结合前文语境甚至篇章语境进行明确。

四、余 论

最后还有一个问题值得一提,就是无论认识情态还是动力情态的"X 定",都极易形成话题句 T+S+"X定"(+O)①,上文许多例子可以显示这一点。徐烈炯、刘丹青(2007:31;37;105)认为汉语是话题优先型(topic-prominent)语言,话题在汉语中是与主语、宾语等句法成分地位相当的基本结构成分。汉语句子结构中有一个话题位置,或者说话题单独占据一个句法位置,而不与主语或宾语合用一个位置。话题位置可以被占用,也可以不被占用。当这一位置被某一成分占用时,该句子就是话题结构。据此,本文所讨论的"X定"句即是一种典型的话题结构。从话题结构的语义关系类型来看,"X定"句多为论元共指性话题结构,是最具普遍性的话题类型。也就是说,"X定"句的话题成分跟述题中的某个论元或相应的空位有共指关系,如:

(37) 那个小品演员[他]今年红定了。
(38) 这款车我要定[它]了。
(39) 这场球我们赢[　]定了。
(40) 你的事我管定[　]了。

例句中加方括号的是话题在述题中的复指成分,它也可不出现而成为空位。例(37)、(38)中的话题分别与述题中的主语和宾语具有共指关系;例(39)、(40)中话题在述题中的复指成分没有出现。

"X定"话题结构还可以是语域式话题类型,即话题为述题提供所关涉的范围(domain)。如:

(41) 这辈子我[　]跟定你了。
(42) 这场官司我帮定你[　]了。

例(41)的话题为述题提供时间方面的语域,即"我在这辈子跟定你了";例(42)的话题是述题中宾语的领属格成分,即"这场官司是你的(官司)"。这类话题不是谓语动词本身的论元,但跟谓语动词的论元有语义上的紧密联系。②

参考文献

董秀芳　2002　论句法结构的词汇化,《语言研究》第3期。
范　伟　2010　现代汉语情态系统与表达研究,上海师范大学博士学位论文。
陆丙甫　2008　从语言类型学看模态动词的句法地位,《语法研究和探索(十二)》,商务印书馆。

---

① 当"X定"$_2$中的X为三价兼语动词时,此话题句可以带上宾语。如"这场官司我帮定你了"、"这些钱我还定你了""这顿饭我请定大家了"。
② 关于话题结构的类型参考了徐烈炯、刘丹青(2007:105以次)。

帕　莫　2007　《语气·情态(第二版)》,剑桥大学出版社,世界图书出版公司。
彭利贞　2007　《现代汉语情态研究》,中国社会科学出版社。
齐沪扬　2003　语气副词的语用功能分析,《语言教学与研究》第1期。
石毓智　2002　汉语发展史上的双音化趋势和动补结构的诞生,《语言研究》第1期。
吴为善　2006　《汉语韵律句法探索》,学林出版社。
谢佳玲　2006　汉语情态词的语义界定,《中國語文研究》(台湾)第1期。
徐晶凝　2008　《现代汉语话语情态研究》,昆仑出版社。
徐烈炯、刘丹青　2007　《话题的结构与功能(增订本)》,上海教育出版社。
Pamela Munro 2005 Modal expression in Valley Zapotec, *The Expression of Modality*, Mouton de Gruyter.
Perkins, Michael R 1983 *Modal Expressions in English*, Ables Publishing Co.

(作者单位　南京师范大学国际文化教育学院　210097)

"一锅饭吃十个人"合法性的认知语义解释*
——"受事＋V＋施事"格式供用句的可逆分析

鹿 荣

一、引 言

对于汉语这种语序特别重要的孤立语而言,主语和宾语的位置能够相互颠倒而不改变句子逻辑真值义的可逆句式显然是一种有标记程度特别高的句法语义现象。而提到可逆句,我们很容易想到下面这样的例子:

(1) A 一锅饭吃十个人⟷B 十个人吃一锅饭
(2) A 一瓶水喝两个人⟷B 两个人喝一瓶水
(3) A 一件衣服穿两个人⟷B 两个人穿一件衣服①

有的语法学者把这种类型的可逆句归入供动型可逆句、"供给"义主宾可互易句、主宾可换位供用句、供用句等,有的学者则把它们称之为容纳性的数量结构对应式。

着眼于 A 式句中主宾语之间存在的供用配给关系,我们把左边的句子叫做供用句,但是,不同于上述几位用一种句式名称一以贯之的做法,我们认为,主宾换位之后的 B 式句的句式语义应该有所变化。供用是一种有意识的"给予"行为,给予的反面是获得,有给予者就必然有获得者,供用者把一定的存在物给予某个对象,作为必然结果这个对象也就在供用者的施力作用下获得了这种给予

---

* 本研究为济南大学博士基金"现代汉语供用——益得类可逆句式研究"(B0803)的一部分。
① 丁加勇(2006)曾经区分了"一锅饭吃十个人"一类数量性施事宾语句中存在的三种数量关系:分配量关系、容纳量关系和使用量关系,我们认为,虽然从数量关系的角度看差别确实存在,但这并不影响它们具有相同的生成机制。

物。由此我们认为,供用句的对应式不再表示供用,也不会仅是一般的施动受句,而应该是一种表示益得①的句子,也即益得句。因此,上面所提到的可逆句我们认为应该属于供用——益得类可逆句式。

所谓供用——益得类可逆句式是指这样一类语言现象,即在 A 式"NP1(名词性短语 1)＋V(动词性短语)＋NP2(名词性短语 2)"和 B 式"NP2＋V＋NP1"这样一对主宾语互换位置而能保持句子逻辑真值义基本不变的句子中,A 式为供用句,表达"(在供用者 NP0 有意识的作用下)某些存在物(NP1)以某种方式(V)供给某些人或物(NP2)使用"这样的句式语义,其中 NP1 为供用物,NP2 为供用对象;与之相对,B 式为益得句,表达"(在供用者 NP0② 有意识的作用下)某些人或物(NP2)以某种方式(V)得到某些存在物(NP1)"的句式语义,其中 NP2 为益得者,NP1 为益得物。供用——益得类可逆句式及其中各成分所具有的语义特征,我们可以用符号表示如下:

A 式:NP1[＋自立性][＋位移性]＋V[＋方式性]③＋NP2[＋终点性][＋受动性] ⟵⟶ B 式:NP2[＋自立性]＋V[＋方式性]＋NP1[＋受动性]④

上面我们提到的这类例子,实际上是由受事⑤充当 NP1、施事充当 NP2 形成的供用——益得类可逆句,当然,我们这里所说的施事、受事都是指的 NP1、NP2 所代表的事物在现实世界中关系的格的意义规定,也即它们的深层事理格身份。同时我们认为,这类的 B 式句虽然表面看来是一般的施动句,但是事实上它们都属于多义句,即一方面我们可以把它们看作是普通的施动句,另一方面,它们也完全符合益得句的语义特点,可以被看作是益得句。

二、"受事＋V＋施事"格式供用句的强标记性

在汉语的各种语义格中,施事和受事是两个原型特征的对立最为明显的语义格。施事作主语、受事作宾语,也是现代汉语中最具有原型特征的语义配位模

---

① 这类可逆句中的动作行为都是供用者 NP0 自主发出的,而人们自主发出的行为总是对自己有益的行为;因此我们认为,与供用句相对的益得句所表述的应该都是使供用者 NP0 获益的事件,也即"益"是相对于供用者 NP0 而言的,而"得"则是相对于供用对象 NP2 而言的。
② 不管是供用句还是益得句,供用者 NP0 都不在句中以显性身份出现,因此具有语义的隐含性。
③ 动词 V 都要求是自主动词,且以非动态形式也即光杆形式为其表现常态,整个句子也往往具有较强的非现实性。
④ 各种成分的语义特征,我们已经专文论述,这里不作为讨论重点。
⑤ 这里的受事也包括结果。

式。吕叔湘早就已经指出:"拿施事作主语、受事作宾语,是有很坚强的心理依据的。""对一个典型的事件或活动而言,总是由一个有意志的(volitive)动作发起者通过动作作用于某个对象,或通过动作产生某种结果。'施事+动作+受事/结果'是人认识事件或活动的理想化的模型。"任鹰指出,语言调查资料显示,"施事+动作+受事"在缺乏严格的抽象规则系统,因而只能以临摹原则为主要构造机制的洋泾浜语中是最常见的语序,甚至一些在源语言中采用"SOV"语序的说法,在洋泾浜语中都被改造为"SVO"语序。"心理语言学也证明,施受关系是儿童最早掌握的语义关系。""施事作主语,受事作宾语,可以说不仅是汉语中最具有中性特征和开放性特征的结构序列,而且是人类语言的普遍倾向之一。"

  典型的主语是施事,典型的宾语是受事,施事和主语,受事和宾语,可以说构成了汉语中的两个无标记关联模式。而我们这里所讨论的供用句格式,恰恰完全违背了这两个关联模式。供用——益得类可逆句中,有施事格参与的还有由处所格充当 NP1,施事格充当 NP2 的语义小类,如"A 里屋住人⟷B 人住里屋"、"A 桥上走行人⟷B 行人走桥上"、"A 一张床睡三个孩子⟷B 三个孩子睡一张床"等。其中的 A 式供用句"处所+V+施事",由具有最多原型施事特征最容易充当主语的施事格①充当宾语,虽然也违背了"施事+V+受事"的无标记句法模式,但按照陈平提出的充任主语的语义角色优先序列"施事>感事>工具>系事>地点>对象>受事"②,处在主语位置上的处所格③的[+受动性]特征毕竟还不是太强,整个格式对于"施动受"句法格局的颠倒程度也还不算最强。而"受事+V+施事"格式供用句,主语则是由[+受动性]特征最强最容易充当宾语的受事格充当;虽然句中的施事格和"处所+V+施事"中的施事格一样,作为供用对象 NP2 也带有一定的[+受动性]特征,但无论如何,它还仍然保留了较多的原型施事特征。由于"受事+V+施事"的语序与陈平的语义配位原则完全相违背,因此我们认为,它显然是汉语中有标记程度最高的一种语义配位模式。

  任何有标记句法格式的产生都是有原因的。"把受事提前,把施事退后,都不仅仅是修辞性的变化;应用这种句式有种种条件,而具备这种条件时,这种词序竟是强迫性的或半强迫性的。"我们认为,作为与"施事+V+受事"格局完全

---

① 施事格在句法表层所体现出的语义特点上的[+受动性],我们暂且忽略不记。
② 在充任主语方面,位于">"号左边的语义角色优先于右边的角色,在充任宾语方面则正好相反。其中,施事是最难充任宾语的深层事理语义格。
③ 也即陈平提到的"地点"。

相违背的一种强标记句法格式,"受事+V+施事"格局一个非常重要的语义功能就在于表达跟一般的施动受义完全相反的供用关系义。正是由于供用关系义完全不同于一般的施动受义,也不同于我们这里所讨论的与之相对的"益得"义,它才在句法形式上强制性地要求和允许"受事+V+施事"这种强标记性语序的出现。因此我们认为,一方面"一锅饭吃十个人"这类"受事+V+施事"的句子是我们讨论的各类供用句中大家认可程度最高的;另一方面,这类供用句的合法存在对供用句句式框架和句式义的依赖程度也是最高的。

三、"受事+V+施事"格式表"供用"的合理性

虽然"一锅饭吃十个人"这类"受事+V+施事"格式供用句是一种强标记性句法格式,但是它们的合法存在,也有着其认知上的合理性。我们认为"受事+V+施事"格式供用义的获得是汉语以隐喻的方式运用类推机制的结果。由给予义动词参与的"受事+V+与事"格式供用句,如"A 一瓶牛奶喂三个孩子←→B 三个孩子喂一瓶牛奶"、"A 书送老张,礼盒送老李←→B 老张送书,老李送礼盒"等,可以看作是供用句的原型模式,它是以"供用物+供用方式+供用对象"的语义格局来临摹客观世界中的供用行为过程的。而其他语义格如"材料、结果、受事、处所"等参与时,只要其中的一种语义格可以被看作是供用物,另外一种语义格可以被看作供用对象,也都可以采用"供用物+供用方式+供用对象"的句法格局来表示供用义,由此构成了"材料+V+结果"、"材料+V+受事"、"受事+V+受事"、"处所+V+受事"、"处所+V+施事"等类型的供用句[①]。由此我们可以看出,汉语表达供用义所使用的"供用物+供用方式+供用对象"的语义格局应该具有很强的类推性。以"十个人、吃、一锅饭"为例,受事"一锅饭"在承受施事"十个人"的动作行为"吃"之前所必须完成的所有权的转移过程,与我们所说的供用行为过程具有极大的相似性。也即只有(供用者)先把"一锅饭"给予了"十个人","十个人"才能完成"吃"的动作行为。既然受事"一锅饭"可以看作是被给予的供用物,施事"十个人"可以看作是被给予的供用对象,那么它们就可以通过句法隐喻,以类推的方式进入"供用物+供用方式+供用对象"的语义格局,即使进入这种格局所使用的"受事+V+施事"的语序完全有悖于汉语主宾语的一般配位原则。

---

① 这些类型的供用句我们有另文讨论。

此外，从语义格的原型特征来看，"受事＋V＋施事"格局中"受事"具有的[＋自立性]特征使其可以胜任供用物的角色而位于主位；而"施事"一方面是供用的对象，另一方面它获得供用对象的身份也是供用者影响的结果，由此它也具有了一定的[＋受动性]特征，可以在宾语的位置上合法存在。

四、动词"给予"或"得到"义的获得

陈平在分析一些主宾可以互换的句子如"A 这锅饭吃八个人←→B 八个人吃这锅饭"、"A 那张床睡三个人←→B 三个人睡那张床"、"A 桥上走汽车←→B 汽车走桥上"等时曾经指出，他直觉上认为这种类型的两个句子中的动词在同一性方面大大低于"A 水浇花了←→B 花浇水了"中的动词。

虽然我们认为上述例子中 A、B 两式的动词都具有同一性，但事实上陈平的分析也不无道理，原因就在于"A 水浇花了←→B 花浇水了"中动词的[＋给予]特征一般可以从其词义本身体现出来①，而我们讨论的这类例子中动词"给予"或"得到"义②的获得则经过了语法转喻的过程。这里我们分析一下"吃"类动词在进入供用——益得句后获得"给予"或"得到"义的过程。这类动词主要有"吃、喝、穿"三个③。我们先来看《现代汉语词典》对这几个词的释义：

吃：①把食物等放到嘴里经过咀嚼咽下去（包括吸、喝）。
喝：①把液体或流食咽下去。
穿：⑤把衣服鞋袜等物套在身体上。

首先，这几个动词都是与人类自身关系最为密切的动作动词，动作都对人的自身身体造成了直接影响，动作的"受事"成分在动作完成后也都发生了位移变化，并以人的自身身体作为位移终点。"位移物 NP1＋位移方式 V＋位移终点 NP2"应该是较为自然的供用句主宾搭配序列④，如"绳子捆书上"、"牛奶喂孩子"、"水浇花"等的成立都较为自由，其中动词 V"给予"义的获得也往往和动作的完成同步。但是我们知道，这里与受事搭配形成供用——益得句的 NP2 并非

---

① 动词即使不表"给予"义，也都包含[＋位移]和[＋附着]特征，或者[＋制作]义。
② 当然这里的"得到"也是供用者 NP0 作用下的得到，也即"益得"。
③ 能够进入"处所＋V＋施事"格式供用句的动词有"坐、骑、睡、走、上、站、躺、住、挤、蹲、跪、趴"等，远远多于能够进入"受事＋V＋施事"格式供用句的动词，这也是"受事＋V＋施事"格式供用句的标记性远高于"处所＋V＋施事"格式供用句的另一个佐证。
④ 在供用句中，供用物往往就是位移物，供用方式往往就是位移方式，而供用对象则往往就是位移终点。

表示受事实际位移终点的我们身体的某部位，比如"肚子里"、"身上"等，而是动作的施事成分"人"，这就需要我们从其他角度重新考虑动词V"给予"或"得到"义的获得过程。

还是以"一锅饭、吃、十个人"之间语义关系的建立为例，如同我们前面所述，"一锅饭"能够承受施事"十个人"的动作"吃"的前提是这"一锅饭"的所有权必须转移到"十个人"手中，也即只有（供用者）先把这"一锅饭"给予"十个人"，"十个人"才能够完成对受事"一锅饭""吃"的动作；这一事件过程如果从另一个角度来看，就是"十个人"要想完成对"一锅饭""吃"的动作，那么首先必须在供用者的影响下得到这"一锅饭"的所有权。动作"吃"的完成是以"给予"或"得到"行为的完成为前提的，只要有"吃"的动作发生，就一定首先有"给予"或"得到"行为的完成。这样，动作"吃"等与"给予"或"得到"行为之间的密切相关性就允许我们通过语法转喻的形式赋予动词"吃"等"给予"或"得到"义，从而使其可以合法身份完成"A受事＋V＋施事←→B施事＋V＋受事"格式供用——益得句的建构。

进入"受事＋V＋施事"格式供用句的动词所表具体动作的完成以"给予"行为的完成为前提，这可以从与供用句相对应的句法变换形式中看出，前面举的三个例子中的A式都可以作如下的变换：

（4）A'（我们把）一锅饭给十个人吃

（5）A'（我们把）一瓶水给两个人喝

（6）A'（我们把）一件衣服给两个人穿

任鹰曾经说明了"受事＋V＋与事"格式供用句和"受事＋V＋施事"格式供用句与"给"字结构之间的不同变换形式，即"受事＋V＋与事"格式供用句都可以变换为"NP1＋V＋给＋NP2"的形式，而"受事＋V＋施事"格式供用句则只能变换为"NP1＋给＋NP2＋V"的形式。我们再举几个"受事＋V＋与事"格式供用句的例子相对照：

（7）A 两份礼物送一个人→A'（我们把）两份礼物送给一个人

（8）A 十本书卖两个人→A'（我们把）十本书卖给两个人

（9）A 三块毛巾分两个人→A'（我们把）三块毛巾分给两个人

上面的两种变换格式如果互换后句子就无法成立：

（4'）＊A'（我们把）一锅饭吃给十个人

（5'）＊A'（我们把）一瓶水喝给两个人

（6'）＊A"（我们把）一件衣服穿给两个人

(7') ＊A"（我们把）两份礼物给一个人送
(8') ＊A"（我们把）十本书给两个人卖
(9') ＊A"（我们把）三块毛巾给两个人分

任鹰指出,上述两种供用句都含有"给予"义是它们都可以转换为"给"字结构的句法和语义前提,而动词本身是否含有"给予"义,则是两类结构变换格式产生分化的主要原因。我们认为这种分析是非常中肯的。正是因为"送"类动词本身含有"给予"义,也即"给"的过程和"V"是同时发生的一个整体行为,整个句子才可以有"NP1＋V＋给＋NP2"的变换形式,而不能有"NP1＋给＋NP2＋V"的变换形式;而正是因为"吃"类动词的"给予"义是通过转喻形式获得的,即总是先有"给予"行为的发生,后有"V"的发生,"给予"和"V"是两个分离的行为过程,整个句子才会有"NP1＋给＋NP2＋V"的变换形式,而不能有"NP1＋V＋给＋NP2"的变换形式。句法结构的顺序象似性进一步证明了两类动词在意义上的分化。

进入"施事＋V＋受事"格局益得句的动词获得了"得到"义,这也可以从例(1)至(3)的变换形式上表现出来：

(10) B'（我们让）十个人得到一锅饭吃
(11) B'（我们让）两个人得到一瓶水喝
(12) B'（我们让）两个人得到一件衣服穿

"得到＋NP1＋V"的变换形式同样说明动词在益得句中的"得到"义也是通过语法转喻的方式获得的,先发生"得到"的行为,后发生"V"的行为,"得到"和"V"是两个分离的动作过程。

五、认知框架的熟悉度对供用 句是否合格的影响

任鹰曾经指出,如果一个名词性成分只是动作的发出者,而在完成动作的同时不必或不能占有益源①,那么就无法被放在动词后面形成供用句。我们认为任鹰的分析有一定道理,但却不能说明全部问题。事实上,与施事、受事发生语义联系的很多动作动词都可以通过转喻的方式获得"给予"义,都可以进入任鹰和我们这里用来证明句子含有"给予"义的"给＋NP2＋V"格式,比如"研究"、

---

① 也即我们所说的供用物 NP1。

"翻译"、"算"、"读"、"啃"、"服"、"吸"、"戴"等:
（13）（我们把）一个项目给三个人研究
（14）（我们把）两篇文章给一个人翻译
（15）（我们把）一道题目给两个人算
（16）（我们把）三篇文章给两个学生读
（17）（我们把）五个烧饼给一个孩子啃
（18）（我们把）一包药给两个孩子服
（19）（我们把）两包烟给三个人吸
（20）（我们把）两个发卡给一个孩子戴

但是上面的这些句子却没有如下的供用句对应式：
（13'）＊A 一个项目研究三个人
（14'）＊A 两篇文章翻译一个人
（15'）＊A 一道题目算两个人
（16'）＊A 三篇文章读两个学生
（17'）＊A 五个烧饼啃一个孩子
（18'）＊A 一包药服两个孩子
（19'）＊A 一包烟吸三个人
（20'）＊A 两个发卡戴一个孩子

如果说上面的"研究"、"翻译"、"算"、"读"所联系的施事成分 NP2 在动作完成后还不能占有受事 NP1，那么"啃"、"服"、"吸"、"戴"这些动词的词义与"吃、喝、穿"存在着极大的相通性，它们的施事 NP2 在动作完成后应该能够占有受事 NP1，但是它们却同样也无法进入供用句格式。可见对"受事＋V＋施事"格式供用句的形成来说，施事是否能够在动作完成后最终占有受事并非问题的最关键部分。下面是《现代汉语词典》对"啃"、"服"、"吸"、"戴"的释义：

啃：一点儿一点儿地往下咬。
服：④吃（药）。
吸：①生物体把液体、气体等引入体内。
戴：①把东西放在头、面、颈、胸、臂等处。

我们认为制约"受事＋V＋施事"格式供用句成立的，除了动词是否可以通过转喻方式获得"给予"义外，最关键的因素还在于这些动词与施事、受事所建立的认知框架是否属于人类认知经验中最熟悉的部分，它们所反映的事件场景是否属于日常生活中的最典型场景。"吃饭、喝水、穿衣"是人类最基本的生存需求,也是人类最熟悉的日常生活体验①,人从出生的那一刻起,无时无刻不在进行着这些活动。人类与"吃饭、喝水、穿衣"这些日常行为的联系是一种最为自然的联系②,看见"吃"我们自然能够联想到它的施事"人"与受事"饭",看见"人"和"饭"我们也非常自然地能用动词"吃"在它们之间建立语义联系。正因为如此,它们才能够突破常规语义配位原则的限制,以强标记的句法形式来表达供用义。而我们在对这些句子进行解读时,一方面会利用我们背景知识中的典型场景信息在动词和名词性成分之间建立合理的施动受关系;另一方面,句子中所附加的句式语义也会因为它的强标记语序而很容易被激活。而其他动词即使是与"吃、喝、穿"的词义存在着极大相通性的"啃"、"服"、"吸"、"戴"等,由于它们所属的认知模型并非人类最熟悉的部分,它们也无法突破语义配位原则的限制而进入供用句。我们推测,可以进入"受事+V+施事"格式供用句的动词除了"吃、喝、穿"之外,即使还有,也不会很多③。而且可以进入的动词肯定都是与人们的日常生活联系非常密切的单音节高频动词。

此外,动词使用的高频性只是"受事+V+施事"类供用句成立的必要条件,我们更强调人们对"吃"等动作与施事、受事等所建立的整个认知框架的熟悉度。之所以如此,主要原因就在于即使是"吃"类动词④,与之联系的施事和受事也不能毫无限制地进入供用句式,举例如下:

(21) A 一锅饭吃十个人
(22) ？A 一桌酒席吃十位客人
(23) ？A 一盘菜吃两个学生
(24) ？A 一根甘蔗吃三个孩子

可见,"受事+V+施事"格式供用句中受事和施事的类推性也很差,即使是与同一个动词"吃"相搭配,"施动受"的语义关系完全合法,却也未必能够形成合格的供用句。这与我们前面曾经提到的其他类型的供用句有很大的不同,以动词"盖"为例,与它结合形成供用句的材料、受事具有较强的类推性,只要语义上

---

① 事实上,"吃饭"对人类生存的重要性远高于"喝水(包含在"吃饭"中)、穿衣,因此人们对"吃饭"这类日常生活场景的熟悉度要远高于"喝水、穿衣",这也是例①的合格度也远高于例②、例③的主要原因。
② 我们曾经做过一个语感测试,让被测在"人"和"饭"、"人"和"水"、"人"和"衣服"之间各加一个动词,被测首先选择了"吃"、"喝"、"穿"。
③ 邹海清(2004)曾举了"一本书用一个人"的例子;丁加勇(2006)举了"一台热水器洗四个人、一首歌唱几代人"的例子;任鹰(1999)举了"一盆水洗了六口人"的例子。前两人的例子我们认为可接受度很低,后一个例子中的"一盆水"似乎应该不属于受事格。
④ 主要是指"吃、穿、喝"等。

允许,很多名词性成分都可以进入,例如"雨布盖汽车、油毡盖帐篷、报纸盖饭菜、锅盖盖锅、被子盖人"等。

六、供用句和益得句不对称的句法表现

很多"施事＋V＋受事"格式所表示的行为,我们都可以在主观上理解为是在供用者的安排下发生的;而且"施事＋V＋受事"又是最符合汉语语义配位原则的无标记语序,因此我们认为,与其他语义类型的益得句相比较,"施事＋V＋受事"格式益得句的成立是最为自由的。

但"受事＋V＋施事"的句法语义格局,虽然也可以因为契合于"供用物＋供用方式＋供用对象"的配位序列而形成供用句,但这种格局毕竟是对汉语"施动受"语义配位原则的最大违背,且动词供用义的获得完全依赖于句式语义,是其进入这种句式后通过语法转喻的形式获得的,种种限制条件使得"受事＋V＋施事"格式供用句的形成变得异常困难。具体表现就在于一方面可以进入这种句式的动词少而又少,整个供用结构类推性较差,具有一定的熟语性;另一方面这种供用句式只有数量对应的加强式,没有合格的基础式和对举的加强式形式。

从句法表现形式来看,供用——益得类可逆句式可以有的句法表现形式主要是三种,即不带数量成分的基础式形式如"A 绳子捆书←→B 书捆绳子"等,对举的加强式形式如"A 书送老张,本子送老李←→B 老张送书,老李送本子",和数量对应式如"A 三本书送一个人←→B 一个人送三本书"等。

我们认为,只有可逆的可能性程度也即可逆度较高的语义类型,才可以有以上三种句法表现形式;如果某种供用——益得句的可逆度较低,那么它就只能有对举或数量对应的加强式,没有基础式形式;可逆度最低的则只能有数量对应的加强式,没有其他两种形式。

虽然"施事＋V＋受事"格式益得句不但有数量对应的加强式,一般也还都有合法的对举或基础式形式,但"受事＋V＋施事"格式供用句是一种强标记性的句法形式,只能以数量对应的加强式来表达供用义,却没有与之相对应的对举或基础式形式,在这一点上,两种句式又一次体现出了它们的不对称性。前面例(1)至(3)基础式的变换结果如下:

(25) ＊A 饭吃人——B 人吃饭

(26) ＊A 水喝人——B 人喝水

(27) ＊A 衣服穿人——B 人穿衣服

因此,"受事＋V＋施事"格式供用句与"施事＋V＋受事"格式益得句的可逆只能有数量对应的加强式这一种句法表现形式。这里需要提到的是很多人经常举的动词"盖"的例子：

(28) A 一床被子盖三个人⟷B 三个人盖一床被子

它的 A、B 两式都可以有基础式的变换形式：

(28′) A 被子盖人⟷B 人盖被子

我们认为这不是"受事＋V＋施事"格式供用句的特例,"被子盖人"的基础式之所以合法,是因为它符合"材料＋V＋受事"格式供用句的语义要求,这里的"人"可以被理解为受事格,与之相类似的还有我们前面举的"A 雨布盖汽车⟷B 汽车盖雨布"等很多例子。

此外,还有这类表面看来似乎可以有基础式"A 受事＋V＋施事⟷B 施事＋V＋受事"的可逆句,比如"A 太阳晒老头⟷B 老头晒太阳"、"A 火烤人⟷B 人烤火"、"A 风吹人⟷B 人吹风"、"A 雨淋人⟷B 人淋雨"等。不过如果我们仔细考察就会发现它们并非是供用——益得句,一个最直接的检验方法就是它们没有"＊A′(我们把)太阳给老头晒"和"＊B′(我们让)老头得到太阳晒"之类的合格变换形式。

七、结　语

沈家煊曾经指出："有许多语法现象既不是可按严格的规则作出完全的预测,但也不是完全任意的、根本无法预测的,而介于两者之间,受倾向性的原则支配,因而是可以作出解释的或是可以作出较弱的预测。""一锅饭吃十个人"这类供用句就属于这种"可以作出解释的或是可以作出较弱的预测"的语法现象。通过分析,我们认为,"供用物＋供用方式＋供用对象"的句式语序和汉语"施事＋V＋受事"的语义配位模式相互斗争、相互制约而又相互妥协、相互影响的最终结果是：一方面,通过以隐喻方式运用类推机制,汉语允许用"受事＋V＋施事"的强标记语义配位方式表达"供用"的句式语义；另一方面,"受事＋V＋施事"格式供用句的形成也因为它的强标记性而受到极大限制,它的合法存在必须依托于最熟悉的认知框架,这样,"受事＋V＋施事"格式供用句就成为现代汉语中自由度非常小的一种供用句语义类型。

参考文献

宋玉柱 1991 《现代汉语特殊句式》,山西教育出版社。
李　敏 1998 现代汉语主宾可互易句的考察,《语言教学与研究》第4期。
任　鹰 1999 主宾可换位供用句语义条件分析,《汉语学习》第4期。
邹　海 2004 供用句的非动态性特征与句式语义,《乐山师范学院学报》第11期。
陆俭明 2004 "句式语法"理论与汉语研究,《中国语文》第5期。
吕叔湘 1984 从主语宾语的分别谈国语句子的分析,吕叔湘《汉语语法论文集(增订本)》,商务印书馆。
沈家煊 1999 《不对称和标记论》,江西教育出版社。
任　鹰 2005 《现代汉语非受事宾语句研究》,社会科学文献出版社。
陈　平 1994 试论汉语中三种句子成分与语义成分的配位原则,《中国语文》第3期。
沈家煊 2004 语法研究的目标——预测还是解释,《中国语文》第6期。

(作者单位　济南大学文学院　250022)

www.ingramcontent.com/pod-product-compliance
Lightning Source LLC
Chambersburg PA
CBHW080923300426
44115CB00018B/2923